高等教育经济管理类"十四五"系列教材

应用统计学

YINGYONG TONGJIXUE

主　编　唐志锋　何　娜　林江珠
副主编　谢雅红　蔡芳坤

华中科技大学出版社
http://press.hust.edu.cn
中国·武汉

图书在版编目(CIP)数据

应用统计学/唐志锋,何娜,林江珠主编.—武汉：华中科技大学出版社,2024.2(2024.7重印)
ISBN 978-7-5680-9699-7

Ⅰ.①应… Ⅱ.①唐… ②何… ③林… Ⅲ.①应用统计学-高等学校-教材 Ⅳ.①C8

中国国家版本馆 CIP 数据核字(2023)第 156617 号

应用统计学
Yingyong Tongjixue

唐志锋　何　娜　林江珠　主编

策划编辑：聂亚文
责任编辑：陈　骏
封面设计：孢　子
责任校对：李　琴
责任监印：曾　婷

出版发行：华中科技大学出版社(中国·武汉)　　电话：(027)81321913
　　　　　武汉市东湖新技术开发区华工科技园　　邮编：430223
录　　排：华中科技大学惠友文印中心
印　　刷：武汉市洪林印务有限公司
开　　本：787mm×1092mm　1/16
印　　张：23
字　　数：615千字
版　　次：2024年7月第1版第2次印刷
定　　价：48.00元

本书若有印装质量问题,请向出版社营销中心调换
全国免费服务热线：400-6679-118　竭诚为您服务
版权所有　侵权必究

前 言

统计在人们的日常生活中无处不在。统计学是一门应用性很强的课程,在自然科学和社会科学中都有广泛的应用。统计学的基本概念和知识已成为很多社会生活和经济活动的必备常识。

当前,我国高校呈现应用型本科院校快速发展的势头,为反映和引领应用型高校人才培养和教学改革成果,应用型统计学教材建设任务应运而生。本书的编者来自应用型高校,都是多年从事应用统计学教学一线的教师,拥有较强的理论基础和实践经验,编写过《统计学原理》等多本教材,本书编写得到了"泉州市高等学校中青年学科(专业)带头人培养计划"(泉教高〔2018〕1 号)资助,是校级精品课程——统计学的阶段性建设成果,体现了应用型教学改革的成效,特色鲜明,具有较强的理论学习和实践操作意义。本书介绍了应用统计学的基本理论、基本方法和计算机操作技能,培养学生根据实际需求熟练地运用统计方法进行数据的搜集、整理与分析的能力,为学生学习其他经济管理课程奠定良好的统计基础,也为其今后进行各种实证分析、科学决策等提供数量分析的方法。本书可以作为应用型本科、职业技能竞赛的教材,也可以作为经济管理行业相关人员的参考资料。

本书主要有以下特点。

(1)坚持教材思政。结合现实案例,融入更多中国的统计案例和数据,反映党的十九大以来的重大成就和新时代 10 年的伟大变革,使学生进一步坚定中国特色社会主义道路自信、理论自信、制度自信、文化自信,透过统计理论与实践树立正确的统计观。

(2)从应用型人才培养的实际需求出发,打造专业型人才→复合型人才→卓越人才的金字塔理论和实践基础,以较高的层次及较新的视角,结合统计工作过程的四个阶段(统计设计—统计调查—统计整理—统计分析)及实操技能的要求构建本书内容体系和能力训练体系。

(3)章节编排好学、适教、易懂、亲切,以知识导图、学习目标、案例导读、内容演绎、实验操作、小结、能力训练为主线,结构清晰、重点突出;同时穿插相关案例、提示、注意事项等环节,引导良好学习习惯,达到学生更加明确理解掌握所学的知识体系和提升技能的效果。

本书总共 9 章,第一、三、九章由林江珠老师编写,第二、六、七章由唐志锋老师编写,第四、五、八章由何娜老师编写,谢雅红老师和蔡芳坤老师提供各章的案例资料、实验内容、课后习题和答案。全书由林江珠负责统稿核对,唐志锋审稿定稿。本书在编写过程中,参阅了许多专家、学者的文献资料,在此对这些专家、学者致以诚挚的谢意。

由于编写时间仓促、能力水平有限,若书中存在错误和不足,衷心希望得到专家及读者的批评指正。

编 者

目 录

第一章　导论 …………………………………………………………………… (1)
　　第一节　统计学的产生与发展 ………………………………………………… (2)
　　第二节　统计学的研究对象和职能 …………………………………………… (12)
　　第三节　统计工作的过程和方法 ……………………………………………… (21)
　　第四节　统计学的基本概念 …………………………………………………… (24)

第二章　统计调查 ……………………………………………………………… (38)
　　第一节　统计调查数据 ………………………………………………………… (39)
　　第二节　统计调查方案 ………………………………………………………… (43)
　　第三节　统计调查方式 ………………………………………………………… (47)
　　第四节　统计调查方法 ………………………………………………………… (53)

第三章　统计整理 ……………………………………………………………… (64)
　　第一节　统计整理概述 ………………………………………………………… (66)
　　第二节　统计分组 ……………………………………………………………… (72)
　　第三节　分配数列 ……………………………………………………………… (80)
　　第四节　统计表与统计图 ……………………………………………………… (90)

第四章　总量指标和相对指标 ………………………………………………… (123)
　　第一节　总量指标 ……………………………………………………………… (124)
　　第二节　相对指标 ……………………………………………………………… (128)

第五章　平均指标和变异指标 ………………………………………………… (149)
　　第一节　平均指标概述 ………………………………………………………… (150)
　　第二节　平均指标的计算 ……………………………………………………… (152)
　　第三节　变异指标的概念和作用 ……………………………………………… (169)
　　第四节　变异指标的计算 ……………………………………………………… (170)

第六章　动态数列 ……………………………………………………………… (189)
　　第一节　动态数列概述 ………………………………………………………… (190)
　　第二节　动态数列的水平指标 ………………………………………………… (193)
　　第三节　动态数列的速度指标 ………………………………………………… (202)
　　第四节　动态数列变动规律的趋势分析 ……………………………………… (208)

第七章　统计指数 ……………………………………………………………… (230)
　　第一节　统计指数概述 ………………………………………………………… (231)
　　第二节　综合指数 ……………………………………………………………… (234)

第三节　平均指数 ………………………………………………………………（238）
  第四节　指数体系和因素分析 …………………………………………………（245）
  第五节　统计指数的应用 ………………………………………………………（255）
第八章　抽样分析 ……………………………………………………………………（271）
  第一节　抽样调查概述 …………………………………………………………（273）
  第二节　抽样误差 ………………………………………………………………（281）
  第三节　抽样估计 ………………………………………………………………（286）
  第四节　抽样组织设计 …………………………………………………………（291）
第九章　相关分析与回归分析 ………………………………………………………（309）
  第一节　相关分析 ………………………………………………………………（310）
  第二节　回归分析 ………………………………………………………………（325）
  第三节　多元线性回归 …………………………………………………………（334）
  第四节　一元非线性回归分析 …………………………………………………（335）
附录　正态分布概率表 ………………………………………………………………（356）
参考文献 ………………………………………………………………………………（359）

第一章 导 论

知识导览

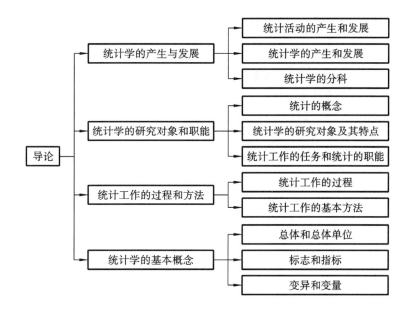

学习目标

(1) 专业知识目标:通过本章的学习,使学生认识并了解统计的基本概念和特点、统计学的产生与发展、统计工作的任务与职能、统计研究的基本方法、统计研究的基本环节,明确统计学的研究对象,理解统计工作过程;重点掌握统计总体和总体单位、标志和指标、变异和变量等几组重要的概念及其概念之间的区别与联系。

(2) 职业能力目标:通过本章的学习,学生要能结合现实中的具体案例说明一个研究项目的统计总体和总体单位、标志和指标、变异和变量,并能运用统计的方法进行研究。

(3) 课程思政目标:通过本章的学习,一方面要了解我国统计学发展史,尤其是通过对中外统计学发展史的比较,有利于我们总结历史经验,了解国情,通过对许宝騄老师等优秀统计学家热爱祖国、兢兢业业工作的光荣事迹的学习,有利于我们增强爱国主义情怀,明确统计学作为一种数据分析方法在反映我国社会主义建设成就中的作用;另一方面,要结合实际问题讲授统计学中的基本概念。结合数据来源和渠道,讲授获取数据过程中可能存在的虚假行为,强调数据来源渠道的正当性以避免收集虚假数据,避免收集危害社会安全的非正当来源数据。

理解统计对每个人来说都是必要的

统计在许多领域中都有运用。我们在日常生活中会接触到很多的统计数据,像茎叶图,直方图等,都可以反映统计数据。下面是统计研究的一些结论:吸烟对健康是有害的,吸烟的男性寿命会减少2250天;不结婚的男性寿命会减少3500天,不结婚的女性寿命会减少1600天;身体超重30%会使寿命减少1300天;每天摄取2克维生素C,人的寿命可延长6年;坐在教室前面的学生考试成绩比坐在教室后面的学生好。你相信这样的统计结论吗?这些统计结论是正确的吗?要正确阅读并理解这些数据,就需要具备一些统计学知识。

理解并掌握一些统计学知识对我们来说大有必要。我们每天都会关心生活中的一些事情,其中就包括统计知识。比如,在外出时,需要关心一段时间内的天气预报;在投资股票时,需要了解股票的有关财务信息;在观看世界杯足球赛时,需要了解各支球队的技术统计等。

理解和掌握一些统计知识,对政治家或者制定政策的人来说更为重要,在他们做决策时,如果不懂统计知识可能会闹出笑话来。比如,某统计办公室的主管是一位行政事务官,一次与统计学者开会,统计学者抱怨从其他部门得到的一些估计值没有给出标准误差(估计时的误差大小,表示估计的精度),这个主管马上问道:"误差也有标准吗?"在统计顾问提交给茶叶委员会的报告中,含有标题为"饮茶人数的估计值(含标准误差)"的附表。不久,一封信被送到统计顾问手中,问什么是人们喝红茶时的"标准误差"。健康部门的一位官员看到一个统计学者提供的报告,报告中提到去年由于某种疾病,平均1000人中死亡3.2人,这位官员对这个数字产生了兴趣。他问他的私人秘书:"3.2人该如何理解?"他的秘书说:"先生,当一个统计学家说死了3.2人时,意味着三个人已经死了,第四个人正要死。"

(资料来源:贾俊平,何晓群,金勇进,北京:中国人民大学出版社,2021.)

请谈谈你对这些数据的理解。

第一节 统计学的产生与发展

一、统计活动的产生和发展

要系统地学习和研究统计,就必须了解统计实践活动的发展史。人类的统计实践活动是伴随着社会生产力水平的提升和国家的进步而逐步发展起来的。统计实践活动萌芽于原始社会时期的结绳计数活动,比文字产生早得多,有着非常悠久的历史。

在中国,原始社会时期,原始人过着采集狩猎的群居生活,到母系氏族公社繁华时期,生产力有了一定程度的发展,原始人改变原来的群居生活,开始建立原始部落,过上了定居生活。正是由于社会生活水平的提高和社会生产劳动的需求,原始人开始用结绳记事、刻绳记事的方法,即所谓"事大,大结其绳,事小,小结其绳;结之多少,随物众寡",即计数活动和数字概念的产生。与此同时,逐渐产生了原始的绘画、塑造艺术和刻画符号,逐步发展成为简单的文字,最后发展成为书契记数。人类简单的计数活动孕育着统计的萌芽,随着社会生产力的发展,人类社会到了奴隶社会以后,奴隶制国家组织的人口、财富和军事统计得到了长足的发展,统计被认为是维护阶级统治、兴邦安国的重要手段。到奴隶社会时期,奴隶制国家诞生,为了对内统治奴隶和对外抵御战争,统治阶级需要不断征兵征税,需要了解土地、人口、粮食和牲畜等的数量。所以最早的统计是从人口和土地的计量开始的。我国早在父系氏族公社的伏羲时代,劳动人民在长期测量土地、清点人口、牲畜和观测天象的过程中,总结出了九九乘法口诀。中国在公元前两千多年前的夏禹时代就有了人口、土地等方面的数字记载。夏禹时期,人们已经能够运用"准绳""规矩"等工具进行实地测量,如《后汉书》记载"禹平水土,还为九州,今禹贡是也",那时(公元前2200年)人口数为13 553 923人。到了商代,人们就能够对社会资源和劳动成果进行一般的算术计算了。西周时期,建立了统计报告制度,称日报为"日成",月报为"月要",年报为"岁会"。秦统一中国以后,建立了中央集权制国家,从中央到地方形成了比较完善的"上计"报告制度。在殷墟书契中有商代的若干统计资料,说明当时在军事、祭祀、田猎等方面,已较广泛地进行了统计工作。例如,将中国分为九州,人口约为1355万人,土地约2438万顷。在古希腊、古罗马的奴隶制国家,也开始有人口、财产、世袭领地等的统计,但当时生产力水平很低,统计仅处于初级阶段。进入封建社会以后,中国的户籍统计和田亩统计都有很大的发展,不论是统计方法、统计制度还是统计组织,都在世界上居于先进水平。我国战国时期的商鞅变法中就提出了一个强国应了解13个方面的数字资料;至秦汉,有地方田亩和户口资料的记载;唐宋则有计口授田、田亩鱼鳞册等土地调查和计算;明清则有经常的人口登记和保甲制度。由于封建社会生产力发展缓慢,因此统计实践活动的内容和范围仍很简单狭小。到了封建社会末期,随着生产力的发展,统计范围就从人口、土地、财富、赋税、军事等领域逐步扩展,除了对国情、国力有关问题进行登记外,还对社会问题进行调查,这些数字资料主要为了满足封建王朝实行征税或服兵役、劳务的需要。

在国外,统计实践活动也有着悠久的历史。公元前27世纪,埃及开展过大型的全国人口和财产清算,目的在于建造金字塔和大型农业灌溉系统。比如3500年前,一个埃及王朝记载一次战役所俘获的战果:人员12万、牛40万头、羊142.2万头。大约公元前6世纪,罗马帝国就以调查作为治理国家的手段,规定每五年进行一次人口、土地、牲畜、家奴的调查,并以财产总额作为划分贫富等级以及征丁课税的依据。资本主义时代到来之前,统计实践活动一方面带有着浓厚的阶级色彩,当时主要用于调查人口、财产状况以便征兵、征税,另一方面又受到封建社会自然经济割据的束缚,统计实践活动即统计所涉及的领域、统计所使用的方式方法都是比较落后的。随着资本主义时代的到来,资本主义生产方式对统计实践活动提出了新的要求,扩充了统计实践活动的领域,为后期统计科学的形成奠定了物质基础,具体表现为:

(一)资本主义经济的迅速发展极大地拓宽了统计实践活动的领域

伴随着封建自然经济的瓦解,资本主义生产方式不断地改进。从16世纪开始,欧洲各国经济开始进入工厂手工业时代,社会各行各业都得到进一步的发展,工业、商业、交通运输、通信等行业都要求提供更多的统计资料。因此,统计实践活动由原本的征兵、征税领域扩展到社会经济当中的各行各业。到18世纪,随着工业革命时代的到来、工厂生产方式的转变,手工业开始由机器化大生产所替代,使得生产的社会化分工日益精细化,部门之间的依存度明显提高。统计形成了社会经济统计各个分支,即工业、农业、商业、交通、邮电、海关、银行、保险等。在经济统计不断发展和完善的同时,社会统计、科技统计、环境统计等又从经济统计中分离出来,从而形成了比较完整的统计内容体系。随着统计实践的丰富和发展,统计指标体系、统计核算体系和统计理论研究都产生了长足的进步。

（二）统计机构专门化、统计活动专业化

统计实践活动形成了工业、农业、商业、交通、邮电、海关、银行、保险等专业分支。19世纪，为满足社会经济各行各业发展对统计实践活动的要求，各资本主义国家在政府中纷纷设立统计机构，把统计机构从政府机构中独立出来，并制定了有关统计工作的法律法规，从法律上界定了统计机构以及统计工作在政府工作中的地位。

（三）概率论和数理统计等现代统计方法的运用大大提高了统计的认识能力

概率论和数理统计作为研究随机现象分布特征和规律的科学理论，到19世纪中叶已经达到了实用阶段，随机抽样方法到了20世纪30年代已经为各国所普遍采用，这些方法不仅解决了统计描述方面的问题，而且在利用样本数据进行统计推断以及进行统计分析和预测方面，展现出蓬勃的生命力。20世纪50年代以后，以国民经济整体为研究对象的国民经济账户体系和投入——产出分析方法进入推广应用阶段。新的数学方法的介入，极大地丰富了统计方法体系，为提高统计的认识能力插上了有力的翅膀。

（四）电子计算技术在统计工作中的应用为统计工作提供了现代化的手段

电子计算技术的不断完善及其在统计工作中的广泛应用，一方面大大提高了统计数据的效率和准确性，另一方面也为统计信息的储存、更新、检索、加工、反馈以及进行统计分析和预测创造了条件。而建立在数字通信技术和网络技术基础上的统计信息网络系统，打破了统计信息传输的时空界限，在提高统计信息的社会化和共享性方面开辟了一片新的天地。

社会主义制度的建立，为统计工作的繁荣和发展创造了有利的制度环境，展现出广阔的前景。新中国成立以来，统计事业同其他各项事业一样，取得了前所未有的成就，在社会主义现代化建设中发挥了巨大作用。市场经济是以一种市场机制配置资源的经济，是有政府宏观调控的经济。为了满足社会主义市场经济体制的要求，社会经济统计一方面要建立宏观调控统计体系，满足政府对社会经济进行宏观管理的需要，另一方面也要建立市场经济统计体系，做到治而不死、放而不乱，大的方面管住管好，小的方面放开放活。以科学的统计理论为指导，坚持实事求是的马克思主义认识路线，扎扎实实地做好统计工作，为各级政府、有关单位和部门提供可靠的统计资料是各级各类统计机构和统计工作人员重要而神圣的任务和使命。建立同社会主义市场经济体制相适应的统计管理体制和统计方法体系，还要注意吸收和借鉴西方发达国家成功的经验和做法，把我国统计工作推向一个新的阶段。

二、统计学的产生和发展

统计实践活动已有上千年的历史，但统计学作为一门学科却没有那么长的历史。一般认为，统计学产生于17世纪中叶的欧洲，距现在已有300多年。其发展主要可分为三个阶段。

（一）古典统计学时期

这个时期是从17世纪中叶至19世纪初叶，其代表学派是政治算术派和国势学派。

政治算术派产生于英国，后人称之为统计学中的政治算术学派。其主要代表人物是英国的威廉·配第(W. Patty)和约翰·格朗特(J. Graunt)。配第于1676年出版了《政治算术》一书，运用了大量统计资料，以一系列分析和大量计算手段清晰地描述了英格兰、荷兰、法兰西和爱尔兰等地的经济、军事、政治等方面的情况，为英国称霸世界提供了各种有说服力的实证分析资料。配第首创的数量对比分析方法为统计学的建立奠定了方法论基础。《政治算术》的意义主要表现在研究问题的方法方面。配第在该书的"序言"里写道:"我进行这种工作所使用的方法在目前还不是常见的,因为我不采用比较级或最高级的词语进行思辨式的议论,相反地,采用了这样的方法(作为我很久以来就想建立的政治算术的一个范例),即用数字、重量和尺度来表达自己想说的问题,只进行诉诸人们感觉的议论,借以考察在自然中有可见根据的原因。"

配第用"数字、重量和尺度"研究现象的方法为统计学的产生奠定了基础。自配第之后的200年间,以用数量方法研究社会经济问题为基本特征的"政治算术"模式,成为统计学发展的主流。《政治算术》的出版,标志着统计学的诞生。马克思对威廉·配第和他的《政治算术》评价很高,他说"配第创造'政治算术',即一般所说的统计"(《马克思恩格斯选集》第3卷,273页,人民出版社,1972),还说配第是"政治经济学之父,在某种程度上也可以说是统计学的创始人"(《马克思恩格斯选集》第3卷,302页,人民出版社,1972)。

英国人约翰·格朗特于1662年出版了《关于死亡表的自然观察与政治观察》。他根据伦敦市发表的人口自然变动公报,通过大量观察的方法,对人口的出生率、死亡率、性别比例和人口发展趋势等,做了许多分类、计算和研究,发现了人口与社会现象中重要的数量规律性,如:新生儿的性别比例稳定在14:13;男性在各年龄组中死亡率高于女性;新生儿的死亡率较高,一般疾病与事故的死亡率较稳定,而传染病的死亡率波动较大,等等。在研究中,格朗特不但探索了人口变化和发展的一些数量规律,而且还对伦敦市总人口数量做出了较科学的估计。如果说配第是政府统计的创始人,则格朗特可被认为是人口统计的创始人。《关于死亡表的自然观察与政治观察》所采用的具体的数量分析方法以及各种间接推算统计资料的方法,对统计学的创立也起到了非常重要的作用。政治算术学派是用计量方法研究社会经济问题,运用大量观察法、分类法以及对比、综合、推算等方法解释与说明社会经济生活的。政治算术学派们在自己的著作中构建了初具规模的社会经济统计的研究方法体系。但由于受历史、经济等条件的限制,因此该体系在很大程度上还处于统计核算的初创阶段,只能以简单、粗略的算术方法对社会经济现象进行计量和比较。这个学派还有一些统计学家,也写了不少统计学的著作,已有统计学之实,但政治算术学派一直未采用"统计学"这一科学命名。

国势学派又称记述学派或国情学派,产生于17世纪封建制的德国,其主要代表物人是海尔曼·康令(H. Gonring)和高特弗里德·阿亨瓦尔(G. Achenwall)。这一学说最早提出了"统计学"的名称。在康令之前,欧洲各国已出版有记述各国情况的著作。从1660年开始,康令在西尔姆斯特大学以"国势学"为题讲述了一门课程,内容是各个国家的显著事项,方法则是文字叙述,目的是满足政治家所必需的知识。正由于他们在大学中开设"国势学"课程,该学派由此而得名。阿亨瓦尔是国势学的主要继承人和最有名的代表人物,一生在大学任教。他在1749年出版的《近代欧洲各国国势学论》中,首次使用"统计学"(statistik)这个名称代替了国势学(阿亨瓦尔说过,statistik源自拉丁语status和意大利语state,前者是"现状"或"现势"的意思,后者是"国家的"意思)。阿亨瓦尔对统计学的性质做了解释。他认为统计学是关于各国基本制度的学问,其研究对象是一个国家显著事项的整体。这里的"国家显著事项"是指一个国家的领土、人口、财政、军事、政治和法律制度等,用这些来说明和比较国家的形势,因此称为国势学。国势学派主要通过搜集大量的资料,分门别类记述有关国情、国力的重要事项,如人口、领土、军事、经济、宗教、地理、风俗、货币等。他们的主要目的是向国家的统治者提供一些有关国情的知识。国势学派重视事件的记述,不重视数量的分析,偏重于事物性质的解释,所以从研究方法上不符合统计学的要求。但其研究对象与政治算术学派是相同的,都是对国家主要事项的研究,而且"统计学"这个名称是这个学派起的,所以国势学派对统计学的创立和发展也做了不小的贡献。

政治算术学派和国势学派共存了近200年,两派互相争论也互相影响,但总的来说,政治算术学派的著作有统计学之实,而无统计学之名,国势学派的著作有统计学之名,而无统计学之实,并且政治算术学派的影响要大得多。1850年,德国统计学家克尼斯发表了他的论文《独立科学的统计学》,提出把"统计学"作为政治算术学派的名称,把"国家论"作为国势学派的名称,遂为大多数统计学家所接受,从而平息了两派的学术争论。

就在政治算术学派和国势学派的争论还没有完全平息的时候,统计学又开始向新的领域发展。开辟新领域的是统计学发展史上非常著名的人物——阿道夫·凯特勒。

(二)近代统计学时期

这个时期是从18世纪末到19世纪末。著名的大数法则、最小平方法、相关与回归分析、指数分析法、时间数列分析法以及正态分布等理论都是在这个时期建立和发展起来的。

代表学派主要有数理统计学派和社会经济统计学派。数理统计学派产生于19世纪中叶,创始人是比利时学者阿道夫·凯特勒(A. Quetelet),其是比利时生物学家、数学家和统计学家,其代表作是《社会物理学》和《概率论书简》。他在统计理论上的主要贡献是把概率论引进了统计学,使统计学方法更加科学和准确,从而提出了关于统计学的新概念。他最先运用大数定律论证社会生活现象并非偶然,而是有其发展规律性的。此外,他还运用概率论原理,提出了"平均人"的概念,塑造了一个具有平均身高、平均体重、平均智力和道德品质的典型人物。统计的任务是关于平均人的比较研究,如社会所有的人与平均人的差异愈小,社会矛盾就可以得到缓和。这一理论对于误差法则理论、正态分布理论等有一定影响。他将自然科学的研究方法引入社会现象的研究中,大大丰富了统计学的内容,并认为统计学既研究社会现象又研究自然现象,是一门独立的方法论科学。阿道夫·凯特勒还倡导建立国家统计机构,并担任领导人;倡议并积极推动召开国际统计会议。阿道夫·凯特勒对统计学的发展做出了巨大的贡献,被人们称为"近代统计学之父"。凯特勒根据大数定律的原理提出了大量观察法,利用统计观察资料计算、研究社会现象和自然现象的数量规律性,并用于预测未来的情况。他创立大数法则,认为统计学就是数理统计学。凯特勒开创了统计理论和实际应用的一个新领域,即应用概率论认识随机现象数量规律性的理论和方法。这个新领域起初没有确定的名称,1867年德国数学家威特斯坦(T. Wittstein)发表了题为《数理统计学及其在经济学和保险学中的应用》的论文,因而定名为数理统计学。数理统计学产生较晚,但发展很快。从19世纪中叶到20世纪中叶,概率论的进一步发展为数理统计学的形成和发展奠定了基础,后经过葛尔顿、皮尔逊、鲍莱、友尔、戈塞特、费雪等人的研究和实践,在20世纪中叶,数理统计学即现代统计学的框架基本形成,发展成为一门完整系统的新学科。20世纪50年代后,随着计算机、信息论等现代科学技术的发展,数理统计的理论和应用都进入了一个全面发展的阶段,新领域层出不穷,例如多元统计分析、现代时间序列分析、贝叶斯分析、非参数统计等,有人将其称为新数理统计学派。新的数理学派的主要贡献者是美国统计学家,因此数理统计学派又称为英美学派。同时,数理统计方法的应用领域不断扩展,几乎所有的科学研究都要用到数理统计学,可以说数理统计学已经发展成为一门基础性的方法论科学。19世纪后半叶,正当数理统计学刚开始发展的时候,德国统计学界在政治算术学派的基础上,使统计学有了进一步的发展,形成了社会统计学派。由于该学派在理论上比政治算术学派更加完善,在时间上比数理统计学派提前成熟,因此在统计学界影响较大。社会统计学派产生于19世纪末期,首创者是德国人克尼斯(Kniex),主要代表人物有梅尔、恩格尔,认为统计学的研究对象是社会现象,研究方法是大量观察法,提出统计学是一门实质性的社会科学,是研究社会现象变动原因和规律性的实质性科学。社会统计学派认为,统计学所研究的是社会总体而不是个别的社会现象,由于社会现象的复杂性和总体性,必须对总体进行大量的观察和分析,研究其内在的联系,方能反映社会现象的规律。社会统计学派一方面研究总体,另一方面在研究方法上采用大量观察法,这两方面构成了他们研究的两大特点。社会统计学派在国际统计学界中占有一定的地位,尤其是德国、日本等国的统计学界更受其影响。德国统计学家恩格尔在《比利时工人家庭的生活费》(1895年)一文中,提出了著名的"恩格尔法则",即"家庭收入越多,食品开支费用在家庭收入中所占的比例就越少;家庭收入越少,食品开支在家庭收入中所占的比例就越大"。在此基础上计算的恩格尔系数,一直作为衡量各国生活水平的标准沿用至今。社会统计学包括政治统计、人口统计、经济统计、犯罪统计等多方面内容,与之相应的社会调查与社会研究也有了较大的发展,使其共同成为社会科学研究的重要方法。与此同时,经济调查也迅速发展起来,如1790年美国第一次人口普查,1835年挪威与人口普查相结合的农业统计调查,1846年比利时的农业普查等。这些调查活动为经济问题研究中统计方法本身的发展提供了数据资料。由此可见,政治算术学派为后来的社会经济管理统计的发展奠定了基础。

数理统计学派和社会统计学派已经共存了100多年。总的来说,从19世纪中叶到20世纪初,数理统计学尚未充分发展时,社会统计学占有优势。进入20世纪后,特别是20世纪中叶以来,数理统计学飞速发展,社会统计学则进展不大。目前,在国际统计学界,数理统计学家占有绝对的优势。但数理统计不可能完全代替传统的统计方法,传统的统计方法虽然比较简单,但在社会经济现象和企业管理问题研究中的应用仍然很广泛。

(三)现代统计学时代

这个时期是指自20世纪初到现在的统计学发展时期。在这个时期,数理统计在随机抽样的基础上建立起了推断统计的理论和方法。它是一种以随机抽样为基础理论的有关总体数量特征的方法,导源于英国数学家哥赛特的小样本t分布理论。20世纪初,大工业的发展对产品质量检验问题提出了新的要求,即只抽取少量产品作为样本对全部产品的质量好坏做推断。因为大量产品要做全面的检验,既费时、费钱,又费人力,加之有些产品质量的检验要做破坏性检验,全部检验已不可能。1907年,"学生"(W. S. Gosset 戈塞特的笔名)发表t分布的论文,创立了小样本代替大样本理论,利用t统计量就可以从大量的产品中只抽取较小的样本完成对全部产品质量的检验和推断。费雪(R. A. Fisher)又对小样本理论进一步研究,给出了F统计量、最大似然估计、方差分析等方法和思想,标志着现代统计学的开端。1930年,尼曼(J. Neyman)与小皮尔逊(E. S. Pearson)共同对假设检验理论做了系统的研究,创立了尼曼-皮尔逊理论,同时尼曼又创立了区间估计理论。美国统计学家瓦尔德把统计学中的估计和假设理论予以归纳,创立了"决策理论"。这些研究和发现大大充实了现代统计学的内容。

从20世纪50年代以来,统计理论、方法和应用进入了一个全面发展的新阶段。一方面,统计学受计算机科学、信息论、混沌理论、人工智能等现代科学技术的影响,新的研究领域层出不穷,如多元统计分析、现代时间序列分析、贝叶斯统计、非参数统计、线性统计模型、探索性数据分析、数据挖掘等。另一方面,统计方法的应用领域不断扩展,几乎所有的科学研究都离不开统计方法。因为不论是自然科学、工程技术、农学、医学、军事科学,还是社会科学都离不开数据,要对数据进行研究和分析就必然要用到统计方法,现在连纯文科领域的法律、历史、语言、新闻等都越来越重视对统计数据的分析,国外的人文与社会学科普遍开设统计学的课程,因而可以说统计方法与数学、哲学一样成为所有学科的基础。

20世纪60年代后,数理统计学的发展有如下三个明显的趋势:一是随着数学的发展,数理统计学越来越广泛地应用数学方法;二是数理统计学的新分支或以数理统计学为基础的边缘学科不断形成;三是数理统计学的应用日益广泛而深入,尤其是借助电子计算机后,数理统计学所能发挥的作用日益增强。因此,数理统计学派成为现代统计学的主流。数理统计学家把统计学当作通用于各种现象的方法论科学。

社会主义国家的社会经济统计学是在俄国十月革命后逐步建立和发展起来的。社会经济统计学是以辩证唯物主义和历史唯物主义以及马克思主义的政治经济学作为它的理论指导的。其学术渊源来自古典统计学和凯特勒确定的近代统计学,且深受德国社会统计学派的影响。例如,莫斯科大学教授丘普洛夫认为,统计学是一门社会科学,其特点是利用大量观察法调查社会现象的事实,以发现其中的规律和确定其发生的原因。1954 年,苏联统计科学会议所通过的关于统计学定义的决议把统计学作为一门研究社会经济规律的实质性社会科学,事实上是继承了德国社会统计学派的观点。从 20 世纪 60 年代起,苏联的上述观点已开始有所改变,到 20 世纪 70 年代,有的学者提出把统计学看作一门通用的方法论学科,为此引起了一场新的争论,但绝大部分学者仍同意 1954 年苏联统计科学会议所通过的决议。

新中国成立前,我国的统计学主要受英美数理统计学派的影响。新中国成立后,在社会主义公有制基础上实现了计划经济,吸收了苏联的社会主义统计学。在统计工作方面,我国基本上采用了苏联的组织体制,逐步建立了全国统一的统计机构,制定了一套完整的统计制度和方法,为国家提供了大量的统计资料,对社会主义革命和社会主义建设起到了积极的作用。

进入 20 世纪 80 年代以后,我国计划经济体制向社会主义市场经济体制转轨,统计也进入全面改革的现代化时期。统计科学工作者在总结本国经验的同时,吸收了世界各国统计科学发展的成果,正在努力建设一门具有中国特色的现代统计学。

从统计学的发展过程中,我们可以看到统计学是从研究社会经济现象的数量方面开始的,但其在研究自然现象数量方面得到了不断的完善。从统计学的研究方法中,我们可以了解到统计学虽然是从描述总体现象的数量方面开始的,但在向推断总体现象的数量方面发展;统计学虽然产生于实质性科学,但在向方法论科学方向发展。

1. 统计学是怎样产生的?其发展过程如何?
2. 中国的统计思想前期比西方繁荣,后期发展缓慢,原因是什么?之后的改进措施有哪些?

中国统计学家的先驱

许宝騄(1910 年 9 月 1 日—1970 年 12 月 18 日)原籍浙江杭州,生于北京。著名数学家,中国科学院学部委员。1928 年考入燕京大学化学系,因对数学有浓厚兴趣,1929 年转入清华大学数学系,1933 年毕业,获理学学士学位。1934 年,任北京大学数学系助教,担任正在北京大学访问的美国哈佛大学教授 W. F. Osgood 的助教两年。1936 年赴英留学,被派往伦敦大学学院统计系学习数理统计,1938 年获哲学博士学位。同年,被评为讲师,接替系主任 J. Neyman 的工作在伦敦大学讲课。1940 年发表的两篇论文成为数理统计学科的重要文献,是多元统计分析和 Neyman-Pearson 理论中奠基性的工作,因此获得科学博士学位。

抗日战争爆发后,许宝騄决定回国效劳,终于在 1940 年到昆明,在西南联合大学任教,与华罗庚、陈省身被称为西南联大数学系"三杰"。钟开莱、王寿仁、徐利治等均是他的学生。1945年秋,许宝騄应邀去美国加州大学伯克利分校和哥伦比亚大学任访问教授,各讲授一个学期,学生中有T. W. Anderson,E. L. Lehmann等人。1946年,许宝騄到北卡罗来纳大学任教。一年后,许宝騄决心回国,谢绝了一些大学的聘任,回到北京大学任教授。1948年,许宝騄当选为中央研究院院士。回国不久就发现已患肺结核,他仍带病工作,教学科研一直未断,在矩阵论、概率论和数理统计方面发表了10余篇论文。1955年,许宝騄当选为中国科学院学部委员。1963年,许宝騄身染肺结核,组织屡次安排他休养,他均谢绝,并且一个人领导3个讨论班(平稳过程、马氏过程、数理统计),带领青年人搞科研。在20世纪60年代中期,许宝騄对组合数学有浓厚的兴趣。1966年初,许宝騄与段学复教授联合主持组合数学的讨论班。许宝騄在中国开创了概率论、数理统计的教学与研究工作,在数理统计和概率论方面,他被公认为第一个具有国际声望的中国数学家。

吴定良(1894年2月5日—1969年3月24日),我国著名的生物统计学家、体质人类学家,中央研究院院士。20世纪20年代到30年代中期,潜心于统计学与人类学的学习与研究,创立"相关率显著性表",建立头骨眉间凸度与面骨扁平度的研究方法等,在国际统计学界和人类学界产生重大影响。20世纪30年代后期,他一直致力于中国体质人类学的创立、发展及中国体质人类学人才的培养。

1930年,吴定良经英国统计学家耶尔教授推荐,在荷兰经由"国际统计学社"全体学社员大会投票选举通过,成为第一位华人社员。1934年,由人类学教授马斯介绍吴定良加入"国际人类学社",同年参加在伦敦举行的国际人类学大会,与中国科学家欧阳翥以翔实的论文有力地驳斥了当时盛行的中国人大脑结构和功能不如欧洲人的谬论。

1935年,吴定良受北京大学校长蔡元培的邀请回国,任北京大学统计学教授。后又受中央研究院院长蔡元培邀请,筹建中央研究院历史语言研究所人类学组。在中央研究院工作期间,吴定良发表了10余篇体质人类学方面的论文,并创刊和主编了《中国人类学志》(正式定名为《人类学集刊》),对中国人类学的发展起到奠基性作用。1945年抗日战争胜利后,吴定良应浙江大学校长竺可桢的邀请,任该校史地系教授,开设普通人类学及统计学课程。1947年9月,浙江大学成立人类学系与人类学研究所,吴定良任系主任兼所长,为中国培养了第一批体质人类学的科研人员与师资力量。1948年,吴定良当选为中央研究院第一届院士。1946年至1948年,吴定良还兼任暨南大学人类学系教授。

1950年5月,吴定良与卢于道、欧阳翥、刘咸等教授在杭州组织成立中国人类学学会,吴定良当选为理事。1952年,全国高校院系调整,吴定良从浙江大学转入上海复旦大学任教。20世纪50年代是吴定良在人类学研究方面的一个丰收期,研究内容涉及人类进化、现代人体质、测量仪器的改进等方面,吴定良开始了对人类工效学这一新领域的探索。在搞科研的同时,吴定良承担了体质人类学、古人类学、人体形态学、生物统计学等多门专业课的教学任务。吴定良一生生活俭朴,勤奋工作,在晚年冠心病已相当严重的情况下,仍不肯养病休息,而是继续埋首于繁重的教学、科研和行政工作之中。1961年,为了解决上海水产学院缺乏师资的困难,吴定良不顾自己的病痛,仍讲授统计学课程。1962年,吴定良积劳成疾,患中风半身瘫痪,卧床不起。但他在病榻上并未静心休养,还指导研究生的教学和科研工作,并坚持整理自己的科研资料。

(资料来源:https://www.bilibili.com/video/BV1N5411o7ce/)

> **课程思政**

点评： 统计思想中国自古有之，但是许宝騄、吴定良等老一辈科学家将西方统计学以及苏联的社会统计学引入中国，创立了统计学术组织以及统计学一级学科，培养了一大批统计学人才，解决了一系列难题，为中国统计学的发展做出了重要贡献。

育人元素： 新中国成立后，许宝騄、吴定良等统计学领域内的顶级科学家毅然放弃在国外的优厚待遇，将祖国的发展和兴旺作为毕生目标与使命，在国内建立统计学组织，培养统计学人才，对中国统计学不遗余力地进行探索和推广。这些先进事迹可以让同学们感受到老一辈科学家对祖国的浓厚感情和对新中国建设的责任感，从而引导同学们将科技兴国作为己任，培养学生的爱国情怀，增强学生的民族使命感与责任感。

三、统计学的分科

统计方法已被应用到自然科学和社会科学的众多领域，统计学也发展成为由若干分支学科组成的学科体系。从统计方法的构成来看，统计学可以分为描述统计学和推断统计学；从统计方法研究和统计方法的应用角度来看，统计学可以分为理论统计学和应用统计学。

（一）描述统计学和推断统计学

描述统计是来描绘或总结的观察量的基本情况的统计总称。描述统计学是研究如何取得反映客观现象的数据，并通过图表形式对所收集的数据进行加工处理和显示，进而通过综合概括与分析得出反映客观现象的规律性数量特征的一门学科。描述统计学内容包括统计数据的收集方法、数据的加工处理方法、数据的显示方法、数据分布特征的概括与分析方法等。通过对数据资料进行图像化处理，将资料摘要变为图表，可以直观了解整体资料分布的情况。通常会使用的工具是频数分布表与图示法，如多边图、直方图、圆形图、散点图等。

通过分析数据资料，可以了解各变量内的观察值集中与分散的情况。运用的工具有：集中量数，如平均数、中位数、众数、几何平均数、调和平均数等；变异量数，如全距、平均差、标准差、相对差、四分差等。

推断统计学则是以概率论为基础，用随机样本的数量特征信息来推断总体的数量特征，做出具有一定可靠性保证的估计或检验。推断统计学的理论认为，虽然我们不知道总体的数量特征，但并不需要搜集总体所有单位的数据，也不需要弄清楚样本每一单位与总体之间的具体联系，只要根据样本统计量的概率分布与总体参数之间存在的客观联系，就能用实际的样本数据按一定的概率模式对总体的数量特征做出符合一定精度的估计或检验，即研究如何根据样本数据去推断总体数量特征的方法，它是在对样本数据进行描述的基础上，对统计总体的未知数量特征做出以概率形式表述的推断。但推断统计学不能替代描述统计学，描述统计学的方法始终是最基本的统计方法，也是推断统计学的基础。

描述统计学和推断统计学的划分，一方面反映了统计方法发展的前后两个阶段，同时也反映了应用统计方法探索客观事物数量规律性的不同过程。

统计研究过程的起点是统计数据，终点是探索出客观现象内在的数量规律性。在这一过程中，如果搜集到的是总体数据（如普查数据），则经过描述统计之后就可以达到认识总体数量规律性的目的了；如果所获得的只是研究总体的一部分数据（样本数据），要找到总体的数量规律性，则必须应用概率论的理论并根据样本信息对总体进行科学的推断。

显然,描述统计和推断统计是统计方法的两个组成部分。描述统计是整个统计学的基础,推断统计则是现代统计学的主要内容。由于在对现实问题的研究中,所获得的数据主要是样本数据,因此推断统计在现代统计学中的地位和作用越来越重要,已成为统计学的核心内容。当然,这并不等于说描述统计不重要,如果没有描述统计收集可靠的统计数据并提供有效的样本信息,即使再科学的统计推断方法也难以得出切合实际的结论。从描述统计学发展到推断统计学,既反映了统计学发展的巨大成就,也是统计学发展成熟的重要标志。

推断统计学的理论基础是统计决策理论,由两个部分组成:估计理论和假设检验理论。

2020年以来,世界各地的统计学工作者在疫情的预测、防控、决策、评估等多方面发挥了重大作用,充分体现了统计学科的责任与担当。以下主要简介实时再生数、传播动力学模型、潜伏期分布、统计描述可视化等统计学方法在新冠疫情防控中的应用。

相关部门以及各大媒体定期采用数据统计、表格、图形、地图等形式对疫情发展进行适时公布,让公众对相关情况有一定的了解。其中,流行曲线和统计地图在疫情概况报告中被广泛使用。流行曲线是以适当的时间间隔为横坐标,以病例数为纵坐标,可将病例发生的时间分布绘制成直方图或线图。在新冠疫情的发布信息中,流行曲线使复杂的统计数据简单化、形象化(见图1-1)。统计地图是以地图为底图,用各种几何图形、不同线纹、颜色等呈现指标数值的大小及其分布状况。在新冠疫情的信息发布中,通过统计地图即可看到各行政区域的疫情数据和变化情况,直观形象。

在新冠疫情防控中,核酸采样、医疗资源等数据统计及其可视化的表现形式给相关部门提供了大量的信息支撑,为筛查、追踪、管控和隔离作出了重要贡献,让人们直观感受到了信息的公开、透明、及时。此外,我们必须清楚,加强数据采集流程、数据质量控制和数据互联互通,是提升疫情防控能力的关键环节。

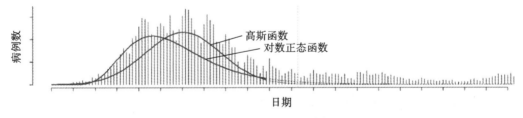

图1-1　某地区新冠疫情流行曲线示意图

资料来源:中华预防医学会生物统计分会。

怎样理解描述统计和推断统计在统计方法探索数量规律性方面的地位和作用?

(二)理论统计学和应用统计学

统计学可以简单地分为两大类:一类是以抽象的数量为研究现象,研究一般的控集数据、分析数据方法的理论统计学;另一类是以各个不同领域的具体数量为研究对象的应用统计学。理论统计学是指统计学的数学原理,它主要研究统计学的一般理论和统计方法的数学理论。由于现代统计学用到了几乎所有方面的数学知识,因此从事统计理论和方法研究的人员需要有坚实的数学基础。此外,由于概率论是统计推断的数学和理论基础,因而广义地讲统计学也是应该包括概率论在内的。理论统计学是统计方法的理论基础,没有理论统计学的发展,统计学也不可能发展成为像今天这样一个完善的科学知识体系。

在统计研究领域,从事理论统计学研究的人相对只有很少的一部分,而大部分人则是从事应用统计学研究的。应用统计学主要从应用的角度阐述统计数据或统计信息获取、处理、推断、分析和应用的一系列统计理论和统计方法。应用统计学的研究对象是现象总体的数量方面,即现象总体的数量特征和数量关系。由于在自然科学及社会科学研究领域中,都需要通过数据分析来解决实际问题,因而统计方法的应用几乎扩展到了所有的科学领域。例如,统计方法在生物学中的应用形成了生物统计学,在医学中的应用形成了医疗卫生统计学,在农业试验、育种等方面的应用形成了农业统计学。统计方法在经济与社会科学研究领域的应用也形成了若干分支学科。例如,统计方法在经济领域的应用形成了经济统计学及其若干分支,在管理领域的应用形成了管理统计学,在社会学研究和社会管理中的应用形成了社会统计学,在人口学中的应用形成了人口统计学,等等。以上这些应用统计学的不同分支所应用的基本统计方法都是一样的,即都是描述统计和推断统计的主要方法。但由于各应用领域都有其特殊性,统计方法在应用中又形成了一些不同的特点。

编写本教材主要是为高等院校经济学、管理学门类的学生提供一本统计学的教科书,因而侧重于介绍统计方法的应用条件和统计思想,使学生通过本教材的学习,能够应用统计方法去解决实际生活中的一些基本问题。

第二节 统计学的研究对象和职能

现实生活中,我们常常会接触到类似引导案例中的数据,这些数据是哪里来的?政府部门发布这些数据对我们的日常生活有什么意义?这些数据将如何运用?这就是统计学这门课需要解决的问题。

一、统计的概念

"统计"一词是由英语 statistics 翻译而来的,这一词起源已久,它是随着人类社会的发展和治国管理的需要而产生和发展起来的,至今已有四五千年的历史,其内涵随着历史的发展屡有变化。在我国古代,统计仅仅具有数字总计的意思。就这个含义而言,已有四五千年的历史了。据《尚书》记载,公元前 2000 多年,国家进行天文观测和居民生活条件的调查,建立了贡赋制度和劳役制度,从中可以看出,数量和分组的初步概念已经形成。封建社会各个王朝也有过不同的计数方法和要求。我国秦朝的商鞅变法就提出过关于人口、农产品和牲畜等的分类调查要求,唐朝有计口授田的统计计算,明朝和清朝还有保甲户口经常登记制度等。统计作为人类认识客观事物的重要方法,因其研究对象和内容具有明显的特殊性,它不但形成了一种独立的、有独特方法的工作,更成了一门系统的关于统计方法论的学科。在现实生活中,统计具有多种含义,在不同的场合,可以有不同的理解。从字面上理解,"统计"一词即"统而计之"的意思。有些时候有人介绍自己的工作时讲到"我是搞统计的",这里的"统计",一般是指统计工作;在报告中,时常可看到"依据上述统计",这里的"统计",一般是指统计资料;大学生课程中包括"统计",这里的"统计",

一般是指统计学。总而言之,"统计"一词可以有三方面:统计工作、统计资料、统计学。

(一)统计工作

统计工作,即统计活动,是指统计的实践过程,根据统计研究的目的和要求,在一定的统计理论指导下,运用科学的统计理论方法从事统计设计、统计调查、统计整理、统计分析的工作过程。其成果是统计资料。统计工作是统计的基础,也是"统计"一词最基本的含义,没有统计工作就不会产生统计资料,而没有丰富的统计实践活动,也不会产生统计科学。

(二)统计资料

统计资料,即统计工作的结果,是指经过统计调查、整理和分析所得出的统计数据以及利用统计数据编制而成的统计图表、统计年鉴和统计分析等。统计资料包括初次获得的原始数据资料及次级资料,其内容是反映社会经济现象的规模、水平、速度、结构、比例关系、变动规律等的数字或文字资料,其形式有统计表、统计图、统计年鉴、统计公报、统计报告和其他有关统计信息的载体等。

(三)统计学

统计学即统计理论,是指从统计工作实践中概括、提炼、总结出来的统计理论和方法。本书专门阐述作为社会科学分支的统计学理论和方法,即社会经济统计学,主要论述对社会经济现象如何进行统计设计、统计调查和统计整理以及分析统计资料的理论和方法。其目的是探索事物的发展变化规律,以实现对客观现象的科学认识。

统计工作、统计资料、统计学是密切联系、缺一不可的,是一个事物的三个方面。第一,统计工作和统计资料是统计活动和统计成果的关系:一方面,没有统计工作,就无法得到有用的统计资料,统计工作过程的好坏直接影响到统计资料质量的高低;另一方面,统计资料的需求支配着统计工作的安排。第二,统计学与统计工作是统计理论和统计实践的关系:一方面,理论来源于实践,统计学可以说是统计工作实践经验的系统化、条理化,是统计工作发展到一定程度的成果;另一方面,统计学反过来指导统计实践,为统计工作提供理论和方法的指导。基于此,统计实践水平的提高与统计科学的进步有着密切的关系,不可分离。

统计的含义及其联系如图1-2所示。

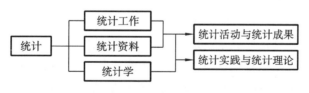

图1-2 统计的含义及其联系

请思考

下列句子中"统计"一词的含义各是什么?
(1)李小雪是学统计的。
(2)小张已经做了几年的统计。
(3)据统计,今年一季度某种商品物价出现了负增长。
(4)请统计一下今天学生的出勤人数。

经典实例

"啤酒与尿布"的故事产生于20世纪90年代的美国沃尔玛超市,沃尔玛超市的管理人员分析销售数据时发现了一个令人难以理解的现象:在某些特定的情况下,啤酒与尿布两件看上去毫无关系的商品会经常出现在同一个购物篮中,这种独特的销售现象引起了管理人员的注意,经过后续调查发现,这种现象出现在年轻的父亲身上。正是通过对超市一年多的原始交易数据进行详细分析,他们发现了这一神奇组合。

在美国有婴儿的家庭中,一般是母亲在家中照看婴儿,年轻的父亲前去超市购买尿布。父亲在购买尿布的同时,往往会顺便为自己购买啤酒,这样就会出现啤酒与尿布这两件看上去不相干的商品经常出现在同一个购物篮中的现象。如果某位年轻的父亲在卖场只能买到两件商品之一,则他很有可能会放弃购物而到另一家商店,直到可以一次同时买到啤酒与尿布为止。沃尔玛超市发现了这一独特的现象,开始在卖场尝试将啤酒与尿布摆放在相同的区域,让年轻的父亲可以同时找到这两件商品,并很快地完成购物;而沃尔玛超市也可以让这些客户一次购买两件商品而不是一件,从而获得了很好的商品销售收入。

当然,"啤酒与尿布"的故事必须具有技术方面的支持。1993年,美国学者Agrawal提出通过分析购物篮中的商品集合,从而找出商品之间关联关系的关联算法,并根据商品之间的关系,找出客户的购买行为。Agrawal从数学及计算机算法角度提出了商品关联关系的计算方法——Aprior算法。沃尔玛超市从20世纪90年代尝试将Aprior算法引入POS机数据分析中,并获得了成功,于是产生了"啤酒与尿布"的故事。

二、统计学的研究对象及其特点

(一)统计学的研究对象

不论是自然现象还是社会现象,都存在质与量两个方面,二者是辩证统一、密切联系的。事物的质是通过量表现出来的,没有量也就没有质,量的积累达到一定界限,才能引起质的飞跃。因此,要研究事物的存在和发展,并掌握其发展规律,必须研究事物的量的方面,研究事物发展规律性在具体时间、地点、条件下的数量表现。为此,世界万物都有自己的数量,事物的变化也是由量变到质变的一个过程。从数量上认识事物,是马克思列宁主义的一种科学的认识方法。通过对客观现象数量方面的认识、搜集、整理、分析研究,可以从数量方面认识客观现象的综合特征、数量关系和发展规律,从而达到认识客观事物本质的目的。

统计学是长期的统计实践的理论概括和科学总结,是逐渐形成的完整的科学体系。统计学与统计工作的对象是一致的。统计工作是从实践方面研究具体的客观规律和发展规律;统计学则是从理论角度为统计工作提供数量研究和认识规律的科学方法,包括指导统计工作的原理和原则、统计核算方法、统计分析方法及组织方法。统计学的研究对象是大量社会经济现象总体的数量方面,即研究社会经济现象总体的数量特征和数量关系(规律),具体指社会经济现象的规模、水平、比例、结构、速度、普遍程度等。具体地说,就在质与量的辩证统一中研究大量社会经济现象总体的数量方面,反映社会现象发展变化的规律性在具体时间、地点和条件下的数量表现,揭示事物的本质、相互联系、变动规律性和发展趋势。

社会经济现象的数量方面所涉及的内容很广泛,主要包括:人口数量和劳动力资源,社会财富和自然资源,社会生产和建设,商品的交流和流通,国民收入分配和国家财政,金融、信贷、保险事业,城乡人民物质、文化、政治生活,科学技术进步与发展等。这些都是国民经济和社会发展的总体情况,是社会经济现象的基本数量特征和数量关系,它构成了我们对社会的基本认识。在社会主义现代化建设中,如果不能准确、及时、全面、系统地掌握这些数量及其变化的信息,就不可能加强经济管理和经济研究,必然导致决策上的失误。所以,经济越发展,越需要加强统计工作。

(二)统计学研究对象的特点

1. 数量性

前面已阐述统计研究的对象是大量的社会经济现象的数量方面,包括现象数量的多少(即研究现象的规模、大小、水平等)、现象之间的数量关系(即研究现象的内部结构、比例关系与相关关系)和现象变化的数量界限(即研究现象的质与量互变的界限,研究质和量的统一)。这是社会经济统计区别于其他社会调查研究活动的基本特点。统计研究对象的数量性,是统计与其他调查研究活动的根本区别,也是统计的基本特征。无论是统计工作、统计资料还是统计学,都离不开数量这个中心,没有数量,就没有统计。统计对现象"量"方面的认识,不是抽象的纯数量研究,而是具体的、与现象的"质"紧密结合在一起的。同时应注意的是统计的定量研究是建立在定性研究的基础上的。例如,要想知道国内生产总值是多少,必须搞清楚什么是国内生产总值,国内生产总值和国民生产总值有什么区别,与社会总产值又有何区别,等等。

经典实例

有一个统计学家,他有四个孩子,他从来没有照顾过这四个孩子。在一个星期六的下午,他的妻子要外出买东西,请他帮忙照顾一下孩子。统计学家勉强答应照看一下四个年幼好动的孩子。当妻子回家时,他交给妻子一张纸条,上面写着:"擦眼泪 11 次,系鞋带 15 次,给每个孩子吹玩具气球各 5 次,每个气球的平均寿命 10 秒钟,警告孩子不要横穿马路 26 次,孩子坚持要穿马路 26 次,我还要再过这样的星期六 0 次。"

2. 总体性

统计是以社会经济现象总体的数量特征作为研究对象的,即统计要对总体中各单位普遍存在的事实进行大量观察和综合分析,得出反映现象总体的数量特征。社会经济统计是从对大量个别单位的观察入手,而其目的是认识社会经济现象总体的数量特征和数量关系(规律),具体指社会经济现象的规模、水平、比例、结构、速度、普遍程度等。客观现象往往是由多个个体构成的,大量个体的特征千差万别,如果统计只进行个体的研究,将无规律可循,更不可能达到认识客观现象本质规律这一目的。如研究某地的物价变动情况,目的不在于了解某一次买卖的商品价格,而是要研究多次买卖中的价格水平和变动情况等。统计要研究人口的年龄状况,就不能根据个别人的年龄,而要通过大量的个别人的资料,经过综合得出全体人口的年龄状况。

另一方面,统计的总体性是从整体上反映和揭示现象本质特征和规律,而不在于对个别事物的研究。统计研究现象的全体,并非不考虑个体现象的特征,事实上统计对总体的认识又是从对个体的认识开始的。例如,工业统计的目的是了解全部工业企业的各种综合特征,通过对每个工业企业有关资料的调查，获得对工业企业整体的认识，并通过工业产值、利税额、产值利税率等指标来说明全部工业企业生产经营活动的总规模、总水平以及总体经济规模等。值得注意的是，虽然强调统计的总体性，但并不排除对个别现象数量特征的研究。

3. 具体性

统计的具体性是指统计所研究的数量方面，都是客观现象在一定时间、地点、条件下的数量表现，而非数学中抽象的数字。这是统计学和数学的重要区别。例如，某地区2017年粮食产量1000万吨，比上年增产50万吨，增长5.26%，这些数字都是客观存在的数量特征，反映了2017年某地区粮食生产的水平以及增长速度。而去掉具体时间、地点、条件的数字，不是统计数字。统计研究的数量是客观存在的，而且又是发生了的具体的事实。但是，社会经济现象的数量随着时间、地点和条件的变化，也会发生变化。因此，统计研究的数量必须是在一定的时间、地点和条件下的数量，这样数量才具有可比性，其对比结果才符合客观实际情况，对今后的经济工作才能起指导作用。

4. 社会性

社会经济统计的数量总是反映人们社会生产生活的条件、过程和结果，是人类有意识的社会活动的产物。所有的统计数字总是与人们的利益有关，反映着人们之间的相互关系。统计所研究的社会经济现象的数量方面，绝不是纯数量上的研究，而是在质与量密切结合中的数量。任何现象都是质与量的辩证统一体，任何质量都表现为一定数量，没有数量就没有质量，因此，必须在质与量的统一中，研究社会经济现象的数量方面。例如，要统计工业总产值，就要按照工业生产的质的规定性，确定它的概念、范围和内容，然后规定统计产值数量的方法。要统计劳动工资的数量表现，就要从其质的规定性弄清楚工资的含义和计量的范围。再如，从生产发展中看国家、集体和个人的关系，从收入分配中看职工与农民的关系，从商品流通中看产、供、销的关系等。如果离开社会经济现象的质的规定性，统计就不能正确反映社会现象的数量关系。

请思考

(1) 统计的总体性排斥对个别典型事物的深入研究吗？

(2) 统计数据与数学中的数字有什么区别？

(三) 统计学的应用领域

目前，统计方法已被应用到自然科学和社会科学的众多领域，统计学也已发展成为由若干分支学科组成的学科体系。可以说，几乎所有的研究领域都要用到统计方法。统计学提供了探索数据内在规律的一套方法。例如，在进行农作物试验时，如果其他试验条件相同，我们会发现某种粮食作物的产量会随着某种施肥量的增加而增加。当最初增加施肥量时，产量增加较快，以后增加同样的施肥量，粮食产量的增加逐渐减少。当施肥量增加到一定数值时，产量不再增加。这时如果再增加施肥量，产量反而会减少。粮食产量与施肥量之间的这种数量关系，就是我们所要探索的数量规律性，可以用统计学中的相关关系来加以解释，即如果我们能从大量的试验数据中用统计方法找出产量与施肥量之间的数量关系，就可以确定出最佳的施肥量，以求得最大的效益。

上述例子说明，就一次的观察或试验来说，其结果往往是随机的，但通过多次观察或试验得到大量的统计数据，利用统计方法是可以探索出其内在的数量规律性的。因此，统计学是一门应用性很强的学科，几乎所有的学科都要研究和分析数据，统计学与几乎所有的学科领域都有着或多或少的联系。这种联系表现为统计方法可以帮助其他学科探索学科内在的数量规律性，而对这种数量规律性的解释并进而研究各学科内在的规律，还需要由各学科的研究来完成。也就是说，要在用统计方法进行定量分析的基础上，应用各学科的专业知识对统计分析的结果做出合理的解释和分析，才能得出令人满意的结论。

三、统计工作的任务和统计的职能

（一）统计工作的任务

统计工作的作用体现于统计工作的任务中。切实地完成统计工作的任务，才能充分发挥统计工作的作用。《中华人民共和国统计法》（简称《统计法》）规定：统计工作的基本任务是"对经济社会发展情况进行统计调查、统计分析，提供统计资料和统计咨询意见，实行统计监督"。统计工作，是搜集、整理、分析和研究统计数据资料的工作过程。统计工作在人类历史上出现比较早。随着历史的发展，统计工作逐渐发展和完善起来，使统计成为国家、部门、事业和企业、公司和个人及科研单位认识与改造客观世界和主观世界的一种有力工具。统计工作，可以简称为统计。例如，某统计师在回答自己的工种时，会说"我是干统计的"，这里所说的"统计"指的就是统计工作。统计是认识社会的一个有力武器，是对国民经济和社会发展事业科学管理的一种重要工具，是监督的一种重要手段。具体来讲，统计工作的任务有以下几个方面：

1. 为各级党政领导了解情况、决定政策和指导工作提供依据

进行社会主义现代化建设，不论是制定经济政策，还是指导工作，都离不开对实际的了解。众所周知，统计是用数字语言来表述客观事实的。统计机关应该成为各级党政领导部门的调查研究机关，统计工作应该成为各级党政领导开展各项工作的助手和耳目。统计工作的重要任务之一，就是要围绕党在各个时期的中心工作，及时地提供准确、系统、全面的调查统计资料（包括基本统计资料、典型调查资料、抽样调查资料、重点调查资料和各种统计分析报告等），如实地反映国民经济和社会发展的情况和问题，为各级党政领导了解情况、决定政策和指导工作提供可靠的依据。

2. 为编制国民经济计划和监督检查政策、计划的执行情况提供依据

为了保证国民经济和社会事业的顺利发展，国家首先需要按照有计划、按比例发展的规律来制订计划，并通过计划对国民经济和社会事业实行科学的管理和指导。而统计是制订计划的基础，没有统计，就不可能有正确的计划。为了使计划建立在科学可靠的基础之上，就需要由统计部门提供大量准确的历史资料和现实资料，作为制订计划的依据；在计划的执行过程中，还需要通过统计来检查计划的执行情况，说明计划的完成程度，分析计划完成或未完成的原因，总结先进经验，找出薄弱环节和工作中存在的问题，提出解决问题的办法和改进工作的意见。在检查计划时，特别要注意党和国家的方针政策的贯彻执行情况，充分发挥统计的监督作用。

3. 为加强业务管理、提高经济效益提供依据

统计是对国民经济和社会事业实行科学管理的重要工具。各地方、各部门为了对企事业实行科学的管理，需要经常地了解各项业务活动的进展情况和经营成果，实行经济核算制，以最小

的消耗取得最佳的经济效果。衡量经济效果,就需要规定一系列反映经济效果的统计指标,叫作经济指标。例如,在工业部门规定了产量、品种、质量、消耗、劳动生产率、成本、利润和资金占用率等八项主要经济技术指标,在外贸部门规定了销售额、利润(亏损)额、费用水平和资金周转次数等四项主要经济指标。统计核算的目的,就是要综合地反映这些指标的完成情况,并通过对经济活动和经济效果的分析,提高企事业的经济效益。

4. 为开展科学研究和宣传工作提供统计资料

为了搞好科学研究和宣传教育工作,需要由统计部门提供大量的、丰富的统计资料。《中国统计年鉴》的出版,为开展科学研究和宣传教育工作创造了有利的条件。为了完成上述任务,必须建立和健全各级统计机构,培养一支业务熟练的统计队伍,这是完成各项统计工作任务的组织保证,也是充分发挥统计工作作用的前提和条件。

(二)统计的职能

统计的职能是指统计工作在社会经济管理中所具有的功能。《中华人民共和国统计法》第二条规定:统计的基本任务是对国民经济和社会发展情况进行统计调查、统计分析,提供统计资料和统计咨询意见,实行统计监督。这从法律的意义上,规定了统计的职能主要为以下三方面:

1. 信息职能

统计的信息职能是指统计具有一整套科学统一的统计指标体系和统计调查方法,运用其特有的方法,搜集、整理、分析相关数据,并向社会提供大量综合反映客观事物总体数量特征等方面数据资料的职能。信息职能是统计的基本职能。

在信息社会中,信息是资源,谁掌握了信息谁就拥有主动权。统计的信息职能使之成为国家经济管理的基础性工作之一。现代社会每个国家都设立独立的统计系统,以获得社会、经济、技术等方面的信息,为国家宏观调控提供决策依据。每个社会组织也会设立统计机构,以准确把握自身经营及社会、市场等方面的信息。例如,我国从新中国成立伊始,就由新中国政务财政经济委员会于中央财经计划局内设立了统计处,并于1952年8月正式成立国家统计局。

2. 咨询职能

统计的咨询职能是指统计利用所掌握的大量统计信息资源,运用科学分析方法和先进技术手段,通过分析研究,为社会经济活动的科学决策和管理提供咨询建议或备选方案的职能。统计咨询职能是统计信息职能的延续和深化。开展统计咨询,是在社会经济管理活动中,更广泛地运用统计方法和更充分地发挥统计信息资料作用的最直接的体现。咨询职能要求统计部门、统计工作不仅要发挥信息库、数据库的作用,而且要发挥思想库、智囊库的作用。统计咨询分为有偿咨询和无偿咨询。统计咨询应更多地走向市场。

3. 监督职能

统计的监督职能是指通过统计调查、整理和分析,及时把握社会经济、科技运行等的现状及未来发展的趋势,并对其实行全面、系统的定量检查、监测和预警,根据需要进行调整,促使社会经济运行不偏离正常轨道的功能,可以促进社会经济按预定目标协调发展。

统计的三种职能,相互作用、相辅相成。首先,采集和提供信息是国家统计系统最基本的职能,统计信息职能是统计最基本的职能,是统计咨询、统计监督职能的基础;其次,统计咨询职能和统计监督职能,是统计信息职能的延续和深化,它使采集的信息得以在科学决策、经营管理以及社会实践中发挥作用；最后，统计监督职能则是对信息和监督职能的进一步拓展，统计监督职能的强化，又必然要对信息与咨询职能提出更高的要求，从而促进统计信息与咨询职能的优化。总之，统计的信息、咨询、监督职能是彼此依存、相互联系的，它们共同构成了一个完整的有机整体。在大会各自职能的基础上，对三种职能进行优化和整合，形成合力，就能充分发挥统计在国家现代化管理过程中的作用。

课堂讨论

你去买菜的时候，发现买菜小贩的西红柿分成两堆：要是自己挑，3元钱一斤；不许挑随意捡的话，2元钱一斤。那么挑还是不挑呢？

提示：假设西红柿一斤10个，选取某个局部。

(1) 10个西红柿里只有2个不能接受：

挑：一斤西红柿中每个西红柿的价格＝3元/10＝0.3元

不挑：一斤西红柿中每个西红柿的价格＝2元/8＝0.25元

(2) 10个西红柿里有5个不能接受：

挑：一斤西红柿中每个西红柿的价格＝3元/10＝0.3元

不挑：一斤西红柿中每个西红柿的价格＝2元/5＝0.5元

经典实例

党的二十大报告指出："全面依法治国是国家治理的一场深刻革命，关系党执政兴国，关系人民幸福安康，关系党和国家长治久安。必须更好发挥法治固根本、稳预期、利长远的保障作用，在法治轨道上全面建设社会主义现代化国家。"这为我们立足新征程，在法治轨道上全面建设社会主义现代化国家提供了根本遵循。系统将立足统计调查本职工作，深入贯彻党的二十大精神，对标法治工作新目标新要求，扎实推进"依法统计、依法治统"向纵深发展，切实发挥统计法治保障作用。

固数据质量之根本。高质量的统计数据，是形成各类统计分析研究、提供政策参考的基石，也是统计调查工作的根本所在。近年来，中央先后印发了《关于更加有效发挥统计监督职能作用的意见》等多部统计重要文件，出台了《中华人民共和国统计法实施条例》，修改了《全国经济普查条例》，全国人大常委会对《中华人民共和国统计法》实施情况进行了检查，并将适时进行修订。这一系列重大举措，不仅体现了党中央、国务院维护统计调查数据质量的坚定决心，而且赋予了"依法统计、依法治统"更强大的运行生命力与权威性，充分保证了在规范统计流程、治理统计数据、防惩统计造假等各个环节有法可依，有据可循。系统将全面贯彻落实习近平总书记对统计工作的指示批示精神和相关统计法律法规文件，主动担当监督职责，持续开展自查纠正，不断加强统计执法监督检查力度，以法治正气刮骨疗毒、剜脓去疮，时刻筑牢防范和惩治统计造假弄虚作假防线，坚持独立行使职权，杜绝非法干扰，去除杂音水分，有效确保统计数据真实可信，坚定依法治统不动摇，筑起数据质量的铜墙铁壁。

稳监测评价之预期。统计监督的五大任务之一就是依法独立履行监测评价职能。统计部门要充分利用国家、部门、地方常规统计调查和重大国情国力调查取得的数据,对各地区各部门贯彻落实经济社会发展重大决策部署、执行中长期经济社会发展规划等情况,进行监测评价,用数字真实描绘出在党的领导下,国家国力不断强盛、人民生活日益富足、社会经济繁荣稳定、民族自信持续增强的国家画卷,生动反映中国共产党为民造福、坚持人民至上的执政理念和团结带领全国各族人民全面建成社会主义现代化强国的坚定步伐。系统将始终把依法独立履行监测评价职能作为核心任务,立足职能优势,紧盯"十四五"发展进程,加强动态监测,认真研究新形势下统计服务新特点、新规律,结合省情针对开展快速调查、专题调研,创新工作思路、夯实工作基础、拓展信息渠道,坚持依法统计,不断加强常规统计调查数据的挖掘分析,推进优化地区经济社会民生领域统计研究分析,持续用高效能的统计数据服务,反映中央各项重大决策部署预期发展情况,切实发挥守初心、稳民心、提信心的保障作用。

利统计改革之长远。完善统计体制机制,改革统计制度方法,变革统计生产方式,发挥统计的监督职能作用,提升统计服务水平,增强统计保障能力,加快建设与国家治理体系和治理能力现代化要求相适应的现代化统计调查体系,是"十四五"时期统计现代化改革的主要目标,更是统计工作行稳致远的长远之计。深入推进改革,统计部门要尊崇法治、求真务实,坚持以法治监督为原则,完善统计法治体系,运用法治思维和法治方式提高统计数据治理能力,更好发挥统计督察的监督作用、执法检查的震慑作用和统计法治的保障作用。展望未来,系统将牢牢把握"为民调查、崇法唯实"的国家调查队精神,持续完善统计法律法规体系,建立健全尊法学法守法用法的长效机制,进一步增强统计法治监督的执行力和震慑力,加快统计领域信用建设,严格规范执行国家统计调查制度,有力落实防范和惩治统计弄虚作假责任制,营造调查对象依法如实上报源头数据,统计领域不敢造假、不能造假、不想造假的良好统计生态,努力实现统计权利受保护、统计权力被监督、统计违法必追责、统计秩序有保障的法治格局,为统计现代化改革打下坚实的法治基础,有利于统计调查事业长远发展。

(资料来源:https://baijiahao.baidu.com/s?id=1757112742029709322&wfr=spider&for=pc)

课程思政

点评:统计工作将始终以党的二十大精神为指引,把法治工作贯穿到统计调查事业全局中,以高质量的统计法治护航高质量的统计数据,为全面建设社会主义现代化国家提供坚实的统计保障。

育人元素:在获取数据过程中可能存在的虚假行为,应强调数据来源渠道的正当性以避免获取虚假数据,避免收集危害社会安全的非正当来源数据。引导学生在统计调查过程中实事求是、严谨求真,培养学生耐心细致的工作作风和严肃认真的科学精神。

请思考

从统计职能的角度说明统计的现实意义。

第三节 统计工作的过程和方法

一、统计工作的过程

任何一项统计实践活动,都有完整的工作过程。如为了解全国工业产值、利润、收入等资料,如何向分布在全国各地的数十万个工业企业进行此项统计调查研究工作内容,这是一个很复杂的问题。通常情况下,首先由国家统计局根据统计研究的目的,设计制定出统一的调查方案;而后通过各级、各部门的统计机构对每一个工业企业进行调查;然后对调查搜集到的原始资料进行整理汇总,并计算出工业产值、利润、收入等指标;在数据计算整理的基础上进行数量分析,才能使人们对全国工业企业总体的生产规模水平、结构比例和发展变化的规律获得比较全面、深刻的认识。由此可知,统计工作过程一般包括统计设计、统计调查、统计整理、统计分析四个步骤,如图 1-3 所示。

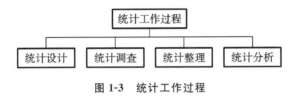

图 1-3 统计工作过程

(一) 统计设计

统计设计是统计工作的准备阶段。统计设计就是根据统计研究对象的特点和研究的目的、任务,对统计工作的各个方面与各个环节的整体考虑和安排,是统计工作的第一个阶段。统计设计的结果表现为各种统计设计方案。统计设计的内容贯穿于统计工作的全过程。如果没有统计设计阶段,整个统计工作就会杂乱无章,也就难以达到统计研究的目的,不能完成统计研究的任务。

(二) 统计调查

统计调查是按照调查方案搜集原始资料和相关资料的阶段过程,是统计整理和统计分析的基础。统计调查是指根据统计设计的内容、指标和指标体系的要求,有计划、有目的、有组织地搜集统计原始资料的工作过程,是统计认识过程的第二个阶段即定量认识的阶段。统计调查是统计工作的起点,同时也是统计整理和统计分析的基础环节。统计调查阶段所获取的资料是否准确、及时、全面和系统,直接关系到整个统计工作质量的高低。

(三) 统计整理

统计整理是根据统计研究的目的,运用科学方法将统计调查得到的大量数据资料进行科学的分类和汇总,使其条理化、系统化的工作过程,是统计认识过程的第三个阶段。统计整理具有承上启下的作用,是连接统计调查与统计分析的中间环节。统计整理既是统计调查的继续和发展,也是统计分析的基础和前提。

(四) 统计分析

统计分析是统计工作得出最终成果的阶段,是在统计整理的基础上,根据研究目的和任务,利用科学的统计分析方法,经过加工汇总的统计资料,计算各项综合指标,揭示现象的发展趋势和规律性,并根据分析研究做出科学结论的过程。统计分析是统计工作的决定性环节。通过统计分析,不仅可以揭示社会经济现象的本质特征和发展变化规律,对社会经济活动给予评价和描述,而且还可以通过已有的资料和分析,对社会经济现象未来的发展变化进行估计和预测。

统计的研究对象是社会经济现象总体的数量方面,目的是认识其本质和规律性。因此,整个统计工作的过程必须正确处理质与量的辩证关系、感性认识与理性认识的关系、定性分析与定量分析的关系。统计设计是对社会经济现象进行定性认识的工作,是定量认识的必要准备;统计调查和统计整理是搜集、整理统计资料,使个体特征过渡到总体特征的定量认识工作,是整个统计工作的基础和关键环节;统计分析则是运用统计方法对资料进行比较、判断、推理、评价,揭示社会经济现象的本质和规律性的重要阶段。这四个阶段体现了在质与量的辩证统一中研究社会经济现象总体数量方面的原则要求。统计设计、统计调查、统计整理和统计分析的有机统一,体现了统计要在质与量的辩证统一中研究社会经济现象总体数量特征的原则要求。

一般来说,统计工作过程的四个阶段是依次进行的,各有自己的特定内容。同时,它们又相互联系、相互制约,任何一个阶段的工作失误,都会影响到整个统计工作的大局。为了保证从整体上取得良好的效果,有时因工作需要,在某些情况下,各阶段工作要互相渗透、交叉进行。例如:有时因为需要和保证质量,在调查、整理阶段进行一些必要的分析,或者改进设计;有时,在统计分析中因为已有资料不能满足需要,而进行一些必要的补充调查、加工整理和计算工作,补充、改进设计方案等。

二、统计工作的基本方法

统计研究的对象涉及社会经济现象的各个方面,而各个现象又有各自不同的性质和特点,现象之间还有着错综复杂的联系。作为认识客观现象总体数量特征方面的方法论科学,统计在其各个阶段都有着与之相适应的各种专门方法,这些方法相互联系、相互影响,构成了统计方法体系。统计的研究方法很多,这里只介绍在统计全过程中起决定性作用的基本方法。

(一)大量观察法

大量观察法是指统计研究社会经济现象和过程,从总体上加以观察,对同质的客观现象所组成的全部或足够多的个体逐一观察、实验和调查研究并综合分析的方法。这是由统计研究对象的大量性和复杂性决定的。统计的研究对象是客观现象总体的数量方面,这就要求调查大量的个体才能发现总体的数量规律。在社会经济现象总体中,个别单位的特征由于受各种特殊因素或偶然因素的影响,并不能代表或反映总体的一般特征。在对众多个体的总体进行研究的过程当中,我们调查研究的个体越多,就越能消除总体各单位受偶然因素或特殊因素的影响,就越接近客观实际,才能使影响各单位特征的共同因素显示出来,说明总体的规律性。例如,统计全国的人均年收入情况,单就某市、某地区的调查和统计无法说明总体的情况。从另外一个角度看,对一些随机事件,只有通过大量观察,才能够认识其发生的规律,并对其进行分析。例如,要知道抛一枚硬币落下后,正面朝上的概率是多少,就需要进行大量观察。如果仅抛一次的话,我们得到的结果可能是"0"或"1",但我们都知道,正确的结果是50%。

1966年,美国的威尔斯和洛斯克鲁托在超级市场内所进行的消费心理研究是运用观察法的

典型例子。他们在超级市场的谷物食品、糖果和洗衣粉柜台前进行了 600 小时的观察。从消费者进入这些柜台的过道开始，直到离开过道为止，他们观察消费者的各种活动，做了 1500 条记录。

通过观察记录的分析，研究了消费者的构成、消费者的性别及成人和儿童所占的比例；还分析了当几个人在一起时，是谁影响了购买。此外，消费者的其他一些微观的心理活动，诸如，对价格的议论，对商标与包装的兴趣都在分析之列。这种观察研究不仅为探查消费心理的一般规律提供了资料，同时也为商店改进经营策略提供了依据。

（二）统计分组法

统计分组是根据事物内在的特点和统计研究任务的要求，按照一定的标志，将总体划分成若干部分或组的一种统计研究方法。统计分组后，可以把具有同质性的部分归在一起，把组与组之间明显的差异性区别开。应用统计分组可以揭示现象的不同类型。统计分组法是统计整理和统计分析的基础，统计工作自始至终都离不开统计分组的方法。现实生活中，社会经济现象是复杂的，统计分组可以起到揭示现象的不同类型、认识现象内部构成及现象之间相互关系的作用。

（三）综合分析法

综合分析法就是根据统计调查所获取的数据资料，通过综合汇总整理和分析研究的方法，反映社会经济现象总体的一般数量特征和数量关系，并对综合指标进行分解和对比分析，以研究总体的差异和数量关系的综合方法。综合分析法和统计分组法一样，贯穿于整个统计工作中。常用的综合分析法有总量指标分析、相对指标分析、平均指标分析、时间数列分析、指数分析及相关与回归分析等。对大量的原始资料结果整理汇总，计算各种综合指标，即总量指标、相对指标、平均指标，可以显示出现象在具体的时间、地点条件下的总量规模、相对水平、集中趋势等，这种方法主要用于统计分析阶段，即对比分析、平均分析、变异分析、动态分析、指数分析、经济模型分析（包括相关回归分析、平衡分析和预测分析）。

（四）统计推断法

社会经济现象是一个非常庞大的系统，有时无法进行全面调查。同时，由于大量的社会现象之间往往具有相似性，在很多情况下没有必要进行全面调查。因此在实际工作中抽样推断法应用很多，它是统计方法中应用最为广泛的方法之一。统计推断即从该总体中抽取出一部分单位组成样本，通过对样本的调查分析来推断总体的数量特征。这是从个别到一般、由事实到概括的推理方法。统计推断法可以使我们从具体的事实得出一般的知识，扩大知识领域，增长新的知识，所以是统计研究中常用的方法。例如，正在流水线上大规模生产的产品零件，需要及时了解它们的质量，只能抽取其中的部分产品检验，借以推断这一批产品质量的好坏，并以一定的置信标准来推论所做结论的可靠程度。这种根据样本数据来判断总体数量特征的归纳推理方法称为统计推断法。统计推断法是现代统计学的基本方法，这种方法既可以用于对总体参数的估计，又可以用于对总体的某些假设进行检验，并广泛应用在农业产量调查、工业产品质量检查与控制以及根据时间数列进行预测所做的估计和检验等方面。

（五）实验设计法

实验设计，就是对实验进行合理安排，以较小的实验规模（实验次数）、较短的实验周期和较低的实验成本，获得理想的实验结果（实验数据）以及得出科学的结论。英国统计学家费希尔总结自己在农业生产中使用实验设计方法的实践,于1935年出版了他的名著《实验设计法》。书中提出了实验设计应遵循的三个原则:随机化、局部控制和重复。随机化的目的是使实验结果尽量避免受到主客观系统性因素的影响而呈现偏倚性;局部控制是用划分区组的方法,使区组内部条件尽可能一致;重复是为了降低随机误差的影响,以保证实验结果的重现性。

统计工作的各个阶段,虽然各自运用不同的统计研究方法,但它们之间不是孤立进行的。因此,在运用统计研究方法时,还必须注意要根据实际情况,按照需要与可能,分别采用不同的统计方法;要善于将多种统计方法结合起来运用,使其相互补充。

经典实例

美国某公司准备改进咖啡杯的设计,为此进行了市场实验。首先,他们进行咖啡杯选型调查,他们设计了多种咖啡杯,让500个家庭主妇进行观摩评选,研究主妇们用干燥的手拿杯子时,哪种形状好;用湿手拿杯子时,哪一种不易滑落。调查研究结果,选用四方长腰果形杯子。然后对产品名称、图案等,也同样进行造型调查。接着他们利用各种颜色会使人产生不同感觉的特点,通过调查实验,选择了颜色最合适的咖啡杯。他们的方法是,首先请了30多人,让他们每人各喝4杯相同浓度的咖啡,但是咖啡杯的颜色,则分别为咖啡色、青色、黄色和红色4种。试饮的结果:使用咖啡色杯子的人都认为"太浓了"的占2/3,使用青色杯子的人都异口同声地说"太淡了",使用黄色杯子的人都说"不浓,正好",而使用红色杯子的10人中,竟有9个说"太浓了"。根据这一调查,公司咖啡店里的杯子以后一律改用红色杯子。该店借助颜色,既可以节约咖啡原料,又能使绝大多数顾客感到满意。结果这种咖啡杯投入市场后,与市场上的通用公司的产品展开了激烈竞争,最终以销售量比对方多两倍的优势取得了胜利。

第四节 统计学的基本概念

一、总体和总体单位

(一)总体

统计总体是根据统计调查研究目的确定的所要研究的客观对象的全体,它是由客观存在的、具有某种共同性质的许多个别事物构成的集合体。统计研究目的不同,总体也会因此而不同。例如:研究我国工业企业的经营状况时,全国工业企业就是统计总体,因为这些工业企业都是客观存在的,而在性质上每个工业企业的经济职能是相同的,都是从事工业生产活动的基本单位,这些工业企业的集合就构成了统计总体;而进行人口普查时,全国人口就是统计总体;研究全国大专院校的学生状况时,全国大专院校的所有学生就是总体。

请注意

总体只能是人、事、物,不能是纯数字。

总体可以分为有限总体和无限总体。有限总体指总体中包含的单位数是有限的,如人口数、医院数、企业数、商店数等。无限总体指总体中包含的单位数是无限的,或者虽然不是无限多却难于计数。例如,工业企业中连续大量生产的产品,昼夜不停地生产,产品数量就会一直增加,其产量是无限的,这时它是无限总体。但是一般情况下,我们会对时间进行限定,如果以24小时为一个时间单位,那么一天生产的产品数量是有限的。

在社会经济现象中,大多数是有限总体,无限总体只是少数。区分无限总体与有限总体,有利于根据不同类型的总体,采用不同的调查研究方法。对无限总体无法进行全面调查,只能调查其中一部分单位,据以推断总体。而对有限总体既可进行全面调查,也可只调查其中一部分单位。

统计总体具有三个方面的特征:大量性、同质性、变异性。

1. 大量性

总体的大量性是指总体中应该有多个总体单位,而不只是个别或少数几个单位。因为研究总体数量特征的目的是揭示社会经济现象的规律性,如果总体中单位过少,就无从对其实施大量观察,不足以说明社会经济现象的本质规律。大量性是一个相对概念,调查所要求的精度越高,则要求增加的调查单位越多。

2. 同质性

总体的同质性是指构成总体的各个单位,至少在一个方面具有相同的性质。它是将总体各单位组合起来的基础。总体的同质性往往表现在一个或几个方面。同质性是总体的前提。例如,人口普查,全国人口构成统计总体,这个总体中的每一个人都具有相同的性质,即都是具有"中华人民共和国国籍"的人。又如,研究某班同学的学习情况时,该班的所有同学构成了研究总体,所有同学都有一个共同的性质,即他们的"班级"相同。

总体的同质性是相对的,它是根据统计的研究目的而定的,研究目的不同,则所确定的总体就不同,其同质性的意义也就改变了。例如,研究中华人民共和国各省的经济发展情况时,总体是中华人民共和国的所有省份,其中每个省份都是总体单位。如果要研究某省的经济发展情况,这个省就成了一个总体。

3. 变异性

总体中各单位除了具有某些共同性质外,在其他方面则各不相同,这种不同称为变异,变异是统计存在的基础。如果一个总体中所有单位在所有方面都是相同的,则不需要对它进行统计研究。例如,研究某班级同学的学习情况时,该班同学除在"班级"这一性质上全部相同,具有同质性外,其他方面都是各不相同的,如学习成绩、性别、身高、体重等。如果这个班级的所有人在所有特性方面均相同,那么对它的研究也就失去了意义。

(二) 总体单位

构成总体的各个单位或元素,是各项统计数字的原始承担者,就是总体单位。如上例中,全国工业企业构成统计总体,每个工业企业就是总体单位;全国总人口构成了总体,每一个公民就是总体单位;全国大专院校的所有学生是总体,每一个学生就是总体单位。在统计研究中,确定统计总体和总体单位是十分重要的,统计总体和总体单位是集合和元素关系,详见图1-4。

只有确定了研究的总体,才能使统计的研究目的具体化;只有明确了统计的个体,才能使统计的研究工作更全面而不发生遗漏。研究一个任务的总体和总体单位的步骤如下:第一,找出研

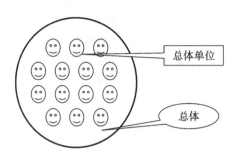

图 1-4 总体与总体单位的关系

究任务的客观对象;第二,找出客观对象的共同性质;第三,找出一个任务的总体(所有＋共同性质＋客观对象)和总体单位(每个＋共同性质＋客观对象)。

【例 1-1】 研究全国本科院校的办学情况——总体:全国的所有本科院校;总体单位:每一所本科院校。

【例 1-2】 研究某市工业企业的生产经营情况——总体:某市所有工业企业;总体单位:某市每个工业企业。

统计活动中,总体和总体单位并不是绝对不变的,它们具有相对性,研究目的的不同可能使总体和总体单位相互转化。例如,研究某市工业企业的经营状况时,某市工业企业是统计总体,每个工业企业是总体单位。但若要研究某市中某一个工业企业的情况时,此时这个工业企业就由刚才的总体单位变成了总体。再如,研究中华人民共和国各省的经济发展情况时,总体是中华人民共和国的所有省份,其中每个省份都是总体单位。如果要研究某省的经济发展情况,那么这个省就成了一个总体。

提示

(1) 总体与总体单位是整体与部分的关系。总体是整体,总体单位是个体。总体的特征有待于通过个体来归纳和体现。

(2) 总体与总体单位的划分具有相对性。总体与总体单位的划分不是绝对的,而是相对的,它是相对于统计研究目的而言的。随着统计研究目的的变化,总体与总体单位也可能发生变化。但是,总体与总体单位不能互相转化。

(3) 总体与总体单位互为存在条件。没有总体单位,总体就成了没有任何内容的空洞之物,总体就不存在;没有总体,就无法界定总体单位的性质和范围,总体单位也就不存在。

请思考

(1) 对 2017 年 10 月份某市小学生的近视情况进行调查时,该市所有的小学生就是总体,每个小学生就是总体单位,那么同质性是什么?总体的时间和空间范围是什么?设想:如果没有规定总体范围,在总体中会出现什么问题?

(2) 确定总体的必要条件是什么?

二、标志和指标

(一)标志

标志是说明总体单位数量特征或属性特征的名称。任何一个总体单位都有表现自己的一些特征或属性。如人的性别、年龄、民族,企业的经济类型、隶属关系、职工人数、经营产品、年生产量、年销售额等特征,这些特征的名称就称为"标志"。

标志按其表现形式的不同,可分为品质标志和数量标志两种。

品质标志是表明总体单位属性方面特征的名称,它不能用数值表示,只能用文字表示。例如,学生的性别、民族、籍贯等标志,都是品质标志。又如,工业企业的所有制类型、所属行业也是品质标志。

数量标志是表明总体单位数量方面特征的名称,它用各种不同的数值表示。例如,学生的年龄、身高、平均成绩等标志都是数量标志。又如,工业企业的职工人数、工资总额、固定资产净值、产品产值、产值、成本、利润等也是数量标志。

标志按其表现的异同,可以分为不变标志和可变标志两种。

不变标志是指在总体中所有总体单位具体表现均相同的标志。例如,研究某班同学情况时,该班同学的"班级"标志,是一个不变标志,因为该班所有同学的班级都是相同。不变标志是形成总体的前提,没有不变标志就没有总体。总体的同质性,也可以理解为在一个总体的所有总体单位的标志中,总有一个或一个以上的不变标志。

可变标志是指在总体中各总体单位具体表现不同的标志。例如,研究某班同学情况时,该班同学的年龄、性别、籍贯、身高、平均成绩等标志是不同的,存在着差别,这些标志都是可变标志。标志的分类具体如图 1-5 所示。

标志表现是标志在各个总体单位上的具体表现(见图 1-6)。根据标志的性质不同,可以分为品质标志表现和数量标志值。品质标志表现只能用文字表示。如:人的性别特征,或是"男",或是"女";企业的经济性质特征,或是"国有""私营",或是"股份制""外商投资"。数量标志表现是用数值表示。如职工人数特征,或是"100 人",或是"1000 人"等,这里的性别、经济性质、职工人数就是标志,而男、女、国有、私营、股份制、外商投资、100 人、1000 人则是标志表现。

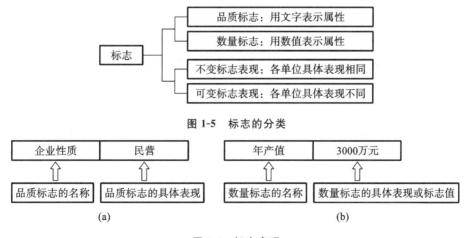

图 1-5 标志的分类

图 1-6 标志表现

指出下表中总体的总体单位、数量标志和品质标志：

总体	总体单位	数量标志	品质标志
大学生			
农民			
大学教师			
商店销售员			
汽车			
影片			
计算机			
房屋建筑物			

（二）指标

1. 定义

统计指标是根据一定的统计方法对各总体单位某一数量标志值或总体单位本身核算汇总而得到的，说明总体数量特征的科学概念和具体数值，简称指标。它是一定总体内容的数量表现。统计指标一般由指标名称和指标数值两个部分组成，是事物量的规定性和质的规定性的统一。指标名称反映社会经济现象综合数量特征，规定指标的含义、范围和计算方法；指标数值是指指标名称在一定时间、地点、条件下的具体数量表现，是根据一定方法对各总体单位的具体标志值进行登记、分类、汇总的结果，该结果在形式上可以是绝对数、相对数或平均数。此外，指标的计算方法、计量单位、时空界限也是指标构成中不可缺少的组成部分。但在统计实践中，要完整地表述一个统计指标，应包含指标名称、指标数值、时间、空间、计量单位等5个要素。例如，我国2017年国内生产总值为8 272 122亿元。

2. 分类

指标按其反映的总体特征内容不同可分为数量指标和质量指标。凡是反映社会经济现象的总规模水平或工作总量的统计指标称为数量指标，也称总量指标，是用绝对数来表示的，如人口总数、职工总数、企业总数、社会总产值、工资总额等。凡是反映社会经济现象的相对水平或工作质量的指标称为质量指标，表现为相对数或平均数，用来说明总体各部分之间、总体部分与总体之间、各总体之间的对比关系，通常是由几个指标数值对比计算得到的，是总量指标的派生指标，如平均产量、平均工资、人口密度、出生率、利润率等。

指标按其表现形式不同，又可以分为总量指标、相对指标和平均指标三种，其中，总量指标就是数量指标，相对指标和平均指标属于质量指标。

3. 指标的特点

1）数量性

所有的统计指标都是可以用数值来表现的，这是统计指标最基本的特点。统计指标所反映的就是客观现象的数量特征，这种数量特征是统计指标存在的形式，没有数量特征的统计指标是不存在的。

2）综合性

综合性是指统计指标既是同质总体大量个别单位的总计，又是大量个别单位标志差异的综合，是许多个体现象数量综合的结果。统计指标的形成都必须经过从个体到总体的过程，它是通过个别单位数量差异的抽象化来体现总体综合数量的特点的。

3）具体性

统计指标的具体性有两方面的含义：一是统计指标不是抽象的概念和数字，而是一定的具体的社会经济现象的量的反映，是在质的基础上的量的集合。这一点使社会经济统计和数理统计、数学相区别。二是统计指标说明的是客观存在的、已经发生的事实，它反映了社会经济现象在具体地点、时间和条件下的数量变化。

（三）标志和指标的关系

指标和标志是两个既有区别又有联系的概念。两者的区别如下。

1. 指标与标志说明的对象不同

指标是说明总体数量特征的，而标志是说明总体单位特征的。例如，以某地区全部企业为总体，各个企业的产值是标志，地区内全部企业的总产值是指标。

2. 指标与标志的表示方式不同

无论是数量指标还是质量指标，都能用数值来表示，而标志中的数量标志可以用数值表示，品质标志只能用文字表示。

两者的联系如下：

1. 标志是指标建立的基础

一是许多统计指标的数值，是由数量标志直接汇总得来的。例如，将某地区各个高职院校在校学生总数汇总，得到该地区高职院校在校学生总数指标。二是品质标志只有通过对总体单位计数才能形成指标。例如，要研究某高校学生的性别比例特征，其性别是品质标志，统计时只有分别汇总的全校男生数、女生数才是指标。

2. 存在相互转换关系

总体和总体单位的变化，使得相应的标志与指标也发生转换。例如，当研究某省高职院校的办学规模时，该省所有的高职院校构成一个统计总体，而每一所高职院校是一个总体单位，每一个高职院校的学生数就是标志，汇总得到的全省高职院校学生数合计就是指标；当研究该省高职院校其中的某一所学校的学生情况时，该学校的全部学生就是统计总体，而学校的学生数就是统计指标了。

举例说明标志和指标的区别与联系。

三、变异和变量

(一) 变异

可变标志具体表现在各个单位上的差别称为变异。标志按变异情况,可分为不变标志和可变标志。不变标志,是指一个标志在各单位的具体表现都相同。可变标志,是指一个标志在各单位的具体表现可能不相同即有差异。一个总体中,不变标志是形成总体的基础,可变标志的存在是统计得以存在的前提和基础,如果没有可变标志也就没有统计。所以也可以说变异是统计得以存在的前提和基础。例如,如果以全学院的学生为总体,则每名学生的性别、年龄都是可变标志。如果将全学院的 20 岁男同学确定为总体,那么每名男生的性别、年龄,就都成了不变标志。

例如,研究某班级同学的情况,该班级所有同学的班级标志相同,这是形成统计总体的基础;除班级标志以外,其他如性别、年龄、身高、学习成绩等诸多标志均为可变标志,正是因为该班级同学在除了班级以外的其他方面均表现出不同的特征,所以我们才需要对他们的情况进行统计研究。该班同学在各可变标志上表现不同,这种不同就是变异。

(二) 变量

变量是说明现象某种特征的概念,其特点是从一次观察结果到下一次观测结果会呈现出差别或变化。如"商品销售额""受教育程度""产品的质量等级"等都是变量。变量的具体表现就叫变量值。例如,"产量"就是一个变量,因为各企业的产量和每一个企业各日、月、年的产量是不等的;即使生产同一种产品、规模相当的企业,其日、月、年的产量也不一样,有的企业月产量为 50 吨,有的企业为 53 吨,还有的企业为 55 吨等。这些都是"产量"这个变量的不同取值,也就是其变量值。又如,研究某校各班级情况时,某班有 65 人,其班级人数这一变量的具体表现为 65 人,即变量值为 65 人。

统计学中的变量大致可以分为分类变量和数值变量。分类变量根据取值是否有序可分为无序分类变量和有序分类变量两种。无序分类变量取值的各类别是不可以排序的。比如,"上市公司所属的行业"这一变量取值为"制造业""金融业""旅游业"等,这些取值之间不存在顺序关系。有序分类变量,其取值的各类别间可以排序。比如,"对商品的评价"这一变量的取值为"很好""好""一般""差""很差",这 5 个值之间是有序的。

数值变量是取值为数字的变量,也称为定量变量。例如,"企业销售额""某只股票的收盘价""生活费支出""投掷一枚色子出现的点数"等变量的取值可以用数字来表示,都属于数值变量。数值变量根据其取值的不同,可以分为连续型变量和离散型变量。连续型变量的数值,是指连续不断的、相邻两个数值可作无限分割,即在一定区间范围内变量值可取无限多个数值的变量,严格地说,都可以细算到若干位小数,其数值只能通过测量或计量的方法取得。如人的身高、体重等变量,其变量值在两个整数之间,可以无限分割而不能一一列举。离散型变量的数值是指可以按一定顺序一一列举,其数值表现为非连续的即断开的。例如,企业个数、职工人数、设备台数等为离散型变量,这些在统计时都只能取整数或自然数,不可能有小数。例如,企业数、学生人数、商店数、职工人数、设备台数等变量,因其变量值只能用整数表示,所以这些变量称为离散变量。

请注意

有些变量其性质是属于连续型变量,但实际工作中却把它们当作离散型变量处理,其尾数采用"四舍五入",以利于统计资料的整理,如成绩、年龄,取其整数或小数点后保留1~2位,但并不改变其变量值的连续性质。

请思考

(1)"三个学生的学习成绩不同,这三个成绩分数是三个变量",此说法是否正确?

(2)下列各项中,属于连续型变量的是( )

A.总人口数　　B.学生体重　　C.财政税费　　D.汽车产量　　E.设备台数

F.商品销售额　　G.全国有线电视用户户数

课堂讨论

某高校有48个专业,今年秋季共招生5000人,其中甲专业招生850人、乙专业招生500人、丙专业招生650人、丁专业招生500人,其他专业其招生2500人。试根据这一资料回答:统计总体、总体单位、统计指标、标志、变量和变异各指什么?

提示:

统计总体:某高校

总体单位:该高校的甲专业、乙专业、丙专业、丁专业、其他专业

统计指标:招生总人数

标志:各专业的招生人数

变量:招生人数

变异:各专业的招生人数不完全相同

实验操作

Excel应用软件简介

Microsoft Excel(简称Excel)是美国微软公司的办公软件Microsoft Office的组件之一,是由Microsoft为Windows和Apple Macintosh操作系统的电脑而编写和运行的一款试算表软件。直观的界面、出色的计算功能和图表工具,再加上成功的市场营销,使Excel成为最流行的微机数据处理软件。1993年,作为Microsoft Office的组件发布了5.0版之后,Excel就开始成为所适用操作平台上的电子制表软件的霸主。微软公司先后推出了Excel 1997、Excel 2000、Excel 2002、Excel 2003等不同版本,随着版本的不断提高,Excel的数据处理功能和操作的简易性不断加强。操作界面如图1-7所示。

Excel具有四大特征:19个数据分析工具、80个统计功能、智能制表和趋势线。

图 1-7　Excel 操作界面图

Excel 的优势在于：强大的数据与公式自动填充功能，方便的数据编辑与透视分析功能，灵活的单元格绝对引用与相对引用功能，完美的图形绘制系统与丰富的内置函数功能。

由于 Excel 集数据的编辑整理、统计分析、图表绘制于一身，如图 1-8～图 1-10 所示。用户的计算机只要安装了 Microsoft Office 软件，就能使用 Excel 了。目前的大学生都学习了计算机文化基础，已经有了 Excel 的操作基础，加之 Excel 的统计功能能够满足现有统计学的学习要求，故本教材选择了易获得、普及率较高、操作较简单的 Excel 应用软件。

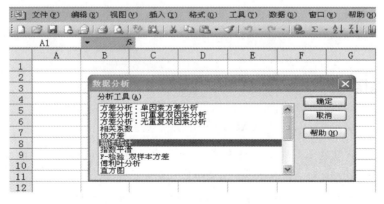

图 1-8　Excel 数据分析功能

用户如果能将统计方法与 Excel 应用软件结合起来，定会收到事半功倍的效果。我们试图把用户从复杂的计算中解脱出来，以便有足够的时间去理解统计方法的机理，把握统计思想，最终达到能够利用统计这一工具解决实际问题的目的。

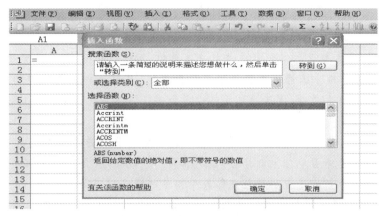

图 1-9　Excel 插入函数功能

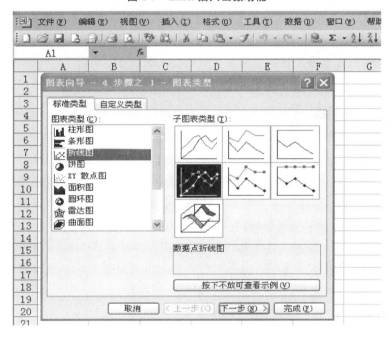

图 1-10　Excel 统计制图功能

本章小结

1. 统计的含义。统计一词在不同场合有三种含义,即统计工作、统计资料和统计学。三者之间有着密切联系。统计工作的成果是统计资料,统计学是统计工作实践经验的理论概括和科学总结,它来源于统计实践,又高于统计实践,反过来又指导统计实践。

2. 统计的研究对象。统计研究的是大量社会经济现象总体数量方面,具体地说就是在质与量的辩证统一中研究大量社会经济现象总体的数量方面,反映社会现象发展变化的规律性在具体时间、地点和条件下的数量表现,揭示事物的本质、相互联系、变动规律性和发展趋势。统计研究对象具有数量性、总体性和具体性的特点。

3. 统计研究的基本方法。统计研究的基本方法有大量观察法、统计分组法、综合分析法、统计推断法等。从统计工作过程看,统计在各个不同阶段有着不同的工作内容和要求。相应地,就需要运用不同的统计研究方法。

4. 统计研究过程。一个完整的统计研究过程一般可以分为统计设计、统计调查、统计整理和统计分析四个阶段。

5. 统计的几个基本概念。其包括总体与总体单位、标志与指标、变异与变量，要注意区分。

（1）总体与总体单位。统计总体是指由客观存在的、具有某种共同性质的许多个别事物组成的集合体。总体具有大量性、同质性和变异性三个特征。构成总体的个体单位称为总体单位，它是总体的基本单位。

（2）标志与指标。标志是说明总体单位特征的名称。总体单位与标志存在一种依附的关系。标志仿佛是贴在总体各单位上的标签，说明其具体情况，即标志附在总体单位上。总体单位是标志的直接承担者。指标是说明现象总体数量特征的概念或范畴。它是一定总体内容的数量表现，是由总体各单位某一数量标志值或总体单位本身核算汇总而得到的。指标和标志是两个既有区别又有联系的概念。

（3）变量与变异。变量是说明现象某种特征的概念。统计学中的变量大致可以分为分类变量和数值变量。分类变量根据取值是否有序可分为无序分类变量和有序分类变量两种。数值变量根据其取值的不同，可以分为连续型变量和离散型变量。

思考与能力训练

一、单选题

1. "统计"一词的三种含义是（　　）
A. 统计调查、统计整理、统计分析　　B. 统计理论、统计方法、统计技能
C. 统计工作、统计资料、统计学　　D. 统计信息、统计咨询、统计监督

2. 下列标志中，属于数量标志的是（　　）
A. 学生的性别　　B. 学生的年龄　　C. 学生的专业　　D. 学生的住址

3. 标志和指标的区别之一是（　　）
A. 标志是说明总体特征的，指标是说明总体单位特征的
B. 指标是说明总体特征的，标志是说明总体单位特征的
C. 指标是说明有限总体特征的，标志是说明无限总体特征的
D. 指标是说明无限总体特征的，标志是说明有限总体特征的

4. 下列变量中，属于离散变量的是（　　）
A. 企业个数　　B. 企业产值
C. 企业的利润额　　D. 企业产量（以吨为单位）

5. 某工厂一工人月工资1600元，则"工资"是（　　）
A. 数量标志　　B. 品质标志　　C. 数量指标　　D. 质量指标

6. 下列指标中属于质量指标的是（　　）
A. 总产值　　B. 合格率　　C. 总成本　　D. 人口数

7. 下列指标中属于数量指标的是（　　）
A. 国内生产总值　　B. 劳动生产率　　C. 计划完成程度　　D. 单位产品成本

8. 下列指标中属于质量指标的是（　　）
A. 某产品总产量　　B. 人口总数　　C. 商品销售额　　D. 某公司某月的出勤率

9. 社会经济统计学的研究对象是（　　）

A. 大量社会经济现象总体的数量特征和数量规律

B. 国民经济和社会现象的规律

C. 社会经济调查、整理、分析的原理原则和方式方法

D. 社会经济现象的规律性及表现

10. 某城市进行工业企业未安装设备普查,总体单位是(　　)

A. 工业企业全部未安装设备　　　　B. 每个工业企业的未安装设备

C. 工业企业每一台未安装设备　　　D. 每一个工业企业

11. 了解某地区工业企业职工情况,属于统计指标的是(　　)

A. 该地区工业企业每名职工的工龄　　B. 该地区工业企业职工的文化程度

C. 该地区工业企业职工的工资总额　　D. 该地区工业企业职工从事的工种

12. 统计学与统计工作的关系是(　　)

A. 工作与结果的关系　　　　　　　B. 理论与应用的关系

C. 工作与经验的关系　　　　　　　D. 理论与实践的关系

13. 统计工作的成果是(　　)

A. 统计学　　　B. 统计工作　　　C. 统计资料　　　D. 统计分析和预测

14. 有三名学生高等数学考试成绩分别为58分、72分、89分,这三个数据是(　　)

A. 指标数值　　　B. 标志值　　　C. 总体单位　　　D. 标志

15. 某旅行社要统计"十一黄金周"该旅行社发送的游客人数和获得的净利润,则游客人数和净利润两个变量是(　　)

A. 二者均为离散型变量　　　　　　B. 二者均为连续型变量

C. 前者为连续型变量,后者为离散型变量　　D. 前者为离散型变量,后者为连续型变量

16. 要了解某班50个学生的学习情况,则总体单位是(　　)

A. 全体学生　　　　　　　　　　　B. 50个学生的学习成绩

C. 每一个学生　　　　　　　　　　D. 每一个学生的学习成绩

二、多选题

1. 下列说法中正确的是(　　)

A. 性别、文化程度、企业经济类型都是品质标志

B. 企业的职工人数、企业所属部门、企业管理人员数都是数量标志

C. 在校学生的年龄是连续变量

D. 某地区职工的工资总额是质量指标

E. 某班某学期的数学平均成绩是质量指标

2. 下面哪几个属于品质标志(　　)

A. 职工人数　　　　B. 性别　　　　C. 企业经济类型

D. 文化程度　　　　E. 先进工作者人数

3. 对某市工业企业进行调查,得到以下资料,其中属于指标的有(　　)

A. 某企业是亏损企业　　　　　　　B. 工业总产值为129 000万元

C. 总职工人数为100万人　　　　　D. 某企业职工人数为3000人

E. 机器总台数为89 000台

4. 下列指标中属于质量指标的是(　　)

A. 人口密度　　　　B. 单位产品成本　　　　C. 出勤人数

D. 合格率　　　　　　　　E. 工资总额

5. 下列变量中属于离散变量的有（　　）

A. 机床台数　　B. 学生人数　　C. 耕地面积　　D. 粮食产量　　E. 汽车产量

6. 国家统计系统的功能或统计的职能是（　　）

A. 信息职能　　B. 咨询职能　　C. 监督职能　　D. 决策职能　　E. 协调职能

7. 在全国人口普查中（　　）

A. 全国所有人口数是总体　　　　B. 每一个人是总体单位

C. 人的年龄是变量　　　　　　　D. 全部男性人口的平均寿命是统计指标

E. 某人的性别为"女性"是一个品质标志

8. 总体、总体单位、标志、指标这几个概念间的相互关系表现为（　　）

A. 没有总体单位就没有总体，总体单位也离不开总体而独立存在

B. 总体单位是标志的承担者

C. 指标是说明总体特征的，标志是说明总体单位特征的

D. 统计指标的数值来源于标志

E. 指标和标志都能用数值表示

9. 下列变量属于连续变量的有（　　）

A. 某高校学生总数　　　　B. 身高　　　　C. 某企业固定资产总量

D. 城乡居民储蓄存款余额　　E. 某市发生的交通事故总数

10. 有一统计报告如下：某市国有商业企业650家，职工总数41万人，上月的商品零售总额90亿元，职工平均工资额为1500元。其中，A企业的零售额为39万元，职工人数820人，则报告中出现有（　　）

A. 总体　　B. 总体单位　　C. 标志　　D. 指标　　E. 变量

三、判断题

1. 品质标志一般用文字表示，有时也可以用数字表示，如某厂有男职工158人，女职工121人，就是用数字来回答品质标志。（　　）

2. 变量按其取值是否连续，可以分为确定性变量与随机变量。（　　）

3. 数量指标一般用绝对数表示，质量指标一般用相对数或平均数来表示。（　　）

4. 社会经济统计学的研究对象是大量社会经济现象总体的数量特征和数量关系。（　　）

5. 在全国工业普查中，全国工业企业是统计总体，每个工业企业是总体单位。（　　）

6. 标志通常分为品质标志和数量标志两种。（　　）

7. 统计调查过程中采用的大量观察法，是指必须对研究对象的所有总体单位进行调查。（　　）

8. 对某市中小学教师的收入状况进行普查，该市中小学教师的工资水平是数量标志。（　　）

9. 品质标志说明总体单位的属性特征，质量指标反映现象的相对水平或工作质量，二者都不能用数值表示。（　　）

10. 由女学生组成的总体中，"性别"这个标志是不变标志，不变标志是构成总体的基本条件。（　　）

四、简答题

1. 什么是统计？统计有几种含义？它们之间的关系是什么？

2. 什么是统计的职能？统计有几项基本职能？

3. 什么是总体和总体单位？它们之间的关系是什么？

4. 统计指标与标志之间有什么区别和联系？

5. 什么是变异和变量？变量分为哪几种？

五、综合分析题

1. 指出下列变量的类型：

(1) 汽车销售量；

(2) 产品等级；

(3) 到某地出差乘坐的交通工具(汽车、轮船、飞机)；

(4) 年龄；

(5) 性别；

(6) 对某种社会现象的看法(赞成、中立、反对)。

2. 某机构从某大学抽取 200 名大学生推断该校大学生的月平均消费水平，要求：

(1) 描述总体和样本；

(2) 指出参数和统计量；

(3) 指出的统计指标是什么。

3. 社会经济生活中常用的统计指标有：(1)轿车生产总量；(2)旅游收入；(3)经济发展速度；(4)人口出生率；(5)安置再就业人数；(6)全国第三产业发展速度；(7)城镇居民人均可支配收入；(8)恩格尔系数。在这些指标中，哪些是数量指标，哪些是质量指标？如何区分质量指标与数量指标？

4. 某调查机构从某小区随机地抽取了 50 名居民作为样本进行调查,其中 60% 的居民对自己的居住环境表示满意,70% 的居民回答他们的月收入在 6000 元以下,生活压力大。回答以下问题：

(1) 这一研究总体是什么？

(2) 对居住环境的满意程度是什么变量？

(3) 月收入是定类变量、定序变量还是定距变量？

5. 某市统计部门提供的一份统计分析报告中有如下内容："我市国有工业企业 1500 个,职工总人数 50 万人,工业总产值 250 亿元,人均实现产值 5 万元。其中,宏大电气有限公司实现总产值 3000 万元,职工人数 1000 人。"

根据上述资料，回答下列问题：

(1) 该报告所反映的统计总体、总体单位分别是什么？

(2) 报告中涉及的统计标志有哪些？分别说明其性质。

(3) 报告中涉及的统计指标有哪些？分别指出其所属的类型。

六、实训题

1. 利用你所学过的统计学中的基本知识,谈谈你对统计学的认识,并根据你的理解,具体说明什么是总体、总体单位、品质标志、数量标志、离散型变量、连续型变量、数量指标和质量指标。

2. 要调查某商店销售的全部洗衣机情况,试指出总体、总体单位是什么？试举若干品质标志、数量标志、数量指标、质量指标。

第二章 统计调查

知识导览

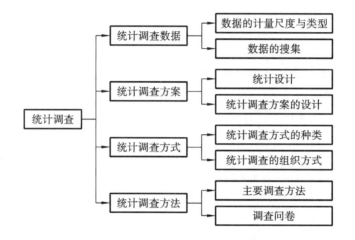

学习目标

（1）专业知识目标：通过本章的学习，使学生了解统计调查方案的设计方法；理解统计调查的准确性、及时性、全面性、效益性原则；掌握统计调查的各种分类，统计调查的各种调查方式，包括统计报表、普查、抽样调查、重点调查和典型调查；掌握常用的统计调查方法，重点学习询问法及调查问卷的设计。

（2）职业能力目标：通过本章的学习，学生要能设计统计调查方案，能运用各种统计调查方式方法和技术灵活地进行统计调查。

（3）课程思政目标：通过本章的学习，学生对待学习和工作能树立求真务实的科学态度，养成依靠调查研究的良好习惯。

引导案例

调查研究是我们党的传家宝，是做好各项工作的基本功。习近平同志在担任浙江省委书记期间，曾在《浙江日报》的"之江新语"专栏发表了232篇评论文章。《调研工作务求"深、实、细、准、效"》就是其中的一篇。全文只有200多字，不仅阐述了调查研究的重大意义，而且有针对性地提出了做好调查研究的"五字诀"，即"深、实、细、准、效"。

面对新时代新使命新要求，刻舟求剑不行，闭门造车不行，异想天开更不行，必须进行全面深入的调查研究。比如,以"深"为例,1930年5月,毛泽东同志写《寻乌调查》期间发生的一件事,至今仍耐人寻味。一次,毛泽东把红四军宣传队集合起来,问大家:"你们在寻乌做了调查没有?"宣传队的同志回答说:"调查了。"毛泽东又问:"你们在寻乌做了调查,那么,你们讲一讲寻乌做哪一类生意的最多?"这一问,把大家问住了。这时有个别同志说:"大概是做豆腐的最多吧!"毛泽东接着又问:"就算做豆腐的最多吧。那么你们再说一说,寻乌哪几家做豆腐做得最好?"对于这些问题,宣传队的同志都答不上来。最后毛泽东笑着给大家回答了前面几个问题。事后,宣传队的同志分头下去调查,结果和毛泽东讲的完全一样。

2011年11月,习近平同志在中央党校秋季学期第二批入学学员的开学典礼上,曾这样评价毛泽东的寻乌调查:"直接与各界群众开调查会,掌握了大量第一手材料,诸如该县各类物产的产量、价格,县城各业人员数量、比例,各商铺经营品种、收入,各地农民分了多少土地、收入怎样,各类人群的政治态度,等等,都弄得一清二楚。这种深入、唯实的作风值得我们学习。"时下,一些同志搞调研,为什么跑面蹲点忙乎了半天,得到的情况是"外甥打灯笼——照旧";而有的却能看清"蚂蚁"、捡回"活鱼"? 其区别就在于是不是真正深入下去了,是不是做到了"解剖麻雀"。实践证明,搞好调查研究,经验千条万条,最根本的只有一条:深入、再深入。

(资料来源:http://dangshi.people.com.cn/gb/n1/2018/0703/c85037-30107032.html)

做好调查研究对于党和国家各项事业面对新时代新使命新要求的重要性是什么？做好调查研究要遵循哪些基本的原则？

第一节 统计调查数据

一、数据的计量尺度与类型

(一)统计数据的计量尺度

统计数据是进行统计分析的基础,统计数据靠搜集才能得到,但在搜集数据之前,先要对现象进行计量或测度,这就涉及数据的计量尺度问题。按照计量学的一般分类方法,对统计数据分为四种计量尺度或计量水准,即定类尺度、定序尺度、定距尺度和定比尺度。

1. 定类尺度

定类尺度也称类别尺度或列名尺度,是最粗略、计量层次最低的计量尺度。这种计量尺度只能按照事物的某种属性对其进行平行的分类或分组。例如人口按照性别分为男、女两类等。分类就是将所观察的个体(总体单位)分为不同的类型。使用该尺度对事物所做的分类,各类别之间是平等的并列关系,无法区分优劣或大小,各类别之间的顺序是可以改变的。对定类尺度的计量结果,通常是通过计算出每一类别中各元素或个体出现的频率或频数来进行分析,比如,虽然也可以用0和1表示男性和女性,但是这些数字没有大小比较之分,只是不同类别现象的一个代码,并不代表真正的值,不能进行数字计算。

在使用定类尺度对事物进行分类时,必须符合穷尽和互斥的要求。定类尺度是对事物最基本的测度,是其他计量尺度的基础。它具有＝和≠的数学特性。

定类尺度当中的这些数字没有大小比较之分,只是不同类别现象的一个代码,并不代表真正的值,不能进行数字计算。

2. 定序尺度

定序尺度又称顺序尺度,是对事物之间等级差或顺序差别的一种测度。该尺度不仅可以将事物分成不同的类别,而且还可以确定这些类别的优劣或顺序。例如,考试成绩可以分为优、良、中、及格、不及格等。定序尺度数据确切的值是以文字表述的,也可以用数值标识,也仅起标签作用,各类别间有高低优劣之分,不能随意排列,但差异无法准确计量。比如,高校教师的职称有助教、讲师、副教授和教授,业主对住房的满意度有很满意、满意、一般、不满意、很不满意等,可以用数字1、2、3、4来表示职称,用5、4、3、2、1来表示满意程度,但这些数字代码只能体现一种顺序或者程度,不能体现事物之间的具体数量差别。由于客观现象的不同类别存在顺序型差异,因此用定序尺度对现象进行分析时其顺序是不能随意排列的。

定序尺度对事物的计量要比定类尺度精确一些,但它只测度了类别之间的顺序,而未测量出类别之间的准确差值。因此该尺度具有＞和＜的数学特性,但不能进行加、减、乘、除等数学运算。

3. 定距尺度

定距尺度也称间隔尺度,它不仅能将事物区分为不同类型并进行排序,而且可以准确地指出类别之间的差距是多少。定距尺度是对事物类别或次序之间间距的测度。因此,定距尺度的计算结果表现为数值。如甲地区温度是20 ℃,乙地区的温度是25 ℃,二者相差5 ℃。其结果可以进行加、减运算。定距尺度数据各类别间自然有大小之分,但没有绝对的零点,不能进行乘除运算。例如:每一度的温差都是相同的,为1 ℃;百分制考试成绩,分值之间的间隔一般为10 分,即60～70 分为一档,70～80 分为一档,80～90 分为一档;在进行收入调查时,也可以把调查者按一定收入差异分为不同的组,如 1000～2000 元的为较低收入者,3000～5000 元的为中等收入者。显然,定距尺度可以较方便地转换为定序尺度。例如,若考查课的成绩要以五级制成绩表示,则需要将百分制分数转换为五级制分数,一般百分制中的"60～70"对应五级制中的"及格",其他分数以此类推。但需要注意的一点是,通常定序尺度数据不能转换为定距尺度数据,如五级制分制不能转换为百分制。

4. 定比尺度

定比尺度也称为比率尺度,它除了具有上述三种计量尺度的全部特性以外,还具有一个特性,那就是可以计算两个测度值之间的比值。这就要求定比尺度中必须有一个绝对意义上的"零点",这也是它与定距尺度的唯一差别。例如:一个学生的数学成绩为 0 分,是表示他的数学成绩水平为 0,并不表示他没有考试成绩或没有任何数学知识;一个地区的温度为 0 ℃,表示一种温度的水平,并不是没有温度。可见,定距尺度中的"0"是一个有意义的数值,定比尺度则不同,它有一个绝对"零点"。在定比尺度中,"0"表示"没有"或"不存在",如某人这个月的收入为"0",表示这个人没有收入。定比尺度可以进行加、减、乘、除运算。在实际生活中,"0"在大多数情况下均表示事物不存在,如长度、高度、利润、薪酬、产值等,所以在实际统计中,使用的多为定比尺度。由于定距尺度中"0"表示特定含义,因此有些书上把定距尺度看作是定比尺度的特殊形式,两者不加区别。

上述四种计量尺度对事物的测量层次是由低级到高级、由粗略到精确逐步递进的,信息含量由弱到强排列:定类尺度—定序尺度—定距尺度—定比尺度。高层次的计量尺度可以具有低层次计量尺度的全部特性,但不能反过来。表 2-1 给出了上述四种计量尺度的测量层次和数学特性。

表 2-1　四种计量尺度的比较

数学特性	定类尺度	定序尺度	定距尺度	定比尺度
分类(＝、≠)	√	√	√	√
排序(＞、＜)		√	√	√
间距(＋、－)			√	√
比值(×、÷)				√
举例	产业分类	企业等级	产品质量差异	商品销售额

在统计分析中,一般要求测量的层次越高越好,因为高层次的计量尺度包含更多的数学特性,所运用的统计分析方法越多,分析时也就越方便,因此,应尽可能使用高层次的计量尺度。

定比尺度有绝对意义的零点,可进行乘除。

(二)数据的类型

1. 按照所采用的计量尺度

统计数据是采用某种计量尺度对事物进行计量的结果,即采用不同的计量尺度会得到不同类型的统计数据,从上述四种计量尺度的结果来看,可以分为定类数据、定序数据、定距数据和定比数据。定类数据和定序数据是只能用文字或数字代码来表现的品质特征或者属性特征,因此称其为定性数据,也称品质数据;定距数据和定比数据是用数值来表现事物的数量特征,因此称其为定量数据,也称数量数据。

2. 按照统计数据的收集方法

按照统计数据的收集方法可以将其分为观测数据和实验数据。观测数据是通过调查或观测而收集到的数据,它是在没有对事物进行人为控制的条件下得到的,有关社会经济现象的统计数据几乎都是观测数据。在实验中控制实验对象而收集到的数据则称为实验数据。

3. 按照被描述的对象与时间的关系

按照被描述的对象与时间的关系,可以将统计数据分为截面数据和时间序列数据。在相同或近似相同的时间点上收集到的数据称为截面数据。在不同时间点上收集到的数据称为时间序列数据。

二、数据的搜集

统计调查是整个统计工作的一个重要阶段。它是整个统计工作成功开展的前提和基础。因此,做好统计调查,对以后的统计整理、统计分析等各个阶段的工作,具有十分重要的意义。客观现象是错综复杂的,人们要认识客观规律,就必须向客观实际搜集资料,并进行加工整理、分析研究。

（一）统计资料搜集的方法

统计数据资料的搜集方法有两种:一种是直接向调查对象搜集反映调查单位的统计资料,称为原始资料或初始资料的搜集;另一种是根据研究预定的目的,搜集已经加工整理过的、说明总体现象的资料,称为次级资料或第二手资料的搜集。由于次级资料都是从原始资料整理而来的,所以,统计调查的基本任务主要是准确、及时、全面、有效地搜集与统计研究任务有关的原始资料。

（二）统计数据搜集的原则

1. 准确性

准确性是指统计调查资料必须准确,这是统计工作的生命。不真实的统计调查数据必然会导致错误的分析结论,其危害要比没有数据更严重。因此,在统计调查工作中,必须深入实际调查研究,实事求是。统计资料的准确性主要不是技术性问题,而是涉及是否坚持统计制度和纪律,坚持实事求是、如实反映情况的原则问题。在我国,统计立法的核心就是保障统计资料的准确性、客观性和科学性。各种社会团体和经济组织,都要依照《统计法》和有关规定,提供真实的统计资料,不允许虚报、瞒报、拒报、伪造、篡改统计资料。各级组织和每一位公民都有义务如实提供国家统计调查所需的资料。统计人员一定要有对事业高度负责的精神,如实反映情况,坚决反对以任何手段来破坏资料的准确性,把保证统计资料的真实准确作为自己的光荣职责。

2. 及时性

及时性是指统计调查所提供的统计资料必须符合规定的时限,即统计调查要按时完成资料的搜集和上报任务,以充分发挥统计资料的时间价值,做到及时收集、及时整理与及时发表。及时性是统计工作时效性的要求,需要的是雪中送炭,不是雨后送伞,时过境迁的资料就失去价值了。统计资料的及时性也是一个全局性的问题。一项统计工作任务的完成,是许多单位共同努力的结果,任何一个调查单位不按规定的时间提供资料,都会影响全面的综合工作,以至于贻误整个统计工作的开展。因此,保证及时地提供统计资料不是个别单位积极工作就能奏效的,必须是各个单位的所有调查人员都增强全局观念,一致遵守制度和纪律才能做到。

3. 全面性

全面性是指统计调查必须按照调查方案的要求,全面、系统地掌握所要调查的全部单位和全部项目的全部资料,保证资料完整无缺。一是要保证调查单位的完整,做到调查单位不重复、不遗漏,以保证反映被研究现象整体的面貌;二是要做到搜集的项目齐全,调查项目不仅具有层次性,而且是紧密衔接、富于逻辑联系的,齐全的调查项目才能实现调查研究的目的和任务。统计资料若残缺不全,就不可能反映所研究对象的全貌和正确认识社会经济现象的总体特征,最终也就难以对社会经济现象的本质和规律性做出明确的判断,甚至会得出错误的结论。

4. 效益性

效益性是指统计调查在保证调查资料质量的前提下,注意尽可能地节约人力、物力、财力和时间。这就要求在调查过程中,做好预算,同时进行进度控制并及时与调查主体进行沟通。

统计资料搜集的四个原则相互之间是互相矛盾、互相对立的,因此,需要调查者在实际工作中,兼顾四个原则,协调相互之间的关系,使调查活动尽可能趋于合理化。

第二节 统计调查方案

统计调查涉及方方面面,一项大型的调查往往需要成千上万的人员协同工作才能完成。为了顺利完成调查任务,需要在调查过程中统一认识、统一内容、统一方法与统一步调。为此,组织调查之前必须事先设计一个切实可行、周密细致的调查方案。在制定调查方案之前首先介绍一下统计设计。

一、统计设计

凡事预则立,不预则废。要做好统计工作,首先要做好统计设计。

(一)统计设计的概念和意义

统计设计是根据统计研究对象的性质和研究目的,对统计工作的各个方面和各个环节通盘考虑和安排,制定各种设计方案的过程。统计工作的各个方面,是指统计研究对象的各个组成部分。如要研究工业企业的生产经营状况,包括工业企业的人力、物力、资金、生产、供应和销售等方面。统计工作的各个环节,是指统计工作具体进行时的各个阶段,包括统计调查、统计汇总和整理、统计分析研究等。

统计设计作为一个独立的阶段,是由社会经济发展和统计研究的进步所决定的。只有通过统计设计,才能保证统计工作顺利、协调进行,避免统计标准不统一;只有通过统计设计,才能分清主次,采用各种统计方法,避免重复和遗漏,使统计分析工作有序进行。

(二)统计设计的种类

统计设计从不同的角度来考察,有不同的分类。

1. 按统计设计所包括的认识对象的内容范围来分,可分为整体设计和专项设计两类

整体设计是指把认识对象作为一个整体,对其整个统计工作进行的全面设计。整体设计的空间范围可大可小,可以是一个单位、一个部门或一个地区,也可以是一个国家,但所涉及的内容是全方位的,如一个企业统计工作的总体设计、全国工业统计的总体设计等,都属于整体设计。

专项设计是指对认识对象某一个方面或某一个部分所做的统计设计,或者说是对某一专门统计问题的设计。如果把研究一个企业统计工作看成是整体设计,那么对生产部门统计工作的设计就是专项设计。

2. 按统计设计所包括的工作阶段来区分,可分为全阶段设计和单阶段设计两类

全阶段设计是对统计工作全过程的设计,包括从确定统计目的、统计内容、指标体系到分析研究全过程的通盘考虑和安排。

单阶段设计是指对统计工作过程中某一个具体工作环节的设计。

统计工作包括统计设计、统计调查、统计整理和统计分析。包含这四个阶段工作的设计叫作全过程设计,其中某一个阶段的设计叫作单阶段设计。

3. 按照统计设计包括的时期,可分为长期设计、中期设计和短期设计三类

一般来说,长期设计是指 5 年以上的统计设计;短期设计是指 1 年或 1 年以内的统计设计;中期设计是介于长期和短期设计之间的统计设计。

二、统计调查方案的设计

调查方案的设计是统计设计阶段的一项重要内容,是保证统计调查顺利进行的前提,也是准

确、及时、系统、完整地取得调查资料的重要条件。一份完整的统计调查方案一般包括以下基本内容(见图 2-1)。

> **牙刷用户市场调查方案设计**
>
> 　　为了了解牙刷在市场上的信用情况和销量情况,以及目前市场用户喜欢什么样的牙刷,其他牙刷比××牙刷的优越之处在哪里。(调查目的)
> 　　调查对象:所有牙刷用户
> 　　调查单位:每一位牙刷用户
> 　　报告单位:调查员
> 　　调查项目及调查问卷见附表
> 　　调查时间:2015 年 8 月 1 日—15 日
> 　　调查地点:各大商场牙刷销售柜台前
> 　　调查方式:抽样调查
> 　　调查方法:采访法
> 　　此项调查由××牙刷厂市场部组织领导和宣传,由××大学学生协助调查,预算经费为 30 000 元。结果只作为厂家进行生产设计的参考,不公开发表。(调查工作的组织实施计划)

图 2-1　牙刷用户市场调查方案

(一) 确定调查目的和任务

调查目的是指为什么要进行调查,调查要解决什么问题。进行统计调查必须要有明确的目的,并且在调查方案中首先予以确定。调查目的决定着调查对象、内容和方法。不同的研究目的和任务,决定着不同的调查内容和范围。如果目的不明、任务不清,就无法确定向谁调查,调查什么,怎样调查,整个调查工作就会陷入盲目混乱状态,造成人力、物力和财力的浪费。例如,对某城市工业企业的机械设备利用情况进行调查,任务是准确掌握各个企业拥有的机械设备的数量、价值和使用情况,其目的是分析和探求机械设备在使用过程中其价值、技术性能、工作能力等的变化规律,为合理配置机械设备、提高利用率、加强设备技术管理和固定资产管理等提供依据。

(二) 确定调查对象和调查单位

调查对象是根据调查目的确定调查研究的总体,它是由多个具有同质性的调查单位组成的集合。例如,我国人口普查,其目的是了解全国人口的各方面情况,因此,其调查对象就是全国的所有人口。调查单位是构成调查对象的个体,它是具有调查项目和指标的承担者或载体。例如,调查目的是了解某地区所有国有工业企业的盈利状况,那么这一地区的每一个国有工业企业都作为调查标志的承担者,都是调查单位。

调查对象和调查单位应该与总体和总体单位区分开,总体是指所要研究的整体集合,总体单位是指构成总体中的个体。例如对某地区所有品牌汽车的年销售量进行研究,现抽出 15 个有代表性的汽车品牌进行调查,据此对总体进行推断。在这个活动中,总体是某地区所有的汽车品牌,单位是某地区的每一个汽车品牌,调查对象是某地区有代表性的15个汽车品牌,调查单位是15个汽车品牌中的每一个。

在实际调查中,还需要明确填报单位,不要把调查单位和填报单位相混淆。填报单位是按照调查方案要求,负责向调查者报告调查结果的单位或个人。调查单位可以是某种事物,也可以是人或机构,而报告单位则只能是人或机构。这两者有时一致,有时不一致。例如,对某企业员工经济收入情况进行调查,调查对象就是企业所有员工,调查单位就是每一个员工。如果调查表要求每个员工自己填写,则填报单位就是每个员工,这时的调查单位和填报单位是一致的;如果以车间为单位进行填报,填报单位就是车间,这时填报单位和调查单位是不同的。

(三) 确定调查项目

调查项目是指所要调查的内容,即要登记的调查单位的特征。调查项目一般就是调查单位各个标志的名称,包括品质标志和数量标志两种。例如我国第七次全国人口普查规定的调查项目包括姓名、居民身份证号码、性别、年龄、民族、受教育程度、行业、职业、迁移流动、婚姻生育、死亡、住房情况等。

确定调查项目时要注意:首先,所确定的项目要本着需要与可能的原则,需要就是能够实现研究目的,可能就是能够取得确切资料;其次,调查项目的含义要确切、明了和具体,以免产生歧义,避免由于理解不一,致使资料不准和无法汇总;再次,调查项目之间应尽可能地保持有机联系,便于核对和检查;最后,尽量保持现行调查项目与过去同类调查项目之间的可比性,以便于动态对比,分析和研究现象的发展变化趋势与规律。

请思考

了解大学生日常收入和消费的主要状况,能为学校助学政策的制定、大学生消费市场的开发、大学生最低生活费保障的确定等提供决策参考信息。如果我们是调查员,我们应该了解哪些信息?是否应该关注学生的日常生活习惯?不同年级的学生消费是否存在不同?男女生消费是否存在区别?

(四) 设计调查表

将各个调查项目按照一定的逻辑关系安排在一定的表格上,就构成了调查表。调查表是调查方案的核心部分,是搜集原始资料的基本工具。利用调查表,不仅能够条理清楚地填写需要搜集的资料,还便于调查后对资料进行汇总整理。

调查表按每张(份)表上是否登记一个单位,可分为单一表和一览表两种。单一表是指每张(份)调查表上只登记一个调查单位的表式,它可以容纳较多的调查项目,内容较详细。表2-2就是一个单一表。一览表是指每张(份)调查表上登记若干个调查单位的表式,它容纳的调查项目有限,但填写集中,能节省人、财、物力和填写时间。表2-3就是一个一览表。

调查表一般由表头、表体、表脚三个部分组成。表头包括调查表的名称及调查单位名称、性质和隶属关系等。表体是调查表的主要部分,包括所有调查项目。表脚包括调查者的签名及填表日期等。

表 2-2　年末职工家庭就业人口调查表

户主姓名：　　　　　　　　　　　　　　　　　　　　　　　　　　　　　　　　　　← 表头

家庭人口（　）人				就业人口（　）人			
姓名	与户主关系	性别	年龄	工作单位	职业	职务职称	备注

（表体）

填表人：　　　　　　　　填表日期：　　年　　月　　日　　　　　　　← 表脚

表 2-3　某校毕业生就业情况调查表

系别：

姓名	性别	班级	专业	就业单位	职业	备注

填表人：　　　　　　　　　　　　　　　　　　填表日期：　　年　　月　　日

（五）确定调查时间和空间

调查时间是指调查资料所属的时间。在统计调查中，调查时间可以是时期，也可以是时点。如果所调查的是时期现象，就要明确规定调查资料所反映的起止日期。例如调查 2017 年第四季度的钢铁产量，则调查时间是从 10 月 1 日起至 12 月 31 日止 3 个月。如果所要调查的是时点现象，调查时间就是规定的统一标准时点。如我国第七次人口普查调查规定是以 2020 年 11 月 1 日零时为标准时点，在标准时点以前死亡和这个时点以后出生的人口不应该登记在内，其余必须进行登记。

调查期限是进行调查工作的时限，包括搜集资料和报送资料的工作所需的时间。为了提高时效性，应尽可能地缩短。如我国第六次人口规定普查登记工作从 2010 年 11 月 1 日开始到 11 月 10 日结束，其调查期限就是 10 天。再如某市对 2017 年机器设备利用情况进行调查，从 2017 年 1 月 1 日起开始调查，截止到 2017 年 1 月 31 日将资料搜集、整理完毕，则调查期限为一个月。

所谓调查地点是指直接登记调查内容、填写调查表的场所。调查地点和调查单位所在地经常是相同的。例如，我国执行统计报表制度的企事业单位，填报统计调查资料，就是在它们的所在地进行的。对于专门组织的统计调查，调查单位所在地有变化时，就要专门指出调查地点，如人口普查，对居民是按常住地点来登记的，而不是按暂住地点来统计的。显然，在调查组织安排中严格规定调查地点，是提高搜集资料的准确性和完整性、避免重复和遗漏的重要保证。

（六）制定调查工作的组织实施计划

为了保证整个统计调查工作的顺利进行，在调查方案中还应该有一个考虑周密的组织实施计划。其主要内容应包括：调查工作的领导机构和办事机构；调查人员的组织；资料报送办法；调查前的准备工作，包括宣传教育、干部培训、调查文件的准备、调查经费的预算和开支办法、调查方案的传达布置、试点及其他工作等。

客观情况是纷繁复杂和千变万化的,所以,不论我们制定方案时做出了多大的努力,在其实施的过程中都可能出现预想不到的各种各样的问题,因此在编制重大的统计调查方案时,需要进行试点调查。通过试点以检验、修订统计调查方案。

第三节 统计调查方式

我国统计调查的主要方式包括统计报表、普查、抽样调查、重点调查和典型调查。其中,统计报表、普查、抽样调查是我国目前最基本的统计调查方式,典型调查和重点调查是对上述基本调查方式的补充。

一、统计调查方式的种类

统计调查是一项专业性和实践性都很强的活动,根据不同的分类标准,可以有不同的划分方法(见图 2-2)。

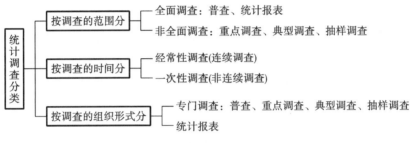

图 2-2 统计调查方式分类

(一)按照调查的范围分类

按照调查的范围划分可分为全面调查和非全面调查两大类。

1. 全面调查

全面调查是对调查对象的所有单位一一进行调查。如为了解全国煤炭产量,对全国所有的煤炭企业逐一登记调查,这就属于全面调查。普查和全面统计报表都属于全面调查。

全面调查是对全部单位进行的调查,能掌握比较全面、完整的统计资料,因此不会出现以偏概全的误差,是制定政策和计划的重要依据。但全面调查也存在着如下缺点:

1)成本高、周期长

由于全面调查需要全方位地、逐个地调查,当总体单位数非常多时,就会导致过大的工作量。我国每 10 年进行一次的人口普查,每次均需动用数十万调查员,从而需要投入大量的人力、物力和财力,通过比较长的时间才能完成。

2)质量控制困难

由于全面调查涉及的单位数较多、调查人员多、时间长,从而容易出现工作误差,质量控制往往难以保证。

3)对破坏性调查不可能进行全面调查

一些调查活动本身对于调查对象是有破坏性的,如食品的质量检测、导弹的杀伤力测试,对于这样的调查,就不能进行全面调查。

由于存在上述种种缺点,因此,全面调查主要是用于那些关系到国计民生的重要的数据调查活动中，如全国人口普查。

2. 非全面调查

非全面调查是对调查对象其中的一部分单位进行调查，以取得调查对象的一部分资料，用来推断总体或反映总体的基本情况。如：为了了解某地区居民的消费水平情况，并不需要对该地区所有的居民进行调查，只需要搜集各个收入层次的一部分居民消费水平方面的实际资料；对某批产品进行质量鉴定，也不需要对所有产品逐个进行质量检验，只需要抽出一部分产品进行检验即可。抽样调查、重点调查和典型调查都属于这一类调查。

非全面调查只对部分单位进行调查，其特点就是调查单位相对较少，可以用较少的时间和人力调查较多的项目，不适合或不能进行全面调查时，可以用非全面调查资料来推算或说明全面情况，以便提供所需要的资料。非全面调查是全面调查的有益补充，目前我国绝大多数调查活动都属于非全面调查。

（二）按照调查的时间分类

按照调查的时间分类可分为经常性调查和一次性调查两大类。

1. 经常性调查

经常性调查是指对调查对象进行连续不断的登记调查，以取得在各个时刻的资料。经常性调查也称为连续性调查。如某企业工业的增加值就是通过逐日、逐月、逐季连续的登记而取得的。这种调查方式适合时期现象，因为时期现象的变化量比较大，进行经常性调查才可以得到现象正确、完整、连续的资料。

2. 一次性调查

一次性调查是对调查对象在某一特定时刻的情况进行调查，以取得在某一瞬间的资料，是一种不连续的调查，可以定期或不定期进行。一次性调查也称为不连续性调查，这类调查一般是针对某一具体问题而组织的。如我国为查清全国人口在数量、结构、分布和居住环境等方面的情况而进行的全国人口普查就属于一次性调查。

（三）按照调查的组织形式分类

按照调查的组织形式分类可分为统计报表和专门调查。

1. 统计报表

统计报表是按一定的表式和要求，自上而下地布置，自下而上地提供统计资料的一种统计调查组织方式。它是国家统计系统和各业务部门为取得系统、全面的基本统计资料而采用的一种调查组织方式。统计报表的目的在于掌握经常变动的、对国民经济有重大意义的指标资料。所以，它在社会主义统计工作中占据着重要的地位，我国目前搜集国民经济基本统计资料采用的就是统计报表形式。

2. 专门调查

专门调查也叫专项调查，是为某一专题研究而专门组织的一种调查方式。这种调查的组织机构不是常设的，而是根据研究目的和任务临时设置的。专门调查属于一次性调查，包括普查、抽样调查、重点调查和典型调查等。

上述各种分类是从不同的角度对同一调查进行的不同的分类，它们是相互联系、交叉融合的。例如，普查既是全面调查，又是一次性调查，也是专门调查。统计调查的方式多种多样，这就要求调查者熟悉和掌握各种统计调查方式。只有这样，才能在实际应用时根据调查对象的特点及调查的目的、任务和要求，结合具体情况选择运用，或根据需要将多种调查方式结合运用。

二、统计调查的组织方式

（一）统计报表

统计报表是根据国家有关部门的统一规定,按统一的表格形式、统一的指标内容、统一的报送时间,自上而下地布置,自下而上地逐级提供统计资料的一种调查组织方式。

统计报表制度是我国对国民经济实行宏观调控和业务指导的重要工具,是全面、及时、准确地获得统计资料的有效方法。国家为了加强宏观调控,制定符合社会和经济发展客观规律的方针、政策,指导和监督各地区、各部门、各企事业单位,也需要定期向上级如实报告自己经济活动的基本资料和有关数据,以便上级部门指导和监督。这种客观要求,决定了国家必须建立统一的统计报表制度,执行统计报表制度也是各地区、各部门、各企事业单位必须履行的一项义务。

1. 统计报表的种类

可以按照不同的角度划分为不同的种类(见图2-3)。

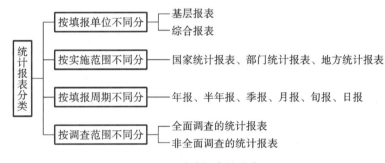

图2-3 统计报表的种类

按照填报单位的不同,统计报表可分为基层报表和综合报表。基层报表主要由基层企事业单位填报,它是统计调查的基本资料;由上级主管部门根据基层报表逐级汇总填报的统计报表称为综合统计报表。

按实施的范围不同,统计报表分为国家统计报表、部门统计报表和地方统计报表。国家统计报表在全国范围内实施;部门统计报表是在各部门范围内部实施的调查活动;地方统计报表是在各自治区域范围内实施的统计调查。

按照统计报表填报周期的不同,可以分成年报、半年报、季报、月报、旬报和日报。有些重要的、需要经常了解的资料,报送周期就要短一些。一般说来,报送周期越长,统计范围就越广,报表指标项目就应多设一些,分组就细一些;报送周期越短,花费的人力、物力和财力就越多,因此,指标项目要少一些,分组可以粗一些。

按照调查的范围不同,统计报表分为全面调查的统计报表和非全面调查的统计报表。全面调查的统计报表要求调查对象中的全部单位填报;非全面统计报表只需要调查对象中的部分单位填报。

2. 统计报表的内容

现行的统计报表制度的内容主要包括报表目录、表式、填报说明三部分。

1) 报表目录

报表目录是对报表名称、报送日期、填报单位、填报范围和报送方式等进行说明的一览表。

2) 表式

表式是指报表的具体格式,它是统计报表制度的主要部分,表式的内容包括主栏项目、宾栏项目和补充资料项目,以及表名、表号、填报单位、填报日期等。

3)填报说明

填报说明是对填写表格的有关问题的解释。填报说明主要包括指标解释、填报范围和统计目录的具体说明。

3. 统计报表的特点

统计报表的主要特点有:第一,报表资料的来源建立在基层单位的各种原始记录的基础上,基层单位也可利用其资料对生产、经营活动进行监督管理。第二,由于统计报表是逐级上报和汇总的,各级领导部门能获得管辖范围内的报表资料,了解本地区、本部门的经济和社会发展情况。第三,由于统计报表属于经常性调查,调查项目相对稳定,有利于积累资料,并进行动态对比分析。

4. 统计报表的资料来源

统计报表的资料来源于基层单位和原始记录。从原始记录到统计报表,中间还要经过统计台账和企业内部报表。

1)原始记录

原始记录是基层单位生产经营活动、业务管理活动的数字或文字记载,一般用表格形式记录,涉及范围广泛,是未经加工整理的第一手资料。

2)统计台账

统计台账是根据填报报表的单位经营管理需要而设置的一种系统积累统计资料的表册。它将分散的原始记录资料,分门别类按时间顺序登记在表册上,使资料系统。其基本形式有多指标综合台账和单指标分组台账两种。

3)企业内部报表

企业内部报表是企业根据原始记录和统计台账,经过汇总计算后编制的,它是企业内部各职能部门和企业领导取得统计资料的一种形式,也是搞活企业、实行科学管理、提高企业经济效益的主要信息来源。它只在企业内部实行,是编制基本统计报表和专业统计报表的基础。目前一些大企业,根据企业内部经营管理的需要实行企业内部报表制度。

(二)专门调查

1. 普查

普查是根据统计研究的特定目的和任务,专门组织的一次性的全面调查,它主要是用以搜集某些不能或不宜用定期的全面报表搜集的统计资料。一般用来调查属于一定时点的社会经济现象的总量。目前,由于许多社会现象已难以用全面报表收集资料,所以,普查的运用将更广泛,它将成为调查方法的基础。例如,可借助普查系统地、全面地掌握一个国家或地区的人力资源、财力资源和物资资源的数量、分布及利用状况。

1)普查的特点

普查有两个主要特点:第一,它是一种不连续的调查,或者也可称为一次性调查。由于时点现象的总体数量在时期内往往变化不大,不需要进行连续登记,只有间隔一段较长时间才需进行一次性的全面调查。例如,经国务院批准,我国第七次全国人口普查于2020年11月1日零时进行,与2010年进行的第六次人口普查相隔了10年。第二,它是一种全面调查,它比任何一种调查形式更能掌握大量、详细、全面的统计资料。普查的对象范围广,总体单位数量大,指标的内容详细,并且规模宏大,所以,普查比任何其他方式的调查更能掌握大量、全面的统计资料。第三,普查的工作量大。普查涉及面广、时间性强、复杂程度高、对组织工作的要求高,需要耗费大量的人力、物力和财力,因而普查不宜经常进行。我国历次人口普查如表2-4所示。

表 2-4 我国历次人口普查

次别	第一次	第二次	第三次	第四次	第五次	第六次
主要目的	配合各级人民代表大会的选举,为第一个五年计划提供依据	为制定第三个五年计划和长远规划提供依据	结束动乱,为国家制定政策和计划提供人口数据	为检验"七五"计划执行情况、制定"八五"计划提供数据	为了制定国民经济和社会发展战略规划,实现人口与资源、环境的协调发展	全面查清中国人口数量、结构、分布、城乡住房等方面情况,为完善人口发展战略和政策体系,促进人口长期均衡发展
普查对象	常住人口	常住人口	常住人口	常住人口	常住人口	常住人口
标准时间	1953年7月1日零时	1964年7月1日零时	1982年7月1日零时	1990年7月1日零时	2000年11月1日零时	2010年11月1日零时

2) 普查的组织形式

普查的组织形式有两种,一种是通过组织普查机构,配备一定数量的普查人员,对调查单位直接进行登记,如我国人口普查就是采用这种形式。另一种是利用调查单位的原始记录和核算资料,结合清库盘点,由调查单位自行填报调查表格,如我国物资库存普查就是采用这种形式。

3) 普查应遵循的原则

第一,规定统一的调查时点,也叫标准时点。由于被调查单位是在不断变化的,为了避免重复和遗漏,必须确保普查空间范围内的全部对象都处在同一时点状态。如我国的人口普查一般规定为11月1日零时为调查时点。第二,在普查范围内的各调查单位(或调查点)应同时进行登记,方法、步调要保持一致,并力求在尽可能短的期限内完成,以保证资料的准确性和时效性。第三,普查项目统一规定后,不得任意改变或增减,以利于综合汇总。在时间上,性质相同的普查,各次调查项目要尽可能保持相对稳定,以便将历次调查资料进行比较和分析。

2. 抽样调查

抽样调查是按照随机原则从调查对象中抽取一部分单位作为样本进行观察,然后根据所获得的样本数据,对调查对象总体特征做出具有一定可靠程度的推算。

1) 抽样调查的特点

第一,样本单位采用随机原则抽取,排除了主观因素的影响。第二,根据部分调查的实际资料对调查对象总体的数量特征做出估计。根据数理统计原理,抽样调查中样本指标和相对应的总体指标之间存在着内在联系,而且两者的误差分布也是有规律可循的,因而提供了用实际调查所得的部分信息以推断总体数量特征的科学方法。第三,抽样误差可以事先计算并加以控制。以样本资料推算总体数量特征,不可避免地会产生误差。但这种误差与其他统计估算所产生的误差不同,它可以根据有关资料事先加以计算,并且通过一定的途径来控制误差的范围,保证抽样推断结果达到预期的可靠程度。

2) 抽样调查的使用范围

抽样调查的使用范围主要有:第一,对某些社会现象不可能或不必要进行全面观察时,可采用抽样调查。例如,对破坏性的产品进行质量检验,如灯泡、显像管的寿命检查,汽车轮胎的行程试验等,就不能逐一检验,只能抽样观察。又如,对城乡居民收支情况进行调查,如果对所有家庭逐一调查了解,客观上困难很大,事实上也没有必要,而采用抽样方式,可以获得同样的调查效果。第二,应用抽样调查资料对普查或全面调查的统计资料进行检查、验证、修正或补充,以提高全面调查统计资料的质量。由于普查涉及面广,工作量大,容易产生登记误差,即出现重复登记或遗漏现象,因此通常在普查之后,做一次小规模的抽样调查,将抽样点差的结果同原来的普查资料进行核对,计算出差错比率,然后以其作为修订系数,对普查资料进行必要的修正。

抽样调查也有局限性,该种调查方式不能提供总体各单位的详细资料。

3. 重点调查

1) 重点调查的意义

重点调查是一种非全面调查。它是从所要调查的全部单位中选择一部分重点进行调查,借以从数量上说明总体的基本情况。

重点单位是指这些单位在全部总体中虽然数目不多,所占比重不大,但就调查的标志值来说却在总量中占有很大的比重。通过对这部分重点单位的调查,可以从数量上说明整个总体在该标志总量方面的基本情况。

例如,要了解我国现代化钢铁工业企业的产量、质量、规格,以及产品销售、利润等基本情况,只要调查宝钢、鞍钢、沙钢和首钢等几个大型钢铁企业的生产情况就可以了,因为这些企业的钢铁产量占全部钢铁企业总产量的绝大比重,可以调查任务所需要的资料。

重点调查的优点:由于调查单位较少,调查的项目和指标可以多一些,了解的情况也可以细一些;花费的时间、经费和人力较少。

2) 重点单位的选择

根据调查任务确定重点单位。基本标准是所选出的重点单位的标志值必须能够反映所研究总体的基本情况。一般来说,选出的单位要尽可能少些,而其标志值在总体中所占的比重要尽可能大些。

重点单位不是固定不变的。对不同问题的重点调查,或同一问题不同时期的重点调查中,重点单位不是一成不变的,要随着情况的变化而随时调整。选中的单位应是管理健全、统计基础工作较好的单位。

3) 重点调查的组织形式

根据研究问题的不同需要,重点调查可以采取一次性调查,也可以进行定期调查。一次性调查适用于临时调查任务。定期调查适用于经常性调查任务,可以颁发定期报表,由选择的重点单位填报,定期观察一些重点单位的主要技术经济指标的完成情况及其变动。

4. 典型调查

1) 典型调查的意义

典型调查是根据调查的目的和任务,在对调查对象进行初步分析的基础上,有意识地选取若干具有代表性的或有典型意义的单位,进行深入的调查研究,反映被研究对象的特征和发展变化一般规律的调查方式。

典型调查有三个特点:第一,典型调查的实质是深入细致的调查,可用来研究某些比较复杂的专门问题。第二,典型调查是是非全面调查。调查的单位少,因而指标可以多一些。第三,典型调查是一种比较灵活的调查方式,典型单位的选择和确定,是根据研究任务,在对调查对象进行初步分析的基础上,有意识地加以选择的。

典型调查的两种形式:一种是对个别典型单位进行调查研究,它可以对一个典型做深入细致的分析研究,可以做到搜集资料与分析研究相结合,并能解决一些不可能用报表来回答的问题。另一种是在对总体进行分类的基础上,选择一部分典型单位进行调查,当总体单位比较多、各单位发展条件和发展程度又相差较大时,就需要将总体单位按某种与研究任务有关的标志划分成若干个组,以缩小组内各单位的差异,然后再从各个组分别选出典型单位。

2)典型调查的作用

了解事物的发生和发展的全过程及同各方面的联系。特别是有利于研究新情况、新问题。

补充全面调查和其他非全面调查的不足。典型调查可以搜集全面调查或其他形式的非全面调查搜集不到的统计资料和情况,因为调查的单位少,可以对典型单位进行深入调查,从而把问题搞清楚。

3)典型单位的选择

根据调查的目的,参照调查对象和典型单位的有关资料和情况确定典型单位。选择典型单位时,要反对主观片面,确保选中的单位具有充分的代表性和典型意义。例如:为了研究新生事物,就要选择处于萌芽状态的新生事物为典型;为了总结先进经验,就应该选择先进典型;为了总结教训,就应该选择后进的典型;如果是要研究总体的一般情况或一般规律,就应该选择一般的典型。

合理确定典型单位的数目。在总体各单位差别不大的情况下,选择一个或几个有足够代表性的单位就可以了。如果总体单位比较多,各单位差别又比较大,则应多选一些单位。

统计调查的五种不同组织形式各有优缺点,在实际应用过程中应该结合调查的对象和调查的目选择合适的方法。现将五种不同组织形式的优缺点及使用情况总结如表 2-5 所示。

表 2-5 统计调查不同组织形式的优缺点及适用情况

	优点	缺点	适用情况
统计报表	格式统一、便于整理;搜集的信息全面、系统、准确、可靠	企业负担过重,资源浪费,具有一定的强制性	国家、部门、地方搜集国民经济相关统计资料
普查	搜集的信息大量、全面、系统、详细	需要消耗大量的人力、物力、财力和时间	针对某项意义重大的数据,主要用于那些关系到国计民生的重要的数据调查活动中
抽样调查	不受主观因素影响,能控制误差范围	不能提供总体各单位的详细资料	一些不可能或不必要进行全面调查的社会现象,对普查资料进行必要的修正
重点调查	节省人力、物力和财力,时效性高	缺少全面性和高度准确性	部分单位能比较集中地反映所研究的标志或指标时
典型调查	调查范围小,调查单位少,灵活机动、具体深入,节省人力、物力和财力	选择真正具有代表性的典型单位比较困难,容易受人为因素的干扰	调查的对象中拥有具有代表性的典型单位时

第四节 统计调查方法

按照取得资料的具体方法不同,统计调查方法可分为观察法、报告法、实验法、询问法。

一、主要调查方法

（一）观察法

观察法也称为直接观察法，是指调查人员亲临现场对调查单位直接进行观察、检验和计量，以取得相关资料的一种调查方法。如农产品产量调查、工业产品资料调查等，都是调查人员通过自己亲临现场而获得的第一手资料。所以，观察法能够保证所搜集资料的准确性。但是这种方法需要大量的人力、物力、财力和时间，工作效率不高，在任务紧迫的情况下，不宜采用。特别是对历史资料进行调查的时候，不可能通过直接观察法搜集资料。因此观察法的应用范围受到一定的限制。

（二）报告法

报告法是由报告单位根据一定的原始记录、统计台账，依据统计报表的格式和要求，按隶属关系，逐级向有关部门提供统计资料的一种调查方法。我国现在各企事业单位、各机关向上级填报统计报表，就是报告法。报告法的特点是有统一项目、统一表式、统一要求和统一上报程序，其资料来源于原始记录，可以同时进行大量的调查。如果报告制度健全，原始记录和核算工作完整，采用报告法就可以取得比较准确的资料。

（三）实验法

实验法是在假定的前提条件下，创造一定的实验环境，通过实验前后的对比，以发现调查对象的某些因素之间的因果关系及其发展变化规律的方法，分为室内实验法和市场实验法。其优点是资料客观、具体，不受个人主观因素的影响；缺点是时间长、费用高，难以创造理想的实验环境等。例如，某饮料开发商为了解消费者对不同口感的饮料的喜好程度，抽出100名随机顾客，对不同口感的饮料进行品尝，最后总结得出顾客对不同口感饮料的满意度。实验法应用范围较广，一般地讲，改变商品品种、变换商品包装、调整商品价格、推出新产品、广告形式内容变动、商品陈列变动等，都可以采用实验法调查测试其效果。

（四）询问法

询问法也可称为采访法，是指根据调查提纲，调查者向被调查者询问，提出问题，由被调查者回答以取得统计数据资料的一种方法。询问法分为标准式询问和非标准式询问两种。标准式询问又称结构式询问，是指调查人员将调查表格交给被调查者，并说明填表要求、方法和注意事项，由被调查者自己填写调查内容的一种调查方法。它的特点是提供调查人员事先设计好的、有固定格式的标准化问卷，有顺序地依次提问，并由受访者做出回答。非标准式询问也称非结构式询问，它事先不制作统一的问卷或表格，没有统一的提问顺序，调查人员只是给一个题目或提纲，由调查人员和受访者自由交谈，以获得所需的统计数据资料。这种方法的调查优点是调查人员与被调查者直接接触，因此所得资料比较准确、可靠，缺点是需要较多的人力和时间。询问法具体有电话调查、邮寄调查、网络调查等方法。

1. 电话调查法

电话调查法是指调查相关工作人员通过电话向被调查者进行问询、了解情况的一种调查方法。它是询问法中的一种调查方法。电话调查分为传统电话调查和计算机辅助电话调查。其优点是取得市场信息资料的速度快，节省调查时间和经费；缺点是调查的项目过于简单明确，而且受到通话时间的限制，调查内容的深度远不及其他调查方法。

2. 邮寄调查法

邮寄调查法是指将事先设计好好的调查问卷,通过邮政系统寄给被调查者,由被调查者根据要求填写后再寄回,是市场调查中一种比较特殊的调查方法。其优点是调查空间范围大,问卷篇幅可以较长,匿名性较好;缺点是问卷回收率低、时效性差,缺乏对调查对象的控制。

3. 网络调查法

网络调查法是利用互联网来收集统计资料的方法,通过网络向被调查单位和个人发出调查提纲、表格或问卷,被调查者通过网络向调查者发送信息。其优点是组织简单、费用低廉、客观性好,不受时空与地域限制,速度快;缺点是网民的代表性存在不准确性,网络的安全性不容忽视,受访对象难以限制。网络调查法是一种新兴的并迅速成为主流的调查方法,它的出现是对传统调查方法的一个补充,随着互联网进一步发展,网上调查将会被更广泛地应用。

二、调查问卷

（一）调查问卷的意义

1. 调查问卷的概念

调查问卷是调查者依据调查的目的和要求,将一系列问题、调查项目、备选答案及说明等按一定格式有序排列而成的调查表,用以向被调查者搜集资料的一种工具。

2. 调查问卷的特点

问卷调查的优点主要在于调查内容标准化、系统化,便于资料的整理和分析;调查范围广,涉及内容多,在现实经济生活中,常常利用报纸、刊物、网络等媒介发布调查问卷,直接传播到千家万户;直接了解群众的意见和要求,有利于决策的科学化、民主化。缺点主要体现在问卷的回收率和有效率低,同时,问卷样本的代表性也有一定问题。

（二）调查问卷的基本类型

调查问卷按填写方式的不同,可分为自填式问卷和访问式问卷,这是调查问卷的两种基本类型。

1. 自填式问卷

自填式问卷是指通过邮寄或分发的方式将问卷给被调查者,由被调查者自己填写的问卷。这种问卷,被调查者可以不受外界因素的干扰,如实表达自己的意见,尤其是敏感性问题的调查,自填式问卷往往可以得到较为可靠的资料。这类问卷的不足是:如果问卷填写的答案含糊不清,或对某些问题拒绝回答,是难以补救的;无法知道被调查者是否独立完成答案及其回答问题的环境,以致影响对问卷质量的判断。

2. 访问式问卷

访问式问卷是指由调查者通过现场询问,根据被调查者口头的回答,由调查者代为填写的问卷。这类问卷的应答率高、可控性强,从而保证了应答的完整性。同时,调查人员还可以观察被调查者的态度及其回答问题的环境,有利于进一步分析、判断相关问题。但这类问卷也存在不足:调查费用较高;易受调查者的影响,匿名性较差;当被调查者对调查者的举止有偏见或不理解时,会导致差错、说谎或拒答;调查者有时对被调查者的意思没有正确理解或正确记录就可能出错。

（三）调查问卷设计的程序

问卷设计是由一系列相关工作过程所构成的,为使问卷具有科学性和可行性,需要按照一定的程序进行(见图2-4)。

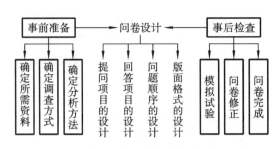

图2-4 调查问卷设计的程序

1. 准备阶段

准备阶段是根据调查问卷需要确定调查主题的范围和调查项目,将所需问卷资料一一列出,分析哪些是主要资料,哪些是次要资料,哪些是调查的必备资料,哪些是可要可不要的资料,并分析哪些资料需要通过问卷来取得,需要向谁调查等,对必要资料加以收集。同时要分析调查对象的各种特征,即分析了解各被调查对象的社会阶层、行为规范、社会环境等社会特征,文化程度、知识水平、理解能力等文化特征,需求动机、行为等心理特征,以此作为拟定问卷的基础。在此阶段,应充分征求有关各类人员的意见,以了解问卷中可能出现的问题,力求使问卷切合实际,能够充分满足各方面分析研究的需要。可以说,问卷设计的准备阶段是整个问卷设计的基础,是问卷调查能否成功的前提条件。

2. 初步设计

在准备工作的基础上,设计者就可以根据收集到的资料,按照设计原则设计问卷初稿,主要是确定问卷结构,拟定并编排问题。在初步设计中,首先要标明每项资料需要采用何种方式提问,并尽量详尽地列出各种问题,然后对问题进行检查、筛选、编排,设计每个项目。对提出的每个问题,都要充分考虑是否有必要,能否得到答案。同时,要考虑问卷是否需要编码,或是否需要向被调查者说明调查目的、要求、基本注意事项等。这些都是设计调查问卷时十分重要的工作,必须精心研究,反复推敲。

3. 试答和修改

设计者需要将初步设计出来的问卷,在小范围内进行试验性调查,以便弄清问卷在初稿中存在的问题,了解被调查者是否乐意回答和能够回答所有的问题,哪些语句不清、多余或遗漏,问题的顺序是否符合逻辑,回答的时间是否过长等。如果发现问题,应做必要的修改,使问卷更加完善。试调查与正式调查的目的是不一样的,它并非要获得完整的问卷,而是要求回答者对问卷各方面提出意见,以便于修改。

4. 复印

复印就是将最后定稿的问卷,按照调查工作的需要打印复制,制成正式问卷。

(四)调查问卷的基本结构

一份完整的调查问卷,通常由题目、说明信、被调查者的基本情况、调查事项的问题和答案、填写说明与解释等五个主要部分所构成。

1. 题目

题目是问卷的主体。俗话说"题好一半文",调查问卷与文章一样,题目非常重要。应力求准确、醒目、突出;要能准确而概括地表达问卷的性质和内容;观点新颖,句式构成上富于吸引力和感染力;注意题目不要给被调查者以不良的心理刺激。

2. 说明信(又称封面信)

说明信一般设在问卷的开头(见图2-5)。这是调查者与被调查者的沟通媒介,目的是让被调查者了解调查的意义,引起被调查者足够的重视和兴趣,争取他们的支持与合作。说明信要说明调查者的身份、调查的中心内容及要达到的目的和意义、选样原则和方法、调查结果的使用和依法保密的措施与承诺等,有时还需要对奖励的方式、方法、奖金、奖品等有关问题叙述清楚。说明信必须态度诚恳、口吻亲切,以打消被调查者的疑虑,取得真实资料。访问式问卷与自填式问卷的说明信有所不同,前者还应有对调查员的具体要求。写好说明信,取得被调查者的合作与支持,是问卷调查取得成功的必要保证。

公众医疗保险意识问卷

女士/小姐/先生:

您好! 我是××市场调查公司的访问员,我们正在进行一项有关公众医疗保险意识方面的调查,目的是想了解人们对医疗保险的看法和意见,以便更好地促进医疗保险事业的发展。您的回答无所谓对错,只要真实地反映了您的情况和看法,就达到了这次调查的目的。希望您能积极参与,我们对您的回答完全保密。调查要耽搁您一些时间,请您谅解。谢谢您的支持与合作!

图 2-5 调查问卷的封面信

3. 被调查者的基本情况

被调查者的基本情况是对调查资料进行分类研究的基本依据。一般而言,被调查者包括两大类,一是个人,二是单位。如果被调查者是个人,则其基本情况包括姓名、性别、民族、年龄、文化程度、职业、职务或技术职称等项目;如果被调查者是企事业等单位,则包括单位名称、经济类型、行业类型、职工人数、规模、资产等项目。若采用不记名调查,被调查者的姓名或名称须在基本情况中省略。

4. 调查事项的问题和答案

调查事项的问题和答案是调查问卷最主要、最基本的组成部分,调查资料的搜集主要是通过这一部分来完成的,它也是使用问卷的目的所在。这一部分设计得如何,关系到该项调查有无价值和价值的大小。通常在这一部分既提出问题,又给出回答方式。问题从形式上看,有开放式和封闭式两种。

开放式问题是指只提问题,不确定答案,被调查者可以自由地围绕提出的问题,填写描述性的情况和意见。开放式问题的优点是:被调查者不受任何定式的约束,可以自由地发表意见,对问题的探讨比较深入,获得的资料往往比较丰富而生动。其不足是:答案五花八门、复杂多样,有时甚至出现答非所问的情况;描述性问题的回答较多,难以定量处理;受被调查者表述能力的影响较大,由此会造成一些调查性误差。

封闭式问题是指不仅提出问题,而且每一个问题都已预先分列了若干答案,由被调查者在其中选择符合自己实际情况的答案。封闭式问题的优点是:问题清楚具体,被调查者容易回答,材料可信度较高;答案标准,整齐划一,填写方便,容易整理,适于定量分析。其不足是:由于事先规定了预选答案,被调查者的创造性受到约束,不利于发现新问题;被调查者在对预选答案不理解、不满意或随便选择的情况下,会影响调查结果的正确性。

由于两种问题形式各有优缺点,为了弥补它们的不足,在实际操作中许多问卷是两种问题形式结合使用,从而形成一种优势互补的调查问卷。

为了应用计算机对问卷进行定量分析,往往需要对调查事项的问题和答案进行编码,即用事先规定的"代号"(阿拉伯数字)来表示某些事物及其不同状态的信息。开放式问题一般是在问卷回收后再进行编码。封闭式问题一般采用预编码,即在问卷设计的同时进行编码。

5. 填写说明和解释(又称指导语)

填写说明和解释包括填写问卷的要求、调查项目的含义、被调查者应注意的事项等,其目的在于明确填写问卷的要求和方法。

除了上述五个部分外,问卷的最后也可以写上几句短语,表示对被调查者的感谢,或征求被调查者对问卷设计和问卷调查的意见和感受。如果是访问式问卷,还可以加上作业证明的记载,其主要内容包括调查人员姓名、调查时间、作业完成情况,这可以明确调查人员的责任,并有利于检查、修正调查资料。

(五)调查问卷的设计形式

调查问卷是以书面的形式记录和反映被调查者的看法和要求的,问卷设计的好坏对调查的结果影响很大。因此,调查问卷的设计应主题明确、重点突出、通俗易懂、便于回答,同时还应便于计算机对问卷的汇总和处理。问卷的设计,可根据具体情况采用不同的设计形式,其基本形式有以下五种:

1. 自由询问式

自由询问式是只提问题不设答案,由被调查者自由回答。它适用于对所有问题的提问,被调查者对这类问题的回答可以不拘形式,任意发挥。但有些被调查者不愿或不便用文字形式表达自己的看法,因而影响了调查结果的全面性与准确性。此外,由于这种提问的回答内容五花八门,从而不利于进行资料的整理和统计。

2. 二项选择式

二项选择式的问卷只让被调查者在两个可能答案中选择一个,如"是"与"不是","有"与"没有"。此类方式易于发问,也易于回答,且方便统计汇总,但不便于调查者了解形成答案的原因。

3. 多项选择式

多项选择式是设置了多种答案供被调查者选择。这种方式能较全面地反映被调查者的看法,又较自由询问式易于统计和整理,但在设计时应注意供选择的答案不宜过多,只要能概括各种可能情况即可。

4. 顺位式

顺位式是让被调查者依据自己的爱好和认识程度对调查项目中所列答案定出先后次序。顺位式一般分为两种:一种是预先给出多个答案,由被调查者定出先后顺序;一种是不预先给出答案,由被调查按先后顺序自己填写。

5. 赋值评价式

赋值评价式是指通过打分或定级来评价事物的好坏或优劣的方法。打分时,一般用百分制或十分制;定级时,其等级一般定1至5级或1至10级。这种方法简便易行,评价的活动余地较大,而且便于统计处理和比较。缺点是分数的多少和等级高低的分寸不易掌握,且因人而异,差异较大。因此,采用这种方法时,应当对打分或定级的标准做出统一的规定,以便被调查者有所参考。

以上的五种设计形式,第一种属于开放式问题,第二、三、五种属于封闭式问题,第四种既可以用于封闭式问题,也可以用于开放式问题。

（六）调查问卷设计应注意的问题

问卷设计十分复杂，需要耐心细致的工作，即使是很有经验的研究人员在进行这项工作时也要反复推敲，否则问卷结果就达不到调查的目的。因此，设计问卷必须注意下列问题：

（1）问卷上所列问题应该是必要的，可要可不要的问题不要列入。

（2）所问问题应是被调查者熟悉且易于回答的，避免出现被调查者不了解或难以回答的问题。

（3）注意询问语句的措辞和语气，一般应注意：问题要提得清楚、明确、具体、简短；明确问题的界限与范围，问句的字义（词义）要清楚；避免引导性问题或带有暗示性问题的出现。

（4）问卷的问题一般应避免触及被调查者的个人隐私。

（5）问卷上所拟答案要有穷尽性，避免重复和交叉。

（6）问卷上拟定的答案要编号。

下面是一张关于"大学生就业心态"的问卷调查表。

【例 2-1】 大学生就业心态问卷调查

随着中国经济的不断发展，整个社会对高等学校毕业生的要求进一步扩大。近些年，我国高校大规模扩招，大学生就业市场出现了新的形势。为了更好地了解当前大学生的就业心态，以便为广大同学在求职时提供更好的参考意见，我们特别组织了这次调查，希望能够得到你们的支持与合作，本问卷不对外公开，请如实填写。

1. 您此时的情况是（　　）
A. 已经签约　　　　　　　　　　B. 已确定单位，等待签约
C. 等待接受单位的最后答复　　　　D. 尚未找到接受单位
E. 考研　　　　　　　　　　　　F. 准备出国
G. 准备从事自由职业或自主创业　　H. 虽有接受单位，但自己不想去

2. 毕业后的择业方向是（　　）
A. 政府机关　　　B. 外资企业　　　C. 私营民营企业　　　D. 国有单位
E. 事业单位　　　F. 自己创业

3. 您就业会优先选择的城市是（　　）
A. 出生本地　　　B. 沿海城市　　　C. 西部发展地区　　　D. 其他

4. 您能接受的月收入水平是多少（　　）
A. 500～1000 元　　B. 1000～2000 元　　C. 3000 元　　D. 3000 元以上

5. 你在就业过程中更注重什么（　　）
A. 岗位　　　　　　B. 薪酬高低　　　C. 公司名气
D. 个人发展空间　　E. 其他＿＿＿＿＿（请注明）
请排序：□→□→□→□→□

6. 你认为用人单位最关心毕业生的哪些条件（　　）
A. 专业成绩　　　　B. 专业技能　　　C. 综合能力　　　D. 学校名气
E. 社会经验　　　　F. 发展潜力　　　G. 思想品德　　　H. 其他
请排出前三项：□→□→□

7. 您认为目前普通大学生的就业形势怎样（　　）
A. 十分严峻，很难找到合适的工作　　B. 有点严峻，但比其他较低学历人群要容易

C. 有点严峻,与其他较低学历人群差不多　　D. 不了解
8. 您认为当前学哪类专业更易于找到工作(　　)
A. 文史类　　　　B. 师范类　　　　C. 工科类　　　　D. 管理类
E. 农林类　　　　F. 经济类　　　　G. 理科类　　　　H. 其他
9. 您是否有可能会选择自主创业(　　)
A. 会　　　　　　B. 不会　　　　　C. 会考虑

非常感谢您的合作! 祝您心想事成!

实验操作

统计调查设计与实施

一、实验目的和要求

目的:组织学生针对社会热点问题进行项目调查。目的是通过组织社会调查实训训练,使学生掌握统计调查工作方法和步骤。

要求:结合第二章统计调查教学内容的学习,以项目小组为单位组织学生,针对搜集到的社会热点问题进行讨论,确定其项目课题,实施项目调查。具体内容包括:

1. 学生可以根据自身在学习、工作、生活过程中遇到的实际问题,例如可以根据化妆品消费情况、图书馆使用情况、书籍购买阅读情况、大学生消费水平情况、手机使用情况等问题,确立调查项目课题,设计调查方案和调查问卷,开展社会实践活动,组织实施项目调查。

2. 学生可以根据目前社会热点问题,例如可以将环保情况调查作为调查课题项目,设计调查方案和调查问卷,开展社会实践活动,组织实施项目调查;也可以将我国城乡居民收入差距情况作为调查课题项目,设计调查方案,组织上网收集相关信息,组织实施项目调查。

二、实验仪器、设备和材料

个人电脑(人/台)、Excel 软件。

三、实验过程

1. 确定调查课题。根据第一部分的项目实训结果,组织讨论,确定各项目小组项目课题。

2. 设计调查方案。各项目小组经过讨论,研究确定项目课题的调查任务与目的、调查对象和调查单位、调查项目和调查表、调查工作的组织实施计划等方面的内容,组织编写社会调查方案。

3. 设计调查问卷。针对社会调查方案,设计调查问卷。

4. 组织实施项目调查。(条件允许下可以做这个步骤)

首先,由于学生要参加社会实践调查,所以要对其进行综合素质培训,内容包括社交礼仪、营销观念、安全意识、职业素质等方面的培训。通过培训使学生明确这不仅代表其个人行为,更代表小组行为乃至系、院部行为,所以本次实训训练是一次有组织、有计划、有步骤、有成果的社会实践活动。

其次,根据调查任务、调查目的、调查内容等确定调查方式。

最后,申请调查经费,实施项目调查。

本章小结

统计调查是根据统计研究预定的目的、要求和任务,运用科学的调查方法,有计划、有组织地向客观实际搜集资料的过程。

统计调查过程中应该遵循客观性、准确性、及时性和全面性四大原则。

统计调查按调查的范围,可以分为全面调查和非全面调查。统计调查按调查的时间,可分为经常性调查和一次性调查。统计调查按调查的组织形式,可以分为统计报表和专门调查。

统计调查方案,是指在开始调查之前对整个系统调查工作的通盘安排和周密计划,具体包括确定调查目的、确定调查对象和调查单位、确定调查项目、设计调查表、确定调查时间和空间及制订调查工作的组织实施计划。

统计报表是根据国家有关部门的统一规定,按统一的表格形式、统一的指标内容、统一的报送时间,自上而下地布置,自下而上地逐级提供统计资料的一种调查组织方式。普查是根据统计研究的特定目的和任务,专门组织的一次性的全面调查,它主要是用以搜集某些不能或不宜用定期的全面报表搜集的统计资料。抽样调查是按照随机原则从调查对象中抽取一部分单位作为样本进行观察,然后根据所获得的样本数据,对调查对象总体特征做出具有一定可靠程度的推算。重点调查是一种非全面调查。它是从所要调查的全部单位中选择一部分重点进行调查,借以从数量上说明总体的基本情况。典型调查是根据调查的目的和任务,在对调查对象进行初步分析的基础上,有意识地选取若干具有代表性的或有典型意义的单位,进行深入的调查研究,反映被研究对象的特征和发展变化一般规律的调查方式。

统计调查方法包括观察法、报告法、实验法和询问法。

思考与能力训练

一、单选题

1. 乡镇企业局为了总结先进生产管理经验,特别选出几个先进乡镇企业进行调查,这种调查属于(　　)
   A. 抽样调查　　　　B. 典型调查　　　　C. 重点调查　　　　D. 普查

2. 在统计调查中,调查单位和报告单位(　　)
   A. 是完全一致的　　　　　　　　　B. 是完全无关联的
   C. 有时是一致的,有时是不一致的　　D. 是完全不一致的

3. 某市工商银行要了解2017年第三季度全市储蓄金额的基本情况,调查了储蓄金额较高的几个储蓄所,这种调查属于(　　)
   A. 普查　　　　　B. 重点调查　　　　C. 典型调查　　　　D. 抽样调查

4. 有意识地选择三个农村点调查农民收入情况,这种调查方式属于(　　)
   A. 重点调查　　　B. 普查　　　　　　C. 典型调查　　　　D. 抽样调查

5. 调查几个铁路枢纽,就可以了解我国铁路货运量的基本情况,这种调查方法属于(　　)
   A. 抽样调查　　　B. 重点调查　　　　C. 典型调查　　　　D. 普查

6. 要想了解某市集贸市场的基本情况,对占该市成交量比重较大的7个大型集贸市场的成交额进行调查,这种调查方法是(　　)

A. 普查　　　　　　B. 抽样调查　　　　　C. 重点调查　　　　　D. 典型调查

7. 重点调查中的重点单位是指(　　)

A. 标志总量在总体中占有很大比重的单位

B. 具有典型意义或代表性的单位

C. 那些具有反映事物属性差异的品质标志的单位

D. 能用以推算总体标志总量的单位

8. 抽样调查的主要目的是(　　)

A. 计算和控制抽样误差　　　　　　B. 了解全部总体单位的状况

C. 用样本来推断总体　　　　　　　D. 对调查单位做深入的调查

9. 某些产品在检验和测量时常有破坏性,一般宜采用(　　)

A. 全面调查　　　　B. 典型调查　　　　C. 重点调查　　　　D. 抽样调查

10. 普查是为了某种特定的目的而(　　)

A. 专门组织的一次性的全面调查　　　B. 专门组织的经常性的全面调查

C. 非专门组织的一次性的全面调查　　D. 非专门组织的经常性的全面调查

11. 调查大庆、胜利等几个主要油田来了解原油生产的基本情况,这种调查方式是(　　)

A. 重点调查　　　　B. 抽样调查　　　　C. 典型调查　　　　D. 普查

12. 按照随机性原则,从所研究现象的总体中抽选出一部分单位进行调查,从数量上对总体进行推断,这种调查方式是(　　)

A. 典型调查　　　　B. 抽样调查　　　　C. 统计报表　　　　D. 重点调查

13. 企业要了解其生产的烟花爆竹的不合格率的情况,最好采用(　　)

A. 重点调查　　　　B. 抽样调查　　　　C. 典型调查　　　　D. 普查

14. 抽样调查和重点调查的主要区别是(　　)

A. 原始资料来源不同　　　　　　　B. 取得资料的方法不同

C. 调查的单位数多少不同　　　　　D. 抽取调查单位的方式方法不同

15. 关于典型调查,下列说法正确的是(　　)

A. 典型单位只有一个　　　　　　　B. 必须从数量上对总体进行推断

C. 典型单位是有意识地选取的　　　D. 是全面调查

16. 关于重点调查,下列说法正确的是(　　)

A. 重点单位的选择受主观影响大

B. 重点单位的标志总量占总体总量的很大比重

C. 必须从数量上对总体进行推断

D. 是全面调查

二、多项选择题

1. 普查是(　　)

A. 非全面调查　B. 专门调查　　C. 全面调查　　D. 经常性调查　E. 一次性调查

2. 统计调查中,属于专门调查形式的调查有(　　)

A. 普查　　　　B. 重点调查　　C. 典型调查　　D. 抽样调查　　E. 统计报表

3. 统计调查应遵行的原则是(　　)

A. 准确性　　　B. 及时性　　　C. 完整性　　　D. 系统性　　　E. 周期性

4. 下列调查中属于非全面调查的有(　　)

A. 普查　　　　　B. 重点调查　　　　C. 典型调查　　　　D. 抽样调查　　　　E. 全面统计报表

5. 非全面统计调查方式有（　　）

A. 重点调查　　　B. 普查　　　　　　C. 抽样调查　　　　D. 典型调查　　　　E. 全面统计报表

6. 统计调查方案包括确定（　　）

A. 调查目的　　　　　　　　　　B. 调查对象和调查单位　　　　　　C. 调查项目

D. 统计资料所属时间　　　　　　E. 调查工作的期限

7. 关于普查，下列说法正确的有（　　）

A. 是全面调查　　　　　　　　　　　　　　B. 是周期性调查

C. 必须有一个统一的调查时点　　　　　　　D. 是非全面调查

E. 是连续性调查

三、判断题

1. 统计报表是我国搜集统计资料的一种重要的组织形式。（　　）
2. 目前我国绝大多数的调查活动属于全面调查。（　　）
3. 对有限总体进行调查只能采用全面调查。（　　）
4. 调查单位和报告单位在任何情况下都不可能一致。（　　）
5. 我国的人口普查每十年进行一次，因此它是一种经常性调查。（　　）
6. 在调查统计中，调查单位和报告单位始终是一致的。（　　）
7. 某市对占该市钢铁产量三分之二的五个钢铁企业进行调查，了解钢铁生产的基本情况，这种调查方式是典型调查。（　　）
8. 普查是专门组织的一次性的全面调查。（　　）
9. 典型调查是一种非全面调查，它是从数量上推断总体的。（　　）
10. 统计调查时，调查单位和填报单位总是一致的。（　　）
11. 抽样调查单位的选择是按照随机性原则，不受人的主观因素影响。（　　）
12. 重点调查是一种非全面调查，其调查目的是了解总体的基本情况。（　　）
13. 普查是一种全面调查，调查时必须有一个标准时点。（　　）

四、简答题

1. 统计调查方式有哪几种？各有什么特点？
2. 什么是重点调查、典型调查？它们有什么区别？
3. 统计调查方案包括哪些内容？

五、实训题

结合实际，自选项目并设计一份统计调查问卷。

第三章 统计整理

知识导览

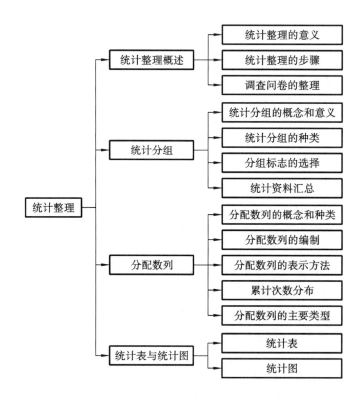

学习目标

（1）专业知识目标：通过本章的学习，使学生认识统计整理是统计调查的继续，也是统计分析的前提。要求学生了解统计整理的步骤，理解统计整理的意义、统计分组的含义，正确选择分组标志；掌握分配数列的相关概念和变量数列的编制方法；准确应用统计图和统计表显示统计数据的数量特征。

（2）职业能力目标：通过本章的学习，能够结合实例编制统计分布，计算组中值、频数及频率。

（3）课程思政目标：通过对新型冠状病毒传播数据的搜集、整理、分析和判断，学生可以理性对待疫情发展，避免引起过度的恐慌。引导学生以专业为工具，将来为社会做贡献，树立学生的家国情怀。此外，引导学生在统计整理过程中实事求是，在处理数据过程中不出假数，强化自身实践能力和创新能力，培养学生耐心细致的工作作风和严肃认真的工作态度。

新冠肺炎疫情传播的分布状况整理工作

为深入贯彻落实习近平总书记关于加强疫情防控工作的重要指示精神,认真落实中央应对新型冠状病毒感染肺炎疫情工作领导小组和国家统计局党组的决策部署,把人民群众生命安全和身体健康放在第一位,确保统计数据生产工作不断不乱,确保数据质量。各级统计机构要高度重视疫情防控工作,统筹安排、精心组织,在严格遵守本地区疫情防控要求、保证人民群众生命健康安全的前提下,切实履行责任,制订工作预案,把疫情的影响降到最低程度,确保统计调查工作有序开展,确保数据真实准确,为打赢疫情防控阻击战提供优质统计服务。各级统计机构和广大统计人员要严格遵守《中华人民共和国统计法》和国家统计调查制度,坚持依法统计、真实统计,不得伪造、篡改统计资料。采取灵活措施开展调查,反映疫情对经济社会的影响。要及时解决统计调查中出现的各种问题,做好统计数据采集和审核验收工作。面对初期数据资源归集烦琐、任务量大的情况,对所有疫情数据进行收集、汇总、分析,及时迅速掌握疫情信息,分析疫情流行趋势,配合疫情防控工作。通过统计整理工作,守好数据安全红线,守好全县群众安全的生命线,为政府决策提供数据支撑,同时让社会大众了解实际情况,做好相应的疫情防控措施。

数据处理在防疫工作中至关重要且纷繁复杂,例如:阳性增量与存量及其地区分布,确诊患者密接人员的数据统计等,是政府做出决策部署的重要参考。只有准确掌握情况,才能在"防输入""防输出""防反弹"工作中精准决策,对症下药。第一是要保证统计数据的准确性。工作人员需要24小时轮班接打电话、上门入户等,确保对人员数量的精准把控和人员情况的熟悉掌握。第二是要保证统计数据的动态性。人员具有极大的流动性,防疫工作也具有极强的连贯性,致使防疫数据是动态变化的,因此需要持续跟进,定点统计。最后要保证统计数据的分布性。为更好做出决策,需要根据实际(如街、镇等)分门别类整理,保证数据的详细性和全面性。如图3-1所示为2020年2月新冠肺炎疫情实时动态情况。

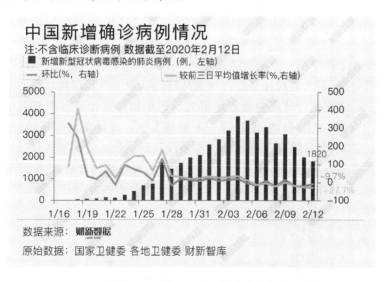

图3-1 全国新型冠状病毒感染的肺炎新增确诊病例

通过统计整理，数据报告能将大量的数据信息以生动形象的展示方式呈现在观众面前，在经过整体的数据汇总、分析后，大众能快速从大数据展示中，得出初步的判断，从而加速决策者的处理效率。数据信息所面向的不仅是决策者，也能向大众进行授权展示，我们可以通过疫情实时大数据报告了解到全国各地、世界各地的感染人数，从而判断出高、低风险区域，以此了解疫情的变化。大数据报告将各项信息进行汇总、处理，以形象的展示形式，呈现给大众。

课程思政

通过对新型冠状病毒传播数据的搜集、整理、分析和判断，学生可以理性对待疫情发展，避免引起过度的恐慌，同时提高学生对待自己专业的认同感和自豪感，引导学生以专业为工具，将来为社会做贡献，树立学生的家国情怀。通过准确核定数据，不能弄虚作假，培养学生对数据的敬畏态度，自觉维护《中华人民共和国统计法》，遵循《统计职业道德规范》。此外，透过数据的现象看本质，培养学生分析问题、解决问题的能力。教学设计既加深了学生对专业知识点的理解，也促进了课程思政教育元素融入后达到育人的效果。

第一节　统计整理概述

一、统计整理的意义

统计整理是指根据统计研究的目的和统计分析要求，对统计调查搜集到的大量个体单位的分散、零碎的原始资料进行加工汇总或对已整理过的次级资料进行再加工，使之系统化、条理化，以得到反映总体综合性数量特征的资料的工作过程。

作为一个相对独立的统计工作阶段来说，统计资料整理主要是指原始资料的整理。统计调查取得的总体单位的原始资料，只能说明总体单位的具体情况和事物的表面现象。这种零星的、分散的、不系统的资料，也只能说明事物的表面现象。要说明总体情况，反映事物的本质，还需要对这些资料进行整理，使之系统化、条理化。

统计整理是统计工作中的一个非常重要的中间环节，它实现了从个别单位标志值向说明总体数量特征的指标过渡，是人们对社会经济现象从感性认识上升到理性认识的过渡阶段，为统计分析提供基础，因而，它在统计研究中起着承前启后的作用。统计整理不是简单的汇总，而是包括了对调查资料的审核、加工、归纳、汇总等一系列的工作。统计整理质量的好坏直接影响到统计分析的结果，直接影响对事物的正确认识。如果没有高质量的统计整理，统计调查取得的资料再准确、再及时、再完整，也是徒劳，没有意义。统计调查搜集到的资料，只有经过科学、恰当的加工整理，才能真正反映总体的综合特征，为下一步的统计分析做好准备，为最终顺利完成统计研究的任务打好基础。

提示

统计整理在统计调查和统计分析之间就像一座桥梁或纽带，具有承上启下的作用。统计整理既是统计调查的深入和继续，也是统计分析的基础和前提。

二、统计整理的步骤

统计整理包括设计统计整理方案以及对原始资料的审核、分组、汇总和编制统计图表等几个主要环节,详见图 3-2。因此,统计整理的步骤主要包括以下几个方面。

(一)设计统计整理方案

为了保证统计整理的顺利进行,在具体工作之前,需要对调查各项工作进行统筹安排、总体设计,形成统计整理方案。统计整理方案是指导整个统计整理工作的具体文件,它是对整理工作的程序和整理的具体内容所做的统一安排,具体包括整理的时间、人员安排、整理的内容、整理方法、注意事项等问题。只有制订完整、科学的统计整理方案,才能保证统计整理有组织、有计划地进行。统计整理方案的主要内容包括两部分:一是确定对原始资料的分组与汇总方法;二是确定指标说明各组和总体的特征,确定指标体系,如统计指标体系中包括哪些指标,指标间有何联系,指标名称、含义、内容等。

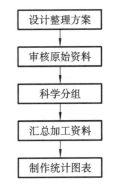

图 3-2 统计整理的步骤

(二)审核原始资料

统计分组汇总之前对统计资料进行审核,是保证统计汇总质量的关键。为了确保统计资料的质量,必须对调查资料进行全面审核,以便发现问题,及时加以纠正,以确保统计资料准确无误。如果统计资料有差错,统计汇总再精确,也会影响统计数字。统计资料的审核主要从及时性、完整性和准确性三个方面进行。

(1)及时性审核主要是检查资料是否按规定时间报送,检查未按时报送的原因。

(2)完整性审核主要是检查调查项目是否按照要求全部填写,有无遗漏;调查单位是否按照要求全部参与调查并回收答案,应报资料的份数是否符合规定。在处理调查问卷时,要特别注意答案缺失的情况。对于某些关键的问题,如果答案缺失的话,一种方法是追溯原始填问卷的人员,填补问卷的空白;另一种方法放弃该份问卷,以确保资料的可靠性。

(3)准确性审核,这是审核的重点,主要是检查所调查的原始资料是否准确可靠,是否符合实际。其审核方法有两种:一是逻辑检查,利用逻辑理论检查调查资料内容是否符合客观实际,有无矛盾及违背常理的地方,表中的内容是否合理,各项目之间有无相互矛盾之处,并与有关资料进行对照,从中发现逻辑上的矛盾。例如,在人口普查中,年龄为少年、儿童年龄段的居民,其文化程度为大学本科以上,婚姻状况为已婚,职务为工程师等,就明显不符合人们对事物的一般认识,不合逻辑。二是计算检查,检查各项指标的计算口径、计量单位是否符合规定,并通过各种计算方法来检查各指标间的数字是否相互衔接,即主要通过数字计算来进行审核,如计算方法、计算范围、计算结果和数字的计量单位是否正确,等等。另外,在利用历史资料时,也应审核其可靠程度、指标含义、所属时间与空间范围、计算方法和分组方法与规定的要求是否一致。比如,当新冠疫情发生后,及时掌握扩散的范围和确诊人数,是制订防疫方案的重要前提。如果不及时掌握确诊人数和其活动范围,后果就是病毒扩散再扩散。倘若疫情数据不准确,容易造成对疫情发展态势预测失误这一严重后果。

通过上述审核,如发现有缺报、缺份和缺项等情况,应及时催报、补报;如有不正确之处,则应分不同情况做如下处理:

(1)对于可以肯定的一般错误,应及时代为更正,并通知原报单位。

(2) 对于可疑之数或无法代为更正的错误,应要求原单位复查更正。

(3) 如果所发现的差错在其他单位也可能发生时,应将错误情况通报所有单位,以免发生类似错误。

(4) 对于严重的错误,应发还重新填报,并查明发生错误的原因,若属于违法行为,则应依法严肃处理。

对汇总后的资料进行审核,包括以下几项内容。

(1) 复计审核:对每个指标数值进行复核计算。

(2) 表表审核:审核不同统计表上重复出现的同一指标数值是否一致,审核同一表中互相有联系的各个指标数值是否符合逻辑。

(3) 对照审核:对某些统计、会计、业务三种核算都进行计算的指标数值,进行相互对照检查,发现可能出现的错误。

(4) 表实审核:把汇总得到的指标数值与了解的实际情况联系起来进行检查。

(三) 统计分组,编制分配数列

统计分组是统计整理的重要内容和统计分析的基础,只有正确分组,才能整理出有科学价值的综合指标,并用这些指标来揭示现象的本质与规律。统计分组就是根据统计研究目的,按照选择的指标,对原始资料进行划类分组。为了对统计资料进行分组,说明现象总体的数量特征和内部结构,必须对经过审核并确认正确无误的资料进行科学的分组。只有按照最基本的、最能说明问题本质特征的统计分组和相应的统计指标对统计资料进行加工整理,才能对被研究的社会经济现象进行准确的数量描述和数据分析。统计分组科学与否直接影响到统计整理工作质量的好坏。在分组的基础上,编制次数分配数列。

(四) 统计汇总

统计汇总是根据统计研究目的和统计分析的需要,选择适当的汇总组织形式和技术方法,将各调查单位的数据汇总成总体的综合指标。统计整理的中心内容是统计汇总。统计汇总的方法有手工汇总和计算机汇总两种。手工汇总是指以算盘和计算器为手段,通过手工操作对统计资料进行汇总。通常使用的手工汇总方法有划记法(或点线法)、过录法、折叠法、卡片法。计算机汇总是利用现代计算机技术来进行统计汇总和计算工作,是统计汇总技术的新发展,也是统计现代化的一种重要标志。

(五) 编制统计表,绘制统计图

将汇总好的数据显示出来的常见方式有统计表和统计图,能反映社会经济现象在数量方面的具体表现和有关联系。统计表是统计整理的结果,具有表现清晰、简洁明了的特点;统计图则具有表现直观、形象、生动的特点。

综上所述,设计整理方案、对原始资料进行审核是整理的前提,统计分组是统计整理的基础,统计汇总是统计整理的中心环节,编制统计表或绘制统计图是统计整理的结果。

三、调查问卷的整理

在第二章统计调查当中,教大家如何设计一份调查问卷。问卷调查的质量不仅取决于问卷的设计,也取决于问卷从发放到回收各个环节的工作。在现实生活中,很多一手资料都来源于问卷调查,为此,对原始资料的整理首先是从调查问卷的回收与登记开始的。同时,为保证调查资料准确、真实和完整,还必须对问卷资料进行严格的审核,以确定哪些问卷是有效的,可以接受,哪些问卷是无效的,必须作废。

(一)调查问卷的回收与登记

对于发放的问卷,应在计划规定的时间内及时进行回收。问卷回收时要当场粗略地检查填写的质量,主要检查是否有漏填和明显的错误,以便能及时纠正,保证问卷有较高的有效性,因为问卷收回去后再发现问题就无法更正了。无效问卷多,就会影响调查质量。影响问卷回收的因素主要有组织工作的状况、课题的吸引力、问卷填写的难易程度、对问卷回收的把握程度等。据统计,报刊投递问卷的回收率为10%~20%,邮寄问卷的回收率为30%~60%,当面发送问卷的回收率为80%~90%,访问问卷的回收率可达100%。一般来说,回收率如果仅有30%左右,资料只能做参考;50%以上,可以采纳建议;当回收率达到70%~75%时,方可作为研究结论的依据。因此,问卷的回收率一般不应少于70%。如果有效问卷的回收率低于70%,要再发一封信及问卷进行补充调查。另外,如有可能,可以做小范围内的跟踪调查或访谈调查,了解未回答问题那部分被试的真实看法,以防止问卷结果分析的片面性。问卷的回收率是影响问卷质量的一个关键问题,回收率低会影响调查的结果。根据有关专家测定,对回收的问卷,在剔除废卷的同时要统计有效问卷的回收率。保持一个较高的问卷回答率(即有效问卷率),也是我们获得真实可靠资料的保证。一般来说,调查一类专业人群,最低回答率被认为是70%。当调查一般民众时,因为不回答的原因可能是缺乏兴趣,所以允许出现更高的不回答率。比如,一项关于学校工作的调查研究,对教师进行调查的典型回答率为70%~90%,学生父母的回答率在60%以下,毕业生的回答率为60%~70%。如果回答率过低,恐怕需要补充调查和追踪调查。

影响问卷回收率的主要因素有回收问卷的有效程度、调查组织工作的严密程度、调查课题的吸引力、问卷填写的难易程度、问卷回收的可控制程度。据统计,邮寄问卷的回收率为30%~60%,而当面发送问卷的回收率可达到80%~90%,并且当面发送并回收,可以检查问卷是否有空填、漏填和明显的错误,以便及时更正,保证问卷有较高的有效性。因此,要想提高问卷的回收率,必须设计出有吸引力、填答容易的问卷,最好采用当面发送问卷的方式。

这项工作最好由调查者本人亲自在场指导,或者必须向委托人提出明确的要求。为此,在问卷回收过程中,应加强责任制,保证问卷完整和准确。要做好问卷的登记和编号工作,从不同调查地区由不同调查人员交回的问卷,都要立即登记和编号。

一般事先需要专门设计登记表格,具体内容有:

(1)调查地区及编号、调查人员姓名及编号。

(2)调查实施的时间、问卷交付的日期。

(3)问卷编号。

(4)实发问卷数、上交问卷数、未答或拒答问卷数、丢失问卷数等。

回收的问卷应分别按照调查人员和不同地区(或单位)放置。题目标明编号或注明调查人员和地区,以方便整理和查找。如果发现没有满足调查方案设计中对调查单位数的规定,应及时在正式的整理工作开始之前进行补充调查。

(二)调查问卷的审核与处理

1. 调查问卷的审核

调查资料是资料整理工作的基础,通过对采集到的资料进行检查、核实和修正,可以避免调查资料的遗漏、错误或重复,提高调查资料的准确性、真实性、完整性和一致性,达到调查资料整理的目的和要求。因此,对于回收的问卷资料,不能马上进行数据录入处理,要对其进行完整性、准确性和及时性的审核。原始资料的审核又分为实地审核和集中审核两步。以下四条原则是审核活动要遵循的:第一,真实性。真实性是统计调查的生命线,所采集的资料必须要客观反映调查对象的真实情况。第二,标准性。所采集的资料一定要具备同一操作标准,从而可以相互对比。特别要注意调查指标的内涵、外延是否一致,计量单位是否统一,时间和空间是否同一。调查规模越大,这些问题就越需要注意。第三,完整性。调查项目的内容必须涉及全部规定的资料,如果发现遗漏,需要及时采取补救措施。第四,注意审核所搜集的数据是否相互矛盾。从宏观上看,采用不同方法、不同途径搜集到的数据可能会相互矛盾;从微观上看,某一份问卷的答案可能会前后不一致,这些都需要进行复查和修正。

在问卷回收现场,要检查问卷回答是否完整,既要检查是否有整页或连续的问题没有回答,又要检查是否有单个问题没有回答。在进行完整性审核时,应注意问卷答案缺失的三种表现。第一种是全部不回答,第二种是部分不回答,第三种是隐含不回答,如对所有问题都选A,或都回答"是"。第一种和第二种容易发现,对第三种情况应仔细辨别,谨慎处理,一旦确认,一般作为无效问卷,加以剔除。

在进行准确性审核时,主要是检查字面是否可以识别,字义是否让人明白。这方面的问题由以下原因造成:记录字迹潦草,他人无法辨识;选择答案的标记含糊不明,让人无所适从;使用他人看不明白的缩略字或速记符号;字面虽然清晰,但所用字眼难懂或易引起歧义。这些都必须趁应答者印象清楚时加以澄清和订正。问卷的准确性,还可通过上述讲过的逻辑检查、计算检查等方法进行审核,尤其要注意问卷前后答案逻辑上是否一致。如某位答卷者在某一问题中回答说自己最喜爱A品牌的产品,但在回答另一个问题时却说自己经常购买B品牌的同类产品。显然该被调查者的答案是前后矛盾的。对于这种情况,审核人员应决定是再向被调查者询问,还是将该份问卷作为无效问卷剔除。

在进行及时性审核时,要检查各调查单位的资料在时间上是否符合本次调查的要求,其中包括接收的资料是否延迟,填写的资料是否是最新的资料等,从而避免将失效、过时的信息资料用作决策的依据。

2. 问题问卷的处理方法

对于审核检出的问题问卷,可以有三种处理方法。

1) 退回原地重新调查

该方法适用于规模较小、被调查者容易找到的情形。但是,调查时间、调查地点和调查方式可能发生变化,从而影响二次调查的数据结果。

2) 视为缺失数据

在无法退回问卷重新调查的情形下,可以将这些不满意的问卷数据作为缺失值处理。如果不满意的问卷数量较少,而且这些问卷中令人不满意的比例也很小,涉及的变量不是关键变量,在此情况下,可采取此方法。

3) 放弃不用

如果问卷关键变量的回答缺失比较严重,存在的一些错误又无法更正,则只能把这些问卷作为废卷处理。如果令人不满意回答的问卷数占问卷总数的比例较大,且不满意问卷与合格问卷的答卷者在人口特征、职业、收入等关键变量方面的分布没有显著差异,则可以放弃问卷,说明此次问卷调查无效。

引导学生在统计整理工作过程中实事求是,在整理数据过程中不出假数。统计职业道德规范的基本内容包括:忠诚统计,乐于奉献;实事求是,不出假数;依法统计,严守秘密;公正透明,服务社会。其中,实事求是、不出假数是统计职业道德的核心内容。根据调查数据撰写调查报告时,引导学生透过现象看本质,强化实践能力和创新能力,培养耐心细致的工作作风和严肃认真的工作态度。在问卷设计与展开统计调查过程中,培养学生的团队协作能力。

(三)问卷资料的编码

所谓编码,是给每一个问题及答案编上数码,目的在于方便地把问题和答案交由计算机处理。数码可以在问卷设计时就编好,即预编码;也可以在问卷回收后再进行编码,即后编码。对那些问题比较灵活、开放性问题较多的问卷,一般采用后编码。编码一般放在每一页的最右边。

例如,2022年对于某班级学生进行统计学成绩调查,学生的性别、年龄、考试成绩以及成绩所属的级别的数据如表3-1所示。

表3-1 某班级统计学成绩(考试成绩)

学生学号	性别	年龄/岁	考试成绩/分	考核成绩
202047101	男	20	76	中
202047102	女	21	94	优
202047103	男	21	67	及格
202047104	女	20	80	良
202047105	女	22	86	良
202047106	男	21	83	良
202047107	女	24	55	不及格
202047108	男	23	82	良
202047109	男	21	79	中
202047110	男	21	88	良

如果想用计算机处理这套数据,就必须把表中所载数据转载成数据代码。为此,可以规定这样一套规则。学生学号——按照原来的代码形式;性别——"男"以"1"表示,"女"以"0"表示;年龄按原数码形式;考试成绩——按原数码形式;考核成绩——"优"以"1"表示,"良"以"2"表示,"中"以"3"表示,"及格"以"4"表示,"不及格"以"5"表示。再按这套规则将表中数据转换成代码符号形式的数据,如表3-2所示。

表3-2 某班级统计学成绩编码表

学生学号	性别	年龄/岁	考试成绩/分	考核成绩
202047101	1	20	76	3
202047102	0	21	94	1
202047103	1	21	67	4
202047104	0	20	80	2
202047105	0	22	86	2

续表

学生学号	性别	年龄/岁	考试成绩/分	考核成绩
202047106	1	21	83	2
202047107	0	24	55	5
202047108	1	23	82	2
202047109	1	21	79	3
202047110	1	21	88	2

编码与分组有密切的关系。当完成了编码的数据转换工作,并将这些数据输入计算机形成数据文件后,计算机的数据处理软件就可以对所输入的数据进行分组和汇总。

(四)数据录入

通过上述编码处理,回收问卷中的具体答案都已经系统地转换成了由0~9这十个阿拉伯数字构成的数码,接下来的任务就是将这些数据录入计算机,以便进行统计分析。如果是采用计算机辅助电话调查(CATI)、计算机辅助面访(CAPI)以及网络调查,数据搜集与录入可以同时完成。而对于面访、邮寄调查以及传真调查,事后还需要进行数据录入。数据录入的传统方式是键盘录入。此外还可以采用扫描、光标阅读器等光电录入方式。光电录入要求填写的调查表和编码的数字书写规范,否则容易造成数字误识。数据录入可以利用数据库形式,也可以采用一些专门的数据录入软件。

键盘录入容易出错,录入员可能因为手指错位、错看、串行等原因造成录入错误。如果录入人员工作态度不够认真负责或者技术不熟练,更会扩大差错率。因此,采用手工录入时,可采取以下措施,控制录入质量:

(1)挑选工作认真、有责任心、技术熟练的录入员。

(2)加强对录入员的监督管理。

(3)定期检查录入员的工作质量和工作效率,对差错率和录入速度达不到要求的录入员予以淘汰。

(4)对录入的资料进行抽样复查,一般复查比例为25%~35%。

(5)双机录入,即用两台计算机分别录入相同资料,比较并找出不一致的数据,确定差错,然后加以更正。双机录入可有效提高数据质量,但花费的时间和费用也较高。

第二节 统计分组

一、统计分组的概念和意义

(一)统计分组的概念

统计分组是指根据统计研究的目的和要求以及事物内在的特点,按照某个标志(或若干个标志)将总体区分为若干性质不同又有联系的组成部分,使组内差异小、组间差异大,将无序凌乱的数据整理为有序、层次分明的数据的工作过程,是统计整理的中心工作。例如,工业企业总体按生产规模可分为大型企业、中型企业、小型企业。企业职工总体可分别按性别、工龄、文化程度、收入水平、工作性质等分组。从实质上讲,统计分组是对总体内部进行的定性与定量相结合的分类方法。

一般来说,任何总体内部各单位之间都既有共性又有差异,通过适当分组,将不同性质的现象分开,相同性质的现象归纳在一起,帮助我们了解认识现象的本质、差异、特征。这是数据整理的重要步骤,同时也是一切统计研究的基础,离开对现象总体的分组、分类,统计分析的各种方法就不能正常地发挥作用。

总体的这些组成部分,称为"组",也就是大总体中的小总体。对统计总体进行的分组,是由统计总体中各个单位所具有的"差异性"(可变标志)特征所决定的。通过对总体内性质对立或相近的单位进行划分和组合,进而达到认识总体的目的。

统计分组同时具有两方面的含义:对总体而言,是"分",即将总体区分为性质相异的若干部分;对个体而言,是"合",即将性质相同的个体组合起来。

统计分组的基本原则是:一是穷尽原则。总体中的每个单位都有组可归,即满足"不漏"原则。例如,从业人员按文化程度分组,分为小学毕业、中学毕业(含中专)和大学毕业三组,则文盲或识字不多以及大学以上学历者就无法归组。应改为:文盲及识字不多、小学程度、中学程度、大学及大学以上。二是互斥原则。总体中的任何一个单位只能归属于某一组,即满足"不重"原则。例如,商场将服装分为男装、女装和童装三种就违背了互斥原则,因为童装也有男、女装之别。若先将服装分为成年与儿童两类,然后,每类再分男女两组就符合互斥原则了。

(二)统计分组的意义

1. 区分社会现象的类型,表明统计总体的基本性质和特征

社会经济现象是个复杂的整体,客观上存在着各种不同的类型,各种不同类型的现象在规模、水平、速度、结构、比例关系等方面的数量表现也各不相同。利用统计分组就能根据统计研究的目的,将总体区分为各种性质不同的组成部分,各单位按组归类,来研究各类现象的数量差异和特征以及相互关系。统计分组的根本作用在于区分现象之间的差别,只有借助统计分组把总体中性质相同的单位归在一个组内,才有助于在质和量的密切联系中研究现象的数量方面,才能正确认识现象的总体特征和规律性。按一定的标志把社会经济现象总体划分为若干种基本类型,通常称为类型分组。类型分组更有利于对现象进行比较、分析和综合,在统计分析研究中具有重要意义。例如,将工业企业按经济类型划分为国有、集体、个体或私营、联营、股份制、港澳台投资、外商投资,企业工人按工作划分为技术工和辅助工等。我国正处于社会主义初级阶段,划分社会经济类型是极为重要的,它直接反映了社会生产关系和社会经济结构的特点。例如,2022年1—10月我国按产业划分的固定资产投资完成情况如表3-3所示。

表3-3 2022年1—10月我国全社会固定资产投资完成情况

指标	实际完成/亿元	所占比重/(%)
全社会固定资产投资总额	471 459	100
第一产业	11 805	2.51
第二产业	149 287	31.66
第三产业	310 367	65.83

2. 研究社会经济现象总体的内部结构

在分组的基础上,将总体各单位连同其标志值分别归入所属的类型组中,再进一步计算各部分占总体的比重来反映现象的内部构成,计算各组的单位数或各组的标志值和占总体单位总量或总体标志总量的比重,用比重的大小反映现象的内部结构情况,就可据以揭示总体内部的构成,表明部分与总体、部分与部分之间的关系。这种分组方法是分析国民经济中重要的比例关系的重要内容。2022 年国内生产总值初步核算数据如表 3-4 所示。

表 3-4　2022 年国内生产总值初步核算数据

国内生产总值构成	绝对额/亿元	比去年同期增长/(%)
国内生产总值	1 210 207	3.0
第一产业	88 345	4.10
农林牧渔业	92 582	4.30
第二产业	483 164	3.80
工业	401 644	3.40
建筑业	83 383	5.50
第三产业	638 698	2.30
交通运输、仓储和邮政业	49 674	−0.80
批发和零售业	114 518	0.9
金融业	96 811	5.60
房地产业	73 821	−5.10
其他服务业	192 831	3.80

注:绝对额按现价计算,增长速度按不变价计算。

从表 3-4 中可以看到我国国民经济中三大产业的构成正在发生着明显变化,即国内生产总值中第一产业、第二产业、第三产业增长速度放慢。

3. 分析现象之间的依存关系

社会经济现象之间都存在不同程度的相互联系、相互制约的依存关系。在统计中,把表现事物发展变化原因的标志称作原因标志,而把表现事物发展结果的标志称作结果标志。通常,分析现象之间的依存关系,就是通过大量观察,用原因标志对总体分组,再计算结果标志的数值,借以说明两个标志的联系和方向。

观察表 3-5 可以看出,商品流通费用率与商品销售额之间存在着明显的依存关系:商品流通费用率随着商品销售额的增加而下降。

表 3-5　商店的销售额与流通费用率

商店按商品销售额分组/万元	商店数/个	商品流通费用率/(%)
100 以下	12	9.7
100～300	10	8.6
300～500	13	7.5

续表

商店按商品销售额分组/万元	商店数/个	商品流通费用率/(%)
500～700	9	6.5
700～900	8	5.7
900 以上	5	5.4

以上统计分组的三方面是相互联系、相互补充的,同时也可看出统计分组在统计研究中的重要地位,它是一切统计工作的基础,应用于统计工作过程,是统计研究的基本方法之一。

二、统计分组的种类

统计分组按分组标志的性质不同,可分为品质标志分组与数量标志(变量)分组。按分组标志的多少不同,可分为简单分组和复合分组。

（一）按分组标志的多少和组合的情况,分为简单分组和复合分组

简单分组就是对总体按一个标志进行分组,只能从一个角度说明现象的分布状况和内部构成。例如,将企业只按规模分为大、中、小型三类。简单分组只能说明被研究对象在某一个方面的差异情况。复合分组是按两个或两个以上标志对同一个总体进行层叠分组。具体地说,它是先按一个标志分组,然后再按另一个标志将已分好的各个组又划分为若干个小组。例如,将职工先按性别分组,在此基础上,再按工龄分组。采用复合分组可以对被研究的现象做更深入的分析,但也应注意复合分组的标志不宜过多,否则,随着分组标志的增多,组数将成倍增加,反而影响对总体的认识。例如,对于工业企业先按所有制形式这一标志进行分组,然后再按规模大小将第一次所分得的各组分别划分为大、中、小型三组,具体详见图 3-3。

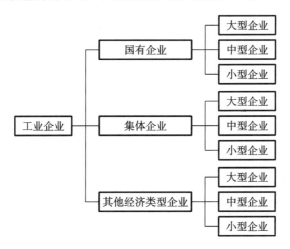

图 3-3 复合分组

进行复合分组,应根据统计研究的目的和要求,按照总体的特征和复杂性,选择分组标志并确定各个标志的主次顺序,然后再依次进行分组,以便对总体做比较全面深入的分析。

将大学教师总体进行如下分组:按一个品质标志分组,按两个品质标志的复合分组,按一个

品质标志和一个数量标志的复合分组,按两个数量标志的复合分组。

不论是简单分组还是复合分组,都只能探索现象某一侧面或某几个方面的内容,不足以充分说明全貌。为了从各方面分析某一社会经济现象和过程,需要采用多个分组标志进行多种分组,对同一现象总体按一系列相互联系、相互补充的标志进行多种分组,即形成分组体系。例如,为了深刻认识我国工业企业总体的构成情况,可以分别按经济类型、轻重工业、企业规模、工业部门进行简单分组,这几个简单分组相互联系、相互补充,形成平行分组体系。由于复合分组已将多个标志结合起来分组,包括多层错综重叠的组别,因而形成复合分组体系。

如何理解平行分组体系中的"平行"二字呢?结合案例具体说明平行分组体系中的"平行"的真正含义。

(二)按分组标志的性质不同,分为品质标志分组和数量标志分组

品质标志分组就是指根据统计研究的目的,选择反映事物性质属性差异的品质标志作为分组标志,在品质标志变异的范围内划定各组的界限,将总体区分为若干个性质不同的部分或组别。按品质标志分组比较简单,这是因为在按一个品质标志进行分组的条件下,组数较少,而且有少数品质标志所表现的差异比较明确和稳定,组与组之间的性质界限较容易确定。例如,人口按照性别或职业分组,企业按照经济类型分组。按品质标志分组,其组数的确定主要取决于两个因素:统计研究的任务与事物的特点。比如,人口按照性别分组,就只能分为男、女两组;而人口按照职业分组就可粗可细,到底该分几组,应根据统计研究的任务来确定。

数量标志分组就是根据统计研究的目的,选择反映事物数量差异的数量标志作为分组标志,在数量标志变异范围内划定各组的数量界限,将总体划分为性质不同的若干部分或组别。如人口按年龄、身高分组,企业按职工人数、劳动生产率分组。可变的数量标志的具体表现就是许多不等的变量值。在少数情况下,根据变量值的大小不等来确定分组的数量界限是比较容易的,如工人按日产量分组,学生按成绩分组。但在大多数情况下,按数量标志分组,要使分组的数量界限能够确切地反映各组的差别,其分组界限往往不易确定,即使同一资料,也会产生多种分组形式。为此,按数量标志分组应注意如下两个问题:第一,分组时各组数量界限的确定必须能反映事物质的区别;第二,应根据被研究的对象总体的数量特征,采用适当的分组形式,确定相宜的组距、组限。

数量标志分组有如下几种情况。

1. 单项式分组与组距式分组

单项式分组是指按每一个具体变量对现象总体所进行的分组,总体中有多少个不同的变量值,那就要分多少个组。例如,职工家庭类型按人口数量分组可分为1人、2人、3人、4人、5人、5人以上等六组(见图3-4)。其取值不多,且每一取值可视为一种类型。单项式分组适用于离散型变量与变量值变动范围不大、取值不多的总体。在离散型变量变动范围比较大、总体单位又很多的情况下,若采用单项式分组,把每一变量值作为一组,则必然会使分组的组数过多,各组次数过于分散,不能反映总体内部各部分的性质和差异,从而失去了统计分组的真正意义。至于连续型变量,由于其变量值无法一一列举,更不能采用单项式分组,因此在这些情况下就需要采用组距

式分组方法。

组距式分组是指按变量值的一定范围对现象总体所进行的分组。在现象总体的变动范围内,将其划分为若干个区间,各区间内的所有变量值作为一组,其组内性质相同,组间性质相异。与单项式分组相比,各组的变量值不是某一具体的点值,而是一个区间。例如,某厂职工工资可分为 2000 元以下、2000～3000 元、3000～4000 元、4000 元以上四组。

组距式分组适用于连续型变量或离散型变量且变量值变动范围大、取值较多的总体。

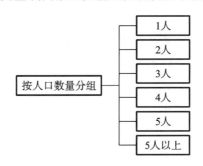

图 3-4　职工家庭类型按人口数量分组

2. 间断组距式分组与连续组距式分组

在组距式分组中,每组含多少变量值,其最大值为上限,最小值为下限,相邻两组的界限称为组限,上下之间的距离称为组距。根据组限是否相连,可分为间断组距式分组与连续组距式分组。例如:某村按年龄分成 6 岁以下、7～15 岁、16～30 岁、31～45 岁、46～60 岁、60 岁以上共六个组,就是间断组距式分组;而将期末考试成绩分成 60 分以下、60～70 分、70～80 分、80～90 分、90 分以上共五个组,出现了"重叠式组限",就是连续组距式分组。

连续分组时,重叠式组限采用"上限不在组内"的原则,以保证贯彻互斥性原则。例如,对居民居住水平情况按人均居住面积分组:0～5 平方米、5～10 平方米、10～20 平方米、20～30 平方米,则可表示为[0,5)、[5,10)、[10,20)、[20,30)。

3. 等距分组与异距分组

等距分组是指每组组距均相等的分组,即标志值在各组保持相等的变动范围。

异距分组是指每组组距不完全相等的分组。

等距分组适用于标志值变动比较均匀的情况,如年龄、工资等。

异距分组也较常见,主要表现在以下三方面:其一是标志值不均匀的场合。例如,学生成绩一般来说,60 分以下分布较稀疏,大部分集中在 60 分以上。因此,对 60 分以下分数段不再适合以 10 分作为组距进行分组,应采用异距式组距分组,可分为 60 分以下、60～70 分、70～80 分、80～90 分、90 分以上共五个组。其二是标志值相等的变化量具有不等意义的场合。例如,生命里的每一年在不同阶段意义不同。对于新生儿来说,一年内变化大,而成年人则变化甚微。因此,进行人口的年龄分组,应采用异距式分组。对 1 岁以下按月份分组,1～10 岁按年分组,11～20 岁按 2 年分组,20 岁以上按 5 年分组。其三是标志值按比例发展。例如,企业的发展规模相差很大。我国工业企业的销售额从几十万元到几十亿元甚至上百亿元不等,若以 100 万元为组距进行等距分组,则必将分出上万组。如此分组过细,就不能显示事物的规律性。因此,我国工业企业规模异距式分组为 30 000 万元以上为大型企业,3000 万～30 000 万元为中型企业,3000 万元以下为小型企业。

三、分组标志的选择

分组标志,即据以分组的标准。选择分组标志是统计分组的核心问题,因为分组标志是统计分组据以划分总体的标准和依据,分组标志选择是否适当,关系到能否正确反映总体的数量特征及其变化规律。分组标志就是统计分组的依据。分组标志一经选定,必然会突出现象总体在此标志下的性质差异,而掩盖了总体在其他标志下的差异。分组标志的选择是否恰当直接影响到分组作用的发挥,关系到能否正确地反映总体的性质特征、实现统计研究的目的和任务。分组标志的选择是统计分组的关键,一般应遵循以下原则:

（一）应根据研究问题的目的和任务选择分组标志

任何一个总体单位都有若干个标志,究竟应该采用什么标志分组,主要取决于统计研究的目的和任务,要看哪些标志与研究的目的、任务的关系最为密切。同一总体由于研究目的不同,分组所依据的标志也不同。例如:对同一个职工总体而言,如果研究目的是分析职工的文化素质或业务素质的高低,应选用职工的文化程度作为分组标志或选用技术水平等级作为分组标志;如果研究目的是分析职工的劳动能力状况,应按职工的年龄、身体健康状况分组,如果选择其他分组标志,如民族、职业,就达不到研究目的。例如,在某企业的员工总体中,说明每个员工特征的标志有性别、年龄、民族、身高、体重、工作绩效等很多,当研究目的是了解员工的工作状况时,就要选择员工的工作绩效作为分组标志;当研究目的是了解员工的年龄构成时,就要选择员工的年龄作为分组标志。不同的研究目的,分组标志的选择是不同的。

（二）要选择具有本质特性的标志或主要的标志作为分组标志

在符合研究目的的情况下,当有多个标志可供选择时,要选择与统计研究目的、与有关事物的性质或类型关系密切的标志,即尽可能选取最能反映现象本质的关键性标志。有时可能有几个标志似乎都可以达到同一研究目的,在这种情况下,应该进行深入分析,选择主要的、能反映问题本质的标志进行分组。在研究某企业员工的生活水平状况的时候,能够反映员工生活水平的标志很多,如员工的"工资""其他收入""员工家庭人均收入"等指标,在选择分组标志时应选"员工家庭人均收入",因为员工的生活水平,不仅受到工资和其他收入的影响,更多的是受到所负担家庭成员多少的影响,所以员工家庭人均收入是最能体现员工生活水平的标志。

（三）要结合本研究对象所处的历史条件和经济状况选择分组标志

客观事物的特点和内部联系随着时间、地点和其他条件的变化而变化。对同一事物所采用的分组标志,此时适用彼时可能不适用,此地适用彼地可能不适用,所以应采用具体问题具体分析的方法来选择分组标志。例如:研究我国工业企业的企业规模,可供选择的标志有生产能力、员工人数、固定资产价值、总产值等。选择哪一个标志进行分组,就要视具体的时期和条件而定。在新中国成立初期,生产技术条件不发达,我国工业企业主要是劳动密集型企业,应采用职工人数作为分组标志。在现阶段,高新科技快速发展,我国工业企业中资金密集型企业越来越多,以生产能力或固定资产价值作为分组标志则更符合实际。

四、统计资料汇总

（一）统计资料汇总的方法

统计资料汇总的方法主要分两种:手工汇总和电子计算机汇总。

1. 手工汇总

手工汇总是用算盘或小型计算器进行的汇总。常用的手工汇总方法有四种。

1）画记法

画记法是在汇总表上通过画点、画线或画其他符号的方式来汇总统计资料的方法。这种方法主要用来汇总各组次数及总体次数。

2）过录法

过录法与画记法的不同之处在于它将画记号改为抄录数值。因而，它不仅可以满足计算各组单位数及总体单位数的需要，而且可以满足计算各组标志值总和及总体标志值总和的需要。如果中途发现数据的分配计算有错误，也便于核对和调整，无须全部返工。

3）折叠法

折叠法是指在汇总大量格式相同的调查表时，将所有调查表中需要汇总的某一栏（行）数字，通过折叠的方式使它们都显现在一条直线上，将暂时不汇总的其他数据掩盖起来，然后用算盘或计算器进行汇总的一种快速简便的做法。这种方法实质上与过录法相同，只是用折叠代替了抄录。

4）分票法

分票法是基层单位普遍使用的汇总方法。做法是将采集来的原始记录，按照统计台账所设的指标的要求进行分组或分类，然后将各组或各类原始记录加总计算，填写到统计台账中。分票法的实质是过录法的简便运用。

由于手工汇总速度慢、易出差错，已逐步被淘汰，取而代之的是现代化的汇总技术——电子计算机汇总。

2. 电子计算机汇总

电子计算机汇总是统计工作现代化的重要标志之一。它不仅具有计算量大、速度快、准确程度高的特点，而且可以进行逻辑运算和数据储存。

运用电子计算机进行资料的汇总，大体上分六个步骤。

1）编程序

所谓编程序，就是按计算机语言对计算机所要进行的工作所做的流程排列。这里就是根据汇总方案编制计算机运行程序，包括统计分组、汇总、制表等的程序。

2）编码

编码是把各种形式的统计资料（数字型、文字型、图表型等）转换成便于计算机识别和处理的专门数码的过程。编码的质量不仅影响数据录入的速度和质量，而且影响数据处理的最终结果。

3）数据录入

数据录入就是经过编码后的统计资料通过录入设备记载到计算机的存储介质（如软磁盘、磁带、纸带、穿孔卡片等）上，以备计算机操作时调用。

4）逻辑检查

逻辑检查也称"编辑"，就是按照事先规定的一套逻辑检查规则对输入电子计算机的原始数据进行分析、比较、筛选和整理等，将误差超过允许范围的一些数据退回审改，把在允许范围以内的个别错误由计算机按编辑规则自行改正。决定逻辑检查效果的关键是制定的编辑规则是否合乎情理。

5）制表打印

所有数据经过逻辑检查（编辑）之后，由电子计算机按照事先规定的汇总表式和汇总层次进行统计制表,并通过输出设备把结果打印出来。

6) 建立数据库

将原始资料汇总制表打印以后,标志着统计整理工作已经结束,但对资料的使用才刚刚开始,要使这些资料能够充分发挥作用,必须进一步对其进行深入的分析研究。因此,必须建立统计资料的数据库,以便随时调用这些资料。

(二)统计资料汇总的组织形式

在我国,统计资料汇总的组织形式有三种:逐级汇总、集中汇总和综合汇总。

1. 逐级汇总

逐级汇总是按照一定的统计管理体制,自下而上地逐级进行调查资料的汇总,我国定期统计报表多是采用这种组织形式进行汇总。逐级汇总的优点是能够就地检查和纠正错误,在满足上级领导部门要求的同时,还可以满足各地区、各系统领导部门的需要。缺点是需要较长时间才能汇总出全国性的统计资料。

2. 集中汇总

集中汇总是将全部调查资料集中到组织调查的最高机关或它指定的机构直接进行汇总。这种组织形式的优点是:不经过中间环节,可以大大缩短汇总时间,便于贯彻统一的汇总纲要,并且可以使用现代化的汇总手段来提高汇总效率和质量。因此,对时效性强的快速普查和对汇总要求很高的一些重要调查,常常采用集中汇总形式。其缺点是资料中的差错不便于就地发现和改正,也不能及时满足各地区、各部门对统计资料的需要。

3. 综合汇总

在统计实践中,也可以将逐级汇总形式和集中汇总形式结合使用,从而形成综合汇总形式,即一方面对一些最基本的统计指标实行逐级汇总,另一方面又将全部调查资料实行集中汇总。例如,我国1982年和1990年两次全国人口普查就采用了这种方式进行汇总,即几个主要分组和指标采用逐级汇总方式,以便得到汇总结果并就地提供给各方使用,同时对全部调查资料采用分省、市、自治区集中汇总,然后由中央再一次汇总。这样既保证了必要的人口资料的及时使用,又满足了对人口情况进行深入分析研究的需要。

第三节 分配数列

一、分配数列的概念和种类

(一)分配数列的概念

在统计分组的基础上,将总体中的所有的单位按组归类整理,并按一定顺序排列,从而形成一个反映总体中各单位在各组中分布的数列,称为分配数列或次数分布。在分配数列中,分布在各组的单位数称为次数,又称频数;各组次数和总次数之比称为比率,又称频率。分配数列包括两个要素:一是分组标志的标志表现,二是总体单位在各组中出现的次数及各组标志值。次数有两种表现:一是以绝对数形式表现的次数,也称为频数,用 f 表示;二是以相对数形式表现的次数,即各组次数占全部次数的比重,称为比率、频率或相对次数,用 $\dfrac{f}{\sum f}$ 表示。

分配数列的形式虽然并不复杂,但它在统计研究中具有十分重要的意义。分配数列是统计整理结果的一种重要表现形式,它反映了总体中所有单位在各组间的分布特征和分布状况,并且它还可以分析研究总体中某一标志的平均水平及变动规律。

(二)分配数列的种类

分配数列按分组标志性质的不同,分为品质分配数列和变量分配数列。

1. 品质分配数列

品质分配数列简称品质数列,是按品质标志分组形成的分配数列。品质数列由各组名称和次数组成。各组次数用绝对数表示即频数,用相对数表示即频率。例如,表3-6所示为品质分配数列。

表3-6　某企业职工性别构成情况

按性别分组	人数	所占比重/(%)
男性	600	60
女性	400	40
合计	1000	100

从表3-6可以看出该企业职工的性别构成特征:男性职工占的比重大于女性职工。对于品质数列而言,如果分组标志选择正确,形成的分配数列通常都能够正确地反映总体的分布特征。

2. 变量分配数列

变量分配数列简称变量数列,是按数量标志分组形成的分配数列。它由变量值和次数组成。变量数列按其分组方式的不同,可以分为单项式数列和组距式数列。

1)单项式数列

单项式数列是指数列中的每个组只用一个变量值表示,按各组顺序排列而编制的变量数列。在单项式数列中,每组的变量值只有一个,因此有多少不重复的变量值就有多少组。单项式数列适用于离散型变量在取值不多且变动幅度较小时编制数列。表3-7所示为单项式数列。

表3-7　某社区按家庭小孩数分组

按家庭小孩数分组	家庭数(频数)	比重(频率)/(%)
1	2456	82
2	505	16.86
3	34	1.14
合计	2995	100

2)组距式数列

组距式数列是数列中的每个组用两个变量值组成的一段区间表示,按顺序排列而形成的数列。组距式数列适用于连续型变量或取值较多的离散型变量编制数列。表3-8所示为组距式数列。

表3-8　某厂工人按工资分组

按工资分组/元	职工人数 (次数或频数)	比重(频率)/(%)
500~600	100	25

续表

按工资分组/元	职工人数 （次数或频数）	比重(频率)/(%)
600～700	200	50
700～800	100	25
合计	400	100

二、分配数列的编制

分配数列的编制包括单项式数列和组距式数列两种情况。单项式数列每组的变量值只有一个，变量值的个数即组数，编制起来比较简单，它只需把所有变量值按大小顺序排列，再汇总各组单位数即可。组距式数列每组的变量值有若干个，需要确定各组的组限，因此编制起来相对复杂一些。在此，主要介绍组距式数列的编制方法。

（一）组距式数列的几个基本概念

1. 组距

组距是一组变量值的区间长度，即每个组的上限和下限之间的距离，组距＝上限－下限。例如表 3-8 中第二组的组距＝700 元－600 元＝100 元。组距式数列中，根据各组的组距是否相等，分为等距数列和异距数列两种。各组组距均相等的数列为等距数列，各组组距不相等的数列为异距数列。正确地确定组距和组数是编制组距式数列的一个重要环节。在具体确定组距时，应使组距能体现组内资料的同质性、组间资料的差异性。

2. 组数

组数即分组的个数。组数的多少和组距的大小是密切相关的。一般来说，组数和组距成反比关系，组距大则组数少，组距小则组数多。如果组数太多，则组距会过小，会使分组资料烦琐、庞杂，不能体现总体的内部特征和分布规律；如果组数太少，则组距会过大，可能失去分组的意义，达不到正确反映客观事实的目的。在确定组距和组数时，应注意保证各组都能有足够的单位数，组数既不能太多，也不宜太少，以能充分、准确体现现象的分布特征为宜。

3. 组限

组限是用来表示各组之间界限的变量值，它是指每组变量值的端点值。每组中最小的变量值为下限，每组中最大的变量值为上限。上限、下限均有的组称为闭口组；而有上限无下限，或有下限无上限的组称为开口组。

请注意

编制组距式数列的时候还要考虑相邻组的上下限怎样来表示，连续型变量和离散型变量有所区别。

第一，连续型变量。相邻组的上下限要重叠，每组变量值都以下限为起点、上限为极限，但不包括上限，即"上限不在内"的原则。

第二，离散型变量。相邻组的上下限应该间断，但在实际工作中，为提高效率、简化手续，也可采用重叠分组。另外，当变量值出现极大值或极小值时，可采用开口组，即用××以下或××以上表示。

在确定分组组限时,应注意连续型变量与离散型变量的组限表示有所不同。对于离散型变量,由于其值可以一一列举,且一般是整数,故其组限设置时可重叠,也可不重叠。例如学校按学生人数分组,可分为以下各组:1000 人以下、1000~2000 人、2000~3000 人、3000~4000 人等。也可这样划分:1000 人以下、1001~2000 人、2001~3000 人、3001~4000 人等。对于连续型变量,由于其任意两个数之间可能有无限多个中间值,组限的设置必须重叠。例如企业按产值分组,可分为以下各组:1000 万元以下、1000 万~2000 万元、2000 万~3000 万元、3000 万~4000 万元等。同时,还应注意的是若某变量值刚好等于重叠组限,一般把其归入下一组内。例如,有一个企业的产值刚好为 2000 万元,则应把它划在 2000 万~3000 万元这组内。

4. 组中值

组中值是组距的中间数值,它是各组变量值的代表水平。组距式数列按变量的一段区间来分组,它不能反映各组内总体单位的实际变量值。为反映分布在各组中的变量值的一般水平,常常用组中值来表示。对于闭口组,组中值通常根据各组上限、下限进行简单平均而求得,即:

$$\text{闭口组组中值} = (\text{上限} + \text{下限})/2 \quad (\text{公式 3-1})$$

用组中值代表各组变量值的一般水平有一个前提,即假定各单位在组内是均匀分布的。但在实际中,各单位要在组内均匀分布是很困难的,因此,组中值只是一个近似值。对于开口组组中值的确定,是以其相邻组组距的一半来进行调整的。

$$\text{缺下限开口组的组中值} = \text{上限} - \text{相邻组的组距}/2 \quad (\text{公式 3-2})$$
$$\text{缺上限开口组的组中值} = \text{下限} + \text{相邻组的组距}/2 \quad (\text{公式 3-3})$$

应当指出,在组距式分组中,组距掩盖了分布在组内各单位的实际变量值,因此需要用组中值来代表该组的一般水平,这就是组中值在统计分析中被广泛采用的原因。

【例 3-1】 工人人数:单位:(人)

100 以下
100~200
200~300
300~400
400 以上

第一组的组中值 $= 100 - 100/2 = 50$
第二组的组中值 $= (100+200)/2 = 150$
第三组的组中值 $= (200+300)/2 = 250$
第四组的组中值 $= (300+400)/2 = 350$

(二)品质数列的编制

编制品质数列,首先应按品质标志对总体做属性分组,然后划分各组界限。

属性分组有时比较简单,分组标志一经确定,组名称和组数也就确定,不存在组与组之间界限划分的困难。例如,人口按性别分组,工业企业按经济类型分组等。有时属性分组很复杂,组别繁多,界限不清,例如人口按城乡、职业分组等。实际工作中,对于这些比较复杂的分组往往根据分析任务的要求,经过研究,规定统一的划分标准或分类目录。分组确定后,再汇总各组单位数,并编制统计表,即得到品质数列。

【例 3-2】 某班学生的性别、年龄和统计学考试成绩如表 3-9 所示,按性别分组,可编制成表 3-10 所示的品质数列。

表 3-9　某班学生的性别、年龄和统计学考试成绩

学号	性别	年龄	统计学分数	学号	性别	年龄	统计学分数
1	男	18	93	19	男	18	90
2	女	18	49	20	女	18	80
3	女	17	78	21	女	18	55
4	男	19	85	22	女	17	91
5	男	19	66	23	女	19	67
6	女	19	71	24	女	19	72
7	女	16	63	25	女	18	85
8	女	18	83	26	女	17	77
9	女	20	56	27	女	19	70
10	男	19	95	28	女	18	86
11	女	18	66	29	女	19	70
12	女	17	72	30	女	20	75
13	男	17	85	31	女	19	69
14	男	17	78	32	男	16	89
15	女	18	82	33	女	17	98
16	男	18	80	34	女	18	90
17	男	17	90	35	女	19	86
18	男	18	85	36	女	17	78

表 3-10　某班学生按性别分组

按性别分组	学生数	比重/(%)
男	11	30.56
女	25	69.44
合计	36	100.0

（三）变量数列的编制

1. 单项式数列的编制

单项式数列是把每个变量值作为一组所生成的数列。

【例 3-3】 某生产组 20 名工人同种产品日产量如下（单位：件）：

16　13　18　15　19　14　17　13　15　17　19　15
17　18　14　16　15　16　17　16

这是一个离散型变量，变量值不多，变动范围不大，宜编制单项式数列。

（1）按变量值大小顺序排列：

13　13　14　14　15　15　15　15　16　16　16　16
17　17　17　17　18　18　19　19

（2）每种变量值为一组（重复者只取一个）顺序排列：

| 13 | 14 | 15 | 16 | 17 | 18 | 19 | 七组 |

(3) 列入表中并汇总计算各组频数,如表 3-11 所示。

表 3-11 20 名工人日产量资料(单项式)

日产量/件	工人数(频数)/人	频率
x	f	$f/\sum f$
13	2	2/20
14	2	2/20
15	4	4/20
16	4	4/20
17	4	4/20
18	2	2/20
19	2	2/20
合计	20	1

对于离散型变量,如果变量值种类较少且变动范围较小,可编制单项式数列。如表 3-9 中的年龄最大为 20 岁,最小为 16 岁,极差仅 4 岁,且变量值只有 5 种,故可编制单项式数列。编制单项式数列时,首先将各种变量值按大小顺序排列,然后计算各变量值的频数和频率,最后将结果以表格的形式表现出来,如表 3-12 所示。

表 3-12 某班学生年龄分组表

按年龄分组/岁	学生数/人	比重(频率)/(%)
16	2	5.56
17	9	25.00
18	13	36.11
19	10	27.78
20	2	5.56
合计	36	100.0

2. 组距式数列的编制

对于连续型变量或变动幅度较大、取值较多的离散型变量则要编制组距式数列。组距式数列的编制比较复杂,组距式数列的编制方法如下:

(1) 将原始资料按其数值大小重新排列。只有把得到的原始资料按其数值大小重新排列顺序,才能看出变量分布的集中趋势和特点,为确定全距、组距和组数做准备。

(2) 确定全距。全距是变量值中最大值和最小值的差数。确定全距,主要是确定变量值的变动范围和变动幅度。如果是变动幅度不大的离散型变量,即可编制单项式数列,如果是变动幅度较大的离散型变量或者是连续型变量,就要编制组距式数列。

(3) 确定组距和组数。前面已经介绍过组距式数列有等距和不等距之分,我们一般讲的是等距分组。组距的大小和组数的多少,是互为条件和互相制约的。当全距一定时,组距大,组数就少;组距小,组数就多。在等距分组条件下,存在以下关系:

$$组数 = 全距/组距 \quad (公式 3-4)$$

【例 3-4】 某班 40 名学生某科某次考试成绩如下：

54	60	62	97	85	52	83	79	95	80
89	85	77	68	86	93	70	81	78	89
71	89	80	85	75	78	90	66	78	73
82	82	99	77	88	84	75	88	76	80

根据以上资料，试编制等距数列。

(1) 将数据顺序排列，并判断变量性质。

52	54	60	62	66	68	70	71	73	75
75	76	77	77	78	78	78	79	80	80
80	81	82	82	83	84	85	85	85	86
88	88	89	89	89	90	93	95	97	99

变量性质为连续型变量，宜编制组距式数列。

(2) 计算全距。

经过初步整理可以看出，学生成绩最高分为 99 分，最低分为 52 分，则：

$$全距 = 最大变量值 - 最小变量值 \qquad (公式 3-5)$$

该班成绩全距 = 99 分 - 52 分 = 47 分

(3) 确定组限、组距和组数。

所使用的全距最小值应略低于实际资料的最小值，自 50 分开始，最大值应略高于实际资料的最大值，最大值取 100 分，则本例全距为 100 分 - 50 分 = 50 分。

若组距为 5 分，则：

$$组数 = 全距 \div 组距 = 50 \div 5 = 10 \ 组$$

若组距为 10 分，则：

$$组数 = 50 \div 10 = 5 \ 组$$

本例采用组距为 10 分，组数为 5 组。

(4) 列表汇总计算。

汇总计算要遵循"不重不漏"的原则。

连续型变量数列相邻两组的组限采用"重限分组"的方法，即相邻两组之间的组限用同一个数值标记。为了处理好恰巧是组限的变量值的总体单位的归属问题，应按"不含上限，含下限（上限不在内）"的原则处理。例如，60 分者应归入 60~70 分组中，70 分者应归入 70~80 分组中，80 分者应归入 80~90 分组中，90 分者应归入 90~100 分组中，如表 3-13 所示。

表 3-13　40 名学生成绩整理表

成绩/分	人数/人
50~60	2
60~70	4
70~80	12
80~90	17
90~100	5
合计	40

三、分配数列的表示方法

表示分配数列的方法主要有两种：一是列表法，二是图示法。

（一）列表法

列表法即用统计表来表示次数分布（见表 3-13）。用列表法既可以表示变量分布，也可表示属性分布。其特点是比较准确，但不太直观。

（二）图示法

在列表的基础上，用统计图表示次数分布。图示法较列表法更能直观地显示次数分布的特征。常用的表示次数分布的图形有直方图、折线图和曲线图。

直方图，即用直方形的宽度和高度来表示分配数列的图形。直方形的宽度表示组距，高度表示各组的次数。

【例 3-5】 根据表 3-13 绘制直方图，如图 3-5 所示。

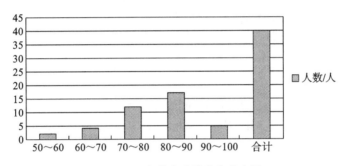

图 3-5 40 名学生成绩分布直方图

折线图，即用折线来表示次数分布的图形。它是在直方图的基础上，把直方图顶部的中点（即组中值）用折线连接起来。注意折线图的两个端点要分别与横轴相交。方法是从折线端点连到横轴两边组距的中点位置上。这样才能使折线图所围成的面积与直方图的面积相等，说明它们表示的分布规律是相同的。在直方图上绘制出折线图，如图 3-6 所示。

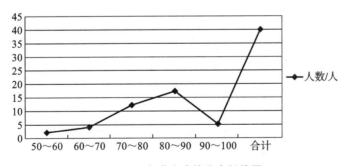

图 3-6 40 名学生成绩分布折线图

曲线图，当总体次数越来越大，所分的组数越来越多，且组距越来越小时，我们发现，所绘制的折线图就会越来越光滑，逐渐形成一条平滑的曲线，就是频数分布曲线图。曲线图能精确地描述总体数量特征的分布状况。例如，将图 3-6 的折线平滑化，可得到成绩分布曲线图，如图 3-7 所示。

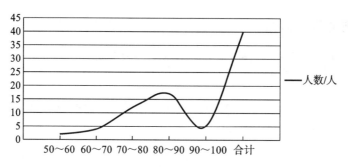

图 3-7　40 名学生成绩分布曲线图

四、累计次数分布

次数分布是统计研究的一个基本问题。次数分配数列可以观察每个变量组出现的次数以及总体单位数的分布规律,但是如果要知道截至某一组变量值以上或以下的分布次数以及所研究现象的发展进程等情况,则需要编制累计次数分布。

累计次数分布是将各组变量的次数和频率逐组累计相加,它表明了总体的某一标志值在某一水平上下的总体次数和比率,累计次数的计算方法有两种:向上累计和向下累计。

(一) 向上累计

向上累计是将各组次数或比率从变量值低的组向变量值高的组逐组累计。向上累计每组的累计次数或累计频率表示该组上限以下的次数和或频率和,这就是所谓的"上限以下"。

(二) 向下累计

向下累计是将各组次数或比率从变量值高的组向变量值低的组逐组累计。向下累计每组的累计次数或累计频率表示该组下限以上的次数和或频率和,这就是所谓的"下限以上"。例如,甲城市家庭对住房状况评价的频数分布如表 3-14 和图 3-8 所示。

表 3-14　甲城市家庭对住房状况评价的频数分布

回答类别	甲城市					
	户数/户	百分比/(%)	向上累计		向下累计	
			户数/户	百分比/(%)	户数/户	百分比/(%)
非常不满意	24	8	24	8	300	100
不满意	108	36	132	44	276	92
一般	93	31	225	75	168	56
满意	45	15	270	90	75	25
非常满意	30	10	300	100	30	10
合计	300	100	—	—	—	—

从上例中可以看出,甲城市家庭对住房状况评价一般以下的有 225 户,占家庭总数的 75%,同时也可以看出只有 25% 的家庭对甲城市住房状况评价感到满意以上;而对甲城市住房状况评价不满意的家庭有 132 家,占 36%,同时也说明将近 64% 的家庭对甲城市住房状况评价都在一般以上。

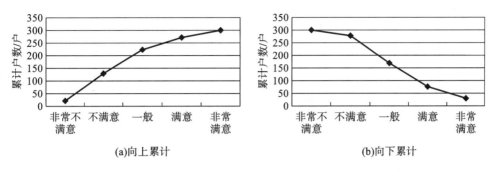

图 3-8　甲城市家庭对住房状况评价的累计频数分布

如果要对某地区的家庭按家庭拥有的儿童数进行分组,请问应编制单项式数列还是组距式数列? 为什么? 如果对某地区的所有工业企业按产值分组,又应编制什么样的数列? 为什么?

五、分配数列的主要类型

由于社会经济现象性质不同,因此各种统计总体都有不同的次数分布,形成各种不同类型的分布特征。概括起来,各种不同形式的社会现象的次数分布主要有四种类型:钟形分布、U 形分布、J 形分布和洛伦茨分布。这里介绍前三种分布。

（一）钟形分布

如果一个次数分配数量呈现这样的特征:较大变量值和较小变量值的分配次数都较少,中间变量值分配次数较多,绘制成的曲线图形宛如一口古钟,这里就可以称该现象的次数分布为钟形分布,有时也称丘形分布,如图 3-9 所示。社会经济现象中许多变量的分布都属于钟形分布,如农作物的单位面积产量、商品的市场价格、学生的考试成绩、人口的身高体重等,都是低水平和高水平的单位数量较少,而中间水平的单位数量较多。由此可见,钟形分布的特征是"中间大、两头小"。

（二）U 形分布

U 形分布的特征与钟形分布恰恰相反,靠近中间的变量值分布的次数少,靠近两端的变量值分布的次数多,形成"两头大、中间小"的 U 形分布。如人口死亡现象按年龄分布便是如此。由于人口总体中幼儿和老年死亡人数较多,而中年死亡人数较少,因而死亡人数按年龄分组便表现为 U 形分布,如图 3-10 所示。

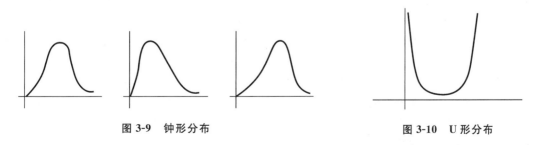

图 3-9　钟形分布　　　　　　　　　　图 3-10　U 形分布

(三) J形分布

在社会经济现象中也有一些统计总体分布曲线呈J形。J形分布有正反两种情况:次数随变量值增大而增多,绘成的曲线图形如英文字母"J",称为正J形分布,如图3-11所示。例如,投资按利润率大小分布。次数随变量值增大而减小,绘成的曲线图犹如反写的英文字母"J",称为反J形分布,如图3-11所示。例如,人口总体按年龄大小分布。

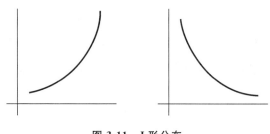

图 3-11　J形分布

第四节　统计表与统计图

统计表和统计图是显示统计数据的重要工具,统计调查获取的原始资料通过统计整理,转化为条理化、科学化的统计数据,而这些统计数据往往需要通过统计表和统计图来显示。

一、统计表

在科学分组的基础上对调查资料进行整理汇总,得出许多反映社会经济现象数量特征的统计数据,在统计表中,除了包括由统计资料汇总得到的指标外,还包括进一步分析计算得到的其他一些综合指标,如相对指标、平均指标等。由于统计表内的数字排列紧凑、关系清晰,因此用统计表表现统计数据比长篇大论的文字叙述更生动、更具有说服力。统计表是进行统计分析的重要工具。将统计整理后的统计数据按一定的结构和顺序科学、合理地排列在表格上,就形成了统计表。广义的统计表包括统计工作各个阶段使用的一切表格,包括调查表、整理表、计算表等。

统计表就是由纵横交叉的线条所组成的,用于显示统计数据的表格。统计表的运用范围极其广泛,其主要优点是:能使统计资料条理化,更清晰地表述统计数据之间的相互联系;统计数据的显示简明易懂;便于计算和比较表内的各项统计指标,并易于检查数字的完整性和正确性。

(一) 统计表的构成

统计表的构成可以从形式和内容两个方面来认识。

从形式上看,统计表主要由总标题、横行标题、纵栏标题和数字资料四部分构成。统计表一般都包括总标题、横标题、纵标题、数字资料、单位、制表日期。总标题是指统计表的名称,用以概括说明整个表的主要内容,一般位于表的上方中央。横标题是横行内容的名称,代表统计所要说明的对象(总体及其分组),通常也称为主词,一般列在表内的左边。纵标题是纵栏内容的名称,是用来说明主词情况的统计指标,通常称为宾词,一般列在表内的上方。统计数字是各项指标的具体数值,内容由横标题和纵标题所限定,其数字可以是绝对数、相对数或平均数。在数据单位相同时,一般把单位放在表格的左上角。如果各项目的数据单位不同,可放在表格里注明。制表日期放在表的右上角,表明制表的时间。各种统计表都应有"备注"或"附注"栏,以便必要时填入不属于表内各项的事实或说明。另外,为了补充统计表中未说明的问题,统计表往往还附有一些说明,包括资料来源、指标计算方法、填报单位、填表人、填表日期等。

统计表是用线条来表现统计资料的表格,是表现统计资料的常见方式。统计表能将大量统计数字资料加以综合组织安排,使资料更加系统化、标准化,更加紧凑、简明、醒目和有条理,便于人们阅读、对照比较,从而更加容易发现现象之间的规律性。利用统计表还便于资料的汇总和审查,便于计算和分析。因此,统计表是统计分析的重要工具。

通常,统计表的主词就是统计整理的分组部分,列在横栏标题的位置,宾词中指标名称列在纵栏标题的位置,但有时为了编排合理和阅读方便,也可以互换位置。

从内容上看,统计表由主词和宾词两部分组成。主词是说明总体的,它可以是各个总体单位的名称、总体各个分组的名称,形式上表现为横行标题。宾词是说明总体的指标名称和数值的,形式上表现为纵栏标题和指标数值。

(二)统计表的种类

统计表按主词是否分组即分组程度的不同,可分为简单表、分组表和复合表三种。

1. 简单表

简单表是指对总体未做任何分组,仅按单位名称或时间顺序排列而成的统计表。简单表的主词一般按时间顺序排列或按总体单位名称排列。简单表通常在对原始资料做初步整理时使用。例如,表 3-15 即为按总体各单位名称排列的简单表。

表 3-15 某连锁企业 2022 年上半年销售情况统计

所属分店	销售收入/万元
甲	500
乙	700
丙	900
合计	2100

2. 分组表

分组表又称简单分组表,是指对总体的统计单位仅按一个标志进行分组的统计表。利用分组表可以区分现象的不同类型,反映现象的内部结构,分析现象之间的依存关系等,如表 3-16 所示。

表 3-16 某厂工人按工资分组

工资分组/元	职工人数(次数或频数)/人	比重(频率)/(%)
500~600	100	25
600~700	200	50
700~800	100	25
合计	400	100

3. 复合表

复合表又称为复合分组表,是指对总体的统计单位按两个或两个以上标志进行复合分组的统计表。复合表能更深刻、更全面地从不同角度反映社会经济现象的特征和规律,如表 3-17 所示。但并非分组越细越好,因为分组标志每增加一个,组数就会成倍增加,而且分组太细反而不利于研究现象的特征,因此使用复合表应恰如其分。

表 3-17　某高校 2022 年年末按学历层次和性别分组的在校学生人数

学生类型	人数/人
专科	4090
男生	2160
女生	1930
本科	9970
男生	5820
女生	4150
合计	14 060

（三）统计表的编制原则

统计表应科学、简明、实用、美观、便于比较,能够准确反映被研究现象的数量特征。因此,设计和填写统计表时必须遵循以下规范要求。

(1) 统计表的标题、项目、指标要简明扼要,能准确反映内容,使人一目了然,便于分析。如果指标的计量单位只有一个,则通常列在表的右上角,如果计量单位较多,则列在相应的指标栏内。

(2) 统计表的上下两端用粗线或双线绘制,在有些需要明显分隔的部分也应用粗线或双线,其他则用细线。在横行和合计栏、横行与纵栏标题间要画线。表的左右两端应是开口的,不得画线。

(3) 统计表的纵栏、横行的排列要尽量反映出内容方面的逻辑关系。

(4) 当统计表的栏目较多时,可以加以编号以说明其相互关系:一般主词的计量单位栏用(甲)、(乙)、(丙)……次序编号,宾词各栏用(1)、(2)、(3)……次序编号。若各栏中统计指标有一定的计算关系,还可以用算式表示之。

(5) 统计表中的数字要注明计量单位。如果表中的数字属同一计量单位,可将计量单位标在表的右上方;如果宾词的计量单位不同,可直接标注在指标名称的旁边或下方;如果主词的计量单位不同,可在横行标题后设计量单位专栏。

(6) 表中的合计栏可以排在前面,也可以排在最后,如果只列出其中部分项目,则合计栏必须排在前面。

(7) 统计表中数字要根据纵横关系对应,填写整齐,对准位数。当数字为 0 或遇数小可略而不计时,要写上 0,不得留空;当缺少某项资料时,用"…"表示;不应有数字时,用符号"—"表示;上、下、左、右数字相同时,必须如实写出,不得用"同上""同左"或"…"等符号。

(8) 必要时,应在统计表的下端加注说明或注解、资料来源等。

二、统计图

（一）统计图的概念和作用

统计图是根据统计数字,用几何图形、具体事物的形象和地图等绘制的各种图形。它具有直观、形象、生动、具体等特点。用统计图来显示统计数字,具有简单化、通俗化、形象化的优点,使人一目了然,便于理解和比较。因此,统计图可表示现象之间的对比关系,揭示总体结构及其发展变化趋势,分析现象之间的依存关系。统计图在统计资料整理与分析中占有重要地位,并得到了广泛应用。在解答资料分析测验中有关统计图的试题时,既要考察图的直观形象,又要注意核对数据,不要被表面形象迷惑。

(1) 在统计分析、社会科学研究方面,运用多种多样的统计图,可以将复杂现象的数量特征及数量关系清晰简明地揭示出来。统计图示法是统计分析的一种重要方法。

(2) 在各种管理工作中,通过统计图可以及时了解生产经营情况和工作进程,掌握计划执行的情况,便于发现问题,采取措施,科学地调度指挥生产经营和改进工作。所以统计图示法也是进行科学管理的一种有效手段。

(3) 在宣传教育工作中,可利用统计图直观、形象、通俗易懂的特点,向广大群众宣传社会主义建设成就,进行形势教育,激发人们的热情,鼓舞人们积极上进。所以,统计图示法又是对群众进行宣传教育且容易为群众所接受的良好形式。

(二) 统计图的分类

1. 按图形的形式不同

1) 几何图

几何图是利用点、线、面等几何图形来表现统计资料的图形,又分为条形图、曲线图、面积图(平面图)等,都是以图形的大小、长短、多少或曲线的升降来表示现象的数量特征的(见图 3-12 至图 3-14)。

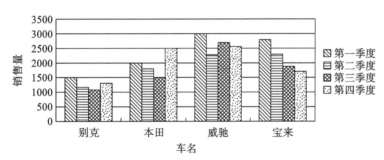

图 3-12　汽车销售量竖直条形图

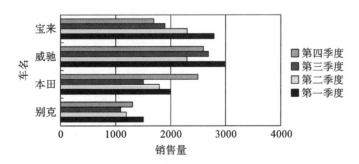

图 3-13　汽车销售量水平条形图

2) 象形图

象形图是利用事物的形象来表明现象的特点和数量对比关系的图形。这类图形实质上是几何图形的变形,也是以图形的大小、长短、多少来表现统计资料的。

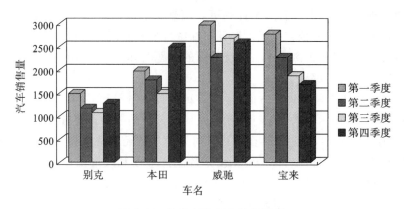

图 3-14 汽车销售量立体条形图

3）统计地图

统计地图是利用点、线、面或事物的形象在地图上显示现象的分布状况的图形。

2．按统计图的用途不同

1）宣传展示图

宣传展示图是进行宣传展览，供广大群众阅览用的图形。它所反映的数字资料以简要为宜，形式上要注意美观、生动，讲求艺术性。

2）工作示意与竞争评比图

工作示意与竞争评比图是为经营管理与开展竞赛评比用的图形。它所表示的统计指标数值要随着事物的发展而变化，数字资料要准确，形式上要通俗易懂、生动活泼。

3）分析总结图

分析总结图是作为分析研究和总结用的图形，一般用以反映某种现象的过程与结果。

此外，统计图还可按应用场所不同分为挂图、案图和书图，还可按制作材料不同分为普遍制图、剪贴制图、照片制图、雕塑制图和实物制图等。

以上种种统计图都是从不同的角度来观察的，在实际工作中经常将各种图形结合使用。

(三) 绘制统计图的基本原则

通常对绘制统计图的基本要求是准确、鲜明、通俗易懂、便于比较。

为了达到这些要求，绘制统计图要遵守以下一些基本原则：

1）要有明确的制图目的

绘制统计图，首先要明确绘图目的。因为制图的目的不同，所选用的图形也不同，对制图技术的要求也不同。如表明总体内部的结构和比较两个地区或两个单位同类指标的差别，所选用的统计图就不相同。

2）根据制图目的选择统计资料

绘制统计图所选择的资料一定要符合制图目的。如绘制统计图是为了说明社会经济现象的发展变化，则应选择动态的统计资料。在绘图前，要对统计资料进行审核，做到准确可靠。

3）选择恰当的统计图形

统计图形要根据绘制统计图的目的和统计资料的性质进行选择。如为了反映某种现象的内部结构，就要选用圆形图或条形结构图；如为了反映计划的完成情况，就要选用曲线图。

4）统计图要有标题

统计图要有标题,且标题要确切地反映统计图表示的内容,还要注明时间、地点和单位,有的还需要标明图例。

5）绘制几何统计图形的比度要选择恰当

所谓比度,就是数值单位的线段。比度既不能过大,也不能过小,过大或过小都会影响统计图的美观和鲜明性,所以绘制几何统计图形的比度要选得恰当。

（四）常用的几种统计图

统计图形式多样,下面主要介绍几种常用的图形:条形图、直方图、折线图、圆形图、象形图。

1）条形图

条形图也称柱形图,是以宽度相等的条形长短或高低来显示数值大小或多少的一种图形。条形图中,指标数值大小依条形长度而区别,与其宽度无关。条形图可用于同一指标在不同空间、不同时间上的对比,也可用于实际指标的完成与计划任务的对比。

条形图可以横置,也可以纵置。单项式变量数列,最适合于用条形图来显示数列的分布情况。例如,表 3-18 和图 3-15 反映了某企业 2015—2022 年实现利税的情况。

表 3-18　某企业 2015—2022 年实现利税情况表

年份	实现利税/万元	年份	实现利税/万元
2015	32	2019	126
2016	58	2020	168
2017	80	2021	234
2018	92	2022	295

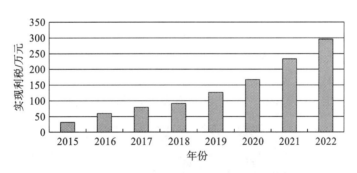

图 3-15　某企业 2015—2022 年实现利税情况图

2）直方图

直方图是用若干个并列的柱形表示分布数列的一种图形。直方图用来显示连续型变量的分配数列,其图形和条形图相似,但两者有本质的区别。直方图每个条形的左边边界为该组的下限,右边边界为上限,中点是组中值。同时由于连续型变量组距数列相邻组组限是重叠的,所以,直方图的条形相互连接而成一片。

直方图一般以横轴表示各组变量,纵轴表示各组频数或频率。例如,图 3-16 是以前面表 3-13 的资料绘制的直方图。

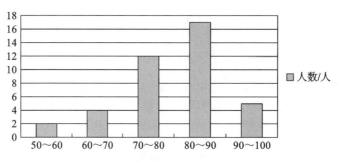

图 3-16　40 名学生成绩分布直方图

3）折线图

折线图是在直方图的基础上，将各条形中点用折线连接起来而形成的，或用组中值和频数求坐标点连接而成的。图 3-17 是表 3-13 所示某班级 40 名学生成绩的折线图。

当变量值非常多，变量数列的组数很多时，组距会越来越小，绘制的折线图便会越来越光滑，最后趋近于一条平滑的曲线，形成所谓的曲线图。

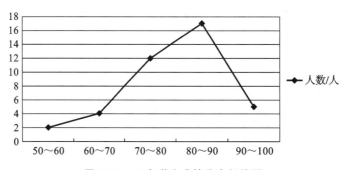

图 3-17　40 名学生成绩分布折线图

4）圆形图

圆形图又称饼图，是用圆形和圆内扇形的面积大小来显示统计数值大小的一种图形。它可用于总体中各组成部分所占比重的表示，从而揭示现象的内部结构及其变化。在绘制圆形图时，用圆内的各个扇形面积表示总体中各部分所占的百分比，而各扇形的中心角度按各部分百分比占 360°的相应比例确定。例如，图 3-18 是以前面表 3-13 的资料绘制的圆形图。

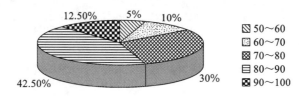

图 3-18　40 名学生成绩分布圆形图

5）象形图

象形图是以表示现象本身形象的长度、大小、多少来显示统计指标数值的一种图形。它是统计图中最具体、最鲜明生动的图形，可给人以深刻的印象，其在进行成果展览、群众性宣传等方面得到了广泛的应用。图 3-19 所示为用油桶的大小表示的某地 2015 年、2016 年和 2017 年三年的原油产量。

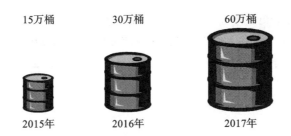

图 3-19 原油产量象形图

经典实例

2020 年,新冠肺炎疫情的爆发使得武汉等多个城市按下了暂停键,多个省份及地区启动了重大突发公共卫生事件Ⅰ级响应机制。企业复工、学校开学均需进行科学评估。广大群众对新冠疫情十分关注,百度等网站定时公布疫情相关数据。

(1) 热力图

依据国家和省市卫健委提供的疫情数据,百度绘制出了现有确诊人数以及新增确诊人数的热力图,实时展示区域内现有确诊人数以及新增确诊人数的分布及密度情况。通过点击不同区域,可以显示其对应的现有确诊人数以及新增确诊人数。

(2) 线图

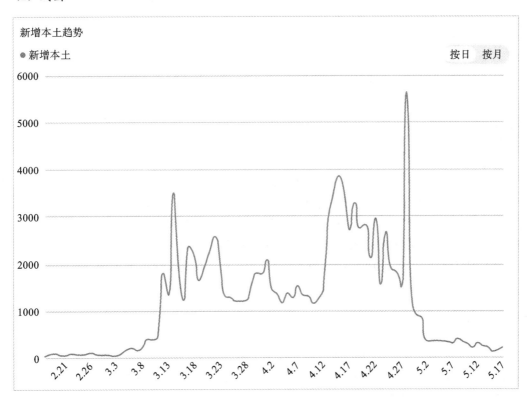

线图用于显示时序数据的变化趋势。时序数据,即时间序列数据,由时间数据以及对应时间的观测值(变量值)组成。绘制线图(line plot)时应注意以下几点:①时间一般绘在横轴,指标数据绘在纵轴;②图形的长宽比例要适当,其长宽比例大致为10∶7;③一般情况下,纵轴数据下端应从"0"开始,以便于比较。数据与"0"之间的间距过大时,可以采取折断符号将纵轴折断。通过新增本土趋势线图,可以看到过去一段时间内,新冠确诊人数的变化趋势。

（3）条形图

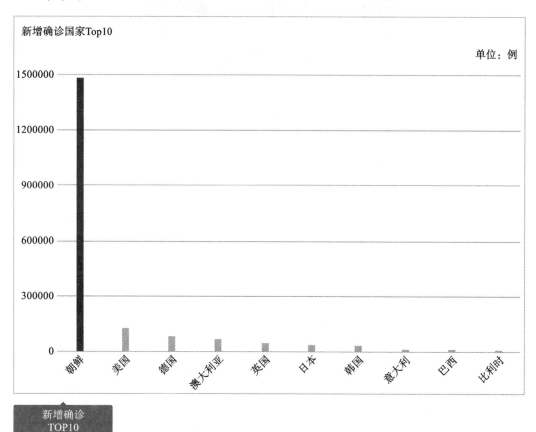

条形图也称为柱形图,是用宽度相同的条形的高度或长短来表示各类别数据的图形,有单式条形图、复式条形图等形式,主要用于反映分类数据的频数分布。绘制时,各类别可以放在纵轴,称为水平条形图,也可以放在横轴,称为竖直条形图。两种图都可以用来表示一组或几组分类相关的数值,它可用于不同现象的比较,也可用于同一现象不同时间的比较。

百度提供了新增确诊TOP10国家的条形图,可直观比较这些国家的新增确诊人数。

课程思政

讨论：百度提供的疫情实时大数据报告使用了热力图、线图以及条形图。除了这些统计图外,定量数据的描述还可以使用哪些统计图？定量数据的各类统计图如何绘制？有什么特点？有什么应用条件？适用于哪些场合？

育人元素：通过百度疫情实时大数据报告中各类统计图的应用,学生掌握定量数据各类统计图的绘制方法、不同特点、应用条件及适用场合,学生具备使用恰当的统计图对实际问题进行科学、合理分析与解释的能力,具备严谨的科学精神。

▌▌➡ 实验操作 ］

数据的图表处理

一、实验目的和要求

目的:培养学生处理数据的基本能力。通过本实验,熟练掌握利用 Excel 完成对数据的输入、定义、分类与整理,绘制统计图和统计表。结合上机实验操作,让学生掌握如何对数据进行加工,培养学生的动手能力,让每位学生独立完成操作,增强其学习的兴趣。要求图表更加美观,培养学生精益求精的精神。另外在学习操作步骤的同时,可以融入现实问题,比如根据实际生活例子数据绘制折线图、雷达图,有助于学生更好地发现事物发展变化的规律。

要求:就本专业相关问题收集一定数量的数据(≥30),利用 Excel 进行如下操作。

(1) 进行数据排序。

(2) 进行数据分组。

(3) 制作频数分布图、直方图和帕累托图,并进行简要解释。

(4) 制作饼图和雷达图,并进行简要解释。

二、实验仪器、设备和材料

个人电脑(人/台)、Excel 软件。

三、实验过程

◇ **安装"数据分析"命令**

如果在 Excel 操作界面顶端菜单栏"工具"菜单中没有"数据分析"命令,可按以下步骤安装。

(1) 点击"工具"菜单及其中的"加载宏"。

(2) 在弹出的如图 3-20 所示的"加载宏"的选择菜单中,勾选"分析工具库"前的方框,并点击"确定"即可。如果不成功,则需要为计算机重装有关软件。

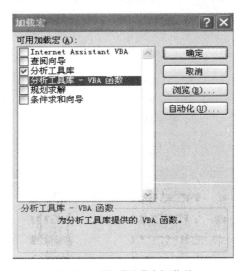

图 3-20 "加载宏"选择菜单

(一) 数据的筛选和排序

1. 数据的筛选

在对统计数据进行整理时,首先需要进行审核,以保证数据的质量。对审核中发现的错误应尽可能予以纠正。如果对发现的错误无法纠正,或者有些数据不符合调查的要求而又无法弥补,就要对数据进行筛选。

数据筛选有两方面内容:一是将某些不符合要求的数据或有明显错误的数据予以剔除;二是将符合某种特定条件的数据筛选出来,不符合特定条件的数据予以剔除。数据筛选可借助计算机自动完成。

下面通过一个实例说明用 Excel 进行数据筛选的过程。

【例3-6】 表3-19 是8名学生4门课程的考试成绩数据(单位:分)。试找出统计学成绩等于75分的学生、英语成绩较高的前三名学生、4门课程都高于70分的学生。

表3-19　8名学生的考试成绩数据

姓名	统计学成绩	数学成绩	英语成绩	经济学成绩
张松	69	68	84	86
王翔	91	75	95	94
田雨	54	88	67	78
李华	81	60	86	64
赵颖	75	96	81	83
宋媛	83	72	66	71
袁方	75	58	76	90
陈凤	87	76	92	77

首先,选择"工具"菜单,并选择"筛选"命令。如果要筛选出满足给定条件的数据,可使用自动筛选命令,如图3-21所示。

图3-21　自动筛选(1)

这时会在第一行出现下拉箭头,用鼠标点击箭头会出现下面的结果,如图3-22所示。

图3-22　自动筛选(2)

要筛选出统计学成绩为75分的学生,选择75,得到结果(见图3-23)。

	B	C	D	E	F
1	姓名	统计学成绩	数学成绩	英语成绩	经济学成绩
6	赵颖	75	96	81	83
8	袁方	75	58	76	90

图 3-23　自动筛选(3)

要筛选出英语成绩较高的前三名学生,可选择"前 10 个",并在对话框中输入数据 3,得到的结果如图 3-24 所示。

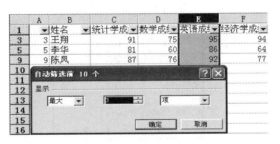

图 3-24　自动筛选(4)

如果要筛选出 4 门课程成绩都高于 70 分的学生,由于设定的条件比较多,需要使用"高级筛选"命令。使用"高级筛选"时,必须建立条件区域。这时需要在数据清单上面至少留出 3 行作为条件区域,然后把数据清单中含有筛选值的数据列复制粘贴到条件区域的一个空行,再在条件标志下面的一行中键入要匹配的条件,如图 3-25 所示。

	A	B	C	D	E	F
1		姓名	统计学成绩	数学成绩	英语成绩	经济学成绩
2			>70	>70	>70	>70
3						
4	1	姓名	统计学成绩	数学成绩	英语成绩	经济学成绩
5	2	张松	69	68	84	86
6	3	王翔	91	75	95	94
7	4	田雨	54	88	67	78
8	5	李华	81	60	86	64
9	6	赵颖	75	96	81	83
10	7	宋媛	83	72	66	71
11	8	袁方	75	58	76	90
12	9	陈凤	87	76	92	77

图 3-25　高级筛选(1)

然后,在高级筛选对话框中修改"数据区域"或"条件区域",结果如图 3-26 所示。

单击"确定"后出现如图 3-27 所示的结果。

2. 数据的排序

数据排序就是按一定顺序将数据排列,其目的是便于研究者通过浏览数据发现一些明显的特征或趋势,找到解决问题的线索。排序还有助于对数据进行检查、纠错,为重新分组或归类提供依据。在某些场合,排序本身就是分析的目的之一。

对于分类数据,如果是字母型数据,排序有升序与降序之分,升序更常见些,因为升序跟字母的自然排列相同;如果是汉字型数据,排列方式很多,比如按汉字的首位拼音字母排列,这与字母型数据的排序完全一样,也可按笔画顺序,其中也有笔画多少的升序与降序之分。交替运用不同方式排序,在汉字型数据的检查、纠错中十分有用。区间数据和比数据的排序只有两种,即递增和递减。排序后的数据称为顺序统计量(order statistics)。无论是定性数据还是定量数据,其排序均可借助计算机完成。

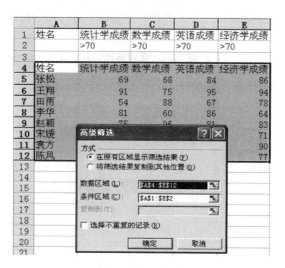

图 3-26　高级筛选(2)

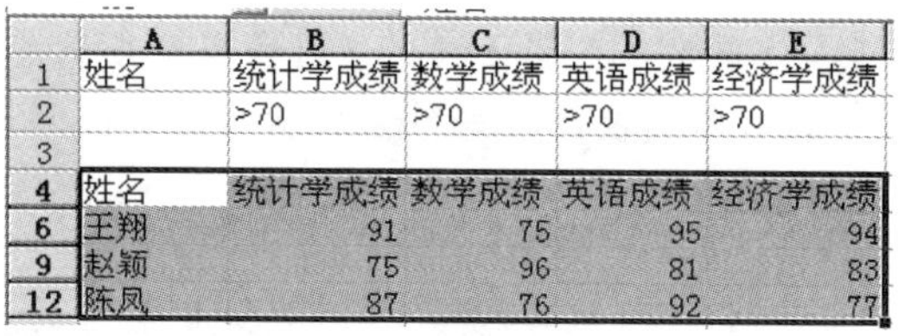

图 3-27　高级筛选(3)

【例 3-7】　有一张 6 名学生的学习成绩所构成的数据清单,如表 3-20 所示。试按总成绩的递增顺序按列排序。

表 3-20　学习成绩统计　　　　　　　　　　　　　　　　　　　　　（单位:分）

姓名	数学	物理	英语	总成绩	平均成绩
王强	82	76	70	228	76
李倩	86	80	83	249	83
刘佳	65	66	70	201	67
张楠	60	60	63	183	61
李靖	89	89	87	265	88
赵鹏飞	74	74	90	238	79

所谓按列排序就是根据一列或几列中的数据清单进行排序。排序时,Excel 将按指定字段的值和指定的"升序""降序"排序次序重新设定行。操作步骤如下。

(1) 单击数据区域内的任何一个单元格。

(2) 选取"数据"菜单中的"排序"命令,出现"排序"对话框,如图 3-28 所示。

图 3-28 排序(1)

(3)在"排序"对话框中,单击"主要关键字"右边的下拉列表按钮,在字段下拉列表中选取主要关键字段,如"总成绩",如图 3-29 所示。

图 3-29 排序(2)

(4)指定"升序"还是"降序",单击主要关键字右边的"递增"单选钮。
(5)还可以用同样的方法选择"次要关键字""第三关键字"以及升降序。
(6)排除字段名行。因为字段名行不参加排序,所以数据清单中如果含有字段名行,应单击"有标题行"单选钮将其排除,否则单击"无标题行"单选钮。
(7)单击"确定"按钮执行排序。

各记录的行序被重新组织,记录 1 为总成绩最低的学生,如图 3-30 所示。

	A	B	C	D	E	F
1			期末考试成绩			
2						
3	姓名	数学	物理	英语	总成绩	平均成绩
4	张楠	60	60	63	183	61
5	刘佳	65	66	70	201	67
6	王强	82	76	70	228	76
7	李倩	86	80	83	249	83
8	李靖	89	89	87	265	88
9	赵鹏飞	74	74	90	238	79

图 3-30 按"总成绩"排序的成绩单

当对数据清单按列进行排序且只有一个排序关键字时,可以直接使用标准工具栏中的"升序"或"降序"工具按钮来完成排序,如图 3-31 所示。

操作步骤如下。
(1)单击排序字段中的任意一个单元格。
(2)单击工具栏中的"升序"或"降序"工具按钮。

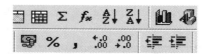

图 3-31 "升序"或"降序"工具按钮

通常情况下,Excel 是按列排序的,但也可以按行排序。

所谓按行排序就是根据一行或几行中的数据清单进行排序。排序时,Excel 将按指定行的值和指定的"升序"或"降序"排序次序重新设定列。

操作步骤如下。

(1) 单击数据区域内的任何一个单元格。

(2) 选取"数据"菜单中的"排序"命令,出现"排序"对话框。

(3) 单击对话框中的"选项"按钮,出现"排序选项"对话框。

(4) 在"排序选项"对话框中的"方向"框中,选取"按行排序"单选钮,如图 3-32 所示。

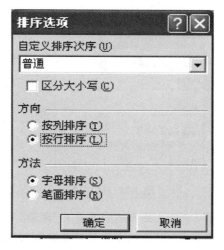

图 3-32 按行排序

(5) 单击"确定"按钮。

以下步骤和按列排序的步骤相同。

(二) 利用直方图制作频数分布表

在给定工作表中数据单元格区域和接收区间的情况下,计算数据的个别和累积频率,用于统计有限集中某个数值元素的出现次数。例如,在一个有 20 名学生的班级里,可以确定以字母打分(如 A、B⁻等)所得分数的分布情况。直方图表会给出字母得分的边界,以及在最低边界与当前边界之间某一得分出现的次数。出现频率最多的某个得分即为数据组中的众数。"直方图"对话框如图 3-33 所示。

1. 接收区域(可选)

在此输入接收区域的单元格引用,该区域应包含一组可选的用来定义接收区间的边界值,这些值应当按升序排列。只要存在的话,Microsoft Excel 将统计在当前边界点和相邻的高值边界点之间的数据点个数。如果某个数值等于或小于某个边界值,则该值将被归到以该边界值为上限的区间中。所有小于第一个边界值的数值将一同计数,同样所有大于最后一个边界值的数值也将一同记数。

图 3-33 "直方图"对话框(1)

如果省略此处的接收区域,Microsoft Excel 将在数据组的最小值和最大值之间创建一组平滑分布的接收区间。

2. 柏拉图

选中此复选框,可以在输出表中同时按降序排列频率数据。如果此复选框被清除,Microsoft Excel 将只按升序来排列数据,即省略输出表中最右边的三列数据。

3. 累积百分率

选中此复选框,可以在输出表中添加一列累积百分比数值,并同时在直方图表中添加累积百分比折线。如果清除此选项,则会省略累积百分比。

4. 图表输出

选中此复选框,可以在输出表中同时生成一个嵌入式直方图表。

【例 3-8】 学生历次考试成绩统计,按照一定区间生成频数分布表,使用"直方图"分析工具来完成。(数据文件名:直方图.xls)

操作步骤如下。

(1) 打开数据"直方图.xls",如图 3-34 所示。

	A	B	C	D	E	F
1	姓名	第一次成绩	第二次成绩	第三次成绩	第四次成绩	第五次成绩
2	陈晓明	86	89	86	83	94
3	李新	76	79	83	76	91
4	张伟	87	81	85	85	90
5	王洪天	94	92	84	83	89
6	张思晋	84	94	83	76	86
7	张弥	83	91	92	79	79
8	张晓兰	86	96	75	86	88
9	王永刚	89	81	79	89	91
10	石永	89	83	69	84	93
11	赵文元	96	80	85	79	87
12	武好南	82	79	91	86	83
13	钱冬徽	75	76	86	79	91
14	刘精生	84	86	75	81	85
15	陈小顺	65	94	73	79	84

图 3-34 直方图

(2) 选择"数据分析"对话框中的"直方图",弹出"直方图"对话框。

(3) 在"输入区域"对应编辑框输入学生成绩数据的引用($B$2:$B$15)。

(4) 在"接收区域"对应编辑框输入数据划分单元格的引用($A$18:$A$22),如图 3-35 所示。

(5) 看是否在输入栏里选择了标志单元格,考虑选定"标志"。在输出选项中选择"新工作表组",在其对应编辑框中输入输出工作表名称,如"图表输出"。选择"柏拉图""累积百分率""图表输出"选项,详见图 3-36。

图 3-35　接收区域　　　　　　　　图 3-36　"直方图"对话框(2)

(6) 单击"确定",结果输出如图 3-37 所示。

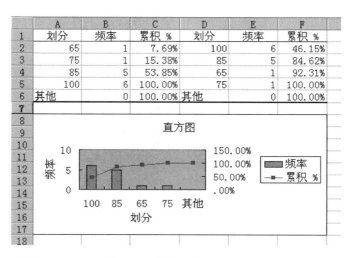

图 3-37　直方图的结果输出

在图中显示的统计结果中,可以看见输出的内容分为两部分:一部分是数据表形式,一部分是直方图形式。在数据表部分,显示每个区间中的人数及累积百分率数值。通过该统计结果,我们可以知道,在第一次考试中有 7 人在 85~100 分,5 人在 75~85 分,1 人在 65~75 分,1 人在 65 分以下。

应当注意,上图实际上是一个条形图,而不是直方图,若要把它变成直方图,可按如下操作:

用鼠标左键单击任一直条,然后单击右键,在弹出的快捷菜单中选取"数据系列格式",弹出"数据系列格式"对话框,如图 3-38 所示。

在对话框中选择"选项"标签,把间距宽度改为 0,单击"确定"后即可得到直方图,如图 3-39 所示。

(三) 数据透视表

假设我们已经建立了一张统计表,若要建立一个交叉式的复合分组统计表,可使用数据透视表功能(见图 3-40)。

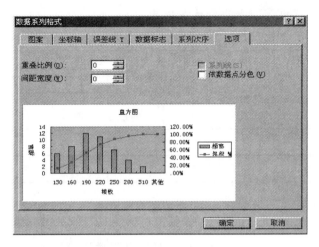

图 3-38 "数据系列格式"对话框

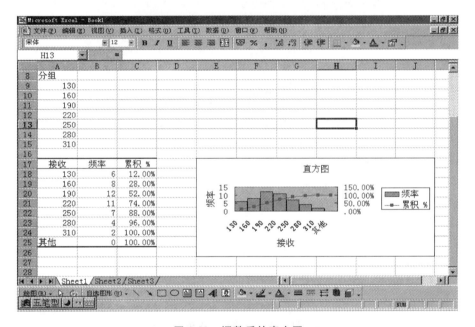

图 3-39 调整后的直方图

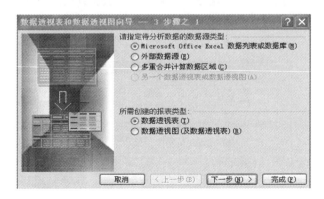

图 3-40 数据透视表对话框

（四）运用 FREQUENCY 函数进行数据分组

【例 3-9】 某班 50 个学生的经济学考试成绩如下：

88	56	91	79	69	90	88	71	82	79
98	85	34	74	48	100	75	95	60	92
83	64	65	69	99	64	45	76	63	69
68	74	94	81	67	81	84	53	91	24
84	62	81	83	69	84	29	66	75	94

如果运用 FREQUENCY 函数将这 50 名学生按经济学成绩分成 60 分以下、60~69 分、70~79 分、80~89 分、90~100 分五组，步骤如下。

(1) 在 A1:A51 单元格区域分别输入纵标题"《经济学》成绩"及以上 50 名学生的成绩，在 B1:B6 单元格区域分别输入纵标题"分组上限"及各组上限 59、69、79、89、100，在 C1 单元格输入"频数"。

(2) 使用鼠标拖选 C2:C6 单元格区域。

(3) 在数据编辑行中输入公式"=FREQUENCY(A2:A51,B2:B6)"，如图 3-41 所示。

图 3-41 在数据编辑行中输入公式

也可以依次点击"插入""fx 函数""统计""FREQUENCY"与"确定"，在出现的"FREQUENCY"函数对话框的"Data_array"和"Bins_array"后分别输入"A2:A51"和"B2:B6"，如图 3-42 所示。

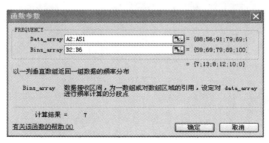

图 3-42 "FREQUENCY"函数对话框

(4) 无论哪种情况，输入完成后，都要按下组合键【Ctrl】+【Shift】+【Enter】，即可得到各组的频数资料(见图 3-43)。

	A	B	C	D	E
1	《经济学》成绩	分组上限	频数		
2	88	59	7		
3	56	69	13		
4	91	79	8		
5	79	89	12		
6	69	100	10		
7	90				
8	88				
9	71				
10	82				
11	79				
12	98				
13	85				
14	34				
15	74				
16	48				
17	100				

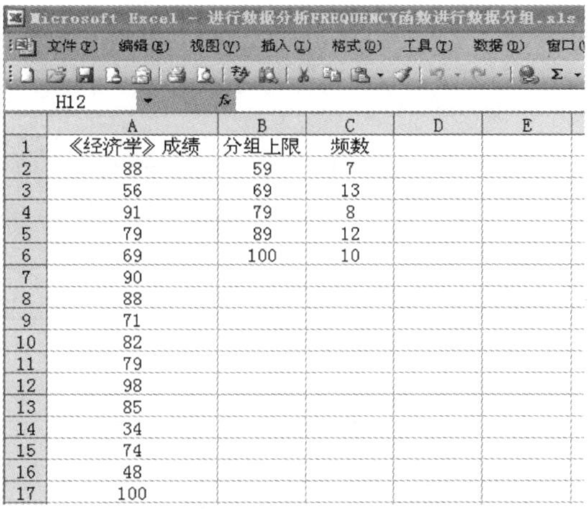

图 3-43　50 名学生经济学成绩的频数

(五) 运用"直方图"工具进行统计分组和制作次数分布直方图

1. 问题与数据

【例 3-10】 某班 50 个学生的经济学考试成绩见例 3-9。

2. 实验步骤

(1) 将数据复制到 Excel 中。

(2) 将上述数据调整成一列的形式。

(3) 选择"数据—排序"得到由小到大的一列数据。

(4) 这里为了方便取为 9 组。

(5) 确定接收界限为 29、39、49、59、69、79、89、99、109，分别键入 Excel 表格中，形成一列接收区域(见图 3-44)。

(6) 选择"工具—数据分析—直方图"得到如下频数分布表(见表 3-21)和直方图(见图 3-45)。

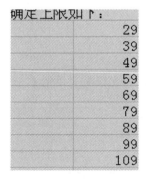

图 3-44　选择区域

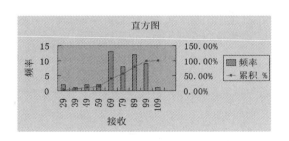

图 3-45　学生成绩直方图(帕累托图)

表 3-21 学生成绩频数分布表

接收	频率	累积
29	2	4.00%
39	1	6.00%
49	2	10.00%
59	2	14.00%
69	13	40.00%
79	8	56.00%
89	12	80.00%
99	9	98.00%
109	1	100.00%

（7）将其他这行删除，将表格调整为表 3-22。

表 3-22 学生成绩新频数分布表

接收	频率	累积
20～30	2	4.00%
30～40	1	6.00%
40～50	2	10.00%
50～60	2	14.00%
60～70	13	40.00%
70～80	8	56.00%
80～90	12	80.00%
90～100	9	98.00%
100～110	1	100.00%

（8）选择"插入—图表—柱图—子图标类型 1"，在数据区域选入接收与频率两列，在数据显示值前打钩（见图 3-46），标题处键入图的名称（见图 3-47），得到图 3-48 所示的直方图。

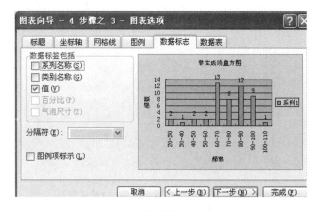

图 3-46 图表选项数据标志对话框

图 3-47 图表选项标题对话框

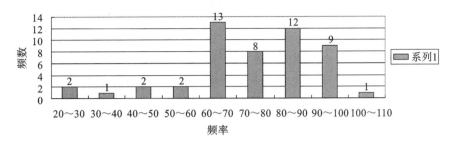

图 3-48 带组限的学生成绩直方图

(9) 选择"插入—图表—饼图",得到图 3-49 和图 3-50。

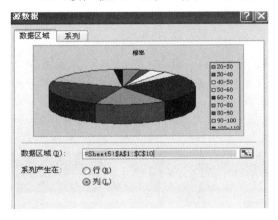

图 3-49 源数据(1)

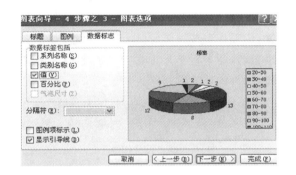

图 3-50 学生成绩分组饼图

(10) 选择"插入—图表—雷达图",得到图 3-51 和图 3-52。

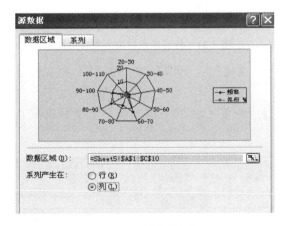

图 3-51 源数据(2)

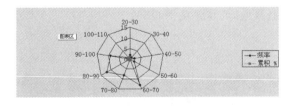

图 3-52 学生成绩分组雷达图

3. 实验结果分析

从图 3-48 中的直方图可以发现,60~70 分出现的频数最多,从饼图和雷达图也能够清晰地看出结果。

(六) 运用 Excel 计算累计次数

【例 3-11】 表 3-23 所示的是某班 50 名学生经济学考试成绩分组结果,我们用 Excel 计算各组向上累计次数和向下累计次数，方法如下。

表 3-23　某班学生经济学成绩分布表

成绩/分	人数/人
59 以下	7
60～69	13
70～79	8
80～89	12
90～100	10
合计	50

(1) 在 A 单元列和 B 单元列输入表中资料。

(2) 在 C1 单元格输入“向上累计频数”，在 C2 单元格输入“=SUM(B2：$B$2)”并按回车键，即可得到第一组的向上累计频数，如图 3-53 所示；点击 C2 单元格并将光标指向其右下方的填充柄，等光标变为实心“+”时，按住左键将光标拖至 C6 单元格，即可得到其余各组的向上累计频数，具体详见图 3-54。

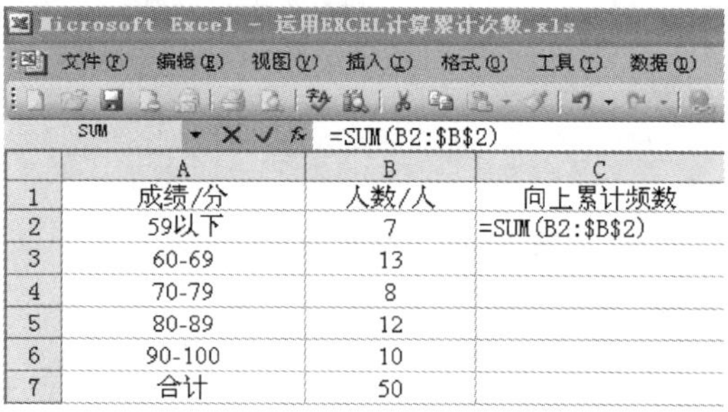

	A	B	C
1	成绩/分	人数/人	向上累计频数
2	59以下	7	=SUM(B2:$B$2)
3	60-69	13	
4	70-79	8	
5	80-89	12	
6	90-100	10	
7	合计	50	

图 3-53　在单元格中输入向上累计频数公式

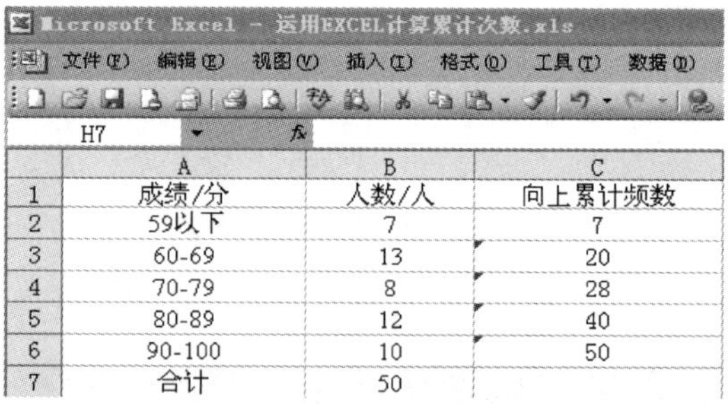

	A	B	C
1	成绩/分	人数/人	向上累计频数
2	59以下	7	7
3	60-69	13	20
4	70-79	8	28
5	80-89	12	40
6	90-100	10	50
7	合计	50	

图 3-54　经济学成绩向上累计频数

(3) 在 D1 单元格输入“向下累计频数”，在 D2 单元格输入“=SUM(B2：$B$6)”并按回车键，即可得到第一组的向下累计频数，如图 3-55 所示；点击 D2 单元格并将光标指向其右下方的填充柄，等光标变为实心“+”时，按住左键将光标拖至 D6 单元格，即可得到其余各组的向下累计频数，具体详见图 3-56。

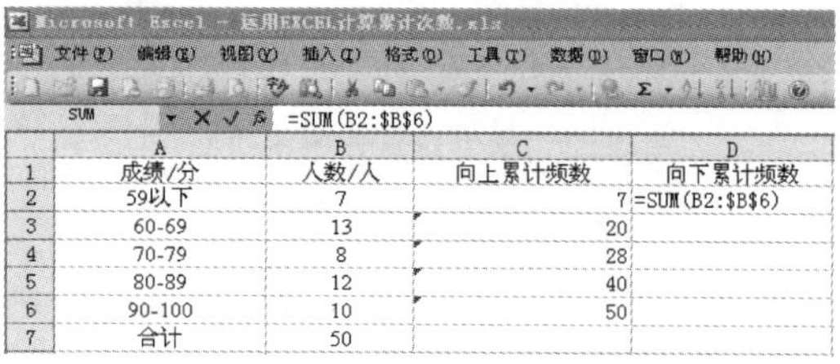

	A	B	C	D
1	成绩/分	人数/人	向上累计频数	向下累计频数
2	59以下	7	7	=SUM(B2:$B$6)
3	60-69	13	20	
4	70-79	8	28	
5	80-89	12	40	
6	90-100	10	50	
7	合计	50		

图 3-55　在单元格中输入向下累计频数公式

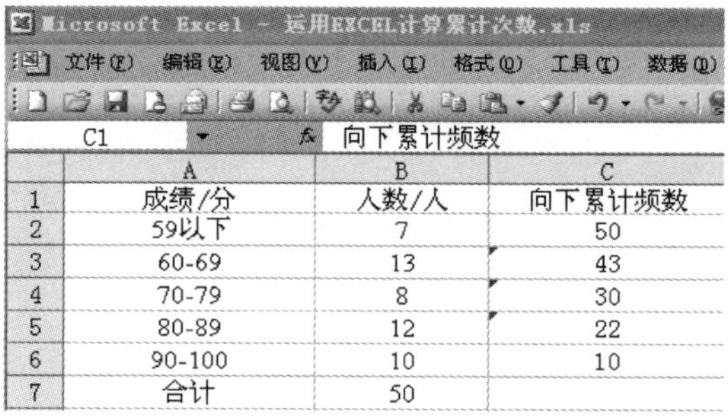

	A	B	C
1	成绩/分	人数/人	向下累计频数
2	59以下	7	50
3	60-69	13	43
4	70-79	8	30
5	80-89	12	22
6	90-100	10	10
7	合计	50	

图 3-56　经济学成绩向下累计频数

（七）制作统计图

1．柱形图、条形图、圆柱图、圆锥图

如果要比较不同时间或不同地区（项目）的数值差异，用柱形图、条形图、圆柱图、圆锥图或棱锥图都可以。

【例 3-12】 金山公司 2014 年第二季度经营业绩如表 3-24 所示。

表 3-24　金山公司经营业绩　　　　　　　　　　　　　　　　（单位：万元）

地区	实际销售额	预测销售额
北京	456	345
上海	562	854
广州	726	892
成都	851	238

用 Excel 绘制柱形图，步骤如下：

（1）将表中资料输入 Excel 工作表，如图 3-57 所示。

（2）点击标准工具栏中的"图表向导"工具，或分别点击"插入"及其中的"图表"，将会出现如图 3-58 所示的"图表向导-4 步骤之 1-图表类型"对话框。

图 3-57　将金山公司经营业绩输入工作表　　　　图 3-58　"图表向导-4 步骤之 1-图表类型"对话框

（3）分别点击对话框中"图表类型"下的"柱形图""子图表类型"下的第一种子图类型及"下一步"按钮，将会出现如图 3-59 所示的"图表向导-4 步骤之 2-图表源数据"对话框。

（4）在出现的对话框中，通过鼠标拖拉方式在"数据区域"后输入数据区域的单元格范围的引用，然后点击"下一步"，将会出现如图 3-60 所示的"图表向导-4 步骤之 3-图表选项"对话框。

（5）在出现的对话框的"图表标题"后输入"金山公司销售业绩"，在"分类（X）轴"后输入"地区"，在"数值（Y）轴"后输入"销售额（万元）"，点击"下一步"，将会出现如图 3-61 所示"图表向导-4 步骤之 4-图表位置"对话框。

（6）在出现的对话框中，点击"作为新工作表插入"前的圆圈，最后点击"完成"，将会出现如图 3-62 所示的柱形图。

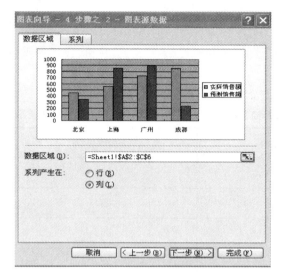

图 3-59 "图表向导-4 步骤之 2-图表源数据"对话框

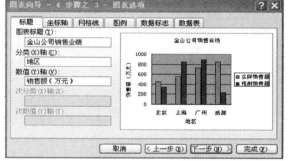

图 3-60 "图表向导-4 步骤之 3-图表选项"对话框

图 3-61 "图表向导-4 步骤之 4-图表位置"对话框

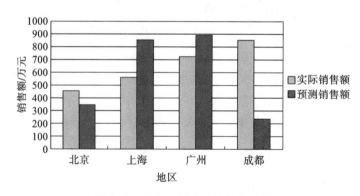

图 3-62 金山公司经营业绩柱形图

条形图、圆柱图、圆锥图可以仿效上述步骤完成。

2. 饼图与圆环图

如果要显示总体的构成情况,用饼图或圆环图比较好。

若要用饼图(或圆环图)显示表 3-24 所示的金山公司实际销售额地区构成情况,步骤如下:

(1)点击标准工具栏中的"图表向导"工具,或点击"插入—图表"。

(2)点击选择"饼图"(或"圆环图")及其第一种子图表类型,再点击"下一步"。

(3)通过鼠标拖拉方式在"数据区域"后输入表中前两栏的单元格区域的引用,然后点击"下一步"。

(4) 点击"数据标志"下"显示百分比"前的圆圈,然后点击"下一步"。

(5) 点击"作为新工作表插入",最后点击"完成",即可得到如图 3-63 所示的饼图(或圆环图)。

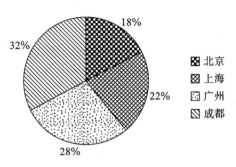

图 3-63　金山公司经营业绩饼图

3. 折线图、散点图与面积图

折线图、散点图与面积图都可以用来反映现象的发展变化过程或说明不同现象之间的依存关系。

【例 3-13】　世纪公司 2008—2017 年商品销售额如表 3-25 所示。

表 3-25　世纪公司 2008—2017 年商品销售额

年份	商品销售额/万元	年份	商品销售额/万元
2008 年	4.3	2013 年	7.15
2009 年	5.43	2014 年	7.83
2010 年	6.86	2015 年	9.24
2011 年	7.58	2016 年	8.76
2012 年	6.42	2017 年	10.23

根据表中资料绘制折线图(或散点图、面积图)方法如下:

(1) 在一张空的 Excel 工作表的 A、B 单元列分别输入年份资料和商品销售额资料,注意年份要定义为文本型,如图 3-64 所示。

(2) 点击标准工具栏中的"图表向导"工具,或点击"插入—图表"。

(3) 点击选择"折线图"(或"XY 散点图""面积图")及其第一种子图表类型,再点击"下一步"(见图 3-65)。

(4) 通过鼠标拖拉方式在"数据区域"后输入工作表中数据所在的单元格区域引用 A1:B11,然后点击"下一步"(见图 3-66、图 3-67)。

(5) 在"图表标题"下输入图表标题"世纪公司 2008—2017 商品销售额",在"分类(X)轴"下输入横轴内容"年份",在"数值(Y)轴"下输入纵轴内容"商品销售额",完毕点击"下一步"(见图 3-68)。

(6) 点击"作为新工作表插入",最后点击"完成",即可得到如图 3-69 所示的折线图(或散点图、面积图)。

图 3-64　在单元中输入年份与商品销售额

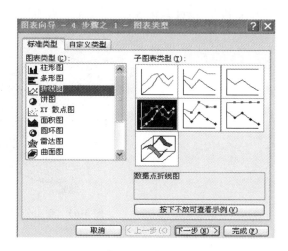

图 3-65　图表向导-4 步骤之 1-图表类型

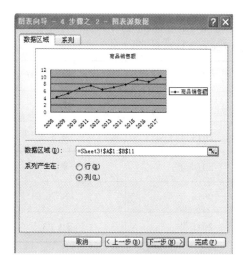

图 3-66　图表向导-4 步骤之 2-图表源数据(1)

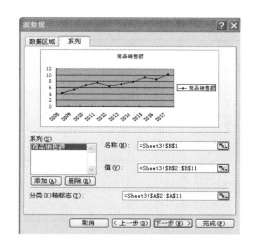

图 3-67　图表向导-4 步骤之 2-图表源数据(2)

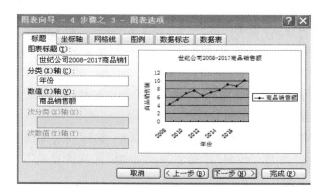

图 3-68　图表向导-4 步骤之 3-图表选项

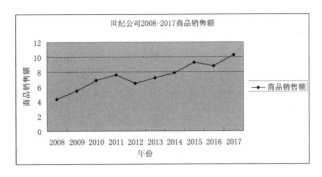

图 3-69　世纪公司 2008—2017 年商品销售额折线图

4. 实验心得

通过本次实验,学会了使用 Excel 制作各种分析图,学会了如何通过图表分析数据之间的关系。

本章小结

1. 统计整理的概念。统计整理是根据统计研究的目的和任务的要求,对统计调查所搜集到的原始资料进行分组、汇总,使其系统化、条理化、科学化,从而得到表现总体特征的综合统计资料的工作过程。

2. 统计整理包括制订统计整理方案以及对统计资料的审核、分组、汇总和编制统计图表等几个主要环节,因此,统计整理的步骤主要包括以下几个方面:①设计统计整理方案。②审核原始资料。③统计分组,编制分配数列。④统计汇总。⑤编制统计表,绘制统计图。为了保证整理工作顺利进行,整理之前要设计一套整理表,表中包括若干指标的分组体系。

3. 统计分组。统计分组是指根据统计研究的目的和要求以及总体的内在差异,按照某一分组标志将总体区分为若干性质不同又有联系的几个部分。它是对总体进行的一种定性分类。

4. 分组标志的选择和划定组间界限。统计分组的关键是分组标志的选择和划定组间界限。选择分组标志要做到:根据研究目的选择分组标志;选择反映事物主要特征的标志;根据现象的历史条件及经济条件来选择分组标志。分组标志选定以后,就要根据事物的特点,严格划清组与组间的界限,不能混淆。

5. 统计分组的方法。按照分组标志性质的不同,分为品质标志分组和数量标志分组。按分组标志的多少划分,统计分组包括简单分组和复合分组。将社会经济现象总体按一个标志进行分组称为简单分组。对同一总体选择两个或两个以上标志重叠起来进行分组,叫复合分组,多个复合分组组成的体系,就是复合分组体系。

6. 分配数列。分配数列是指在统计分组的基础上,把总体的所有单位按组归类,并按一定的顺序排列,形成总体中各个单位在各组的分布。它有两个组成要素:各组组别和各组次数或频率。分配数列是数据整理结果的一种重要的表现形式。分配数列的表示方法有列表法和图示法。图示法较列表法更能直观地显示次数分布的特征。常用的表示分配数列的图形有直方图、折线图和曲线图。

7. 分配数列的种类。如果将总体按品质标志分组就形成品质分布数列,如果将总体按数量标志分组就形成变量分布数列。变量分布数列又可分为单项式数列和组距式数列。单项式数列是每一个具体变量值代表一个组。组距式数列是按数量标志分组后,用变量值变动的一定范围(组距)代表一个组所形成的数列。

8. 组距式数列的编制步骤。将原始数据按数值大小排列和计算全距;确定组距和组数;确定组限和计算组中值;计算各组的频数和频率,编制组距变量数列,并以统计表显示整理的结果,即次数分布表。

9. 统计表的构成和分类。从统计表的形式看,统计表主要由四部分组成,即总标题、横行标题、纵栏标题和数字资料;从统计表的内容看,统计表主要由主词和宾词两部分组成。统计表按照总体分组情况不同,可分为简单表、分组表和复合表。

思考与能力训练

一、单选题

1. 统计分组中,各组频率(以百分数表示)的综合应该(　　)
   A. 大于100%　　B. 小于100%　　C. 等于100%　　D. 不确定
2. 在进行组距式分组时,凡遇到某单位的标志值刚好等于相邻两组上下限的数值时,一般是(　　)
   A. 将此值归入上限所在组　　　　　　　　B. 将此值归入下限所在组
   C. 将此值归入上限或下限所在的组均可　　D. 另行分组
3. 工业企业按经济类型分组和按资金利税率分组(　　)
   A. 都是按品质标志分组
   B. 前者是按品质标志分组,后者是按数量标志分组
   C. 都是按数量标志分组
   D. 前者是按数量标志分组,后者是按品质标志分组
4. 有一个学生考试成绩为70分,这个变量值应归入(　　)
   A. 60~70分　　B. 70~80分　　C. A和B两组都行　　D. A和B两组都不行
5. 某连续变量,其末组为"500以上",又知其邻组的下限为400,则末组的组中值为(　　)
   A. 600　　B. 450　　C. 500　　D. 550
6. 统计分组的关键在于(　　)
   A. 分组标志的正确选择
   B. 按品质标志分组
   C. 运用多个标志进行分组,形成一个分组体系
   D. 善于运用复合分组
7. 简单分组与复合分组的区别在于(　　)
   A. 总体的复杂程度不同　　　　B. 选择分组标志的性质不同
   C. 组数的多少不同　　　　　　D. 选择分组标志的数量多少不同
8. 统计分组的组数和组距是相互制约的,表现在(　　)
   A. 组数越多,组距越大　　　　B. 组数越多,组距越小
   C. 组距越小,组数越少　　　　D. 组数与组距无关

9. 在组距式分组时,对于连续型变量,相邻两组的组限(   )
   A. 必须是重叠的   B. 必须是间断的
   C. 可以是重叠的,也可以是间断的   D. 必须取整数

10. 将统计总体按某一标志分组的结果表现为(   )
    A. 组内同质性,组间差异性   B. 组内差异性,组间同质性
    C. 组内差异性,组间差异性   D. 组内同质性,组间同质性

11. 在频数分布中,频率是指(   )
    A. 各组分布次数比率之比   B. 各组分布次数与总次数之比
    C. 各组分布次数相互之比   D. 各组比率相互之比

12. 李明收集了近二十年来我国进出口贸易的相关资料,如果要反映这二十年我国进出口贸易的变化状况,用(   )最合适
    A. 直方图   B. 散点图   C. 饼图   D. 折线图

13. 对某综合性大学的全体学生,首先按文科和理科分组,在此基础上再按性别分组,其分组结果如下:

学科分组	性别分组
文科	男生 女生
理科	男生 女生

这样的分组属于(   )
A. 简单分组   B. 复合分组   C. 平行分组   D. 再分组

14. 某公司职工月奖金额最高为3000元,最低为500元,此资料分为6个组,形成等距数列,则各组组距应为(   )
    A. 400   B. 415   C. 416   D. 417

15. 某企业职工按工资水平分为4组:500元以下、500~600元、600~700元、700元以上。第一组和第四组的组中值分别为(   )
    A. 450元和750元   B. 500元和700元   C. 400元和800元   D. 500元和750元

二、多选题

1. 下列分组哪些是按品质标志分组(   )
   A. 职工按年龄分组   B. 科技人员按职称分组   C. 人口按民族分组
   D. 企业按所有制分组   E. 人口按地区分组

2. 下列哪些分组是按数量标志分组(   )
   A. 企业按销售计划完成程度分组   B. 学生按健康状况分组
   C. 工人按产量分组   D. 职工按年龄分组
   E. 企业按所属部门分组

3. 在次数分配数列中,(   )
   A. 各组的频数之和等于100   B. 各组的频率大于0
   C. 频数越小,则该组的标志值所起的作用越小   D. 总次数一定,频数和频率成反比

E. 频率表明各组标志值对总体的相对作用程度

4. 对统计资料的汇总后审核的主要内容是（　　）

A. 复记审核　　B. 表表审核　　C. 对照审核　　D. 表实审核　　E. 资料准确性审查

5. 统计表从形式上看，主要包括（　　）

A. 总标题　　B. 横行标题　　C. 纵栏标题　　D. 数字资料　　E. 主词

6. 在组距数列中，组中值（　　）

A. 就是组平均数

B. 是上限和下限之间的中点数值

C. 可用来代表各组标志值的平均水平

D. 在开口式分组中无法确定

E. 在开口式分组中，一般可参照相邻组的组距来确定

7. 组距数列中，影响各组次数分布的要素有（　　）

A. 总体单位数的多少　　B. 变量值的大小　　C. 组距

D. 组限　　E. 组数

8. 关于统计分组，下列说法正确的有（　　）

A. 用一个变量值表示一个组的分组是组距式分组

B. 不等距分组是指各组组距不完全相等

C. 闭口组的组距＝上限－下限

D. 闭口组的组中值＝（上限＋下限）÷2

E. 等距分组是指各组组距都相等

9. 统计资料整理的内容一般包括（　　）

A. 资料审核　　B. 统计分组　　C. 统计汇总　　D. 统计分析　　E. 编制统计表

10. 选择分组标志时应考虑的因素有（　　）

A. 统计研究目的或分组目的

B. 标志能否反映事物本质

C. 是区分事物数量差别还是性质差别

D. 现象所处的客观历史条件

E. 变量是连续型变量还是离散型变量

三、判断题

1. 人口按年龄分组是品质标志分组。（　　）

2. 在确定组限时，最大组的上限应大于最大变量值。（　　）

3. 统计分组的关键问题是选择分组标志。（　　）

4. 统计表中，不可能有数字的格子，为表明没有漏报，应当用"…"表示。（　　）

5. 在所研究总体一定的情况下，组数和组距成反比关系。（　　）

6. 统计分组时，离散型变量只能用单项式分组。（　　）

7. 统计分组时，所有组的组距都不等的分组叫不等距分组。（　　）

8. 统计分组时所遵循的原则是"上限不在内"。（　　）

9. 按一个标志进行的分组是简单分组，按多个标志进行的分组是复合分组。（　　）

10. 在编制变量数列时，若资料有特大或特小的极端数值，则宜采用开口组表示。（　　）

四、简答题

1. 什么是统计整理？统计整理如何开展？

2. 什么是统计分组？怎样选择分组标志？

3．统计分组的作用是什么？

4．什么是简单分组和复合分组？

5．什么叫分配数列？分配数列包括几种类型？

五、计算题

1．设某班50名学生的统计学原理考试成绩如下：

50　70　71　72　73　73　72　71　60　68
69　70　70　81　82　75　76　78　77　80
81　83　84　85　90　92　95　86　87　83
89　90　92　93　94　78　79　81　76　73
55　72　69　70　80　81　84　67　68　69

要求：

(1) 上述数据比较分散零乱，不易直接看出其基本特征。试将这些数据按由小到大的顺序排列，确定最大值和最小值，并计算全距。

(2) 对按由小到大顺序排列的数据进行分组，并编制频数分布。

(3) 对频数分布表进行扩展，把较小制累计和较大制累计数值列入表格中。

(4) 根据上题所得的数值绘制频数分布直方图、频数分布折线图、累计频数分布折线图以及频数分布曲线图。

(5) 在Excel上，编制频数分布表，制作频数分布图。

2．某生产车间36名工人的日产量的数据资料如下：(单位：件)

4　2　4　3　5　3　2　4　3　5　6　3　4　2　6　5　4　3　4　4　5　4
3　4　4　2　4　3　5　6　4　5　3　4　2　6

根据以上资料编制分配数列。

3．某企业48名职工月工资资料如下：(单位：元/月)

1073　1120　738　1450　1616　925　1135　1251　1360　1050　1036　1213
1116　1352　989　1223　1174　850　1046　1128　1093　1362　1156　1236
1268　1578　1182　1127　1216　1052　1028　1235　1152　1195　1370　1169
1380　1242　1269　1083　1186　1095　1283　1360　1187　1296　1392　1065

要求：

(1) 根据资料，编制分配数列。

(2) 分析该企业职工工资的分布情况。

4．以小组为单位，对第二章收集的调查问卷进行整理分析。

要求：

(1) 审核统计调查问卷。

(2) 根据调查目的进行统计分组。

(3) 编制分配数列，并用统计图表示整理结果。

六、实训题

通过抽样调查，取得某高校50位教师月人均可支配收入资料如下(单位：元)。

8800	7700	6600	8500	7400	9200	6700	8400	7700	9400
5800	6000	7400	6400	7500	6600	7800	5500	7000	6600
7800	6400	6500	8700	4900	9700	7700	6900	6800	7100
6500	7800	7700	8600	7800	8200	9800	9500	8600	10 000
6600	7400	7000	6200	6800	5600	8300	5200	7100	10 800

运用 Excel 进行以下操作。

(1) 试根据上述资料编制次(频)数分布数列。

(2) 根据所编制的次数分布数列绘制直方图。

第四章 总量指标和相对指标

  知识导览

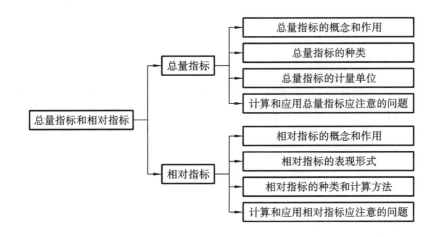

  学习目标

(1) 专业知识目标:通过本章的学习,使学生认识并了解总量指标和相对指标的意义、表现形式和作用;理解总量指标和相对指标的概念、种类;掌握计划完成程度相对指标、结构相对指标、比例相对指标、比较相对指标、动态相对指标和强度相对指标的计算方法和运用原则,并能熟练掌握计算和应用。

(2) 职业能力目标:通过本章的学习,学生能够应用总量指标和相对指标对社会经济现象数据资料进行计算及分析。

(3) 课程思政目标:通过本章的学习,学生能够理解总量指标和相对指标犹如车之两轮、鸟之两翼的含义。通过案例启发学生,要想看清事物的全貌,要兼顾绝对和相对两个方面的数据。培养学生辩证地看待数据,正确认识问题、分析问题和解决问题的思维能力。

引导案例

2023年1月17日,国家统计局发布2022年国民经济运行数据。2022年,中国人口出现近61年来的首次人口负增长。

2022年年末全国人口(包括31个省、自治区、直辖市和现役军人的人口,不包括居住在31个省、自治区、直辖市的港澳台居民和外籍人员)141175万人,比上年末减少85万人。

具体来看,2022年全年出生人口956万人,人口出生率为6.77‰;死亡人口1041万人,人口死亡率为 7.37‰；人口自然增长率为-0.60‰。从性别构成看，男性人口 72 206 万人，女性人口 68 969 万人，总人口性别比为 104.69(以女性为 100)。

从年龄构成看，16~59 岁的劳动年龄人口 87 556 万人，占全国人口的比重为 62.0%；60 岁及以上人口 28 004 万人，占全国人口的 19.8%，其中 65 岁及以上人口 20 978 万人，占全国人口的 14.9%。

从城乡构成看，城镇常住人口 92 071 万人，比上年末增加 646 万人；乡村常住人口 49 104 万人，减少 731 万人；城镇人口占全国人口比重(城镇化率)为 65.22%，比上年末提高 0.50 个百分点。

(资料来源：国家统计局)

这篇报道提供的几组数据，有总量指标，也有相对指标，它们是怎样被计算出来的？分别从哪些角度说明了我国的经济状况和社会发展现象？

第一节 总量指标

一、总量指标的概念和作用

(一) 总量指标的概念

总量指标是反映社会经济现象在一定时间、地点条件下的规模、水平或工作量的统计指标，一般用绝对数表示，故又称为绝对数指标。总量指标是最基本的综合指标。例如，2022 年我国实现国内生产总值 1 210 207 亿元。其中，第一产业增加值为 88 345 亿元，第二产业增加值为 483 164 亿元，第三产业增加值为 638 698 亿元。2021 年全年国民总收入 1 133 518 亿元。这些绝对数指标都是总量指标。

总量指标也可表现为不同时间、不同空间条件下社会经济现象总量间的差数或和数。总量指标作为增加量时，其数值表现为正值；作为减少量时，其数值表现为负值。

总量指标的特点：总量指标是绝对数指标，其数值大小往往随总体范围的大小而增减，一般情况下总体范围越大，指标数值越大；总体范围越小，指标数值越小。

(二) 总量指标的作用

1. 总量指标是对社会经济现象总体认识的起点

这是因为社会经济现象基本情况往往首先表现为总量。例如，一个国家的国情、国力，一个地区或一个单位的人力、物力状况都是通过总量指标来完成的。又如我国土地面积 960 万平方公里，2022 年末全国总人口 141 175 万人，这两个绝对数表现了我国幅员辽阔、人口众多的基本特点。另外，国民经济发展情况也往往直观地表现为总量指标。例如，2022 年全年国内生产总值 1 210 207 亿元，综合国力再上新台阶；全国工业增加值达到 40.2 万亿元，制造业增加值达到 33.5 万亿元，均居世界首位；粮食总产量达到 13 731 亿斤。

2. 总量指标是制定政策、编制计划、实行科学管理的主要依据

任何方针政策、计划的制定和检查,都必须从客观实际出发,分析各部门之间的经济关系,因此各种政策、计划的制定和检查都要依据总量指标。例如,了解我国人口状况是制定我国人口政策的依据。一个国家的资源存储量、人口数、生产力水平和消费水平等总量指标是该国资源开发、利用和管理的重要参考依据。再如,城乡居民储蓄存款余额、全社会固定资产投资总额、货币流通量等总量指标,是国家制定货币发行量、存贷款利率、存贷款额度、基本建设投资规模等各项金融政策的基础。

3. 总量指标是计算相对指标和平均指标的基础

相对指标和平均指标一般是由两个有联系的总量指标相对比得出来的结果,它们是总量指标的派生指标。例如,人口性别比例、单位面积产量、企业的劳动生产率、职工平均工资及人均拥有的域名数等。

二、总量指标的种类

(一)按指标反映的总体内容不同,分为总体单位总量和总体标志总量

1. 总体单位总量

它是指一个总体内所包含的总体单位总数,即总体本身的规模大小。例如,企业数、学校数、职工人数、学生人数等。它是由每个总体单位相加汇总得到的。研究某班学生的学习情况时,该班学生人数是总体单位总量指标。

2. 总体标志总量

它是指总体各单位某种数量标志值的总和,即被研究总体的总水平或工作总量。例如,研究某市工业企业的经营情况,该市所有的工业企业是总体,工业企业数就是总体单位总量,而每个工业企业的职工人数、利税额、工业增加值等都是数量标志,把所有工业企业的这些标志值加总在一起,得到该市工业企业的职工总人数、利税总额、工业增加值等就是总体标志总量。某地区企业发展情况如表 4-1 所示。

表 4-1 某地区企业发展情况

年份	企业数/个	职工数/个	工业增加值/万元	利润税金/万元	年末固定资产总值/万元
2020	250	79 450	859 600	30 110	112 870
2021	271	81 670	904 600	31 420	129 600
2022	282	84 920	918 800	32 670	142 680

（企业数/个为"总体单位总量"；职工数、工业增加值、利润税金、年末固定资产总值为"总体标志总量"）

总体单位总量和总体标志总量的划分,不是一成不变的,其地位随着研究对象的不同而变化。上例中,当研究某市工业企业的职工情况时,则工业企业的职工人数便成了总体单位总量,而工资总额则成了总体标志总量。

总体单位总量和总体标志总量有什么不同?

（二）按指标反映的时间状况不同，分为时期指标与时点指标

1. 时期指标

时期指标是反映现象在某一时期发展过程中的总数量，如一定时期内的商品销售额、产品产量、工资总额、出生人口数等。

2. 时点指标

时点指标是反映现象在某一时刻（瞬间）上的存量，如人口数、商品库存数、年末储蓄存款余额等。

时期指标和时点指标各有不同的特点，如表 4-2 所示。

表 4-2　时期指标与时点指标的区别

指标名称	指标特点
时期指标	（1）具有可加性，若干个时期指标相加就得到一个更长时期的累积总量； （2）时期指标数值与时期长短有直接关系，一般情况下两者成正比； （3）时期指标数值是连续登记、累计的结果
时点指标	（1）具有不可加性，相加后有大量重复并无实际意义； （2）时点指标的数值大小与其时间间隔长短无直接关系； （3）时点指标数值是间断计数的

总量指标分为时期指标和时点指标对社会经济现象进行动态分析研究有特殊的意义。对于两者的特点与运用，将在动态数列分析一章中做详细说明。

下列哪些指标是时期指标？哪些是时点指标？
A. 住房面积　B. 播种面积　C. 新建住房面积　D. 商品销售额　E. 货物库存量
F. 水库储水量

三、总量指标的计量单位

总量指标是反映客观实际存在的、具有一定社会经济内容的具体数值，因此必须有一定的计量单位。根据被研究对象的特点和性质不同，总量指标的计量单位通常有实物单位、价值单位和劳动单位三种形式。

（一）实物单位

实物单位是根据实物的自然属性和特点而设计的计量单位，具体包括以下几种。

1. 自然单位

自然单位是按照被研究对象的自然状况来度量其数量的计量单位。例如，人口以"人"、汽车以"辆"、胶鞋以"双"为单位等。

2. 度量衡单位

度量衡单位是按统一度量衡制度的规定来度量客观事物数量的计量单位。例如，布匹以"米"、木材以"立方米"、土地以"公顷"为单位等，另外，也有为了更准确地反映客观事物的数量，禽蛋不以"个"为单位，而以"千克"为单位的。

3. 双重或多重单位

双重或多重单位是用两种或两种以上计量单位表明某一事物的数量。例如,拖拉机以"马力/台"、发电机以"千瓦/台"为单位等。

4. 复合单位

复合单位是将两种计量单位结合在一起表明某一事物的数量。例如,货物周转量以"吨·公里"、发电量以"千瓦·时"为单位等。

5. 标准实物单位

标准实物单位是指按照统一的折算标准来度量被研究对象数量的一种计量单位。同类实物由于品种、规格、性能或化学成分不同,其使用价值的大小不同,混合计量往往不能确切地反映其规模,因此有必要将其按统一标准,折算成一种标准规格或标准含量的实物。例如,各种不同含氮量的化肥折合成含氮量为100%的纯品计算,各种不同发热量的能源折合为29 288焦/千克的标准煤计算等。

用实物单位计量的总量指标称为实物指标。实物指标的优点是能够直接反映产品的使用价值量或现象的具体内容,能够生动具体地表明事物的规模和水平。了解国民经济基本情况、编制和检查国民经济各项计划、研究分析各种产品生产和需求的数量关系中都广泛地使用了实物指标。但是,实物指标也有局限性,不同种类的实物,有不同的使用价值,因而不能进行直接汇总,综合性较差。

(二) 价值单位

价值单位是用货币来度量物质财富或劳动消耗、劳动成果的计量单位。如工业总产值、商品销售额、商品流通费和投资额等,都是以货币单位计量的,一般用元、百元、千元、万元和亿元等货币单位表示。

用价值单位表示的总量指标称为价值指标。价值单位有现价(现行价格)和不变价(不变价格)之分。按现价,即按计算期当时使用的价格计算的价值指标,可用以反映部门、企业工作总量或工作总成果的实际水平;按不变价,即按某一特殊时期或时点的价格计算的价值指标,可用以反映部门、企业工作总量或工作总成本的实际变动。

价值指标的优点在于它反映的是最具有普遍意义的社会必要劳动量,便于综合反映现象的总规模和总水平。但是价值指标也有局限性,即它脱离了物质内容,比较抽象,不能准确反映物品或劳务的使用价值量。实物指标和价值指标优缺点互补,在实际工作中,两者经常结合起来运用。

(三) 劳动单位

劳动单位是用劳动时间表示的计量单位。例如,工业统计中的实际工日数、实际工时数等。用劳动单位表示的总量指标,称为劳动量或工作量指标,劳动量指标主要用于企业内部。我们常借助劳动单位计算的劳动总消耗量指标来确定劳动规模,并将其作为评价劳动时间利用程度和计算劳动生产率的依据。例如,机械工业部门的额定工时产量。

四、计算和应用总量指标应注意的问题

总量指标的计算方法很简单,但在实际操作的过程中并不是一个简单的汇总过程。要想正确反映一定历史条件下某一社会经济现象的规模和水平,在计算总量指标时应注意以下问题。

(一) 要明确规定指标的含义和计算范围

总量指标是一定现象的数量表现,每一个总量指标具有明确的经济内涵,如果不确定其内涵

和界限,就无法进行统计。例如:要计算工业企业的利税总额,就要分清哪些企业是工业企业,且只计算各企业的利税;要计算职工工资总额,就要明确哪些是职工的工资收入。

(二) 在计算实物指标时,要注意现象的同质性

只有同质的现象才能计算实物指标的总量。同质性是由事物的性质或用途决定的。对于不同类产品或商品的实物指标,由于其各自性质不同,不能直接相加汇总。例如,粮食与煤炭的性质不同,载重汽车和玩具汽车的性质不同,就不能将它们混在一起直接相加。

(三) 要统一计量单位

若计量单位不统一,汇总起来就毫无意义。例如,棉布有时用"匹"作为计量单位,有时用"米"作为计量单位,不能直接相加。所以为了便于统计汇总与分析,对于同一个总量指标在不同的时间、地点,用不同单位进行计量时,其计量单位应一致。不一致时,应进行换算使之统一,以便于对比和分析。

第二节 相对指标

总量指标只能说明某一现象总体本身的总规模、总水平,不能说明现象与现象之间的相互关系,以及现象在不同时间和空间上的发展变化情况。而社会经济现象是相互联系的,对社会经济现象的认识,不仅要研究观察总体总量,而且要对现象间的数量对比关系进行分析研究,以说明研究现象的好与坏、多与少,"比较为统计之母"。因此,对事物进行判断、鉴别和比较,除了计算一系列的总量指标外,还必须计算相对指标。

一、相对指标的概念和作用

(一) 相对指标的概念

相对指标是两个性质相同或互有联系的指标数值对比的结果,用以反映现象之间的发展程度、结构、强度、普遍程度或比例关系。相对指标以相对数形式表示。例如,2022年全年居民消费价格(CPI)比上年上涨2.0%,其中食品烟酒价格上涨2.4%,衣着价格上涨0.5%,居住价格上涨0.7%,生活用品及服务价格上涨1.2%,交通通信价格上涨5.2%,教育文化娱乐价格上涨1.8%,医疗保健价格上涨0.6%等,都是相对指标。

(二) 相对指标的作用

(1) 反映现象总体内部的结构、比例、发展状况的对比关系,为人们深入地认识事物和进行分析研究提供依据。例如,人们常用计划完成相对数判断一个企业任务的完成情况,用人均国民收入衡量一个国家的经济实力,用产值的增减速度反映企业的动态水平。

(2) 对现象数量进行对比分析,使不能对比分析的统计指标找到共同比较的基础。例如,不同类型、不同产品和不同条件下的企业,无法直接用总量指标进行比较,但如果运用计划完成程度相对指标,就可以对它们的工作成绩进行比较。

(3) 它是进行宏观经济管理和评价企业经济活动状态的重要指标。例如,在经济管理活动中,评价、分析国民经济发展速度和水平,考核、反映企业经营状况的指标大多是相对指标。

二、相对指标的表现形式

相对指标的表现形式分为无名数和有名数两种。

(一) 无名数

无名数是一种抽象化的数值,常以系数或倍数、成数、百分数、千分数、翻番等表示,应用比较广泛。

1. 系数或倍数

它是将对比的基数抽象为1而计算出来的相对指标。当对比的两个指标数值相差不大时,用系数表示。例如,奖金系数、固定资产的磨损系数及标准实物产量的折合系数等。当分子比分母大很多时,则常用倍数表示。

2. 成数

它是将对比的基数抽象为10而计算出来的相对指标。例如,某企业产品生产量比去年增长一成,即增加了1/10。

3. 百分数

它是将对比的基数抽象为100而计算出来的相对指标。它是相对数中最常用的一种形式,一般用"%"来表示。另外,在经济分析中,还常用到百分点的概念,一个百分点就是1%。例如,某企业计划劳动生产率比去年提高7%,实际提高8%,这说明实际比计划提高了1个百分点。

4. 千分数

它是将对比的基数抽象为1000而计算出来的相对指标。在对比的两个指标数值中,如果分子比分母的数值小很多,则用千分数表示,常用符号"‰"来表示。例如,人口的出生率、死亡率及自然增长率等。

5. 翻番

它是两个相比较的数值,一个数是另一个数的"2^m"倍,则m是指数。例如,某地区2020年工业总产值为200亿元,计划到2025年翻两番,则该地区2025年的工业总产值应达到800亿元。

(二) 有名数

有名数是两个性质不同而又有联系的指标对比得到的相对指标的表现形式,使用双重计量单位,主要用于部分强度相对指标。例如,商业网点密度用"人口数/商店数"表示,人口密度用"人/km^2"表示。

三、相对指标的种类和计算方法

根据不同的分析目的,选择不同的对比基数,就产生了不同种类的相对指标。在实际工作中,常见的相对指标主要有以下六种(见图4-1)。

这六种相对指标可归纳为以下"六比六看"。

(1) 实际与计划比,看计划完成情况——计划完成相对指标。
(2) 部分与总体比,看结构与分布特征——结构相对指标。
(3) 部分与部分比,看比例关系及其变化——比例相对指标。
(4) 落后与先进比,看差异及其发展潜力——比较相对指标。
(5) 报告期与基期比,看增减变化的速度——动态相对指标。
(6) 与有关现象比,看强度、密度和普遍程度——强度相对指标。

(一) 计划完成程度相对指标

计划完成程度相对指标是现象在某一时期内的实际完成数与计划任务数对比的比值,用以表明某一时期实际完成计划的程度,一般用百分数表示。常用来检查和监督计划的执行情况。

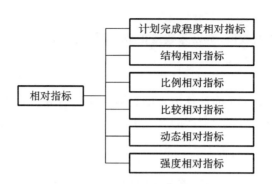

图 4-1 常见的相对指标类型

其基本计算公式如下：

$$\text{计划完成程度相对指标} = \frac{\text{实际完成数}}{\text{计划任务数}} \times 100\% \quad \text{(公式 4-1)}$$

公式中分母是下达的计划任务指标，分子是实际完成指标。计划完成程度相对指标用于检查计划的执行情况。它必须以计划任务书为标准，用实际完成数与计划任务数对比，从而确定计划的完成程度，因此，公式中分子和分母不得互换，而且分子和分母的指标含义、计算口径和方法、计量单位和时间、空间范围等应保持一致。

1. 计划完成程度相对指标的计算

在实际应用中，由于下达计划任务数可能表现为总量指标，也可能表现为相对指标或平均指标，因此计划完成程度相对指标在计算形式上也有所不同。

(1) 根据总量指标计算计划完成程度。它一般适用于考核社会经济现象的规模或水平的计划完成程度。计算计划完成程度相对指标的公式为：

$$\text{计划完成程度相对指标} = \frac{\text{实际完成总量指标}}{\text{计划任务总量指标}} \times 100\% \quad \text{(公式 4-2)}$$

【例 4-1】 某工业企业某年商品销售额计划为 500 万元，实际完成 600 万元，则：

$$\text{计划完成程度相对指标} = \frac{600}{500} \times 100\% = 120\%$$

计算表明，该工业企业计划完成程度为 120%，超额完成商品销售额 100 万元，实际比计划超额完成 20%。

(2) 根据相对指标计算计划完成程度。常用于考核各种社会经济现象的降低率、劳动生产提高率等。这时的计划完成程度不能用实际提高（或降低）的百分数除以计划提高（或降低）的百分数表示，而应包括原有基数（100%）在内。这样计算，才能满足计划完成程度的基本公式。即：

$$\text{计划完成程度相对指标} = \frac{\text{实际完成数}}{\text{计划任务数}} \times 100\%$$

$$= \frac{1 + \text{实际提高率}(-\text{实际降低率})}{1 + \text{计划提高率}(-\text{计划降低率})} \times 100\% \quad \text{(公式 4-3)}$$

【例 4-2】 某企业计划规定 2022 年的劳动生产率比 2021 年提高 8%，实际提高了 10%，则该企业劳动生产率的计划完成程度为：

$$\text{计划完成程度相对指标} = \frac{1 + 10\%}{1 + 8\%} \times 100\% = 101.85\%$$

计算表明，该企业劳动生产率计划完成程度为 101.85%，实际比计划超额完成 1.85%。

【例 4-3】 某企业产品上年度单位实际成本为 400 元,本年度计划降低 5%,实际降低了 8%,则该企业产品单位成本的计划完成程度为:

$$\text{计划完成程度相对指标} = \frac{1-8\%}{1-5\%} \times 100\% = 96.84\%$$

计算表明,该企业产品单位成本计划完成程度为 96.84%,实际比计划超额完成 3.16%。

从例 4-2、例 4-3 可以看出,同样是计划完成程度相对指标,在对其结果进行评价分析时,要根据计划指标的性质和要求,具体情况具体分析。如果计划指标是以最低限额规定的,如产品的产量、产值、销售额和利润等劳动成果指标,从经济意义上来说这些指标的数值越大越好,其计划完成程度相对指标数值大于 100% 才算是超额完成计划;如果计划指标是以最高限额规定的,如产品单位成本、原材料消耗、销售费用等劳动消耗和支出性指标,从经济意义上来说这些指标的数值越小越好,其计划完成程度相对指标大于 100% 即是未完成计划,低于 100% 才算是超额完成计划。

在实际工作中,也常用减法计算相对数资料的计划完成程度相对指标,但相减的结果代表的含义与除法计算的结果含义不同,它以百分点表示。如上例劳动生产率的计划完成情况=10%−8%=2%,说明实际比计划提高了两个百分点;单位成本计划完成情况=8%−5%=3%,说明实际比计划降低了 3 个百分点。

(3) 根据平均指标计算计划完成程度。常用于考核以平均水平表示的技术经济指标的计划完成情况,如单位产品成本、单位原材料消耗、人均粮食食用量等平均指标的计划完成程度,其计算公式如下:

$$\text{计划完成程度相对指标} = \frac{\text{实际平均水平}}{\text{计划平均水平}} \times 100\% \qquad (\text{公式 4-4})$$

【例 4-4】 某企业生产某种产品,计划每人平均日产量为 40 件,实际每人平均日产量为 60 件,则:

$$\text{计划完成程度相对指标} = \frac{60}{40} \times 100\% = 150\%$$

计算表明,该企业劳动生产率计划完成程度为 150%,实际比计划超额完成 50%。

2. 计划进度执行情况的检查

在实际工作中,为了保证计划的完成,常在执行过程中,应用计划执行进度相对指标来分析计划的执行情况,考核计划执行的均衡性,以便及时发现问题,采取措施。其计算公式如下:

$$\text{计划执行进度相对指标} = \frac{\text{从计划期初至某一时期的累计实际完成数}}{\text{全期计划任务数}} \times 100\% \qquad (\text{公式 4-5})$$

【例 4-5】 某商业企业上半年生产任务完成情况如表 4-3 所示。

表 4-3 某企业上半年生产任务完成情况

时期	全年	1月	2月	3月	4月	5月	6月
计划数/万元	600	50	50	50	50	50	50
实际数/万元	—	48	45	55	50	50	55

$$\text{第一季度计划完成程度相对指标} = \frac{48+45+55}{600} \times 100\% = 24.7\%$$

$$\text{上半年计划完成程度相对指标} = \frac{48+45+55+50+50+55}{600} \times 100\% = 50.5\%$$

上例计算结果表明,第一季度执行进度不太好,没有达到均衡性要求,上半年总的来看还是达到了计划进度的要求。

3. 中长期计划完成情况的检查

计划完成情况的检查,可分为短期计划检查和中长期计划检查两种。对于短期计划执行情况的考核和检查,一般即按前述计划完成程度、完成进度的计算公式,实施计算和评价分析,以确保计划的顺利、足额完成。中长期计划一般是指五年或五年以上的计划。由于计划任务的要求和制定方法不同,因此,考核也分为水平法和累计法两种方法。

（1）水平法。在5年计划中,计划任务只规定最后一年应达到的水平,则应采用水平法检查计划的完成情况。计算公式如下：

$$\text{计划完成程度相对指标} = \frac{\text{计划末年实际达到的水平}}{\text{计划末年规定达到的水平}} \times 100\% \quad \text{（公式 4-6）}$$

在采用水平法检查计划的完成情况时,不仅要计算计划完成程度,还要计算提前完成计划的时间。在计划期内,只要有连续一年时间(即连续12个月,可以跨年度或季度计算,但不能间隔)的实际完成水平恰好达到了计划最后一年规定达到的水平,就算完成了计划,往后所剩的时间即为提前完成计划的时间(提前期)。

【例 4-6】 某企业五年计划规定,最后一年产品产量达到55万吨,实际完成情况如表4-4所示。

表 4-4 某企业产品实际产量资料 （单位:万吨）

时间	第一年	第二年	第三年	第四年				第五年			
				一季度	二季度	三季度	四季度	一季度	二季度	三季度	四季度
产量	20	30	36	10	10	12	13	13	15	15	15

试计算产品产量的计划完成情况和提前完成计划时间(一个季度按90天计算)。

$$\text{计划完成程度相对指标} = \frac{13+15+15+15}{55} \times 100\% = 105.45\%$$

计算结果表明,该企业产品产量超额5.45%完成五年计划。从实际执行时间来看,从第四年第四季度到第五年第三季度产品产量合计为56万吨,而从第四年第三季度到第五年第二季度产品产量合计为53万吨,因此,当产品产量达到计划规定的55万吨时,时间一定在第五年第三季度的某一天,现设提前X天(指第五年第三季度中从后往前数的X天),又要满足在完整的一年完成计划任务数,故列方程如下：

$$\frac{X}{90} \times 12 + 13 + 13 + 15 + \frac{90-X}{90} \times 15 = 55$$

求解：
$$X = 30 \text{ 天}$$

计算结果表明,提前一个季度又30天完成五年计划。

（2）累计法。在五年计划中,如果只规定在整个计划期内累计应达到的总量为计划任务,则应采用累计法检查计划的完成情况。其计算公式如下：

$$\text{计划完成程度相对指标} = \frac{\text{五年计划实际累计完成数}}{\text{五年计划规定的累计数}} \times 100\% \quad \text{（公式 4-7）}$$

按累计法计算提前完成计划的时间,只要从计划开始到某一时期止,实际累计完成数达到了计划任务规定的累计数,就算完成了计划,剩余的时间就是提前完成的时间。即：

计划提前完成时间＝五年计划时间－自计划执行之日起至完成计划之日止的累计时间

【例 4-7】 某地区"十三五"计划规定,2016—2020 年的五年社会固定资产投资总额计划为 1590 亿元,实际执行情况如表 4-5 所示。

表 4-5　2016—2020 年某地区社会固定资产投资计划执行情况　（单位:亿元）

时间	2016 年	2017 年	2018 年	2019 年	2020 年				五年合计
					第一季	第二季	第三季	第四季	
投资额	200	300	340	360	110	160	120	80	1670

则:

$$计划完成程度相对指标 = \frac{1670}{1590} \times 100\% = 105.03\%$$

计算结果表明,该地区在"十三五"计划期间,社会固定资产投资计划完成程度为 105.03%,超额完成 5.03%。截止到 2020 年第三季度,该地区社会固定资产投资总额就已经累计达到了计划 1590 亿元,提前一个季度完成了计划。

计算和运用计划完成情况的指标时,应注意以下几点。

1. 当计划指标(年度计划、长期计划)是按累计法规定的总量指标时,则应先求得某段时间的实际累计完成数,再与全时期的计划数对比求计划执行进度。而计划执行进度的快慢应根据已执行的时间长度和综合其他因素的影响做出评价。如时间过半,计划执行进度一般应大于等于 50%。在累计法条件下如果计划提前完成,则提前完成计划时间为:

提前完成计划时间 =（累计完成数 - 计划任务数）/ 平均计划数 + 剩余时间

2. 当长期计划指标是按水平法规定的计划期末年应达到的总量指标时,一般只需要有连续一年时间的实际水平达到了计划规定的末年水平时,就算达到了长期计划的要求。

3. 当计划指标为平均数、相对数等质量指标时,一般应先计算某段时间的实际质量指标数值,再与计划目标对比,以评价实际质量指标是否符合计划目标的要求,如产品合格率、费用率、单位产品成本等。

（二）结构相对指标

结构相对指标又称结构相对数或比重指标,它是在科学分组的基础上,总体内部的各个组成部分在总体中所占的比重,用以反映和说明总体内部的构成情况。其计算公式如下:

$$结构相对指标 = \frac{总体中某一部分数值}{总体全部数值} \times 100\% \quad (公式 4-8)$$

结构相对指标一般用百分数表示,总体内各组的结构相对指标数值之和等于 100% 或 1。

【例 4-8】 某班学生性别构成情况如表 4-6 所示。

表 4-6　某班学生性别构成情况

性别	人数/人	比重/(%)
男	30	66.67
女	15	33.33
合计	45	100

$$该班男生占全班总人数的比重 = \frac{30}{45} \times 100\% = 66.67\%$$

$$该班女生占全班总人数的比重 = \frac{15}{45} \times 100\% = 33.33\%$$

计算结果表明了该班男女人口的构成情况。又如产品合格率、设备利用率等,都属于结构相对指标。

结构相对指标是在统计分组的基础上计算出来的。其分子、分母可以是总体单位数,也可以是总体的标志数值。结构相对指标是统计工作中常见的指标之一,其主要作用如下:

1. 表明总体内部结构的特征

例如,2021年全国农业及相关产业增加值构成情况如表4-7所示。

表4-7 2021年全国农业及相关产业增加值构成情况

分类名称	增加值/亿元	构成/(%)
农业及相关产业	184 419	100.0
第一产业	83 216	45.1
第二产业	54 779	29.7
第三产业	46 424	25.2

资料来源:国家统计局网站。

表4-7中的资料表明,在我国2021年农业及相关产业增加值中,第一产业占有最大的比重。

2. 表明现象的发展过程及趋势

通过不同时期结构相对指标的变化情况,可以表明现象的发展过程及趋势。例如,2012—2021年我国第一、二、三产业增加值占国内生产总值的比重变化情况如表4-8所示。

表4-8 2012—2021年我国国内生产总值构成情况

产业类别	2012年	2013年	2014年	2015年	2016年	2017年	2018年	2019年	2020年	2021年
第一产业/(%)	10.1	9.3	9.1	8.4	8.1	7.5	7.0	7.1	7.7	7.3
第二产业/(%)	45.3	44.0	43.1	40.8	39.6	39.8	39.7	38.6	37.8	39.3
第三产业/(%)	44.6	46.7	47.8	50.8	52.3	52.7	53.3	54.3	54.5	53.5
合计/(%)	100.0	100.0	100.0	100.0	100.0	100.0	100.0	100.0	100.0	100.0

资料来源:国家统计局网站。

表4-8中的资料可以反映我国产业结构的发展变化趋势,从2012年至2021年期间,第一产业比重先呈逐年下降趋势,后略微上涨;第二产业的比重先呈逐年下降趋势,后基本稳定;第三产业的比重持续上涨到2019年,之后平稳。

3. 反映人、财、物利用程度及总体的质量结构

结构相对指标可以反映人力、物力、财力的利用程度以及从构成上反映总体的质量。如企业中的工时利用率、设备利用率、原料利用率等,以及农产品收购中登记的农产品等级比重等。

19世纪中期,德国统计学家和经济学家恩格尔对比利时不同收入的家庭的消费情况进行了

调查,研究了收入增加对消费需求支出构成的影响,提出了带有规律性的原理,由此被命名为恩格尔定律。其主要内容是指一个家庭或个人收入越少,用于购买生存性食物的支出所占的比重就越大。

$$恩格尔系数 = \frac{食物的支出总额}{家庭或个人消费支出总额} \times 100\%$$

恩格尔系数是衡量一个家庭或一个国家富裕程度的主要标准之一。恩格尔系数达59%以上为贫困,50%~59%为温饱,40%~50%为小康,30%~40%为富裕,低于30%为最富裕。对于一个国家而言,一个国家越穷,恩格尔系数就越大;反之,生活越富裕,恩格尔系数就越小。

(三) 比例相对指标

比例相对指标也称为比例相对数,是总体内部各个组成部分之间的指标数值之比,用以分析总体范围内各个局部、各个分组之间的比例关系和协调平衡状况。其计算公式为:

$$比例相对指标 = \frac{总体中某一部分数值}{总体中另一部分数值} \qquad (公式4-9)$$

比例相对指标计算结果通常以百分比或者比例的形式来表示。

【例4-9】 某大学2022年招收的新生中男生2245人,女生1672人,则新生的性别比例指标为多少?

$$比例相对指标 = \frac{2245}{1672} \approx 1.34$$

计算结果表明了新生的性别比例指标为134.27%,或男生数与女生数之比为1.34∶1。

比例相对指标的分子、分母项一般为总量指标。依据分析任务和提供资料的情况,也可运用现象总体各部分的相对数或平均值进行对比。例如,我国2022年城镇居民人均可支配收入49 283元,农村居民人均可支配收入20 133元,城镇与农村居民人均可支配收入对比为2.45∶1。这个比例相对指标是在提供平均值的基础上计算出来的。

应用比例相对指标可以在同类现象之间进行比较,以判断总体中各部分之间的比例关系是否合理。例如,我国某地区人口普查结果显示男女比例为1.152∶1,可以判断出某地区人口性别比例不太合理。此外,通过比例相对指标还可以为宏观调控提供参考依据。

比例相对指标所反映的比例关系,实际上是一种结构性比例,因而,此指标与前述结构相对指标具有相同的作用,即说明总体的内部结构。在实际工作中,常常将两种指标结合使用。

结构相对指标、比例相对指标的分子分母能交换位置吗?请谈谈你的看法。

拓展阅读

出生人口性别比是全国人口普查工作中的一项数据,是指一定时期内出生男婴总数和女婴总数的比值,通常用每100名女婴所对应的男婴数来表示。联合国明确认定了出生性别比的通常值域为102~107,其他值域则被视为异常。

据统计,我国第三次人口普查得到的1981年出生性别比是108.47;第四次人口普查得到的1989年出生性别比是111.92;2000年第五次人口普查公布的出生性别比高达116,2004年达到最高峰121.18，2008年后连续小幅下降，2015年卫计委指出，中国是世界上出生人口性别结构失衡最严重、持续时间最长、波及人口最多的国家。

近年来，国家从法律保障、政策调整、传统观念、督查指导等方面进行指导以保证出生人口性别比的合理化。2016年全面放开二胎政策，全国出生性别比为112.88，这是我国出生性别比自2009年以来实现了连续第八次下降。2019年全国出生性别比为110.14，2021年出生性别比为108.3，基本恢复到正常范围。这说明近些年来我国有关部门开展关爱女孩活动等措施，取得了一定成效。

（四）比较相对指标

比较相对指标是指两个同类指标在同一时间不同地区（或国家、部门、单位）之间对比的结果，用来说明同类现象在不同空间条件下发展的不均衡程度和差异水平。其计算公式为：

$$比较相对指标 = \frac{某地区（国家、部门或单位）某一指标值}{同期另一地区（国家、部门或单位）同类指标值} \quad \text{（公式4-10）}$$

比较相对指标一般用倍数表示，有时也可用系数或百分数表示。用于比较的指标可以是总量指标、相对指标和平均指标。为了保持可比性，避免受到总体规模和条件的影响，用于比较的指标经常采用相对指标或平均指标。

例如，甲、乙两商场2021年的销售额分别为8亿元和6.5亿元，则甲商场销售额是乙商场销售额的1.23倍。单纯地看这个1.23倍，给我们的概念是甲商场的销售额大大高于乙商场，但甲、乙两商场的规模可能相差很大，所以单纯采用总量指标进行对比，往往要受到总体规模大小的影响，不能准确地说明甲、乙两商场销售水平的差异。又如，甲市场的某种蔬菜价格为2.5元/千克，乙市场同种蔬菜价格为2.0元/千克，则甲市场价格是乙市场价格的1.25倍，或乙市场价格是甲市场价格的0.8倍。这种利用两个价格之比来确定的比较相对指标，才能真实反映两个市场价格水平的变动差异。所以，计算比较相对指标时，通常采用相对指标进行对比，以准确反映现象发展的本质差异。

请注意

（1）一般情况下，比较相对指标的分子和分母可以交换位置，便于从不同角度来说明同一问题。

（2）如果对比的基数是一个统一的标准，如将各单位产品的质量、成本、单产量消耗等经济指标与国家规定的水平比较，与同行业的水平比较，与国外先进水平比较等，这时分子和分母就不能互换。

请思考

比例相对指标和比较相对指标的区别在哪里？

（五）动态相对指标

动态相对指标又称发展速度，它是同一指标在不同时间上对比的比值，说明某种现象在不同时间上的发展变化方向和程度，通常以百分数或倍数表示。其计算公式如下：

$$动态相对指标=\frac{报告期数值}{基期数值}\times100\% \qquad (公式4\text{-}11)$$

公式 4-11 中,基期是指作为比较基础的时期,报告期是指被比较的那个时期。动态相对指标属于动态分析指标,在时间数列分析中应用广泛,用于研究社会经济现象的发展变化过程,将在第六章中详细阐述。

【例 4-10】 某大学在校生人数 2017 年为 15 740 人,2021 年为 20 340 人,则该校在校生人数 2021 年是 2017 年的多少?

$$动态相对指标=\frac{20\ 340}{15\ 740}\times100\%=129.22\%$$

(六)强度相对指标

强度相对指标是两个性质不同但有一定联系的总量指标数值之比,用来表明某一现象在另一现象中发展的强度、密度和普遍程度。其计算公式为:

$$强度相对指标=\frac{某一总量指标数值}{另一性质不同但有联系的总量指标数值} \qquad (公式4\text{-}12)$$

【例 4-11】 2021 年某地区人口数为 880 万,其中有大学学历及以上人数为 80 万,则反映该地区大学学历及以上情况的强度相对指标为 9 人/100 人。

强度相对指标是一种特殊的相对指标,前五种相对指标均为同类现象的指标对比,而强度相对指标是有联系的两个总体的不同类现象的指标对比。在一般情况下,强度相对数是有名数,由分子与分母的单位组成复合单位,如全员劳动效率的计量单位为"元/人",人口密度的计量单位为"人/km^2"。有极少情况属于无名数,如商品流通费用率用"‰"表示。

多数强度相对指标的分子和分母可以交换位置,从而产生了正指标和逆指标两种计算形式,两种指标分别从相反的角度反映了某一社会经济现象的密度和普及情况。如反映某地区医疗卫生设施的普及情况,可以设置以下两个强度相对指标:

$$人均拥有的病床数(正指标)=\frac{某一地区病床的总数}{某一地区人口总数}$$

$$每一病床所负担的人数(逆指标)=\frac{某一地区人口总数}{某一地区病床的总数}$$

例如,某市每百名户籍人口拥有 0.78 张病床为正指标;每张病床服务的户籍人口为 128.21 人是逆指标,其意义是相同的。正指标比值的大小与其反映的强度、密度和普及程度成正比;逆指标比值的大小与其反映的强度、密度和普及程度成反比,其评价判别的意义相同。按照类似的方法,还可以设置商业网点密度强度相对指标的正逆指标和反映某地区治安普及情况的正逆指标。

强度相对指标的数值愈大愈好的指标,称为正指标;反之,称为逆指标或反指标。

【例 4-12】 甲地区 2021 年计划国内生产总值为 250 亿元,年平均人口为 600 万人,2021 年国内生产总值第一、二、三产业情况如表 4-9 所示。

表 4-9　甲地区 2021 年国内生产总值情况

项目	计划数/亿元	实际数/亿元	计划完成程度/(%)
GDP	250	264	110
第一产业	22	24	120
第二产业	138	146	112.3
第三产业	90	94	104.4

又知该地区 2020 年国内生产总值为 244 亿元,乙地区 2021 年实现国内生产总值 300 亿元。

(1) 计划完成相对指标:

$$甲地区\ 2021\ 年国内生产总值计划完成程度 = \frac{264}{250} \times 100\% = 105.6\%$$

(2) 结构相对指标:

$$第一产业 = \frac{24}{264} \times 100\% = 9.09\%$$

$$第二产业 = \frac{146}{264} \times 100\% = 55.3\%$$

$$第三产业 = \frac{94}{264} \times 100\% = 35.6\%$$

(3) 比例相对指标 = 第一产业:第二产业:第三产业 = 1:6.08:3.92

(4) 比较相对指标 = $\dfrac{甲地区\ 2021\ 年国内生产总值}{乙地区\ 2021\ 年国内生产总值} = \dfrac{264}{300} = 0.88$

(5) 动态相对指标:

$$甲地区发展速度 = \frac{甲地区\ 2021\ 年国内生产总值}{甲地区\ 2020\ 年国内生产总值} \times 100\% = \frac{264}{244} \times 100\% = 108.2\%$$

(6) 强度相对指标:

$$甲地区\ 2021\ 年人均国内生产总值 = \frac{甲地区\ 2021\ 年国内生产总值}{甲地区\ 2021\ 年平均人口总数} = \frac{2\ 640\ 000\ 万元}{600\ 万人} = 4400\ 元/人$$

四、计算和应用相对指标应注意的问题

(一) 保持相对指标的可比性

相对指标是用两个指标相比较来反映现象间数量对比关系的综合指标。对比的现象能否可比是十分重要的问题,若将不能对比的现象加以比较,就会歪曲事实真相,导致认识上的严重错误。因此,可比性是计算和应用相对指标的一个重要条件。可比性有两层含义:一是相对指标的分子和分母项在含义内容、口径范围、计算方法等方面的一致性;二是相对指标的分子和分母项在对比角度、相互关系、实际意义等方面的适应性。例如,比较两个企业的劳动生产率水平,如果一个企业的产量是与全体生产工人相对比,另一个企业又是与全体工人数相对比,那么,这两个企业的劳动生产率是不可比的,要将指标调整为可比后才能进行比较。又如,将钢产量与人口数对比以计算强度相对指标是合适的,而将钢产量与土地面积对比则不合适,因为钢产量终为人所用,因而与人口对比具有适应性。

从广义上来讲,保持可比性还包括正确选择对比的基数与基期,基数的选择要根据现象的真实联系和性质特点而定。例如,某企业甲、乙、丙三个车间某月缺勤工日、制度工作工日资料如表 4-10 所示。

表4-10 某企业车间缺勤工日、制度工作工日数

	缺勤工日/工日	缺勤工日比重/(%)	制度工日/工日	缺勤率/(%)
甲车间	30	37.5	1200	2.5
乙车间	26	32.5	650	4.0
丙车间	24	30.0	480	5.0
合计	80	100.0	2330	3.4

如果将各车间缺勤工日以全部缺勤工日为基数计算各车间的缺勤结构相对指标,得出甲车间最高,为37.5%。这一结论没有考虑各车间制度工作工日(制度规定出勤工日),显然是不合理的。事实上,如果以甲车间制度工作工日1200工日为基数,甲车间缺勤率为2.5%,是三个车间中最低的。

(二) 相对指标和总量指标结合运用

相对指标反映了现象之间的数量对比关系和差异程度,却又将现象的具体规模和水平抽象化了。例如,两个大的绝对数之比为一小的相对数,或者两个小的绝对数之比为一大的相对数。总量指标能够反映事物发展的总规模和总水平,却不易看清事物内在的差异程度。因此,只有将相对指标和总量指标结合起来使用,才能克服认识上的片面性,达到对客观事物全面正确的认识。假设两企业的生产经营情况如表4-11所示,分析其生产经营情况的优劣水平。

表4-11 两企业生产经营情况统计表

企业	基期利润/万元	报告期利润/万元
甲	100	120
乙	10 000	11 000

首先,从绝对水平上看,乙企业的利润11 000万元远高于甲企业的120万元,即乙企业创造的利润较多。从相对水平的发展速度来看,甲企业的发展速度为120%,高于乙企业的110%,即甲企业的发展速度较快。综合反映企业的经营状况,应该从这两个角度综合考虑。

(三) 多种相对指标的结合运用

在进行对比分析时,必须将纵向对比和横向对比结合起来,进行全面的、综合的比较。也就是说,不仅要把相对指标与总量指标结合起来,还要利用多种不同相对指标之间的相互关系和各自的特点。例如,我们常说的"纵比看成就,横比看差距"。因为一种相对指标从一个角度出发,只能说明问题的一个方面,在分析研究复杂的现象时,应该将多种相对指标结合起来使用,这样才能把从不同侧面反映的情况结合起来观察分析,从而达到更加深入、全面地进行分析和认识研究对象的目的。又如,我国以占世界7%的耕地,养活占世界22%的人口。仅用两个相对指标数值,就把我国的耕地状况、粮食生产、人口规模等问题,做了既全面又简洁的说明。

农村贫困人口全部脱贫,如期打赢脱贫攻坚战

党的十八大以来,党中央、国务院以前所未有的力度推进脱贫攻坚,把贫困地区作为脱贫攻

坚重点区域,聚焦深度贫困地区和特殊贫困群体,优化政策供给,下足"绣花"功夫,到2020年底,现行标准下的农村贫困人口全部脱贫,区域性整体贫困得到解决,为世界减贫事业贡献了中国力量。

(一)农村贫困人口如期全部脱贫

2013—2020年,全国农村贫困人口累计减少9 899万人,年均减贫1 237万人,贫困发生率年均下降1.3个百分点。2020年,面对突如其来的新冠肺炎疫情,各地区各部门按照党中央、国务院决策部署,组织贫困劳动力外出务工,开展消费扶贫行动,落实基本生活兜底保障,年初剩余的551万农村贫困人口全部脱贫,如期完成了消除绝对贫困的艰巨任务。贫困人口收入水平显著提高,"两不愁三保障"全面实现。国家脱贫攻坚普查结果显示,中西部22省(自治区、直辖市)建档立卡户全面实现不愁吃、不愁穿,义务教育、基本医疗、住房安全有保障,饮水安全也有保障,脱贫攻坚战取得了全面胜利。

(二)区域性整体贫困得到解决

一半以上农村减贫人口来自西部地区。分地区看,2013—2020年,西部地区农村贫困人口累计减少5 086万人,减贫人口占全国减贫人口的51.4%,年均减少636万人;中部地区农村贫困人口累计减少3 446万人,减贫人口占全国减贫人口的34.8%,年均减少431万人;东部地区农村贫困人口累计减少1 367万人,减贫人口占全国减贫人口的13.8%,年均减少171万人。

区域性整体减贫成效显著。从不同贫困区域看,贫困人口相对集中、贫困程度相对较深的集中连片特困地区、国家扶贫开发工作重点县等地区同全国一起如期完成脱贫攻坚任务。2013—2020年,贫困地区农村贫困人口累计减少6 039万人,年均减贫755万人,减贫规模占全国农村减贫总规模的61.0%。集中连片特困地区农村贫困人口累计减少5 067万人,年均减贫633万人。国家扶贫开发工作重点县农村贫困人口累计减少5 105万人,年均减贫638万人。

(三)我国脱贫事业为世界减贫作出突出贡献

中国对全球减贫贡献率超过七成。改革开放以来,按照世界银行每人每天1.9美元的国际贫困标准,我国减贫人口占同期全球减贫人口70%以上;据世界银行公开数据,我国贫困发生率从1981年末的88.3%下降至2016年末的0.5%,累计下降了87.8个百分点,年均下降2.5个百分点,同期全球贫困发生率从42.7%下降到9.7%,累计下降33.0个百分点,年均下降0.9个百分点,我国减贫速度明显快于全球,贫困发生率也大大低于全球平均水平。

中国助力提高全球减贫治理成效。党的十八大以来,我国实施精准扶贫精准脱贫基本方略,脱贫攻坚成效显著,为全球减贫提供了中国方案和中国经验。世界银行2018年发布的《中国系统性国别诊断》报告提出,中国在减少贫困方面取得了史无前例的成就。联合国秘书长古特雷斯在2021年祝贺中国脱贫攻坚取得重大历史性成就的致函中指出"中国取得的非凡成就为整个国际社会带来了希望,提供了激励。这一成就证明,政府的政治承诺和政策稳定性对改善最贫困和最脆弱人群的境况至关重要"。中国不仅以自身的减贫成就直接贡献于世界减贫事业,同时也积极支持广大发展中国家减贫事业发展,实施惠及民生的国际减贫合作项目,开展多种形式的减贫经验分享交流,积极助力其他国家加快减贫步伐。

资料来源:国家统计局网站:脱贫攻坚战取得全面胜利 脱贫地区农民生活持续改善——党的十八大以来经济社会发展成就系列报告之二十(节选)

实验操作

总量指标和相对指标在 Excel 中的实现

一、实验目的和要求

目的：培养学生利用 Excel 进行数据处理的能力，熟练掌握 Excel 计算总量指标和各种相对指标，并理解总量指标和相对指标应用范围。

要求：就本专业相关问题收集一定数量的数据，用 Excel 进行总量指标和相对指标分析。

二、实验仪器、设备和材料

个人电脑(人/台)、Excel 软件。

三、实验过程

（一）总量指标的计算

以表 4-12 的数据资料为例，说明如何利用 Excel 对分配数列进行总量指标的计算。

表 4-12 2019—2022 年四家企业经营收入情况

年份	甲企业/万元	乙企业/万元	丙企业/万元	丁企业/万元
2019 年	5169.16	5733.36	3273.54	2506.36
2020 年	5618.1	6137.74	3466.01	2767.45
2021 年	6197.77	6646.63	3784.25	3125.34
2022 年	7104.02	7548.01	4351.18	3563.48

利用 Excel 计算各种总量指标，具体步骤如下。

第一步，编制计算工作表。根据资料可以计算的总量指标有各家企业 2019—2022 年经营总收入，四家企业历年经营总收入，2022 年比 2021 年各企业经营收入的增长量等。计算工作表样式如图 4-2 所示。

	A	B	C	D	E	F
1		2019-2022年各企业经营收入状况				
2	年份	甲	乙	丙	丁	合计
3	2019	5169.16	5733.36	3273.54	2506.36	
4	2020	5618.1	6137.74	3466.01	2767.45	
5	2021	6197.77	6646.63	3784.25	3125.34	
6	2022	7104.02	7548.01	4351.18	3563.48	
7	合计					
8	2022年比2021年GDP的增长量					

图 4-2 2019—2022 年四家企业经营收入工作表

第二步，计算各家企业 2019—2022 年经营总收入。在 B7 单元格中输入计算公式"=B3+B4+B5+B6"，确认后，向右填充到 E7 单元格。

第三步，计算四家企业历年经营总收入。在 F3 单元格中输入计算公式"=B3+C3+D3+E3"，确认后，向下填充到 F6 单元格。

第四步，计算 2022 年比 2021 年各企业经营收入的增长量。在 B8 单元格中输入计算公式"=B6-B5"，确认后，向右填充到 E8 单元格。

计算结果如图4-3所示。

	A	B	C	D	E	F
1	2019—2022年各企业经营收入状况					
2	年份	甲	乙	丙	丁	合计
3	2019	5169.16	5733.36	3273.54	2506.36	16682.42
4	2020	5618.1	6137.74	3466.01	2767.45	17989.3
5	2021	6197.77	6646.63	3784.25	3125.34	19753.99
6	2022	7104.02	7548.01	4351.18	3563.48	22566.69
7	合计	24089.05	26065.74	14874.98	11962.63	
8	2022年比2021年GDP的增长量	906.25	901.38	566.93	438.14	

图4-3 各类总量指标分析结果

(二)相对指标的计算

以表4-13的数据资料为例,说明如何利用Excel对分配数列进行相对指标的计算(要求:计算全部可能计算的相对指标,并指出它们分别属于哪一种相对指标)。

表4-13 2021—2022年某市人口总数及生产总值资料

指标	2021年	2022年
年平均常住人口(万人)	885	887.9
地区生产总值(亿元)	11304.17	12102.97
第一产业	232.77	250.12
第二产业	6436.24	6882.07
第三产业	4635.16	4970.78

利用Excel计算各种相对指标,具体步骤如下。

第一步,编制计算工作表。根据资料可以计算的相对指标有各产业比重指标、比例指标、人均产值强度指标、生产总值增长速度指标等。计算工作表样式如图4-4所示。

	A	B	C
1	指标	2021年	2022年
2	年平均常住人口(万人)	885	887.9
3	地区生产总值(亿元)	11304.17	12102.97
4	第一产业	232.77	250.12
5	第二产业	6436.24	6882.07
6	第三产业	4635.16	4970.78
7	(1)第一产业产值占全部产值的比重(%)		
8	(2)第二产业产值占全部产值的比重(%)		
9	(3)第三产业产值占全部产值的比重(%)		
10	(4)第一产业产会与第二产业产值之比		
11	(5)第一产业产值与第三产业产值之比		
12	(6)人均生产总值(元/人)		
13	(7)地区生产总值增长速度(%)		

图4-4 2021—2022年某市人口总数和生产总值资料及相对指标名称工作表

第二步,计算第一产业产值占全部产值的比重。在 B7 单元格中输入计算结构相对指标的公式"＝B4/B3",确认后,向右填充到 C7 单元格。

第三步,计算第二产业产值占全部产值的比重。在 B8 单元格中输入计算结构相对指标的公式"＝B5/B3",确认后,向右填充到 C8 单元格。

第四步,计算第三产业产值占全部产值的比重。在 B9 单元格中输入计算结构相对指标的公式"＝B6/B3",确认后,向右填充到 C9 单元格。

第五步,计算第一产业产值与第二产业产值之比。在 B10 单元格中输入计算比例相对指标的公式"＝B4/B5",确认后,向右填充到 C10 单元格。

第六步,计算第一产业产值与第三产业产值之比。在 B11 单元格中输入计算比例相对指标的公式"＝B4/B6",确认后,向右填充到 C11 单元格。

第七步,计算人均产值强度。在 B12 单元格中输入计算强度相对指标的公式"＝B3/B2",确认后,向右填充到 C12 单元格。

第八步,计算地区生产总值增长速度。在 C13 单元格中输入计算动态相对指标的公式"＝(C3－B3)/B3"。

第九步,调整表格数据小数位数及边框线。

计算结果如图 4-5 所示。

	A	B	C
1	指标	2021年	2022年
2	年平均常住人口（万人）	885	887.9
3	地区生产总值（亿元）	11304.17	12102.97
4	第一产业	232.77	250.12
5	第二产业	6436.24	6882.07
6	第三产业	4635.16	4970.78
7	（1）第一产业产值占全部产值的比重（%）	2.059151623	2.066600182
8	（2）第二产业产值占全部产值的比重（%）	56.93686489	56.86265437
9	（3）第三产业产值占全部产值的比重（%）	41.00398349	41.07074545
10	（4）第一产业产会与第二产业产值之比	0.036165525	0.036343716
11	（5）第一产业产值与第三产业产值之比	0.050218331	0.050318059
12	（6）人均生产总值（元/人）	1277307.345	1363100.574
13	（7）地区生产总值增长速度（%）		7.066418853

图 4-5 2021—2022 年某市人口总数及生产总值资料及相对指标输出结果

本章小结

总量指标是反映社会经济现象在一定时间、地点、条件下的总体规模或水平的综合指标,是最基本的指标,表现形式为绝对数,故又称为绝对指标或绝对数。

相对指标又称统计相对数,它是两个有相互联系的现象数量的比值,用以反映现象的发展程度、结构、强度、普遍程度或比例关系。相对指标以相对数形式表示。

常见的相对指标可以分为 6 种:计划完成程度相对指标、结构相对指标、比例相对指标、比较相对指标、动态相对指标和强度相对指标。

计划完成相对指标是某一时期的实际完成数与计划任务数对比的结果,用来反映计划的完成情况,又称计划完成率、计划完成百分比(数)。

结构相对指标又称结构相对数,它是以部分数值与总体数值对比求得的比重或比率,即各部分占总体的比重,以反映总体内部构成状况的综合指标。

比较相对指标是指某一指标在同一时间不同国家、不同地区、不同单位间的对比结果,它可以说明同类现象在不同总体范围上发展的不均衡程度和差异水平。

比例相对指标也称为比例相对数,是由总体中不同部分数量之间对比所得的数值,用以分析总体范围内各个局部、各个分组之间的比例关系和协调平衡状况。

动态相对指标,也称为发展速度或动态相对数,是同类现象在不同时间上的对比,表明现象在时间上的发展变化的方向和程度,通常以百分数或倍数表示。

思考与能力训练

一、单选题

1. 2021年某商场共销售洗衣机6000台,年底库存60台,这两个指标是( )
   A. 时期指标
   B. 前者是时期指标,后者是时点指标
   C. 时点指标
   D. 前者是时点指标,后者是时期指标

2. 产品的合格率这种相对数属于( )
   A. 结构相对数   B. 强度相对数   C. 比例相对数   D. 比较相对数

3. 我国2021年工业企业总产值是2016年的112.5%,该指标是( )
   A. 结构相对数   B. 比例相对数   C. 比较相对数   D. 动态相对数

4. 某商店某年第一季度的商品销售额计划为去年同期的110%,实际执行的结果,销售额比去年增长了24.3%,则该商店的商品销售计划完成程度的计算为( )
   A. 124.3%÷210%   B. 124.3%÷110%   C. 210%÷124.3%   D. 条件不够,无法计算

5. 据报载,某地2021年工业总产值为69 879亿元,比上年增长16%,其中轻工业总产值为31 425亿元,重工业总产值为38 454亿元,则在资料中绝对数有( )
   A. 1个   B. 2个   C. 3个   D. 4个

6. 某一地区病床总数与该地区的人口总数之比是( )
   A. 比较相对数   B. 比例相对数   C. 强度相对数   D. 结构相对数

7. 某企业产值计划完成程度为102%,实际增长12%,则计划增长为( )
   A. 9.8%   B. 10%   C. 8.5%   D. 101.85%

8. 已知某市有各种经济类型的工业企业3128个,工业总产值为210亿元,在该资料中总体标志总量是( )
   A. 各种经济类型的工业企业共3128个   B. 其中国有工业企业所占的比重
   C. 工业总产值210亿元   D. 平均每个工厂产值为671万元

9. 在某企业产品合格率、废品量、劳动生产率、单位产品成本和利税率5个指标中,属于绝对数的有( )
   A. 1个   B. 2个   C. 3个   D. 4个

10. 结构相对指标用来反映内部的( )
    A. 质量关系   B. 密度关系
    C. 各部分占总量的比重   D. 计划关系

11. 在五年计划中,用水平法检查计划完成程度适用于( )
   A. 规定计划期初应达到的水平　　　B. 规定计划期末应达到的水平
   C. 规定五年累计应达到的水平　　　D. 规定计划期内某一时期应达到的水平
12. 总量指标按其反映内容的不同,可以分为( )
   A. 时点指标和时期指标　　　B. 时期指标和标志总量
   C. 总体总量和标志总量　　　D. 总体总量和时点指标
13. 相对指标的表现形式有( )
   A. 实物单位货币单位　　　B. 货币单位
   C. 度量衡单位　　　D. 无名数和有名数
14. 在相对指标中,主要用有名数表示的指标是( )
   A. 结构相对指标　　B. 强度相对指标　　C. 比较相对指标　　D. 动态相对指标
15. 下列指标中属于绝对数的是( )
   A. 国内生产总值　　B. 劳动生产率　　C. 计划完成程度　　D. 单位产品成本
16. 下列指标中不属于时期指标的是( )
   A. 人口出生人数　　B. 货运量　　C. 季度末职工人数　　D. 国民生产总值
17. 某商场计划商品销售额 7 月份比 6 月份上升 5%,实际上商品销售额 7 月份比 6 月份上升 3%,则商品销售额的计划完成相对指标为( )
   A. $\dfrac{3\%}{5\%}$　　B. $\dfrac{103\%}{105\%}$　　C. $\dfrac{97\%}{95\%}$　　D. $\dfrac{105\%}{103\%}$
18. 下面属于结构相对数的有( )
   A. 人口出生率　　B. 产值利润率　　C. 恩格尔系数　　D. 工农业产值比

二、多选题

1. 下列统计指标中,属于绝对数的有( )
   A. 工资总额　　　B. 商业网点密度　　　C. 商品库存量
   D. 人均国民收入　　　E. 进出口总额
2. 下列指标中属于相对数的是( )
   A. 某地区平均每人生活费 825 元　　　B. 某地区人口出生率为 12.3‰
   C. 某地区粮食总产量为 4000 万吨　　　D. 某产品产量计划完成程度为 113%
   E. 某地区人口自然增长率为 8.6‰
3. 在下列各项指标中,属于时期指标的是( )
   A. 某企业季度末库存量　　　B. 某地区历年企业数
   C. 某种商品的销售量　　　D. 某地区年末的人口数
   E. 企业某年所生产的产品产量
4. 相对指标中分子、分母可以互换的有( )
   A. 结构相对指标　　B. 比较相对指标　　C. 比例相对指标
   D. 强度相对指标　　E. 动态相对指标
5. 总量指标的计量单位有( )
   A. 实物单位　　B. 劳动时间单位　　C. 价值单位
   D. 百分比和千分比　　E. 倍数、系数和成数
6. 相对指标的计量单位有( )

A. 百分数　　　B. 千分数　　　C. 系数或倍数　　　D. 成数　　　E. 复名数

7. 总量指标的重要意义在于它是（　　）

A. 对社会经济现象总体认识的起点　　　B. 计算相对指标的基础

C. 实行社会经济管理的依据之一　　　D. 制定规划必不可少的指标

E. 计算平均指标的基础

8. 下列指标中属于强度相对数的是（　　）

A. 某年末我国乡村总人口占全国总人口的 72.37%

B. 某年我国农民家庭平均每百户拥有电冰箱 2.17 台

C. 某年我国人口密度 122 人/平方公里

D. 某年我国全部职工平均货币工资 2711 元

E. 某年我国钢产量为美国同期的 81.2%

9. 某银行 2022 年底的居民储蓄存款额是（　　）

A. 综合指标　　　B. 单位总量指标　　　C. 标志总量指标

D. 时期指标　　　E. 时点指标

10. 下列指标中属于强度相对指标的有（　　）

A. 某地区平均每人粮食产量　　　B. 某企业工人平均工资

C. 某班级学生平均成绩　　　D. 某企业资金产出率

E. 某地区平均每人原油产量

11. 下列属于时点指标的有（　　）

A. 企业固定资产　　　B. 商品销售量　　　C. 牲畜存栏头数

D. 某年死亡人口数　　　E. 居民储蓄存款余额

12. 下列属于时期指标的有（　　）

A. 某大学历年毕业的学生数　　　B. 我国某年耕地面积减少数

C. 某大学 2022 年 6 月 30 日在校学生数　　　D. 某商店某月商品销售额

E. 2022 年 11 月 1 日 0 时出生的人口数

三、判断题

1. 总体单位总量和总体标志总量，可以随着研究对象的变化而发生变化。（　　）

2. 用总体部分数值与全部数值对比求得的，说明总体内部的各个组成部分在总体中所占比重的指标是比例相对指标。（　　）

3. 结构相对数只能在分组基础上计算，且分子、分母不能互换。（　　）

4. 强度指标是表明社会经济现象强度、密度和普遍程度的综合指标。（　　）

5. 相对指标都是用无名数形式表现出来的。（　　）

6. 国民收入中积累额与消费额之比为 1∶3，这是一个比例相对指标。（　　）

7. 指标的可比性是计算和应用相对指标时的前提。（　　）

8. 我国第三产业增加值在国内生产总值中所占比重是一个结构相对指标。（　　）

9. 某企业某年计划劳动生产率比去年提高 4%，实际上提高了 5%，则劳动生产率的计划完成相对指标为 5%/4%。（　　）

10. 只有当计划完成程度大于 100% 时才表示超额完成计划，而小于 100% 则是表示未完成计划。（　　）

11. 企业计划规定，2016 年第三季度的单位产品成本比去年同期降低 15%，实际执行结果

降低 7.5%,则企业仅完成单位产品成本计划的一半。（　　）

12. 总体中的一部分数值与另一部分数值之比得到比例相对指标。（　　）

13. 某企业人均增加值是一个强度相对指标。（　　）

14. 某企业月末库存额是一个时点指标。（　　）

15. 据抽样调查,2016 年第三季度某城市居民家庭人均年可支配收入 23 623 元,比上年同期增长 14.3%,则 14.3% 是强度相对指标。（　　）

16. 报告期水平与基期水平之比得到比较相对指标。（　　）

四、计算题

1. 某企业 2021 年某种产品单位成本为 800 元,2022 年计划规定比 2021 年下降 10%,实际下降 8%。企业 2022 年产品销售量计划为上年的 108%,2021—2022 年动态相对指标为 111%,试确定:

(1) 2022 年单位产品成本计划完成程度。

(2) 2022 年产品销售计划完成程度。

2. 假设我国"十三五"计划中规定,到"十三五"计划的最后一年,钢产量规定为 15 000 万吨,"十二五"最后两年钢产量情况如下（单位:万吨）:

	第一季度	第二季度	第三季度	第四季度
第四年	3400	3500	3600	3700
第五年	3700	3800	3900	4000

根据上表资料计算:

(1) 钢产量"十三五"计划完成程度。

(2) 钢产量"十三五"计划提前完成的时间是多少?（假设每个季度 90 天）

五、案例分析

中华人民共和国 2022 年国民经济和社会发展统计公报（摘录）

2022 年,全年国内生产总值 1 210 207 亿元,比上年增长 3.0%。其中,第一产业增加值 88 345 亿元,比上年增长 4.1%;第二产业增加值 483 164 亿元,增长 3.8%;第三产业增加值 638 698 亿元,增长 2.3%。第一产业增加值占国内生产总值比重为 7.3%,第二产业增加值比重为 39.9%,第三产业增加值比重为 52.8%。

1. 农业

全年粮食产量 68 653 万吨,比上年增加 368 万吨,增产 0.5%。其中,夏粮产量 14 740 万吨,增产 1.0%;早稻产量 2 812 万吨,增产 0.4%;秋粮产量 51 100 万吨,增产 0.4%。全年谷物产量 63 324 万吨,比上年增产 0.1%。

2. 工业和建筑业

全年全部工业增加值 401 644 亿元,比上年增长 3.4%。规模以上工业增加值增长 3.6%。全年建筑业增加值 83 383 亿元,比上年增长 5.5%。全国具有资质等级的总承包和专业承包建筑业企业利润 8 369 亿元,比上年下降 1.2%,其中国有控股企业 3 922 亿元,增长 8.4%。

3. 服务业

全年批发和零售业增加值 114 518 亿元,比上年增长 0.9%;交通运输、仓储和邮政业增加值 49 674 亿元,下降 0.8%;住宿和餐饮业增加值 17 855 亿元,下降 2.3%;金融业增加值 96 811 亿元,增长5.6%;房地产业增加值73 821亿元,下降5.1%;信息传输、软件和信息技术服务业增加值47 934亿元,增长9.1%;租赁和商务服务业增加值39 153亿元,增长3.4%。全年规模以上服务业企业营业收入比上年增长2.7%,利润总额增长8.5%。

4. 国内贸易

全年社会消费品零售总额439 733亿元,比上年下降0.2%。按经营地统计,城镇消费品零售额380 448亿元,下降0.3%;乡村消费品零售额59 285亿元,与上年基本持平。按消费类型统计,商品零售额395 792亿元,增长0.5%;餐饮收入额43 941亿元,下降6.3%。

5. 固定资产投资

全年全社会固定资产投资579 556亿元,比上年增长4.9%。固定资产投资(不含农户)572 138亿元,增长5.1%。在固定资产投资(不含农户)中,分区域看,东部地区投资增长3.6%,中部地区投资增长8.9%,西部地区投资增长4.7%,东北地区投资增长1.2%。

6. 对外经济

全年货物进出口总额420 678亿元,比上年增长7.7%。其中,出口239 654亿元,增长10.5%;进口181 024亿元,增长4.3%。货物进出口顺差58 630亿元,比上年增加15 330亿元。对"一带一路"沿线国家进出口总额138 339亿元,比上年增长19.4%。

7. 财政金融

全年全国一般公共预算收入203 703亿元,比上年增长0.6%;其中税收收入166 614亿元,下降3.5%。全国一般公共预算支出260 609亿元,比上年增长6.1%。

8. 居民收入消费和社会保障

全年全国居民人均可支配收入36 883元,比上年增长5.0%,扣除价格因素,实际增长2.9%。全国居民人均可支配收入中位数31 370元,增长4.7%。按常住地分,城镇居民人均可支配收入49 283元,比上年增长3.9%,扣除价格因素,实际增长1.9%。城镇居民人均可支配收入中位数45 123元,增长3.7%。农村居民人均可支配收入20 133元,比上年增长6.3%,扣除价格因素,实际增长4.2%。农村居民人均可支配收入中位数17 734元,增长4.9%。城乡居民人均可支配收入比值为2.45,比上年缩小0.05。

全年全国居民人均消费支出24 538元,比上年增长1.8%,扣除价格因素,实际下降0.2%。其中,人均服务性消费支出10 590元,比上年下降0.5%,占居民人均消费支出的比重为43.2%。按常住地分,城镇居民人均消费支出30 391元,增长0.3%,扣除价格因素,实际下降1.7%;农村居民人均消费支出16 632元,增长4.5%,扣除价格因素,实际增长2.5%。全国居民恩格尔系数为30.5%,其中城镇为29.5%,农村为33.0%。

年末全国参加城镇职工基本养老保险人数50 349万人,比上年末增加2 275万人。参加城乡居民基本养老保险人数54 952万人,增加155万人。

年末全国共有各类提供住宿的民政服务机构4.3万个,其中养老机构4.0万个,儿童福利和救助保护机构899个。民政服务床位849.1万张,其中养老服务床位822.3万张,儿童福利和救助保护机构床位10.0万张。年末共有社区服务中心2.9万个,社区服务站50.9万个。

问题:

1. 本案例中用到了哪些总量指标和相对指标?
2. 公报是如何运用总量指标和相对指标来说明我国国民经济和社会发展状况的?

第五章 平均指标和变异指标

知识导览

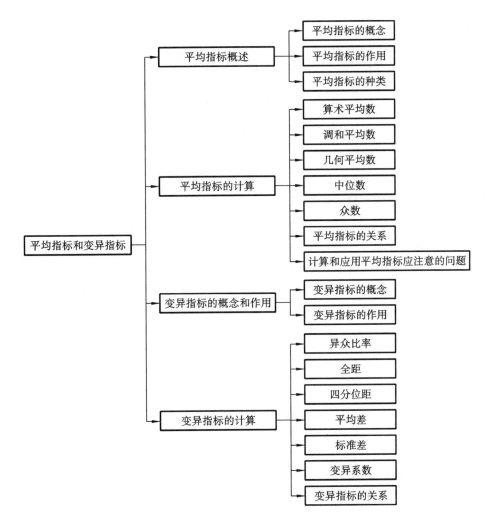

学习目标

（1）专业知识目标：通过本章的学习，使学生认识并了解平均指标的概念、作用；掌握各种平均指标的计算方法、应用原则；理解影响平均指标大小的原因；理解变异指标的概念、作用；掌握各种变异指标的计算方法及其各自的优缺点；熟悉平均指标与变异指标的区别和联系，学会对总体各方面特性进行分析，判断总体的分布情况。

(2) 职业能力目标:通过本章的学习,学生要能结合实例学会进行平均指标和变异指标分析,读懂其经济意义。

(3) 课程思政目标:通过本章的学习,学生能够在实际生活中一分为二辩证地看问题,避免以偏概全、一叶障目。通过利用合理的测度指标进行科学、合理、系统的分析与解释,培养学生的辩证思维与严谨的科学精神。通过案例启发学生在环境差异时,不能用同一个标准看待和衡量不同事物;从平均指标和变异指标的角度深刻剖析"外国的月亮比祖国的圆"这种以偏概全的错误说法。

引导案例

某公司甲、乙两个销售组,各有10名和8名业务员,销售同一种产品。上个月每人销售业绩如表5-1所示。

表5-1 甲、乙两组各业务员销售业绩 (单位:万元)

甲组	12	8	10	38	15	17	10	20	14	9
乙组	18	16	20	22	19	17	24	16	—	—

这两个小组哪个销售业绩更好呢?可以看出,虽然甲组总的销售业绩为153万,多于乙组的152万,但我们不能轻易断定甲组业绩更好,因为两组的人数不同,不能简单比较总量指标。要做出正确的判断,就有必要计算反映两个组的平均水平和离散程度的标志变异指标。

经过计算,甲组人均销售业绩为15.3万元,乙组人均销售业绩为19万元。因此,认为乙组销售业绩好于甲组更符合实际。在本例中,用平均指标而不是总量指标作为判断标准显然更为客观。通过进一步分析我们还发现,甲、乙两组个人的销售业绩稳定性表现也不相同,乙组显然要比甲组稳定。

(资料来源:李卉妍,王浩.统计学[M].北京:机械工业出版社,2013.)

你手里有100元钱丢了10元钱和手里仅有20元钱丢了10元钱,哪种情况对你的伤害更大?两个班级统计学课程的平均分都是75分就说明两个班级的学习情况是一样的吗?

第一节 平均指标概述

统计数据经过整理后,我们对数据的分布情况和规律有了直观而形象的大致了解。但想要深入地进行分析和研究,还需要找出具有代表性的数量特征值,来准确地描述统计数据的分布特征。统计研究通常以平均指标反应数据分布的集中趋势。

一、平均指标的概念

平均指标是社会经济统计中最常用的一种综合指标,是用来反映社会经济现象总体各单位某一数量标志在一定时间、地点条件下所达到的一般水平,其数值表现为平均数。平均指标是总体的代表值,反映了总体分布的中心位置或集中趋势。

【例 5-1】 已知有甲、乙两组工人日产量组成两个数列,甲数列:68,69,70,71,72;乙数列:50,60,70,80,90;分别求甲、乙两组工人日产量的平均数。

甲数列:(68+69+70+71+72)/5=70

乙数列:(50+60+70+80+90)/5=70

两组数据的平均日产量在哪个数字上下波动,为什么?

数据显示:70 为中心值,数值在 70 上下波动,反映集中趋势的代表值称为平均数。

在上例中,甲、乙两组工人日产量每个人的水平不同,也就是说,同一总体的个体之间存在着明显的差异,统计研究的目的在于通过这些差异反映出总体的基本特征。于是,计算出能够代表甲、乙两组工人日产量一般水平的代表性数值,它能将总体内部之间的差异抽象化,这个抽象的指标就是甲、乙两组工人日产量的平均数。

从上例中可以看出,平均指标具有以下三个显著特点。

(1)同质性,即总体内各单位的性质是相同的,如果各单位性质上存在着差异,就不能计算平均数。

(2)抽象性,即把同质总体内各单位在某一数量标志上的差异抽象化了,是对各单位具体数值的平均。

(3)代表性,可以代表总体的一般水平。

需要说明的是,掩盖总体内部各单位某一数量标志值的差别,是平均数的局限性。

二、平均指标的作用

平均指标在认识社会经济现象总体数量特征方面具有重要作用,具体如下:

(一)可以作为评价事物的标准和依据

同一总体一般距离其平均值远的标志值较少,而距离其平均值近的或接近平均值的标志值较多。由于总体各单位的数量特征有差异性,不便直接对比,只有计算出代表总体数量特征的平均指标,才能对事物数量特征进行对比。例如,要评价某班级或某专业成绩的优劣,不能用个别学生的成绩来评价,通常是以全班或整个专业学生的平均成绩作为标准进行评价。

(二)可以将同类现象在不同的空间进行比较

平均指标可以消除因总体大小不同而造成的数量上的差异,从而使大小不同的总体可以对比。例如,比较生产同类产品的几家不同企业的产品成本水平,若选择总成本对比,显然不尽合理,因为它受企业的生产规模和产量的影响,而采用平均单位成本对比,不仅能反映企业生产的好坏,更能综合表明企业各项工作的成绩。又如,由于播种面积不同,不同地区的粮食总产量不便直接对比,如果计算平均亩产量,则可以比较不同地区粮食生产水平的高低。

(三)可以用于同类现象在不同时间的比较

平均指标可以反映现象在时间上发展变化的规律性。例如,将历年某企业职工的平均工资排列对比,可以明显地看出某企业职工收入水平的变化。

(四)可以分析现象之间的依存关系

平均指标可以源于自然环境或社会环境,一个现象的发生不是孤立存在的,各现象之间存在广泛的联系和制约关系。例如,收入水平与劳动生产率之间、费用水平与商品流转规模之间、农作物的施肥量与产量之间,都存在一定的依存关系。分析这种关系时就可以使用平均指标。

(五)可以作为推算总体水平高低或数值大小的重要参数

例如,本章利用平均指标可以估算总体标志总量,第八章用样本平均指标估算、推断总体平均指标和总体标志总量。

三、平均指标的种类

平均指标依据不同的分类标准可以划分为不同的类型,主要有以下种类。

(一)平均指标按照时间属性不同,可以分为静态平均数和动态平均数

静态平均数反映的是同质总体内各单位某一数量标志在一定时间、地点条件下的一般水平;动态平均数反映的是某一总体某一指标值在不同时间上的一般水平。如:计算某年级同学2017年期末统计学考试的平均分,就属于静态平均数;而计算某位初中同学三年英语期末考试成绩的平均分,则属于动态平均数。本章主要介绍静态平均数。

(二)平均指标按照计算方法不同,可以分为数值平均数和位置平均数

数值平均数是指根据总体所有变量值来计算的平均数,包括算术平均数、调和平均数和几何平均数。位置平均数是指根据特定的位置关系所计算的平均数,包括中位数和众数,如图5-1所示。

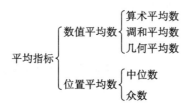

图5-1 平均指标按算法不同分类

第二节 平均指标的计算

一、算术平均数

在唱歌比赛中歌手的得分是怎么得到的呢?通常的做法是去掉一个最高分,去掉一个最低

分,然后对剩余的分数进行平均,得到的平均分即为选手的最后得分。为什么要平均?用的什么平均数?

(一)算术平均数的概念

算术平均数是计算平均指标最基本、最常用的方法或形式。算术平均数就是将总体各单位的标志值相加求和(即总体标志总量),然后除以总体单位总量。其基本计算公式为:

$$算术平均数 = \frac{总体标志总量}{总体单位总量} \qquad (公式 5\text{-}1)$$

利用上面的基本形式,若已知总体标志总量和总体单位总量,计算算术平均数就比较简单。某工业企业职工月工资总额为 200 万元,职工总人数为 400 人,则该企业职工月平均工资为 5000 元。

算术平均数与强度相对数比较

(1)概念不同。强度相对数是由两个有联系而性质不同的总体对比而形成的相对数指标。算术平均数是反映同质总体单位标志值一般水平的指标。

(2)主要作用不同。强度相对数反映两种不同总体现象形成的密度、强度。算术平均数反映同一现象在同一总体中的一般水平。

(3)计算公式及内容不同。算术平均数分子、分母分别是同一总体的标志总量和总体单位数,分子、分母的元素具有一一对应的关系,即分母每一个总体单位都可以在分子中找到与之对应的标志值,反之,分子每一个标志值都可以在分母中找到与之对应的总体单位。而强度相对数是两个总体现象之比,分子、分母没有一一对应关系。

(二)算术平均数的计算

根据计算算术平均数的过程中所掌握资料的情况不同,可以将算术平均数分为简单算术平均数和加权算术平均数。

1. 简单算术平均数

如果掌握总体中各单位的标志值资料,可以将各标志值相加求得标志总量,再除以标志值的个数,得到该标志值的平均数。这种算法称为简单算术平均数,其计算公式为:

$$\bar{x} = \frac{x_1 + x_2 + \cdots + x_n}{n} = \frac{\sum x}{n} \qquad (公式 5\text{-}2)$$

式中:$\bar{x}$ 代表算术平均数,x 代表各单位的标志值,n 代表总体单位数。

【例 5-2】 根据国家统计局发布的《中国统计年鉴(2022)》得到 2018 年和 2021 年我国各地区居民人均可支配收入如表 5-2 所示,请分别计算 2018 年和 2021 年我国各地区居民人均可支配收入的平均数,并进行分析。

表 5-2　我国各地区居民人均可支配收入　　　　　　　　　　（单位:万元）

地区	2018 年	2021 年	地区	2018 年	2021 年
上海	6.4183	7.8027	河北	2.3446	2.9383
北京	6.2361	7.5002	四川	2.2461	2.9080
浙江	4.5840	5.7541	陕西	2.2528	2.8568
江苏	3.8096	4.7498	宁夏	2.2400	2.7904
天津	3.9506	4.7449	吉林	2.2798	2.7770
广东	3.5810	4.4993	山西	2.1990	2.7426
福建	3.2644	4.0659	黑龙江	2.2726	2.7159
山东	2.9205	3.5705	河南	2.1964	2.6811
辽宁	2.9701	3.5112	广西	2.1485	2.6727
内蒙古	2.8376	3.4108	新疆	2.1500	2.6075
重庆	2.6386	3.3803	青海	2.0757	2.5919
湖南	2.5241	3.1993	云南	2.0084	2.5666
安徽	2.3984	3.0904	西藏	1.7286	2.4950
湖北	2.5815	3.0829	贵州	1.8430	2.3996
江西	2.4080	3.0610	甘肃	1.7488	2.2066
海南	2.4579	3.0457			

解　2018 年和 2021 年我国各地区居民人均可支配收入的均值分别为

$$\bar{x}_{2018}=\frac{6.4183+6.2361+4.5861+\cdots+1.7488}{31}=2.8167(万元)$$

$$\bar{x}_{2021}=\frac{7.8027+7.5002+5.7541+\cdots+2.2066}{31}=3.4974(万元)$$

可以得出,我国 2021 年各地区居民人均可支配收入相较于 2018 年平均增加 0.68 万元,增长率 24.12%。这也充分说明,我国在受到新冠疫情影响下经济保持平稳有序发展,居民生活水平有了一定程度的提高和改善。

请注意

简单算术平均数的大小仅受各单位标志值大小的影响,它适用于未经分组整理的统计资料以及整理后各组次数都相同的资料。

2. 加权算术平均数

如果掌握的是分组资料,则应将各组标志值与相应的次数相乘之后再求和,计算出总体标志总量,再用总体标志总量除以各组次数之和,得到平均指标。这种算法称为加权算术平均数。其计算公式为:

$$\bar{x}=\frac{x_1f_1+x_2f_2+\cdots+x_nf_n}{f_1+f_2+\cdots f_n}=\frac{\sum xf}{\sum f} \qquad (公式5\text{-}3)$$

式中:$\bar{x}$ 代表算术平均数,x 代表各组标志值,f 代表各组次数。

加权算术平均数的大小取决于两个因素:一个是变量值(x),变量值越大,平均数就越大;另一个是各组标志值出现的次数(f)。也就是说,次数越多的标志值对平均数的影响程度越大,次数少的标志值对平均数的影响就相对较小。由此可见,次数的多少对平均数大小的影响具有权衡轻重的作用。在统计学中常常把标志值次数的多少称为权数,从而把用权数计算出来的平均数叫作加权算术平均数。应该指出的是,当各组权数相等时,即 $f_1=f_2=f_3=\cdots=f_n$ 时,权数就失去了权衡轻重的作用。这时加权算术平均数就等于简单算术平均数,即 $\bar{x}=\dfrac{\sum xf}{\sum f}=\dfrac{f\sum x}{nf}=\dfrac{\sum x}{n}$,简单算术平均数是加权算术平均数的特例。

权数除了可用绝对数来表示以外,还可用相对数来表示,即各标志值次数占总体的比重(即频率)来表示。因此,便有另一种用标志值乘以相应的频率来计算加权算术平均数的方法。其计算公式如下:

$$\bar{x}=x_1\dfrac{f_1}{\sum f}+x_2\dfrac{f_2}{\sum f}+x_3\dfrac{f_3}{\sum f}+\cdots+x_n\dfrac{f_n}{\sum f}=\sum x\cdot\dfrac{f}{\sum f} \quad (公式 5\text{-}4)$$

1) 由单项式数列计算算术平均数

【例 5-3】 某工厂工人共 100 人,日产零件数如表 5-3 所示,求他们的平均日产零件数。

表 5-3 某工厂工人日产零件数统计表

按日产零件数分组 x/件	工人人数 f/人	各组日产零件数 xf/件	工人数占总人数的比重 $\dfrac{f}{\sum f}$/(%)	$\dfrac{xf}{\sum f}$
20	20	400	20	4
21	40	840	40	8.4
22	20	440	20	4.4
23	20	460	20	4.6
合计	100	2140	100	21.4

该工厂工人的平均日产零件数为:$\bar{x}=\dfrac{\sum xf}{\sum f}=\dfrac{2140}{100}=21.4$(件)

【例 5-4】 某工厂工人共 100 人,日产零件数如表 5-3 所示,求他们的平均日产零件数。

该工厂工人的平均日产零件数为:

$$\bar{x}=\sum x\cdot\dfrac{f}{\sum f}=20\times 20\%+21\times 40\%+22\times 20\%+23\times 20\%=21.4(件)$$

2) 由组距数列计算算术平均数

【例 5-5】 根据例 5-2 的数据资料,对 2021 年我国各地区居民人均可支配收入进行分组(单位:万元),分组结果见表 5-4。请据此计算各地区居民人均可支配收入的平均值。

表 5-4　2021 年我国各地区居民人均可支配收入分组资料

按收入分组/万元	组中值 x	频数 f	xf	$\dfrac{f}{\sum f}$	$\dfrac{xf}{\sum f}$
2～2.5	2.25	3	6.75	0.096	0.216
2.5～3	2.75	12	33	0.387	1.064
3～3.5	3.25	7	22.75	0.226	0.735
3.5～4	3.75	2	7.5	0.065	0.244
4～4.5	4.25	2	8.5	0.065	0.276
4.5 及以上	4.75	5	23.75	0.161	0.765
合计	—	31	102.25	1	3.3

解　2021 年我国居民人均可支配收入的均值为

$$\overline{x}_{2021} = \frac{\sum xf}{\sum f} = \frac{6.75+33+22.75+\cdots+8.5}{31} = \frac{102.25}{31} \approx 3.3(万元)$$

或

$$\overline{x}_{2021} = \sum x \cdot \frac{f}{\sum f} = 0.216 + 1.064 + 0.735 + \cdots + 0.765 \approx 3.3(万元)$$

由例 5-5 可以看出，与例题 5-3 计算出来的各地区居民人均可支配收入的平均值存在差异，也就是说在组距数列计算平均数时有一定的假定性，即假定各单位标志值在组内是均匀分布的，这时各组的平均数恰好等于它的组中值。但实际上各单位标志值在组内是不可能完全均匀分布的，所以用组中值计算得出的平均数只能是一个近似值。

请思考

(1) 下列关于算术平均数的基本形式表述正确的是（　　）
A. 同一总体不同部分对比
B. 不同总体两个有联系的指标数值对比
C. 总体部分数值与总体数值对比
D. 总体单位数量标志值之和与同一总体的单位数对比

(2) 同学们成长道路上的影响因素有很多。其中，自信、勤奋、稳重、诚信等会促使同学们进步，而悲观、懒惰、急躁、任性等会阻碍同学们前进的步伐。怎样设置权重使我们变得积极向上呢？

3. 算术平均数的简捷计算

算术平均数的计算方法简单，但当被平均的资料较多、数值较大时，计算过程就显得较为烦琐。利用平均数的数学性质，可以得出简捷计算公式，从而简化计算过程。算术平均数具有以下几个数学性质：

第一，算术平均数与总体总量的乘积等于标志总量。

$$n\overline{x} = \sum x$$

$$\sum f \cdot \bar{x} = \sum x$$

第二,各单位标志值与算术平均数离差之和等于零。

$$\sum (x - \bar{x}) = 0$$

$$\sum (x - \bar{x})f = 0$$

第三,各单位标志值与算术平均数离差平方之和为最小值。

$$\sum (x - \bar{x})^2 = 最小值$$

$$\sum (x - \bar{x})^2 f = 最小值$$

第四,两个独立的同性质变量代数和的平均数等于各变量平均数的代数和;其乘积的平均数等于各变量平均数的乘积。以简单算术平均数为例,即:

$$\overline{(x+y)} = \bar{x} + \bar{y}$$

$$\overline{(x \times y)} = \bar{x} \times \bar{y}$$

第五,各个变量值(标志值)加或减一个任意数 a,则算术平均数也要加或减该数 a;乘或除一个任意数 a,则算术平均数也要乘或除该数 a。以简单算术平均数为例,即:

$$\frac{\sum (x \pm a)}{n} = \frac{\sum x}{n} \pm \frac{na}{n} = \bar{x} \pm a$$

$$\frac{\sum ax}{n} = a \frac{\sum x}{n} = a \cdot \bar{x}$$

$$\frac{\sum \frac{1}{a}x}{n} = \frac{1}{a} \frac{\sum x}{n} = \frac{1}{a}\bar{x}$$

根据算术平均数的第五个性质可得:

$$\frac{\sum (x - a)}{n} = \bar{x} - a$$

即:

$$\bar{x} = a + \frac{\sum (x - a)}{n} \quad 或 \quad \bar{x} = x_0 + \frac{\sum (x - x_0)}{n}$$

$$\bar{x} = x_0 + \frac{\sum (x - x_0)f}{\sum f} \qquad (公式5\text{-}5)$$

式中:$\bar{x}$ 代表算术平均数,x_0 为假定平均数,f 代表各组次数。

运用公式 5-5 时,一般选取选用被平均的各标志值的中间数,或接近实际平均数的整数作为 x_0,从而使各标志值与 x_0 的离差较小,得以简化平均过程的计算。

公式 5-5 可运用于未分组、等距数列和异距数列等资料。对等距数列,尤其组数较多的等距数列,还可采用以下公式 5-6,简化平均数的计算过程:

$$\bar{x} = x_0 + \frac{\sum \left(\frac{x - x_0}{i}\right)f}{\sum f} \cdot i \qquad (公式5\text{-}6)$$

式中:$\bar{x}$ 代表算术平均数,x_0 为假定平均数,一般选用中间组的组中值,i 为组距,f 代表各组次数。对表 5-3 中的资料,取 $x_0 = 2500$,$i = 1000$。公式 5-6 计算企业工人工资情况如表 5-5 所示。

表 5-5 某企业工人工资情况表

按职工月工资分组/元	人数 f/人	组中值 x	$\dfrac{x-x_0}{i}$	$\left(\dfrac{x-x_0}{i}\right)f$
1000 以下	10	500	−2	−20
1000～2000	20	1500	−1	−20
2000～3000	50	2500	0	0
3000～4000	40	3500	1	40
4000 以上	10	4500	2	20
合计	130	—	—	20

$$\bar{x} = x_0 + \frac{\sum\left(\dfrac{x-x_0}{i}\right)f}{\sum f} \cdot i = 2500 + \frac{20}{130} \times 1000 = 2653.85 \text{ 元}$$

二、调和平均数

调和平均数是平均数的一种，它是各个标志值倒数的算术平均数的倒数，故又称倒数平均数。根据所掌握资料的不同，分为简单调和平均数和加权调和平均数两种形式。

（一）简单调和平均数

简单调和平均数是各单位标志值倒数的简单算术平均数的倒数。在各个标志值相应的标志总量均为一个单位的情况下求平均数时，用简单式。其计算公式为：

$$\bar{x}_H = \frac{n}{\sum \dfrac{1}{x}} \qquad \text{（公式 5-7）}$$

式中：$\bar{x}_H$ 为调和平均数，x 为各单位标志值，n 为总体单位总数。

【例 5-6】 某集贸市场西红柿的价格，早市每千克 1 元，午市每千克 0.50 元，晚市每千克 0.25 元，若早、中、晚各买 1 元钱，计算平均价格。

（1）用算术平均数计算：

①早、中、晚各买 1 元钱，合计花 3 元。

②早上用 1 元钱可买 1 千克，中午用 1 元钱可以买 2 千克，晚上用 1 元钱可以买 4 千克，合计共买西红柿 7 千克。

③平均价格数：$\bar{x} = \dfrac{3}{7} = 0.43$（元/千克）

（2）用简单调和平均数计算：

$$\bar{x}_H = \frac{n}{\sum \dfrac{1}{x}} = \frac{3}{\dfrac{1}{1}+\dfrac{1}{0.5}+\dfrac{1}{0.25}} = 0.43 \text{（元/千克）}$$

请思考

如果各个标志值对应的标志值总量不相等，应该怎么办？

(二)加权调和平均数

加权调和平均数是指各单位标志值倒数的加权算术平均数的倒数。若以 m_i 代表各项权数,则计算公式为:

$$\overline{x}_H = \frac{m_1 + m_2 + \cdots + m_n}{\dfrac{m_1}{x_1} + \dfrac{m_2}{x_2} + \cdots + \dfrac{m_n}{x_n}} = \frac{\sum m}{\sum \dfrac{m}{x}} \quad \text{(公式 5-8)}$$

式中:m_i 为调和平均数的权数,它不是各组变量值出现的次数,而是各组标志值总量。

上例中,早、中、晚各买1元,支出金额相等,用简单调和平均数。但是如果早、中、晚购买蔬菜的支出金额不等,就要用加权调和平均数了。

【例 5-7】 如例 5-6 资料,早上买西红柿 3 元,中午买 2 元,晚上买 1 元,试计算其平均价格。

$$\overline{x}_H = \frac{\sum m}{\sum \dfrac{m}{x}} = \frac{3+2+1}{\dfrac{3}{1} + \dfrac{2}{0.5} + \dfrac{1}{0.25}} = 0.55(元/千克)$$

在统计中,调和平均数常常作为算术平均数的变形来使用,所以它的计算内容和算术平均数一样,是标志总量除以总体单位数,调和平均数的权数是算术平均数中的标志值乘以总体单位数所得到的标志总量,即 $m_i = x_i \times f_i$。

$$\overline{x} = \frac{\sum x_i f_i}{\sum f_i} = \frac{\sum x_i f_i}{\sum \dfrac{1}{x_i} \cdot x_i f_i} = \frac{\sum m_i}{\sum \dfrac{m_i}{x_i}}$$

尽管二者的计算方法不同,但实质是一样的。

下面通过实例来说明加权算术平均数和加权调和平均数两种方法的应用。

1. 由相对数计算平均数

以计划完成程度相对指标为例,当掌握计划完成程度相对指标计算公式的分母(计划任务数)资料时,求平均计划完成程度,应采用加权算术平均数计算。

【例 5-8】 某工程分一部、二部、三部,2021 年计划收入分别为 300 万元、260 万元、240 万元,计划完成程度分别为 102%、107%、109%,求平均计划完成程度。

由于掌握的资料是计划任务数,平均计划完成程度应采用以计划收入为权数的加权算术平均数来计算,如表 5-6 所示。

表 5-6 某工程计划完成资料及计算表

部门	计划完成程度 x/(%)	计划收入 f/万元	实际收入 xf/万元
一部	102	300	306.0
二部	107	260	278.2
三部	109	240	261.6
合计	—	800	845.8

平均计划完成程度为:

$$\overline{x} = \frac{\sum xf}{\sum f} = \frac{845.8}{800} \times 100\% = 105.73\%$$

当掌握计划完成程度相对指标计算公式的分子(实际完成数)资料时,求平均计划完成程度就不能用加权算术平均数公式计算了,而应以实际收入为权数,采用加权调和平均数计算,如表5-7所示。

表 5-7　某工程实际完成资料及计算表

部门	计划完成程度 x/(%)	实际收入 m/万元	计划收入 $\dfrac{m}{x}$/万元
一部	102	306.0	300
二部	107	278.2	260
三部	109	261.6	240
合计	—	845.8	800

由表 5-7 中的资料计算平均计划完成程度为:

$$\bar{x} = \frac{\sum m}{\sum \dfrac{m}{x}} = \frac{845.8}{800} \times 100\% = 105.73\%$$

2. 由平均数计算平均数

对于这个问题的计算和应用,与上面所分析的方法相同。首先要从平均数本身的计算特征出发,然后看所掌握的资料是这个平均数计算公式的分子数值还是分母数值,再决定采用哪种方法计算。

【例 5-9】　某商品在三个农贸市场上的平均价格和交易量资料如表 5-8 所示。

表 5-8　某商品在三个农贸市场上的平均价格和贸易量

市场	平均价格 x/(元/千克)	贸易量 f/千克	贸易额 xf/元
甲	1.0	30 000	30 000
乙	1.5	20 000	30 000
丙	1.4	25 000	35 000
合计	—	75 000	95 000

平均价格的基本计算公式为贸易额除以贸易量。本例中我们已知贸易量(分母)资料,由此可采用加权算术平均数计算,即:

$$各市场平均价格 = \frac{\sum xf}{\sum f} = \frac{95\,000}{75\,000} = 1.27(元/千克)$$

若本例中给出的是每个市场商品的平均价格和贸易额(分子)资料,那就采用加权调和平均数计算。其计算过程如表 5-9 所示。

表 5-9　某商品在三个农贸市场上的平均价格和贸易额

市场	平均价格 x/(元/千克)	贸易额 m/元	贸易量 $\dfrac{m}{x}$/千克
甲	1.0	30 000	30 000

续表

市场	平均价格 x/(元/千克)	贸易额 m/元	贸易量 $\frac{m}{x}$/千克
乙	1.5	30 000	20 000
丙	1.4	35 000	25 000
合计	—	95 000	75 000

$$各市场平均价格 = \frac{\sum m}{\sum \frac{m}{x}} = \frac{95\ 000}{75\ 000} = 1.27(元/千克)$$

应用调和平均数时：
(1) 变量 x 的值不能为 0。
(2) 调和平均数易受极端值的影响。
(3) 要注意其运用的条件。

三、几何平均数

几何平均数不同于算术平均数和调和平均数，是 n 个变量值连乘积的 n 次方根。它反映的是某种特定现象的平均水平，这种现象的标志总量不是各单位的标志值的总和，而是它们的连乘积。在统计分析中，几何平均数主要用来计算平均比率或平均发展速度。由于掌握资料的差异，几何平均数也分为简单几何平均数和加权几何平均数两种。

(一) 简单几何平均数

简单几何平均数适用于未分组资料，其计算公式为：

$$\overline{x_G} = \sqrt[n]{x_1 \cdot x_2 \cdot x_3 \cdots x_n} = \sqrt[n]{\prod x} \qquad （公式5-9）$$

式中：$\overline{x_G}$ 为几何平均数，x 为各单位标志值，n 为总体单位总数，$\prod$ 为连乘号。

【例 5-10】 某机械厂生产机器，设有毛坯、粗加工、精加工、装配四个连续作业的车间。某批产品各车间的合格率分别为 97%、93%、91%、87%，求各车间制品的平均合格率。

由于全厂产品的总合格率并不等于各车间制品的合格率总和，后续车间的合格率是在前一车间制品全部合格率的基础上计算的，全厂产品的总合格率应等于各车间制品合格率的连乘积，所以不能采用算术平均数和调和平均数来计算平均合格率，而应采用几何平均数来求得，即：

$$\overline{x_G} = \sqrt[n]{x_1 \cdot x_2 \cdot x_3 \cdots x_n} = \sqrt[4]{97\% \times 93\% \times 91\% \times 87\%} = 91.93\%$$

(二) 加权几何平均数

当计算几何平均数的每个变量值的次数不等时，则应用加权几何平均数。其计算公式为：

$$\overline{x_G} = \sqrt[f_1+f_2+\cdots+f_n]{x_1^{f_1} \cdot x_2^{f_2} \cdot x_3^{f_3} \cdots x_n^{f_n}} = \sqrt[f_1+f_2+\cdots+f_n]{\prod x^f} \qquad （公式5-10）$$

式中：$\bar{x}_G$ 为几何平均数，x 为各单位标志值，f 为总体单位总数，$\prod$ 为连乘号。

【例 5-11】 某地区 20 年来经济发展速度如下：前 10 年发展速度为 107%，之后有 1 年发展速度为 102%，又连续 4 年发展速度为 110%，最后 5 年发展速度为 105%，求 20 年中经济平均发展速度。

$$\bar{x}_G = \sqrt[f_1+f_2+\cdots+f_n]{x_1^{f_1} \cdot x_2^{f_2} \cdot x_3^{f_3} \cdot \cdots \cdot x_n^{f_n}}$$
$$= \sqrt[10+1+4+5]{107\%^{10} \times 102\% \times 110\%^4 \times 105\%^5}$$
$$= 106.83\%$$

（三）运用几何平均数应注意的问题

(1) 数列的标志值中有一个为 0，则几何平均数为 0。

(2) 用环比指数计算几何平均数，受到最初水平和最末水平影响。

(3) 几何平均数主要用于计算平均发展速度，属于动态平均数。计算静态平均数时，较少用此法。

经典实例

一首打油诗：

张家有钱一千万，九个邻居穷光蛋。

平均起来算一算，个个都是张百万。

诗中所讲的九个穷光蛋邻居因为与"张千万"一起来算平均财产，不幸"被富人"了，都成了百万富翁。这种说法显然有些夸张，但是它揭示了一个道理。

仅靠数值平均数来了解一个群体的收入情况是不妥的，它有时会掩盖严重的分配不均事实，为此需要学会运用另一种形式的平均数——位置平均数。

四、中位数

（一）中位数的概念

中位数是将被研究总体的各单位的标志值按大小顺序排列，处于中间位置的那个标志值就是中位数，用符号 M_e 表示。

中位数把全部标志值分成两个部分，两部分的标志值个数相等。其特点如下：

(1) 中位数代表整个总体各单位标志值的平均水平。

(2) 中位数不受极端值的影响，主要用于顺序数据，当数列中出现极大标志值或极小标志值时，中位数比数值平均数更具有代表性，但不能用于分类数据。

(3) 各单位标志值与中位数离差的绝对值之和最小。

在缺乏计量手段时，也可用中位数近似地代替算术平均数。例如，估计一群人的平均身高，而无测量身高的仪器，则可对人群按身高排队，中间那个人的身高就是平均身高的近似值。

（二）中位数的确定方法

中位数的确定需要遵循三个步骤：先根据资料按照由小到大或由大到小的顺序将标志值排序，其次确定中位数所在的中间位置，最后根据中间位置确定中位数。

1. 未分组资料

未分组资料确定中位数很简单,只需按上述步骤进行即可。一般中间位置的确定公式为:

$$中间位置 = \frac{n+1}{2} \quad (n \text{ 代表项数})$$

(1) 如果标志值的项数是奇数,那么局域中间位置的那个标志值就是中位数。

【例 5-12】 某专业有 7 名同学英语考试成绩分别为 88 分、86 分、100 分、65 分、76 分、95 分、80 分,则中位数确定过程如下:

按从小到大顺序排序:65,76,80,86,88,95,100

$$中间位置 = \frac{n+1}{2} = \frac{7+1}{2} = 4$$

即处于第 4 位的那个标志值为中位数,$M_e = 86$ 分。它代表了 7 位同学英语考试成绩的一般水平。

(2) 如果标志值的项数是偶数,则中间位置的两项标志值的算术平均数是中位数。

假如上述专业又增加了一名学生,这 8 名同学的英语考试成绩经排序为 65 分、76 分、80 分、82 分、86 分、88 分、95 分、100 分。

则中位数位置 $= \frac{8+1}{2} = 4.5$,即中位数处于第 4 位的标志值与第 5 位的标志值之间的中点位置,$M_e = \frac{82+86}{2} = 84$(分)。

2. 分组资料确定中位数

(1) 根据单项数列确定中位数。第一步,按一定方法计算累计次数代替排序。第二步,以公式 $\frac{\sum f}{2}$ 确定中位数的位置。第三步,确定中位数,包含 $\frac{\sum f}{2}$ 的最小累计次数所在组的标志值即为中位数。

【例 5-13】 某校学生 2021—2022 年获得奖学金的学生有 50 人,其分布情况及计算如表 5-10 所示:

表 5-10 某校学生奖学金分布情况资料

奖学金金额/(元/人)	人数/人	人数累计/人	
		向上累计	向下累计
300	6	6	50
500	12	18	44
800	20	38	32
1000	8	46	12
1500	4	50	4
合计	50	—	—

根据资料计算向下累计次数和向上累计次数如表 5-10 所示。计算中位数位置为 50/2=25 人,即排队后的第 25 个同学为中位数位置,则可以看出包含 25 的向上累计次数 38 所在组(或包含 25 的向下累计次数 32 所在组)就是中位数所在组,其对应的标志值 800 元,即为中位数。

(2) 根据组距数列确定中位数。第一步,按一定方法计算累计次数代替排序。第二步,以公

式 $\frac{\sum f}{2}$ 确定中位数的位置。第三步,确定中位数,要利用下列两个公式估算中位数的近似值:

下限公式(向上累计时用): $M_e = L + \dfrac{\dfrac{\sum f}{2} - S_{m-1}}{f_m} \times i_m$ （公式 5-11）

上限公式(向下累计时用): $M_e = U - \dfrac{\dfrac{\sum f}{2} - S_{m+1}}{f_m} \times i_m$ （公式 5-12）

式中:M_e 为中位数,L 为中位数所在组的下限,U 为中位数所在组的上限,S_{m-1} 为中位数所在组上一组的向上累计次数,f_m 为中位数所在组的次数,S_{m+1} 为中位数所在组下一组的向下累计次数,i_m 为中位数所在组的组距。

【例 5-14】 某单位职工身高的分组资料如表 5-11 所示。

表 5-11 某单位职工身高分组资料

身高/厘米	职工人数/人	人数累计/人	
		向上累计	向下累计
160 以下	8	8	60
160～170	16	24	52
170～180	28	52	36
180 以上	8	60	8
合计	60	—	—

根据资料计算较小制累计次数和较大制累计次数如表 5-11 所示。计算中位数位置为 60/2＝30 人,即排队后的第 30 位职工为中位数位置,则可以看出包含 30 的向上累计次数 52 所在组(或包含 30 的向下累计次数 36 所在组)就是中位数所在组,说明中位数在 170～180 厘米之间。按下限公式可得中位数的近似数值:

$$M_e = 170 + \frac{30-24}{28} \times (180-170) = 170 + 2.14 = 172.14 \text{(厘米)}$$

或: $$M_e = 180 - \frac{30-8}{28} \times (180-170) = 180 - 7.86 = 172.14 \text{(厘米)}$$

(三)运用中位数应注意的问题

(1)中位数是一组数据中唯一的,可能是这组数据中的数据,也可能不是这组数据中的数据。

(2)求中位数时,先将数据由小到大顺序排列,若这组数据是奇数个,则中间的那个标志值是中位数;若这组数据是偶数个,则中间的两个标志值的平均数是中位数。

(3)中位数的单位与数据的单位相同。

五、众数

(一)众数的概念

众数是指总体中出现次数最多的标志值,用 M_0 表示。

众数是总体各单位中最普通、最常出现的标志值。用众数也可以表明社会经济现象的一般水平。其特点如下：

(1) 一组数据中出现次数最多的变量值。

(2) 适合于数据量较多且有明显的集中趋势时使用。否则众数缺乏代表性，将失去意义。主要用于分类数据，也可用于顺序数据和数值型数据。

(3) 不受极端值的影响(缺乏敏感性)。

(4) 一组数据可能没有众数或有几个众数。

实践中可以通过了解如集市贸易中某种商品大多数的成交价格，来掌握该商品销售价格的一般水平；可以通过了解某地区大多数家庭的人口数来掌握该地区家庭人口规模的一般水平，等等。

某商店上周销售男式皮鞋的情况如下：

尺码/mm	240	245	250	255	260	265	270
数量/双	4	15	34	48	29	18	5

在这组数据中，哪种尺码是众数？为什么？这个众数对商家进货有帮助吗？说说你的想法。

(二) 众数的确定方法

1. 根据未分组资料或分组资料为单项数列来确定众数

此时众数的确定方法较简单。可通过直接观察标志值出现的次数，找出次数最多的标志值，即为众数。

【例 5-15】 某车间 10 名工人工资如表 5-12 所示，求众数。

表 5-12 某车间 10 名工人工资资料

月工资 x/元	工人数 f/人	工资总额 xf/元
2500	2	5000
2800	7	19 600
3000	1	3000
合计	10	27 600

经观察发现，标志值 2800 元出现的次数最多(7 次)，所以工资额 2800 元为众数。

2. 根据分组资料为组距数列来确定众数

此时，先在组距数列中确定众数所在的组，然后利用公式计算众数。其计算公式为：

$$下限公式：M_0 = L + \frac{\Delta_1}{\Delta_1 + \Delta_2} \times i \quad (公式 5\text{-}13)$$

$$上限公式：M_0 = U - \frac{\Delta_2}{\Delta_1 + \Delta_2} \times i \quad (公式 5\text{-}14)$$

式中：M_0 为众数，L 为众数所在组的下限，U 为众数所在组的上限，Δ_1 为众数所在组的次数与上一组次数之差(即 $f_m - f_{m-1}$)，Δ_2 为众数所在组的次数与下一组次数之差(即 $f_m - f_{m+1}$)，i 为组距。

【例 5-16】 某地区职工家庭人均月收入资料如表 5-13 所示。

表 5-13 某地区职工家庭人均月收入资料

人均月收入/元	家庭数/户
1000 以下	280
1000~2000	640
2000~3000	1720
3000~4000	5000
4000~5000	2400
5000 以上	360
合计	10 400

从表 5-13 可看出，家庭户数最多的是 5000 户，对应的人均月收入为 3000~4000 元为众数所在组。利用公式确定众数的近似值。

下限公式：
$$M_0 = 3000 + \frac{5000-1720}{(5000-1720)+(5000-2400)} \times (4000-3000)$$
$$= 3000 + \frac{3280}{3280+2600} \times 1000$$
$$= 3557.82(元)$$

上限公式：
$$M_0 = 4000 - \frac{5000-2400}{(5000-1720)+(5000-2400)} \times (4000-3000)$$
$$= 4000 - \frac{2600}{3280+2600} \times 1000$$
$$= 3557.82(元)$$

(三) 运用众数应注意的问题

(1) 众数是根据变量值出现次数的多少来确定的，其数值不受极端变量值的影响。

(2) 根据组距数列计算众数的前提是该组距数列各组组距相等。因为组距数列中各组次数的分配受组距大小的影响，只有等距分组才能保证各组次数分配的客观性和公平性，从而相对准确地计算众数。

(3) 可能出现多个众数或无众数的状态。当一个分配数列中有多个众数时称多重众数，此时说明总体内存在不同性质的事物。当数列没有明显的集中趋势而趋于均匀分布时，不存在众数。

请思考

不同饮料的品牌分别为可口可乐、康师傅冰红茶、百事可乐、汇源果汁、露露，出现的频数分别为 15、11、9、8、12，此时众数是什么？

六、平均指标的关系

(一) 数值平均数之间的关系

(1) $\bar{x} \geqslant \bar{x}_G \geqslant \bar{x}_H$。根据同一资料计算的三种数值平均数,数值大小顺序为算术平均数最大,几何平均数第二,调和平均数最小;当且仅当资料的数据(标志值)全相等时,这三个数值平均数才相等。

(2) 简单平均数是加权平均数的特例。前面已讲到数值平均数均可划分为简单平均数与加权平均数两种。所有简单平均数,实质上都是相应的加权平均数的特例,即简单算术平均数实质就是各权数值相等时的加权算术平均数,其他数值平均数同此性质。

(二) 数值平均数与位置平均数之间的关系

算术平均数、众数和中位数之间存在一定的数量关系[①],这种关系取决于总体内的次数分布情况。

(1) 当数据分布呈对称状态时,算术平均数位于次数分布曲线的对称点上,而该点同时又是曲线的最高点和中心点,因此 $\bar{x} = M_0 = M_e$,参见图 5-2(a)。

(2) 当数据分布呈右偏分布时,说明数据存在极端值,极端大的数值影响平均数向右侧偏移,而众数和中位数都是位置代表值,不受极端值影响,因此三者的关系表现为 $M_0 < M_e < \bar{x}$,参见图 5-2(b)。

(3) 当数据分布呈左偏分布时,说明数据存在极端值,极端小的数值影响平均数向左侧偏移,而众数和中位数都是位置代表值,不受极端值影响,因此三者的关系表现为 $\bar{x} < M_e < M_0$,参见图 5-2(c)。

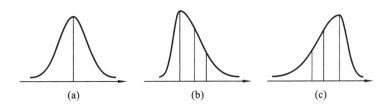

图 5-2 算术平均数、众数和中位数之间的关系

英国统计学家皮尔逊(Pearson)指出,当总体数据呈轻偏态分布时,它们之间的关系为:算术平均数与众数的距离是其与中位数距离的 3 倍,即 $\bar{x} - M_0 = 3(\bar{x} - M_e)$。利用这种关系,可以判别总体分布的态势;亦可在已知其中两个平均指标时,推算出第三个平均指标。例如:

$$M_0 = 3M_e - 2\bar{x}$$

$$M_e = \frac{1}{3}(M_0 - 2\bar{x})$$

$$\bar{x} = \frac{1}{2}(3M_e - M_0)$$

需要指出的是,当一组数据容量较大,形成轻微偏斜的钟形分布,并且在分布曲线相对光滑的情形下,才会近似呈现出关系:$M_0 < M_e < \bar{x}$ 或 $\bar{x} < M_e < M_0$,对于不符合上述要求的数据组、中位数未必居中,例如:1,2,5,30,30 这 5 个数的平均数、中位数、众数三者之间的关系是 $M_e < \bar{x} < M_0$。

---

① 本书仅考虑存在明显集中趋势的钟形分布。

七、计算和应用平均指标应注意的问题

（一）在同质总体中应用和计算平均指标

只有对于同质的总体，才能计算、应用平均指标。这是运用平均指标的基本前提，也是运用平均指标的一个基本原则。只有这样才能反映总体的本质，说明总体的一般水平。如果现象总体是不同质的，所计算的平均指标就会掩盖总体各单位之间的本质差异，甚至歪曲事实真相，得出错误的结论。例如，在分析研究商品的平均价格时，应对生产资料与生活资料加以区别，因为二者具有不同的经济性质或经济用途。如果不加区别计算平均价格，是不可能真实地反映出这些商品价格的一般水平的。

（二）用组平均数补充说明总平均数

按同质总体所计算的总平均数，是一个"笼统平均数"，在许多情况下还不能充分地反映所研究现象的特征和规律性。也就是说，在同质总体中各单位之间还存在着其他一些性质上的重要差别，而它们对总平均数往往有着重要影响。因而我们应重视影响总平均数的各个有关因素的作用，用有关标志对总体进行分组，计算组平均数对总平均数做补充说明，来揭示现象内部结构组成的影响。

【例5-17】 甲、乙两企业职工人数及工资情况如表5-14所示，要求对两企业各类工人的实际工资水平进行分析。

表5-14 甲、乙两企业职工人数及工资情况

职工类别	甲企业				乙企业			
	人数/人	比重/(%)	工资总额/元	平均工资/元	人数/人	比重/(%)	工资总额/元	平均工资/元
非熟练工人	225	75	1 012 500	4500	180	90	828 000	4600
熟练工人	75	25	412 500	5500	20	10	116 000	5800
合计	300	100	1 425 000	4750	200	100	944 000	4720

从表5-14可以看出，甲企业职工的总平均工资4750元高于乙企业职工的总平均工资4720元，但分组计算的熟练工人和非熟练工人的平均工资情况恰好相反。乙企业熟练工人和非熟练工人的平均工资均高于甲企业，出现这种现象是由于总体内部结构不同。甲企业平均工资高的熟练工人占总职工人数的75%，使总平均工资靠近熟练工人的平均工资，而乙企业的情况恰好相反。正是这种工资水平不同的职工人数结构差别的影响，使得甲企业的总平均工资高于乙企业。而通过分组计算组平均数就消除了这种结构因素的影响，从而反映了两企业各类工人的实际工资水平。

（三）用分配数列补充说明平均数

在使用平均指标对具体问题进行实际分析时，不能只看反映总体一般水平的平均数，要同时看分配数列的次数分配情况和最高及最低标志值。这是因为平均指标把总体各单位的差异给抽象化了，掩盖了总体各单位的差异及其分配情况，有时这种差异是不能被忽视的。

【例5-18】 某管理局包括20家下属企业，经计算已知该管理局的产值计划完成程度是106.5%，各下属企业计划完成情况如表5-15所示，请对该管理局的计划完成情况做简要分析。

表 5-15　某管理局下属企业总产值计划完成情况

计划完成程度分组/(%)	企业数/家	比重/(%)
90～100	3	15
100～110	12	60
110～120	5	25
合计	20	100

已知该管理局的产值计划完成程度是 106.5%，若单看平均数，则该管理局超额完成了计划。如果结合分配数列，可以清楚地看出来有 3 家企业没有完成计划，占总企业数的 15%；有 5 家企业的计划完成程度超过了 110%。

（四）把平均指标和具体情况结合起来分析

平均数代表的是现象在具体的时间、地点、条件下的一般水平，所以在用平均指标进行统计分析时，一定要把对具体的时间、地点、条件的分析结合起来，才能全面地认识问题，正确地评价事物。

第三节　变异指标的概念和作用

在统计研究中，一方面要计算平均指标。平均指标是将总体各单位某一数量标志值的差异抽象化，只反映总体的一般水平与共性，反映的是总体的集中趋势，但它同时也掩盖了总体各单位的数量差异，不能全面描述总体分布的特征。因此，也要计算变异指标，用以反映总体各单位标志值的差异程度和总体分布的离中趋势。因此，两者紧密联系，分别从不同角度分析现象的特征。

一、变异指标的概念

变异指标又称标志变动度，是反映总体各单位标志值之间差异程度或离散程度的指标。

在例 5-1 中我们求得甲、乙两组工人日产量的平均数均为 70，但从原始数据中我们可以看出甲组工人日产量集中程度大，乙组工人日产量离散程度大。变量的离散趋势越大，说明集中趋势越小，如乙组；变量的离散趋势越小，说明集中趋势越大，如甲组。

平均指标和变异指标是一对相互联系的对应指标，是从两个不同的侧面反映同质总体的数量特征。两者的区别表现在：

（1）平均指标说明总体各单位标志值的共性，变异指标说明总体中各单位标志值的差别大小程度和变异状况。

（2）平均指标反映总体变量分布的集中趋势，变异指标则说明总体变量分布的离中趋势。

二、变异指标的作用

（一）变异指标可以衡量平均指标代表性的大小

平均指标反映总体各单位标志值的一般水平，其代表性大小取决于标志值之间的离散程度。两者之间的关系为：变异指标越大，说明总体各单位标志值之间的差异程度越大，平均数指标代表性越弱；变异指标越小，说明总体各单位标志值之间的差异程度越小，平均数指标的代表性就越强。

【例5-19】 假设有甲、乙两个学习小组,各有6名学生,数学考试成绩如下:

甲组:55,65,80,85,95,100

乙组:77,78,79,80,82,84

甲、乙两组的平均成绩都是80分,但学生成绩的差异程度不同,可以很明显地看出甲组学生成绩差异较大,因此甲组学生的平均成绩代表性较弱,乙组代表性较强。

(二)变异指标能够反映现象变动过程的稳定性和均衡程度

变异指标的这个作用,使之成为企业进行产品质量控制和说明经济管理工作质量的重要指标。例如,两车间在月末核算时发现均已完成计划产量,但计划执行的质量是不同的,一个车间全月比较均衡地完成了生产计划,各旬之间计划完成程度差异较小;另一车间各旬计划数量完成前松后紧,计划完成程度差异较大。说明均衡完成计划的车间执行质量更高一些。

有两个乡的水稻平均单产都是400 kg,甲乡的水稻单产在350~450 kg之间的地块,占播种面积的60%;而乙乡在350~450 kg之间的地块,只占播种面积的30%。谈谈哪个乡具有比较稳定而又可靠的收获量?

(三)变异指标的大小是科学地确定必要的样本单位数和计算抽样误差应考虑的重要因素

在抽样调查中,需要科学地确定必要的抽样单位数,使用样本指标推断总体相应的数量特征,有关抽样误差的计算、误差允许范围衡量、抽样估计可靠度等都要运用反映变量值之间差异程度的变异指标。

常用的变异指标有异众比率、全距、四分位距、平均差、标准差和变异系数,第四节我们一一介绍。

第四节 变异指标的计算

一、异众比率

异众比率是指非众数组的频数占总频数的比率,其计算公式为:

$$V_r = 1 - f_0 / \sum f_i \quad \text{(公式5-15)}$$

其中,f_0为众数组的频数。

异众比率主要用于衡量众数对一组数据的代表程度。异众比率越大,说明众数的频数占比越小,众数的代表性越差;异众比率越小,说明众数的频数占比越大,众数的代表性越好。异众比率主要适用于度量分类数据的离散程度,也可以用于顺序数据和数值型数据。

【例5-20】 某就业服务平台为了解大学生择业的首要考虑因素,随机调查了300位应届毕业生,得到影响其就业的首要因素分别为工作稳定性、发展机会、工作地点、薪酬待遇、专业对口和其他,对应人数分别为:60、30、75、82、30和23,则异众比率为

$$V_r = 1 - f_0 / \sum f_i = 1 - 82/300 = 72.67\%$$

从结果可以看出，在 300 位毕业生中择业首要因素不是"薪酬待遇"的占比约为 72.67%，异众比率较大。因此在该组数据中如果采用"薪酬待遇"代表大学生择业的首要考虑因素，其代表性并不高。

二、全距

全距又称极差，它是总体各单位标志值中最大值与最小值之差，用来表示总体内部标志值的变动范围，常用 R 表示。计算公式如下：

$$R = x_{\max} - x_{\min} \tag{公式 5-16}$$

式中：$x_{\max}$ 表示最大标志值，$x_{\min}$ 表示最小标志值。

【例 5-21】 如例 5-19，甲、乙两组的平均成绩都是 80 分，但各组的全距分别为：

$$R_{甲} = x_{\max} - x_{\min} = 100 - 55 = 45(分)$$
$$R_{乙} = x_{\max} - x_{\min} = 84 - 77 = 7(分)$$

由此可以看出，甲组全距远远大于乙组全距，因此，甲组平均数的代表性小于乙组。如果掌握的资料是组距分组数列资料，则全距的近似值公式为：

$$R = 最高组（末组）的上限 - 最低组（首组）的下限 \tag{公式 5-17}$$

当组距数列中有开口组时，不能判定其极端值取值，就无法求其全距。

【例 5-22】 某企业工人某月工资资料如表 5-16 所示，求其月工资的全距。

表 5-16　某企业工人某月工资情况

按月工资额分组/元	工人数/人
2000～3500	100
3500～5000	200
5000～6500	70
6500～8000	30
合计	400

根据资料可知：

$$R = 8000 - 2000 = 6000(元)$$

全距的优点是计算简便，容易理解，在某些场合使用价值较大。例如检查产品质量的稳定性，进行产品质量控制，将质量指标误差控制在一定的范围内；又如每日气温变化、每日股票及证券市场的行情分析。

全距的缺点是它的大小仅仅考虑了两个极端值，没有考虑到中间各个数值的分布情况，因而不能全面反映各单位标志值之间的变异程度，使用有一定的局限性。

三、四分位距

四分位距也称为内距或四分位差，是为了克服全距只受极端值影响的弊端，用第三四分位数与第一四分位数的差作为测定离中趋势的一种变异指标，常用 Q_r 表示。计算公式如下：

$$Q_r = Q_3 - Q_1 \tag{公式 5-18}$$

式中：Q_3 表示第三四分位数，Q_1 表示第一四分位数。

（一）四分位数的概念

四分位数是通过 3 个点将一组按大小顺序排列的标志值等分为 4 部分，每部分包含 25% 的数据。其中处于中间第二的四分位数就是中位数,因此四分位数通常是指位于25%位置的数值(称为1/4分位数,用Q_1表示)和75%位置的数值(称为3/4分位数,用Q_3表示)。

四分位数不受极端值的影响,其主要用于顺序数据,也可用于数值型数据,但不能用于分类数据。

(二)四分位数的确定

1. 未分组资料确定四分位数

首先将掌握的资料按标志值大小顺序排序,分别确定各四分位数所在的位置,在该位置上对应的标志值即为四分位数。即:

$$Q_1 \text{位置} = \frac{n+1}{4} \tag{公式5-19}$$

$$Q_3 \text{位置} = \frac{3(n+1)}{4} \tag{公式5-20}$$

式中:n为未分组资料标志值的个数。

2. 分组资料确定四分位数

(1)根据单项数列分组资料确定四分位数,首先计算累计次数,再确定四分位数所在组,这组对应的标志值即为四分位数。即:

$$Q_1 \text{位置} = \frac{\sum f}{4} \tag{公式5-21}$$

$$Q_3 \text{位置} = \frac{3\sum f}{4} \tag{公式5-22}$$

式中:f为单项数列资料各个标志值出现的次数。

(2)根据组距数列分组资料确定四分位数,首先计算累计次数确定四分位数所在位置,再用插值法计算四分位数的近似值。即:

$$Q_1 = L_{Q_1} + \frac{\frac{\sum f}{4} - S_{Q_1}}{f_{Q_1}} i_{Q_1} \tag{公式5-23}$$

式中:f为组距数列各分组标志对应的次数,L_{Q_1}为第一四分位数所在组的下限,f_{Q_1}为第一四分位数组的次数,S_{Q_1}为向上累计到第一四分位数组前一组的累计次数,i_{Q_1}为第一四分位数所在组的组距。

$$Q_3 = L_{Q_3} + \frac{\frac{\sum f}{4} - S_{Q_3}}{f_{Q_3}} i_{Q_3} \tag{公式5-24}$$

式中:f为组距数列各分组标志对应的次数,L_{Q_3}为第三四分位数所在组的下限,f_{Q_3}为第三四分位数组的次数,S_{Q_3}为向上累计到第三四分位数组前一组的累计次数,i_{Q_3}为第三四分位数所在组的组距。如表5-16所示的资料,则:

$$Q_1 = 2000 + \frac{\frac{400}{4} - 0}{100} \times 1500 = 3500(元)$$

$$Q_3 = 3500 + \frac{\frac{3 \times 400}{4} - 100}{200} \times 1500 = 5000(元)$$

$$四分位距 Q_r = Q_3 - Q_1 = 5000 - 3500 = 1500(元)$$

计算结果表明,50%的工人某月工资差别范围为 1500 元。

四分位距的优点是可以避免全距测量离中趋势受极端值的影响;缺点在于仅反映了中间 50% 数据的离散程度,反映现象的差异程度较粗略和不全面,实用价值较小。

若需扩大范围,以更多的标志值信息决定标志变异指标,可以将四分位距推广到十分位距或者百分位距。

四、平均差

全距、四分位距等都未全面考虑所有标志值来确定的变异指标。平均差是运用全部标志值形成的变异指标。

(一)平均差的概念

平均差是总体各单位标志值对其算术平均数的离差的绝对值的算术平均数,也叫平均离差,常用 A.D. 表示。由于各个标志值对算术平均数的离差有正负号,其和为零,因此,必须采用离差的绝对值来计算。

平均差的作用主要是综合反映总体内各单位标志值的差异程度。平均差越大,标志变异程度越大,平均数的代表性越弱;反之,平均差越小,标志变异程度越小,平均数的代表性越强。

(二)平均差的计算

首先计算各标志值的平均数 $\bar{x}$,其次计算各标志值与其平均数的绝对离差 $|x-\bar{x}|$,最后对这些绝对离差计算算术平均数,即得到平均差。根据所掌握的资料不同,平均差有两种计算方法。

1. 简单平均差

如果掌握的资料是未分组资料,采用简单平均差计算平均差。其计算公式如下:

$$A.D. = \frac{\sum |x - \bar{x}|}{n} \quad \text{(公式 5-25)}$$

【例 5-23】 某企业甲、乙两个生产小组的日产量资料如下:甲组:40,60,65,75,80,100;乙组:67,68,69,70,71,75。则:

甲组平均日产量和平均差分别为:

$$\bar{x}_甲 = \frac{\sum x}{n} = \frac{40+60+65+75+80+100}{6} = 70(件)$$

$$A.D._甲 = \frac{\sum |x-\bar{x}|}{n} = \frac{30+10+5+5+10+30}{6} = 15(件)$$

乙组平均日产量和平均差分别为:

$$\bar{x}_乙 = \frac{\sum x}{n} = \frac{67+68+69+70+71+75}{6} = 70(件)$$

$$A.D._乙 = \frac{\sum |x-\bar{x}|}{n} = \frac{3+2+1+0+1+5}{6} = 2(件)$$

通过上述计算可知:甲、乙两组平均数相等,甲组的平均差为 15 件,乙组的平均差为 2 件,甲组平均差大于乙组,所以乙组平均数的代表性比甲组平均数的代表性要强。

2. 加权平均差

如果掌握的资料是分组资料,则应采用加权平均差来计算平均差,其计算公式为:

$$A.D. = \frac{\sum |x - \bar{x}| f}{\sum f} \qquad \text{(公式 5-26)}$$

【例 5-24】 某车间 50 个工人日产量资料如表 5-17 所示,试计算其平均差。

表 5-17 某车间 50 名工人日产量资料(1)

日产量/件	工人数 f_i/人	组中值 x_i	$x_i f_i$	$|x_i - \bar{x}|$	$|x_i - \bar{x}| f_i$
30～40	15	35	525	11	165
40～50	21	45	945	1	21
50～60	8	55	440	9	72
60～70	6	65	390	19	114
合计	50	—	2300	—	372

根据表 5-17 计算可得:

$$\bar{x} = \frac{\sum x_i f_i}{\sum f_i} = \frac{2300}{50} = 46(件)$$

$$A.D. = \frac{\sum |x_i - \bar{x}| f_i}{\sum f_i} = \frac{372}{50} = 7.44(件)$$

平均差的优点在于弥补了全距等的不足,它考虑了所有的标志值,能较好地反映总体各单位标志值的差异(离散)程度。

平均差的缺点在于计算都必须取绝对值,这就带来了不便于进行数学处理的问题,因而在实际应用中受到了很大的限制。

五、标准差

(一)标准差的概念

标准差又称均方差,它是总体各单位标志值对其算术平均数离差的平方的算术平均数的平方根,常用 σ 表示。

标准差是测定标志变异程度最常用、最重要的指标。标准差的实质与平均差基本相同,也是先计算各个标志值与其算术平均数的离差;之后标准差与平均差在数学处理上方法不同,它用平方的方法消除离差的正负号,然后对离差的平方计算算术平均数的平方根。

(二)标准差的计算

首先计算总体各标志值的算术平均数 $\bar{x}$,其次计算总体各标志值与其算术平均数的离差,再次计算离差的平方 $(x - \bar{x})^2$,最后对这些离差平方计算算术平均数的算术平方根。根据掌握的资料的不同,标准差计算可分为简单标准差和加权平均差两种。

1. 简单标准差

根据未分组资料计算标准差,应采用简单标准差计算标准差。其计算公式如下:

$$\sigma = \sqrt{\frac{\sum (x - \bar{x})^2}{n}} \qquad \text{(公式 5-27)}$$

【例 5-25】 接例 5-23 计算：

甲组平均日产量和标准差分别为：

$$\bar{x}_\text{甲} = \frac{\sum x}{n} = \frac{40+60+65+75+80+100}{6} = 70(件)$$

$$\sigma_\text{甲} = \sqrt{\frac{\sum(x-\bar{x})^2}{n}} = \sqrt{\frac{900+100+25+25+100+900}{6}} = 18.48(件)$$

乙组平均日产量和标准差分别为：

$$\bar{x}_\text{乙} = \frac{\sum x}{n} = \frac{67+68+69+70+71+75}{6} = 70(件)$$

$$\sigma_\text{乙} = \sqrt{\frac{\sum(x-\bar{x})^2}{n}} = \sqrt{\frac{(-3)^2+(-2)^2+(-1)^2+0+1^2+5^2}{6}} = 2.58(件)$$

通过计算可知，甲、乙两组的平均数相等，甲组的标准差为 18.48 件，乙组的标准差为 2.58 件，甲组标准差大于乙组，所以乙组平均数的代表性比甲组平均数的代表性要强。

2. 加权标准差

如果掌握的是分组资料，则应采用加权标准差计算标准差，其公式如下：

$$\sigma = \sqrt{\frac{\sum(x-\bar{x})^2 f}{\sum f}} \qquad \text{（公式 5-28）}$$

【例 5-26】 以表 5-17 的资料计算标准差（见表 5-18）。

表 5-18 某车间 50 名工人日产量资料(2)

日产量/件	工人数 f_i/人	组中值 x_i	$x_i f_i$	$(x_i-\bar{x})^2$	$(x_i-\bar{x})^2 f_i$
30~40	15	35	525	121	1815
40~50	21	45	945	1	21
50~60	8	55	440	81	648
60~70	6	65	390	361	2166
合计	50	—	2300	—	4650

根据表 5-18 计算可得：

$$\sigma = \sqrt{\frac{\sum(x-\bar{x})^2 f}{\sum f}} = \sqrt{\frac{4650}{50}} = 9.64(件)$$

【例 5-27】 已知某工厂甲车间工人的平均日常量为 42 kg，其标准差为 4.5 kg，乙车间工人产量资料如表 5-19 所示。试比较甲、乙两车间平均数的代表性。

表 5-19 某车间 50 名工人日产量资料(3)

日产量/kg	工人数 f_i/人	组中值 x_i	$x_i f_i$	$(x_i-\bar{x})^2$	$(x_i-\bar{x})^2 f_i$
20~30	10	25	250	289	2890
30~40	70	35	2450	49	3430
40~50	90	45	4050	9	810
50~60	30	55	1650	169	5070
合计	200	—	8400	—	12 200

乙车间工人平均日产量：

$$\bar{x}_乙 = \frac{\sum xf}{f} = \frac{8400}{200} = 42 \text{（kg）}$$

乙车间工人日产量的标准差：

$$\sigma_乙 = \sqrt{\frac{\sum(x-\bar{x})^2 f}{\sum f}} = \sqrt{\frac{12\,200}{200}} = 7.81 \text{（kg）}$$

计算结果表明，甲、乙两车间工人平均日产量相等，因此，比较其标准差可以判定平均数代表性的强弱，乙车间标准差为 7.81 kg，大于甲车间的标准差 4.5 kg，说明乙车间工人平均日产量的代表性比甲车间工人平均日产量的代表性要弱。

标准差的优点在于既能把变量所有数值的差异情况都包含进去，又避免了平均差采用绝对值人为地解决正负抵消的缺点。

标准差的缺点在于计算比较繁杂，若要比较两个计量单位不同或计量单位相同而平均水平不同的总体的标志变异程度，则不能使用。

六、变异系数

前面几种变异指标都是反映标志变异的绝对指标。其计量单位均与平均数的计量单位一致。他们的大小不仅取决于标志值的离散程度，还取决于数列平均水平的高低。因此，在比较两个计量单位不同或计量单位相同而平均水平不同的总体的标志变异程度时，就不能采用以上指标比较，需要剔除其自身水平和计量单位的影响后才能进行比较。

通常所采用的方法是将标志变异指标除以其相应的算术平均数，计算出变异系数，也称离散系数。离散系数越小，说明平均数代表性越强；离散系数越大，说明平均数代表性越弱。变异系数有平均差系数和标准差系数两种，比较常用的是标准差系数。

（一）平均差系数

平均差系数是平均差与相应的算术平均数之比，一般用 $V_{A.D.}$ 来表示。其计算公式如下：

$$V_{A.D.} = \frac{A.D.}{\bar{x}} \times 100\% \tag{公式5-29}$$

（二）标准差系数

标准差系数是标准差与相应的算术平均数之比，一般用 V_σ 来表示。其计算公式如下：

$$V_\sigma = \frac{\sigma}{\bar{x}} \times 100\% \tag{公式5-30}$$

【例 5-28】 某地区成人组和幼儿组身高资料如下（单位：cm）：成人组：164，166，168，170，172；幼儿组：71，72，73，74，75。试比较两组平均数代表性强弱。

成人组平均指标和标准差为：

$$\bar{x}_成 = \frac{\sum x}{n} = \frac{164+166+168+170+172}{5} = 168 \text{（cm）}$$

$$\sigma_成 = \sqrt{\frac{\sum(x-\bar{x})^2}{n}} = \sqrt{\frac{(-4)^2+(-2)^2+0+2^2+4^2}{5}} = \sqrt{\frac{40}{5}} = 2.828 \text{（cm）}$$

幼儿组平均指标和标准差为：

$$\overline{x}_{幼} = \frac{\sum x}{n} = \frac{71+72+73+74+75}{5} = 73 \text{ (cm)}$$

$$\sigma_{幼} = \sqrt{\frac{\sum(x-\overline{x})^2}{n}} = \sqrt{\frac{(-2)^2+(-1)^2+0+1^2+2^2}{5}} = \sqrt{\frac{10}{5}} = 1.414 \text{ (cm)}$$

因为 $\overline{x}_{成} \neq \overline{x}_{幼}$，所以要计算两者的标准差系数用来比较平均数的代表性强弱。

标准差系数：

$$成人组：V_{\sigma 成} = \frac{\sigma}{\overline{x}} \times 100\% = \frac{2.828}{168} \times 100\% = 1.68\%$$

$$幼儿组：V_{\sigma 幼} = \frac{\sigma}{\overline{x}} \times 100\% = \frac{1.414}{73} \times 100\% = 1.94\%$$

计算结果表明，$V_{\sigma 成} < V_{\sigma 幼}$，也就是说成人组平均数代表性较强。

七、变异指标的关系

同一资料的平均差与标准差之间存在一定的数量关系。将变异指标之间的数量关系归纳起来，可以分为下列三个方面：

1. $A.D. \leqslant \sigma \leqslant R$

平均差为离差绝对值的算术平均数，标准差可视为离差绝对值的平方平均数。可以证明，算术平均小于等于平方平均，所以平均差必小于等于标准差。仅当所有标志值都相同时等于关系才成立。全距是最大离差，而标准差是平均离差，所以标准差小于全距；仅当所有标志值都相同时，标准差等于全距。

2. R 与 σ

前述当总体为或接近正态分布时，标准分数能指示标志值的位次范围，实质上是算术平均数及标准差指示标志值在总体范围中的分布区间。根据经验关系可以推知：当 N 较小时，即标志值数量较少时，$R = 4\sigma$；当 N 较大时，$R = 6\sigma$。

3. $V_{A.D.}$ 与 V_{σ}

$$\overline{x} \geqslant 0，则 V_{A.D.} \leqslant V_{\sigma}$$
$$\overline{x} < 0，则 V_{A.D.} \geqslant V_{\sigma}$$

实验操作

平均指标和变异指标在 Excel 中的实现

一、实验目的和要求

目的：熟悉用 Excel 对平均指标的计算，理解平均指标的特点及应用场合；熟悉用 Excel 对标志变异指标的计算，理解变异指标的特点及应用场合；使用 Excel 计算描述统计量并进行分析。

要求：就本专业相关问题收集一定数量的数据（$\geqslant 30$），利用 Excel 进行如下操作。

（1）平均指标的计算。
（2）变异指标的计算。
（3）使用"描述统计"求解平均指标和变异指标。
（4）对计算结果进行简要解释。

二、实验仪器、设备和材料

个人电脑（人/台）、Excel 软件。

三、实验过程

（一）平均指标在 Excel 中实现

1. 平均指标函数

（1）AVERAGE(value1,value2,…)计算 value 序列或单元格区域数据的算术平均数。

（2）HARMEAN(value1,value2,…)计算 value 序列或单元格区域数据的调和平均数。

（3）GEOMEAN(value1,value2,…)计算 value 序列或单元格区域数据的几何平均数。

（4）MEDIAN(value1,value2,…)计算 value 序列或单元格区域数据的中位数。

（5）MODE(value1,value2,…)计算 value 序列或单元格区域数据的众数。

2. Excel 计算平均指标的步骤

第一步，打开一个 Excel 新工作表，选择某一列输入需要测定分析的变量数列数据。注意，应将数列的数据值输入工作表的同一列中，并在第一个数值上方的单元格中键入有关的标志名称。

第二步，用鼠标框住要输出的单元格，然后双击粘贴函数 $f(x)$，弹出粘贴函数对话框，在对话框中，双击分类函数"统计"，出现一系列统计函数名，双击需要计算的统计函数，出现对话框，对话框带有函数名称、输入区间和计算结果。

第三步，在输入区域里输入需要测定的数据处于某一列单元格范围的引用，比如 A1:An，单击"确定"得到计算结果。

3. 实例操作

某班 30 名学生的统计学考试成绩如下：

50　53　57　58　60　62　63　65　66　69
70　71　71　73　74　82　82　83　83　84
85　85　87　88　91　93　94　95　97　99

利用 Excel 计算各种平均指标。

步骤操作如下：

第一步，在打开的 Excel 新工作表中，选择 A 列作为输入列，在 A 列的第一个单元格中输入"统计学考试成绩"，在 A2 到 A31 输入 30 名学生统计学的考试成绩。

第二步，选择 B 列作为输出列，比如，用鼠标框住 B2，然后双击粘贴函数 $f(x)$，弹出粘贴函数对话框，在对话框中，双击分类函数"统计"，在出现的统计函数名中，双击"AVERAGE"，出现对话框。

第三步，在对话框的 Number1 中输入 A2:A31，单击"确定"得到计算的 AVERAGE 值，即算术平均数，其值为 76.3333，具体见图 5-3。

按照同样的方法可以得到调和平均数、几何平均数和中位数等。

（二）标志变异指标在 Excel 中实现

1. 标志变异函数

（1）AVEDEV(value1,value2,…)计算 value 序列或单元格区域数据的平均差。

（2）STDEV(value1,value2,…)计算 value 序列或单元格区域数据的标准差。

（3）VAR(value1,value2,…)计算 value 序列或单元格区域数据的方差。

（4）KURT(value1,value2,…)计算 value 序列或单元格区域数据的峰度。

图 5-3　Excel 计算算术平均数

(5) SKEW(value1,value2,…)计算 value 序列或单元格区域数据的偏度。

2. Excel 计算标志变异指标的步骤

第一步,打开一个 Excel 新工作表,选择某一列输入需要测定分析的变量数列数据。注意,应将数列的数据值输入工作表的同一列中,并在第一个数值上方的单元格中键入有关的标志名称。

第二步,用鼠标框住要输出的单元格,然后双击粘贴函数 $f(x)$,弹出粘贴函数对话框,在对话框中,双击分类函数"统计",出现一系列统计函数名,双击需要计算的统计函数,出现对话框,对话框带有函数名称、输入区间和计算结果。

第三步,在输入区域里输入需要测定的数据处于某一列单元格范围的引用,比如 $A1:An$,单击"确定"得到计算结果。

(三) Excel 计算描述性统计量

除利用统计函数完成基本统计计算外,Excel 还在"数据分析"宏程序中提供了一个"描述性统计"过程,利用 Excel 提供的"描述性统计"计算变量数列特征值的步骤如下(仍以上例为例)。

第一步,打开一个 Excel 新工作表,在某一列中输入需要测定分析的变量数列数据,并在第一个数值上方的单元格中键入有关的标志名称。输入结果见图 5-4。

第二步,从工具菜单中选择数据分析命令,弹出数据分析对话框,如图 5-5 所示。双击"描述统计",显示对话框,对话框是带有输入、输出和有关测定项目的选择框,如图 5-6 所示。

第三步,在输入区域里输入需要测定的数据处于某一列单元格范围的引用,此时为 A1:A31。

第四步,勾选标志这一选项。选择该项是为了说明在输入区域和接收区域的单元格范围引用中,第一行为标志名称,而非数据,并且在输出的测定结果中能够显示数据被定义的名称或意义。如果输入区域没有选择标志单元格,就不勾选标志这一选项,否则要勾选标志这一选项。本例需勾选标志这一选项。

第五步,为了得到分布特征值的测定结果,必须在输出选项中勾选"汇总统计",而置信度选项则是说明以输入的变量数据为样本的特征值指标将取多大的置信水平进行区间估计,默认值的置信水平为 95%。如果用户还想知道分析数据中排列为第 K 个最大变量值,可选"第 K 大值"

图 5-4 统计学考试成绩   图 5-5 数据分析对话框

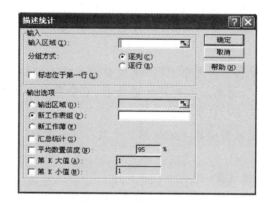

图 5-6 描述统计对话框

的选项,并在其序号框中输入想要知道的序号值,比如需要知道第 2 个最大值,即在序号框中输入 2,一般的默认值为 1,即最大值。此外,也可以在"第 K 小值"的选项中做同样的选择,以得到第 K 个最小值。

第六步,在"描述统计"的输出选项中必须确定所要显示的输出结果所处的工作表区域,有两种选择,即新设工作表和原始工作表。如果输出结果位于原始数据所在的原始工作表上,可以把光标点定在选定范围的左上角的某个单元格上,但须注意防止输出内容与原始数据覆盖和重叠。如果输出结果将位于新设工作表上,可以在选项框中输入新设工作表的名称。

完成上述步骤后,单击"确定"。Excel 的"描述统计"分析工具将计算出数据数列的分布特征值指标并将结果显示在输出区域中。

用 Excel 提供的"描述统计"宏过程,上例资料分布特征值的测定结果如图 5-7 所示。

"描述统计"分析工具输出结果有关指标的解释如下:平均(算术平均数);标准误差(抽样平均误差);区域(全距);最小值(第 K 个最小值);最大值(第 K 个最大值);求和(标志值求和);观测数(总频数)。Excel2000 以前版本显示结果表述有所差异,具体如下:中值(中位数);模式(众

	A	B	C	D	E	F
1	统计学考试成绩					
2	50					
3	53					
4	57					
5	58					
6	60			统计学考试成绩		
7	62					
8	63			平均	76.33333333	
9	65			标准误差	2.561130019	
10	66			中位数	78	
11	69			众数	71	
12	70			标准差	14.02788684	
13	71			方差	196.7816092	
14	71			峰度	-1.091627247	
15	73			偏度	-0.157929148	
16	74			区域	49	
17	82			最小值	50	
18	82			最大值	99	
19	83			求和	2290	
20	83			观测数	30	
21	84			最大(1)	99	
22	85			最小(1)	50	
23	85			置信度(95.0%)	5.238098952	
24	87					

图 5-7 "描述统计"分析工具输出结果

数);标准偏差(标准差);样本方差(方差);峰值(峰度);偏斜度(偏度)。

（四）利用 Excel 构造公式计算平均指标和标志变异指标

根据未分组资料可以直接利用 Excel 提供的"统计函数"或"数据分析"计算相应的指标数值,但根据分组资料计算各项统计指标,可通过构造公式来完成。

常用的运算符有+(加号)、—(减号)、*(乘号)、/(除号)、^(乘方)、%(百分比)等。

[例]教材例 5-24,试求某车间 50 名工人日产量的平均数、平均差、方差。

操作步骤如下：

第一步,打开一个 Excel 新工作表,在 A 列的第一个单元格中输入"日产量"这一分组标志,从 A 列的第二个单元格开始输入分好的各组;在 B 列的第一个单元格中输入"组中值",从 B 列的第二个单元格开始输入各组的组中值;同样,在 C 列的第一个单元格输入"工人数",从第二个单元格开始输入各组的工人数(见图 5-8)。

	A	B	C
1	日产量（件）	组中值	工人数（人）
2	30~40	35	15
3	40~50	45	21
4	50~60	55	8
5	60~70	65	6
6	合计	—	50

图 5-8 原始数据录入表格

第二步,用鼠标框住单元格 D2,然后单击编辑公式符号"=",输入构造的公式 B2*C2,然后回车,把鼠标放到 D2 的右下角,当成黑十字架时,拖动鼠标到 D5。在单元格 G2 中输入"=SUM(B2:B5)/C6",然后回车,就得到平均数。用鼠标点击单元格 E2,然后输入"=(B2－$G$2)^2*C2",然后回车,把鼠标放到 E2 的右下角,当成黑十字架时,拖动鼠标到 E5。在单元格 G3 中输入"=SUM(E2:E6)/C6",然后回车,就得到方差。在单元格 G4 中输入"=G3^(1/2)",并按下回车就得到标准差,具体结果见图 5-9。

	A	B	C	D	E	F	G
1	日产量（件）	组中值	工人数(人)			指标名称	指标值
2	30~40	35	15	525	14415	均值	4
3	40~50	45	21	945	35301	方差	1857
4	50~60	55	8	440	20808	标注差	43.09292285
5	60~70	65	6	390	22326		
6	合计	—	50				

图 5-9 输出结果

本章小结

平均指标是说明同质总体内某一数量标志在具体时间、地点、条件下达到的一般水平的综合指标。其特点是具有总体同质性、数量抽象性和一般代表性。常用的平均指标有数值平均数和位置平均数。数值平均数有算术平均数、调和平均数、几何平均数；位置平均数有中位数和众数；它们各有其特点和适用的条件，计算方法不同，对同一资料的计算结果也不同。因此，必须根据研究的具体目的和数据分布特点，正确选择平均指标。

变异指标反映数据分布的离散趋势，是与平均指标相匹配的重要特征指标。变异指标主要有异众比率、全距、四分位距、平均差、标准差和变异系数等。

1. 算术平均数

（1）简单算术平均数：

$$\overline{x} = \frac{x_1 + x_2 + \cdots + x_n}{n} = \frac{\sum x}{n} \quad \text{（公式 5-2）}$$

（2）加权算术平均数：

$$\overline{x} = \frac{x_1 f_1 + x_2 f_2 + \cdots + x_n f_n}{f_1 + f_2 + \cdots + f_n} = \frac{\sum xf}{\sum f} = \sum x \cdot \frac{f}{\sum f} \quad \text{（公式 5-3）}$$

2. 调和平均数

它是各单位标志值倒数的算术平均数的倒数。

（1）简单调和平均数：

$$\overline{x}_H = \frac{n}{\sum \frac{1}{x}} \quad \text{（公式 5-7）}$$

（2）加权调和平均数：

$$\overline{x}_H = \frac{m_1 + m_2 + \cdots + m_n}{\frac{m_1}{x_1} + \frac{m_2}{x_2} + \cdots + \frac{m_n}{x_n}} = \frac{\sum m}{\sum \frac{m}{x}} \quad \text{（公式 5-8）}$$

3. 几何平均数

它是 n 个变量值乘积的 n 次方根。

（1）简单几何平均数：

$$\overline{x}_G = \sqrt[n]{x_1 \cdot x_2 \cdot x_3 \cdot \cdots \cdot x_n} = \sqrt[n]{\prod x} \quad \text{（公式 5-9）}$$

（2）加权几何平均数：

$$\overline{x}_G = \sqrt[f_1+f_2+\cdots+f_n]{x_1^{f_1} \cdot x_2^{f_2} \cdot x_3^{f_3} \cdot \cdots \cdot x_n^{f_n}} = \sqrt[\sum f]{\prod x^f} \quad \text{（公式 5-10）}$$

4. 中位数

将被研究总体的各单位的标志值按大小顺序排列,处于中间位置的那个标志值就是中位数,用符号 M_e 表示。其组距数列的计算公式如下:

下限公式(向上累计时用): $$M_e = L + \frac{\frac{\sum f}{2} - S_{m-1}}{f_m} \times i_m \qquad (公式 5\text{-}11)$$

上限公式(向下累计时用): $$M_e = U - \frac{\frac{\sum f}{2} - S_{m+1}}{f_m} \times i_m \qquad (公式 5\text{-}12)$$

5. 众数

众数是指总体中出现次数最多的标志值,用 M_0 表示。其组距数列的计算公式如下:

下限公式: $$M_0 = L + \frac{\Delta_1}{\Delta_1 + \Delta_2} \times i \qquad (公式 5\text{-}13)$$

上限公式: $$M_0 = U - \frac{\Delta_2}{\Delta_1 + \Delta_2} \times i \qquad (公式 5\text{-}14)$$

6. 异众比率

$$V_r = 1 - f_0 / \sum f_i \qquad (公式 5\text{-}15)$$

7. 全距

它是总体各单位标志值中最大值与最小值之差,常用 R 表示。计算公式如下:

$$R = x_{\max} - x_{\min} \qquad (公式 5\text{-}16)$$

8. 四分位距

四分位距是第三四分位数与第一四分位数的差,常用 Q_r 表示。计算公式如下:

$$Q_r = Q_3 - Q_1 \qquad (公式 5\text{-}18)$$

9. 平均差

平均差是总体各单位标志值对其算术平均数的离差的绝对值的算术平均数,常用 $A.D.$ 表示。

(1) 简单平均差:

$$A.D. = \frac{\sum |x - \overline{x}|}{n} \qquad (公式 5\text{-}25)$$

(2) 加权平均差:

$$A.D. = \frac{\sum |x - \overline{x}| f}{\sum f} \qquad (公式 5\text{-}26)$$

10. 标准差

标准差是总体各单位标志值对其算术平均数离差的平方的算术平均数的平方根,常用 σ 表示。

(1) 简单标准差:

$$\sigma = \sqrt{\frac{\sum (x - \overline{x})^2}{n}} \qquad (公式 5\text{-}27)$$

(2) 加权标准差:

$$\sigma = \sqrt{\frac{\sum(x-\bar{x})^2 f}{\sum f}} \qquad \text{(公式 5-28)}$$

11. 变异系数

1) 平均差系数

平均差系数是平均差与相应的算术平均数之比,用 $V_{A.D.}$ 来表示。其计算公式如下:

$$V_{A.D.} = \frac{A.D.}{\bar{x}} \times 100\% \qquad \text{(公式 5-29)}$$

2) 标准差系数

标准差系数是标准差与相应的算术平均数之比,用 V_σ 来表示。其计算公式如下:

$$V_\sigma = \frac{\sigma}{\bar{x}} \times 100\% \qquad \text{(公式 5-30)}$$

思考与能力训练

一、单选题

1. 计算平均指标最常用的方法和最基本的形式是(　　)
   A. 中位数　　　　B. 调和平均数　　　C. 算术平均数　　　D. 众数
2. 各组权数都相等时,加权算术平均数变成(　　)
   A. 动态平均数　　B. 调和平均数　　　C. 简单算术平均数　D. 几何平均数
3. 标准差与平均差的区别主要在于(　　)
   A. 意义不同　　　　　　　　　　　　B. 计算结果不同
   C. 计算条件不同　　　　　　　　　　D. 对离差和的数学处理方法不同
4. 标志变异指标与平均数代表性之间存在(　　)
   A. 正比关系　　　B. 反比关系　　　　C. 恒等关系　　　　D. 倒数关系
5. 如果变量值中有一项为零,则不能计算(　　)
   A. 算术平均数　　B. 调和平均数　　　C. 众数　　　　　　D. 中位数
6. 总体的标志变异指标越小,说明(　　)
   A. 平均数的代表性越强　　　　　　　B. 平均数的代表性越弱
   C. 平均数的数值越大　　　　　　　　D. 标志值的差异程度越大
7. 受极端值影响较大的标志变异指标是(　　)
   A. 平均差　　　　B. 标准差　　　　　C. 全距　　　　　　D. 离散系数
8. 下列指标中,不属于平均数的是(　　)
   A. 某省人均粮食产量　　　　　　　　B. 某省人均粮食消费量
   C. 某企业职工的人均工资收入　　　　D. 某企业工人劳动生产率
9. 标志变异指标中的平均差是各标志值(　　)
   A. 与其算术平均数的离差绝对值　　　B. 与其算术平均数之差的算术平均数
   C. 的平均数　　　　　　　　　　　　D. 与其算术平均数之差绝对值的算术平均数
10. 某厂生产了三批产品,第一批产品的废品率为 1%,第二批产品的废品率为 1.5%,第三批产品的废品率为 2%;第一批产品数量占这三批产品总数的 25%,第二批产品数量占这三批产品总数的 30%,则这三批产品的废品率为(　　)

A.1.5%　　　　　B.1.6%　　　　　C.4.5%　　　　　D.1.48%

11. 若各个变量值都扩大2倍,而频数都减少为原来的1/3,则平均数(　　)
   A.扩大2倍　　　　　　　　　　B.减少1/3
   C.不变　　　　　　　　　　　　D.不能预计平均数的变化

12. 若某总体数据呈轻微左偏分布,则(　　)
   A.$M_0 < M_e < \bar{x}$　　B.$M_e < M_0 < \bar{x}$　　C.$\bar{x} < M_e < M_0$　　D.$\bar{x} < M_0 < M_e$

13. 已知某企业职工消费支出,年支出6000元人数最多,平均年支出为5500元,该企业职工消费支出分布属于(　　)
   A.左偏分布　　　B.右偏分布　　　C.对称分布　　　D.J形分布

14. 用组中值代表组内变量值的一般水平有一定的假定性,即(　　)
   A.各组的次数必须相等　　　　　B.变量值在本组内的分布是均匀的
   C.组中值能取整数　　　　　　　D.各组必须是封闭组

15. 下列指标中属于平均数的是(　　)
   A.某班期末平均成绩　　　　　　B.产品合格率
   C.学生人数　　　　　　　　　　D.资金利税率

16. 出现次数最多的那个标志值是(　　)
   A.众数　　　　　B.中位数　　　　C.算术平均数　　　D.几何平均数

17. 某专业共100名同学,在一项调查中,对一道是非判断题的答案选择"是"的同学有45人,则选择"是"的同学的成数为(　　)
   A.45%　　　　　B.55%　　　　　C.2.22　　　　　D.1.82

18. 如果变量值中有一项为零,则不能计算(　　)
   A.算术平均数　　B.调和平均数和几何平均数　　C.众数　　　　D.中位数

19. 甲班学生平均成绩80分,标准差8.8分,乙班学生平均成绩70分,标准差8.4分,因此(　　)
   A.甲班学生平均成绩代表性强一些　　B.乙班学生平均成绩代表性强一些
   C.无法比较哪个班学生平均成绩代表性强　D.两个班学生平均成绩代表性一样

20. 已知甲、乙两个总体,甲的平均数小于乙的平均数,又知,甲、乙的标准差相等,则两个平均数的代表性(　　)
   A.甲的平均数代表性较强　　　　B.乙的平均数代表性较强
   C.强弱性相等　　　　　　　　　D.无法评价

21. 加权算术平均数的大小(　　)
   A.仅受各组次数的影响　　　　　B.仅受各组变量值的影响
   C.既受变量值影响,也受次数影响　D.不受各组变量值的影响

二、多选题

1. 众数是(　　)
   A.数值平均数　　　　　　　　　B.位置平均数
   C.总体中出现次数最多的变量值　D.处于中点位置的那个标志值
   E.可明显反映某一总体的最普遍的水平

2. 在各种平均指标中,不受极端值的直接影响的是(　　)
   A.算术平均数　　B.调和平均数　　C.中位数　　D.几何平均数　　E.众数

3. 位置平均数包括（　　）
A. 算术平均数　　B. 调和平均数　　C. 几何平均数　　D. 众数　　E. 中位数

4. 在什么条件下,加权算术平均数等于简单算术平均数（　　）
A. 各组次数相等　　　　　　　　　　　B. 各组变量值不等
C. 变量数列为组距数列　　　　　　　　D. 各组次数都为1
E. 各组次数占总次数的比重相等

5. 加权算术平均数的大小受哪些因素的影响（　　）
A. 受各组频率和频数的影响　　　　　　B. 受各组标志值大小的影响
C. 受各组标志值和权数的共同影响　　　D. 只受各组标志值大小的影响
E. 只受权数大小的影响

6. 下列属于平均指标的有（　　）
A. 人均国民收入　　　　　　　　　　　B. 人口平均年龄
C. 粮食单位面积产量　　　　　　　　　D. 人口密度
E. 人口自然增长率

7. 正确应用平均指标的原则是（　　）
A. 社会经济现象的同质性是应用平均数指标的前提条件
B. 用组平均数补充说明总平均数
C. 用分配数列补充说明平均数
D. 把平均数和典型事例相结合
E. 注意极端值对平均数的影响

8. 可以反映现象代表水平的指标有（　　）
A. 算术平均数　　B. 调和平均数　　C. 标准差　　D. 标准差系数　　E. 众数

9. 对比两个计量单位不同的变量数列标志值的离散程度,应使用（　　）
A. 平均差　　B. 全距　　C. 标准差系数　　D. 标准差　　E. 平均差系数

10. 标志变异指标（　　）
A. 可反映总体各标志值分布的集中趋势
B. 可说明变量数列中变量值的离中趋势
C. 是衡量平均数代表性大小的尺度
D. 要受到数列平均水平高低的影响
E. 是衡量经济活动过程均衡性的重要指标

三、判断题

1. 变异指标可以描述平均数代表性的大小,一般而言,变异指标越大,平均数的代表性越弱;变异指标越小,平均数的代表性越强。（　　）

2. 中位数和众数都属于平均指标,因此它们的数值大小都受到总体中各单位标志值大小的影响。（　　）

3. 众数是总体中出现最多的次数。（　　）

4. 根据组距数列计算得到的平均数,只是一个近似值。（　　）

5. 中位数和众数数值的大小与分配数列的极端值无关。（　　）

6. 按人口平均计算的国民收入是一个平均数。（　　）

7. 当各组的变量值所出现的频率相等时,加权算术平均数中的权数就失去作用。因而加权

算术平均数就等于简单算术平均数。（　　）

8. 加权算术平均数和加权调和平均数都是用变量值所出现的次数作为权数。（　　）
9. 调和平均数是根据标志值的倒数计算的,所以其计算结果等于平均数的倒数。（　　）
10. 假如所有标志值的频数都减少一半,那么平均数也减少。（　　）
11. 平均指标反映现象的离散程度。（　　）
12. 某车间 7 名工人的日产量（件）为 22、23、24、24、24、25、26,则日产量的众数是 24。（　　）
13. 当两个数列的平均水平相等时,可以用平均差反映平均水平的代表性。（　　）
14. 当两个数列的平均水平不相等时,可以用标准差系数反映平均水平的代表性。（　　）
15. 全距容易受极端值的影响。（　　）

四、计算题

1. 某季度某工业公司 36 个工业企业产值计划完成情况如下：

计划完成程度/（%）	企业数/个	计划产值/万元
90 以下	4	1600
90~100	6	5000
100~110	20	34 400
110 以上	6	8800
合计	36	49 800

计算该公司该季度的平均计划完成程度。

2. 某金融机构以复利计息,近 12 年来的年利率有 4 年为 3%,2 年为 5%,2 年为 8%,3 年为 10%,1 年为 15%。求平均年利率。

3. 某市家庭收入资料如下：

每户平均月收入/元	职工人数/人
1500~2500	400
2500~3500	600
3500~4500	1400
4500~5500	1000
5500 以上	600
合计	4000

计算职工家庭的平均收入、中位数及众数。

4. 某车间有甲、乙两个生产小组,甲组平均每个工人的日产量为 70 件,标准差为 23.2 件;乙组工人日产量资料如下：

日产量/件	工人人数/人
40 以下	16
40~60	38
60~80	32

日产量/件	工人人数/人
80～100	14

要求：比较甲、乙两生产组哪个组的平均日产量更有代表性。

5. 某班两组学生英语考试成绩如下：

一组		二组	
成绩/分	人数/人	成绩/分	人数/人
64	1	70	2
70	3	73	4
76	5	76	5
82	4	79	3
88	2	82	1
合计	15	合计	15

请问两组学生平均成绩的代表性哪个强？为什么？

五、案例分析

2021年，福建省城镇非私营单位就业人员年平均工资为98 071元，比上年增加9 922元，名义增长11.3%，增幅比2020年提高3.6个百分点；在岗职工（含劳务派遣工）年平均工资为101 516元，比上年增加10 444元，名义增长11.5%。

全省就业人员年平均工资最高的三个行业：信息传输、软件和信息技术服务业143 350元，为全省平均水平的1.46倍；卫生和社会工作142 942元，为全省平均水平的1.46倍；科学研究和技术服务业139 416元，为全省平均水平的1.42倍。年平均工资最低的三个行业：住宿和餐饮业50 328元，为全省平均水平的51.3%；采矿业67 457元，为全省平均水平的68.8%；水利、环境和公共设施管理业69 001元，为全省平均水平的70.3%。最高与最低行业平均工资之比为2.85∶1，比去年缩小了0.07。

从这篇报道提供的统计数据中，我们了解到2021年福建省职工工资的平均水平和各行业职工工资水平分布状况。这些数据是怎样计算出来的？它们又从哪些角度说明了数据的分布趋势和特征？

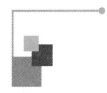

第六章 动态数列

知识导览

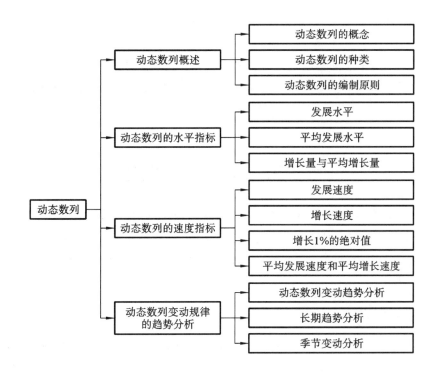

学习目标

(1) 专业知识目标：通过本章的学习，使学生了解动态数列的概念、作用、种类及编制原则；理解时期数列和时点数列的区别、动态数列的水平指标、动态数列的速度指标、动态数列长期趋势和季节变动分析；掌握平均发展水平指标、增长量的计算与应用，发展速度、增长速度、水平法平均发展速度指标的计算与应用，长期趋势现象的测定方法。

(2) 职业能力目标：通过本章的学习，学生要能理解掌握工作生活中常见的水平和速度指标及其计算方法，掌握测定社会经济现象变化规律的方法，进行基本的预测。

(3) 课程思政目标：通过本章的学习，学生要能以发展的眼光看待经济现象的变化和发展，养成通过纵向发展、横向对比取得综合认识的习惯。

引导案例

2020年11月1日零时我国第七次人口普查登记结果显示全国人口共141 178万人,与2010年第六次全国人口普查相比,增加7 206万人,增长5.38%,年均增长0.53%。比2000年到2010年的年平均增长率0.57%下降0.04个百分点。数据显示,2020年劳动年龄人口总量仍在下跌,而老龄化程度继续加深。2018—2020年,16至59周岁的劳动年龄人口由89 729万人下滑至89 438万人,减少了291万人。

请思考

（1）你知道以上资料中的数据是什么指标吗？是如何计算的呢？

（2）如果每年我国的人口年增长速度保持在0.53%,到2030年你能预测我国人口将达到多少吗？

第一节　动态数列概述

大千世界中的现象变化万千,要想全面地认识和了解现象的本质特征及其规律性,就不能只做静态研究,而必须进行动态研究。正如前面"请思考"部分所提的问题,要解答这些问题,就需要借助动态分析的方法,对过去一段时间人口的系列数据进行深入研究,而要进行动态分析就首先要理解动态数列。

一、动态数列的概念

动态数列是指社会经济现象在不同时间上的一系列指标值,按时间先后顺序加以排列后形成的数列,又称时间数列。动态数列是计算动态分析指标、考察现象发展变化方向和速度、预测现象发展趋势的基础。

动态数列由两个基本要素组成:一个是现象所属的时间,可以用年、季、月、日表示,如表6-1中的2016—2020年;另一个是反映现象变化的指标数值。

表6-1　我国2016—2020年国内生产总值(名义)　　　　　　　　　　　（单位:亿元）

年份	2016年	2017年	2018年	2019年	2020年
国内生产总值	743 585	820 754	900 309	980 515	1 015 986

资料来源:《中国统计年鉴》2017—2021年

编制和研究动态数列,在社会经济统计中具有十分重要的作用。首先,编制动态数列可以描述反映社会经济现象发展变化的过程和结果。例如,通过表6-1就可以看到我国国内生产总值增长变化的过程和结果。其次,通过动态数列的分析,还可以深入地揭示社会经济现象发展变化的数量特征,研究其变化规律,并据以进行趋势预测。最后,利用动态数列,可以在不同地区或国家之间进行对比分析。

二、动态数列的种类

动态数列按统计指标的表现形式不同,可分为总量指标动态数列、相对指标动态数列和平均指标动态数列三种类型,其中总量指标动态数列是基本数列,而相对指标动态数列和平均指标动态数列则是由总量指标动态数列形成的派生数列。

(一)总量指标动态数列

所谓总量指标动态数列,是将现象某一总量指标按时间先后顺序排列所形成的动态数列,也称为绝对数动态数列。按照统计指标所表明的社会经济现象所属的时间不同,总量指标动态数列又分为时期数列和时点数列。

1. 时期数列

时期数列是由时期指标构成的数列。在总量指标动态数列中,如果各项指标都反映某种现象在一段时期内发展过程的总量,这样的总量指标动态数列就称为时期数列。例如,表6-1中所列的国内生产总值就是一个时期数列。

时期数列的主要特点是:

(1)时期数列中各个指标数值是可以相加的,相加具有一定的经济意义。由于时期数列各个指标数值是表示现象在一段时期内发展过程的总量,所以相加后的数值就表示现象在更长时期内发展过程的总量。

(2)时期数列中每个指标数值的大小与所属时期的长短有直接的关系。在时期数列中,每个指标数值反映现象所属时间的长短,称为时期。时期可长可短,主要视研究的目的而定,可以是一旬、一月、一季,也可以是一年、两年、五年甚至更长时期。例如,表6-1中所列时期数列的时期为一年。由于时期数列具有可加性,所以一般来说,每一个指标数值所属的时期越长,指标数值就越大;反之,指标数值就越小。

(3)时期数列中的每一个指标数值,通常是对现象做经常性调查得到的。

2. 时点数列

在总量指标动态数列中,如果各项指标都反映某种现象在某一时点上的数量水平,这样的总量指标动态数列就称为时点数列。例如,表6-2中所列的年末总人口数,就是一个时点数列。

时点数列有如下主要特点:

(1)时点数列中各个指标数值是不能相加的,相加没有实际经济意义。这是由于时点数列各个指标数值只表明现象在某个时点上所处的状态,后一时点的指标数值和前一时点的指标数值相比较有重复内容,相加后并不能代表现象在几个时点上的状态。

(2)时点数列中每个指标数值的大小与时间间隔长短没有直接关系。在时点数列中,两个相邻指标在时间上的距离,称为间隔。例如,表6-2中所列时点数列的间隔为一年。由于时点数列不具有可加性,时点间隔的长短对于指标数值的大小没有直接的影响。

(3)时点数列中的每一个指标数值,通常是对现象做一次性调查得到的。

表 6-2 我国 2016—2020 年总人口数(年末) (单位:万人)

年份	2016 年	2017 年	2018 年	2019 年	2020 年
年末总人口数	138 271	139 008	139 538	141 008	141 212

资料来源:《中国统计年鉴》2017—2021 年

(二)相对指标动态数列

所谓相对指标动态数列,是将现象某一相对指标按时间先后顺序编排所形成的动态数列,也称为相对数动态数列。它主要用来反映现象对比关系的发展变化过程。例如,表6-3中所列的产量计划完成程度就是一个相对指标动态数列。在相对指标动态数列中,各个指标数值是不能相加的。

表6-3 某厂2016—2020年产量计划完成程度 (单位:%)

年份	2016年	2017年	2018年	2019年	2020年
产量计划完成程度	98	102	110	112	113

(三)平均指标动态数列

所谓平均指标动态数列,是将现象某一平均指标按时间先后顺序编排所形成的动态数列,也称为平均数动态数列。它主要用来反映现象一般水平的发展变化过程。例如,表6-4中所列的职工年平均工资就是一个平均数动态数列。在平均指标动态数列中,各个指标数值也是不能相加的。

表6-4 某市2016—2020年工人平均工资 (单位:元)

年份	2016年	2017年	2018年	2019年	2020年
平均工资	60 750	66 150	70 200	85 050	101 250

为了对社会经济现象发展过程进行全面的分析,在实际工作中可以把上述各种动态数列结合起来运用。

三、动态数列的编制原则

编制动态数列的目的是通过对数列中各个指标的动态分析,来研究社会经济现象的发展变化过程及其规律性。因此,保证数列中各个指标之间的可比性,就成为编制动态数列应该遵循的基本原则。一般来说,可比性包括以下几个方面的具体内容:

(一)时间长短应该可比

由于时期数列指标数值的大小与时期的长短有直接的关系,因此各项指标数值所属的时期长短应该前后一致,时期长短不同的指标数值是不可以比较的。例如,一个月的销售额与一个季度的销售额是不能比较的。

但是,有时为了研究不同时期的经济发展水平或各个历史阶段的发展变化,也可以编制时期长短不等的时期数列,这主要根据研究的目的而定,如表6-5所示的动态数列。

表6-5 我国普通高校本科毕业生人数 (单位:万人)

年份	1912—1948年	1949年	1965年	1978年	1985年	1991年	2020年
毕业生人数	21.08	2.1	18.6	16.5	31.6	61.4	874

从表6-5可知,新中国1991年普通高校毕业生人数就达61.4万人,约相当于1912—1948年高等学校毕业生总和的3倍;而2020年我国普通高等院校毕业生人数又约相当于1991年普通

高校毕业生人数的14倍。这表明我国高等教育事业所取得的成就巨大,而且其发展步伐呈现加速发展的趋势。

对于时点数列来说,指标数值的大小与时点间隔长短虽然没有直接的联系,但是为了明显地反映社会经济现象发展变化的规律性,时点间隔也应力求一致。

(二) 总体范围大小应该一致

总体范围是指动态数列指标数值所包括的地区范围、隶属关系范围等。在进行动态数列分析时,要查明所依据的指标数值总体范围是否一致,如果随着时间的变化,现象的总体范围发生了变化,必须进行适当的调整。例如,某省的行政辖区发生了变化,其辖区的工农业总产值指标便应随之进行适当调整,才能进行前后对比。

(三) 指标的经济内容应该相同

经济内容和含义不同的指标,不能混合编成一个动态数列。例如,在编制劳动生产率动态数列时,其各年的指标数值是选择生产工人的劳动生产率,还是选择全员劳动生产率,应该前后一致。另外,随着时间的推移,同一名称的指标,其包括的经济内容可能会发生改变,不同经济内容的指标是不能编制成一个动态数列的。例如,编制产品成本的动态数列时,就应该注意我国1993年以前的产品成本是指生产产品的完全成本,而1993年之后的产品成本是指产品的制造成本。

(四) 指标计算方法、计量单位应该统一

在社会经济统计中如果指标计算方法不一致,则难以进行比较。指标的计量单位是多样的,如质量单位有吨、千克等,面积单位有公顷、亩等,在统计资料中变化很多,要注意调整一致后,再编制动态数列。

第二节 动态数列的水平指标

编制动态数列的目的是为了进一步做好动态分析。动态分析指标有两类:一类是动态水平指标;另一类是动态速度指标。水平分析是速度分析的基础,速度分析是水平分析的深入和继续。本节介绍水平指标。

一、发展水平

发展水平是指在动态数列中的每一项具体指标数值。它反映某种社会经济现象在一定时间上所达到的规模或水平,是计算其他动态数列指标的基础。发展水平一般是指总量指标,如工业总产值、学生人数等;也可用相对指标表示,如产品的计划完成程度;还可用平均指标来表示,如平均单位产品成本、平均工资等。

发展水平按其在动态数列中所处的次序地位不同,可分为最初水平、中间水平和最末水平(见图6-1)。在动态数列中,第一个指标数值叫最初水平,最后一个指标数值叫最末水平,其余各项指标数值叫中间水平。如果用 $a_0, a_1, a_2, \cdots, a_{n-1}, a_n$ 表示现象各期发展水平,则 a_0 就是最初水平,a_n 就是最末水平,其余各项就是中间水平。

发展水平按动态数列研究目的的不同,还可分为基期水平和报告期水平(见图6-1)。进行动态分析时,将所研究的那一期的水平称为报告期水平,用来对比的基础时期的水平称为基期水

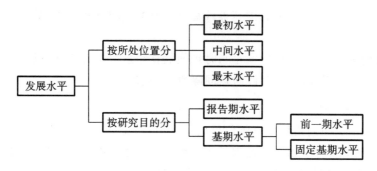

图 6-1 发展水平分类

平。基期水平又可分为前一期水平和固定基期水平(通常为最初水平)。

从表 6-6 中可以看出,某地区 1 月份的生产总值 4200 万元是最初水平,6 月份的生产总值 4900 万元是最末水平,其余各项是中间水平。如果把 2 月份跟 1 月份的生产总值进行对比,那么 2 月份的生产总值就是报告期水平,而用来对比的 1 月份(2 月份的前一期)的生产总值就是基期水平;如果把 3 月份跟 2 月份的生产总值进行对比,那么 3 月份的生产总值就是报告期水平,2 月份(3 月份的前一期)的生产总值就是基期水平。可见,1 月份、2 月份的生产总值在这里属于基期水平作为前一期水平的情况。如果把 2、3、4、5、6 月份的生产总值分别与 1 月份的生产总值进行对比,那么 1 月份的生产总值就是固定基期水平。总之,报告期水平与基期水平的划分是随着研究目的的改变而改变的。

表 6-6 某地区 2020 年上半年各月生产总值资料 (单位:万元)

月份	1月	2月	3月	4月	5月	6月
地区生产总值	4200	4400	4600	4830	4850	4900

二、平均发展水平

平均发展水平是对一个动态数列不同时间的发展水平求平均数,又称序时平均数或动态平均数。它与静态平均数(一般平均数)既有相同点,又存在明显的区别。其相同点是:二者都是将现象在数量上的差异抽象化,以反映现象总体的一般水平。其区别是:第一,平均的对象不同,序时平均数平均的是总体在不同时间上的数量差异,一般平均数平均的是总体各单位在某一标志值上的数量差异;第二,时间状态不同,序时平均数是动态说明被研究现象本身在一段时间内的平均发展水平,一般平均数是静态说明在同一时间总体各单位某个标志值的平均水平;第三,计算的依据不同,序时平均数的计算依据是时间数列,一般平均数的计算依据是变量数列。

由于发展水平可以用总量指标、相对指标、平均指标来表示,因此计算平均发展水平的方法也不一样,现分别介绍如下:

(一) 总量指标动态数列计算平均发展水平

总量指标动态数列包括时期数列和时点数列,这两种动态数列计算平均发展水平的方法是不一样的。

1. 时期数列计算平均发展水平

时期数列平均发展水平的计算比较简单,采用的是简单算术平均法,其计算公式如下:

$$\bar{a} = \frac{a_1 + a_2 + a_3 + \cdots + a_{n-1} + a_n}{n} = \frac{\sum a}{n} \qquad \text{(公式 6-1)}$$

式中：$a_1, a_2, a_3, \cdots, a_{n-1}, a_n$ 代表现象各期发展水平，$\bar{a}$ 代表平均发展水平，n 代表时期项数，其他符号同前。

【例 6-1】 2020 年某超市上半年的商品销售额资料见表 6-7。

表 6-7　某超市 2020 年上半年的商品销售额资料　　　　　　　　　　（单位：万元）

月份	1 月	2 月	3 月	4 月	5 月	6 月
销售额	1050	1350	1500	1600	1650	1850

要求：计算该超市 2020 年上半年平均每月商品销售额。

$$\bar{a} = \frac{\sum a}{n} = \frac{1050 + 1350 + 1500 + 1600 + 1650 + 1850}{6} = \frac{9000}{6} = 1500（\text{万元}）$$

2. 时点数列计算平均发展水平

要精确计算时点数列的平均发展水平，就应掌握每一时点的资料，但实际上这是不可能的。在社会经济统计实践中，一般是把一天看作一个时点，即以"天"作为最小的时点单位，这样就把时点数列区分为连续时点数列和间断时点数列。如果是每天都有时点数列资料的，就称为连续时点数列。如果是间隔一段较长时间（月、季、年）后才有资料登记的时点数列，就称为间断时点数列。

（1）由连续时点数列计算平均发展水平。根据连续时点数列的登记间隔不同，又分为两种情况：

①间隔相等的连续时点数列。这种时点资料是逐日登记的，如已知每天职工的出勤资料，求平均每天出勤人数，可采用简单算术平均法。其计算公式如下：

$$\bar{a} = \frac{\sum a}{n} \qquad \text{(公式 6-2)}$$

【例 6-2】 某单位职工星期一至星期五出勤资料见表 6-8。

表 6-8　某单位职工出勤人数资料　　　　　　　　　　（单位：人）

时间	星期一	星期二	星期三	星期四	星期五
人数	423	418	425	422	417

要求：试计算该单位职工本周平均每天的出勤人数。

$$\bar{a} = \frac{\sum a}{n} = \frac{423 + 418 + 425 + 422 + 417}{5} = \frac{2105}{5} = 421（\text{人}）$$

②间隔不等的连续时点数列。有些现象不用每日登记，只需在发生变动时记录即可。例如单位的人事变动资料，可采用加权算术平均法。其计算公式如下：

$$\bar{a} = \frac{\sum a_i f_i}{\sum f_i} \qquad \text{(公式 6-3)}$$

式中：f_i 为各时点水平所持续的长度，其他符号同前。

【例 6-3】 某企业 2020 年 9 月份职工人数资料见表 6-9。

表 6-9　某企业 2020 年 9 月份职工人数计算表

日期	职工人数/人 a_i	时间长度/天 f_i
1—6	480	6
7—16	490	10
17—26	495	10
27—30	485	4

要求：试计算该企业 9 月份的平均职工人数。

$$\bar{a}=\frac{\sum a_i f_i}{\sum f_i}=\frac{480\times 6+490\times 10+495\times 10+485\times 4}{6+10+10+4}=\frac{14\,670}{30}=489（人）$$

(2) 由间断时点数列计算平均发展水平。间断时点数列也分为间隔相等和间隔不相等两种情况：

①间隔相等的间断时点数列：根据间隔相等的间断时点数列计算平均发展水平，是假设相邻两个时点数之间的变动是均匀的，这样就可用两个相邻时点数的简单算术平均数作为这段时间的平均数，由于时点资料之间间隔相等，无须加权，只需将所有两两相邻时点数的平均数再进行简单算术平均便可求得全部时点数的平均数，其计算公式如下：

$$\bar{a}=\frac{\dfrac{a_1+a_2}{2}+\dfrac{a_2+a_3}{2}+\cdots+\dfrac{a_{n-1}+a_n}{2}}{n-1}$$

$$=\frac{\dfrac{a_1}{2}+a_2+a_3+\cdots+a_{n-1}+\dfrac{a_n}{2}}{n-1}$$

（公式 6-4）

由于这个公式采用的是"两头各一半加中间除以项数减一"的办法，故俗称首末折半法。式中 $n-1$ 为间隔数目，它比时点数列的项数少 1 项。

【例 6-4】　某企业 2020 年第三季度职工人数见表 6-10。

表 6-10　某企业 2020 年第三季度职工人数资料　　　　　　　　　　（单位：人）

日期	7月1日	8月1日	9月1日	10月1日
职工人数	800	820	830	880

要求：试计算该企业第三季度平均每月职工人数。

$$\bar{a}=\frac{\dfrac{a_1}{2}+a_2+a_3+\cdots+a_{n-1}+\dfrac{a_n}{2}}{n-1}$$

$$=\frac{\dfrac{800}{2}+820+830+\dfrac{880}{2}}{4-1}=\frac{2490}{3}=830（人）$$

②间隔不等的间断时点数列：如掌握的是间隔不等的间断时点资料，在间隔相等的间断时点数列的基础上需用不同的时点间隔长度作为权数，用加权算术平均法计算平均发展水平，其计算公式如下：

$$\bar{a} = \frac{\frac{a_1+a_2}{2}f_1 + \frac{a_2+a_3}{2}f_2 + \cdots + \frac{a_{n-1}+a_n}{2}f_{n-1}}{\sum_{i=1}^{n-1} f_i} \quad \text{(公式 6-5)}$$

式中：f_i 为各时点水平间隔的时间长度，如 f_1 是 a_1、a_2 时点水平的间隔长度；其他符号同前。

【例 6-5】 某企业 2020 年钢材库存量资料见表 6-11。

表 6-11　某企业 2020 年钢材库存量资料　　　　　　　　　　（单位：吨）

日期	1月1日	4月1日	9月1日	12月31日
钢材库存量	22	24	18	16

要求：试计算该企业 2020 年平均每月钢材库存量。

$$\bar{a} = \frac{\frac{a_1+a_2}{2}f_1 + \frac{a_2+a_3}{2}f_2 + \cdots + \frac{a_{n-1}+a_n}{2}f_{n-1}}{\sum_{i=1}^{n-1} f_i}$$

$$= \frac{\frac{22+24}{2}\times 3 + \frac{24+18}{2}\times 5 + \frac{18+16}{2}\times 4}{3+5+4}$$

$$= \frac{69+105+68}{12} = \frac{242}{12} = 20.17 \text{ 吨}$$

（二）相对指标动态数列计算平均发展水平

相对指标动态数列是由总量指标动态数列形成的派生数列，它是由两个有联系的总量指标动态数列相应项对比所形成的数列。相对指标分为静态相对指标和动态相对指标，相应的动态数列就有静态相对指标动态数列和动态相对指标动态数列之分。在这里，我们仅介绍静态相对指标动态数列平均发展水平的计算。动态相对指标动态数列平均发展水平的计算在平均发展速度中介绍。

前面已经讲到，静态相对数动态数列中的指标数值不能相加，因此，它的平均发展水平的计算不能由数列中的相对指标数值直接计算得到，由于静态相对指标动态数列中的每一个指标数值都是由两个总量指标数值对比得到的，所以计算其平均发展水平时，应先计算出其分子数列和分母数列的序时平均数，然后再将两个序时平均数加以对比得到。其计算公式如下：

$$\bar{c} = \frac{\bar{a}}{\bar{b}} \quad \text{(公式 6-6)}$$

式中：$\bar{c}$ 为相对指标动态数列的平均发展水平，$\bar{a}$ 为分子数列的平均发展水平，$\bar{b}$ 为分母数列的平均发展水平。

应用这个公式的关键是先计算出 $\bar{a}$ 和 $\bar{b}$，再把 $\bar{a}$ 和 $\bar{b}$ 的值代入公式中，求出 $\bar{c}$。根据对比的分子和分母指标的性质不同，相对指标动态数列分为两个时期指标对比形成的、两个时点指标对比形成的和一个时期指标与一个时点指标对比形成的三种情况。因而在计算其平均发展水平时应视具体的资料而采用相应的计算方法。

1. 分子、分母都是时期指标

【例 6-6】 某企业 2020 年各季度销售额、利润额及利润率资料见表 6-12。

表 6-12 某企业 2020 年各季度有关资料

季度	利润额/万元 a	销售额/万元 b	利润率/(%)
一	70.4	220	32
二	79.2	240	33
三	87.5	250	35
四	100.8	280	36
合计	337.9	990	—

要求:试计算该企业 2020 年各季度的平均利润率。

例 6-6 中的相对指标动态数列即利润率动态数列是由两个时期数列对比形成的。因此,各季度的平均利润率计算如下:

(1) 各季度平均利润额:

$$\bar{a} = \frac{\sum a}{n} = \frac{70.4 + 79.2 + 87.5 + 100.8}{4} = \frac{337.9}{4} = 84.475(万元)$$

(2) 各季度平均销售额:

$$\bar{b} = \frac{\sum b}{n} = \frac{220 + 240 + 250 + 280}{4} = \frac{990}{4} = 247.5(万元)$$

(3) 各季度的平均利润率:

$$\bar{c} = \frac{\bar{a}}{\bar{b}} = \frac{84.475}{247.5} \times 100\% = 34.13\%$$

由于例 6-6 中的相对指标动态数列是由两个时期数列对比形成的,因此,其公式可以简写为:

$$\bar{c} = \frac{\bar{a}}{\bar{b}} = \frac{\sum a/n}{\sum b/n} = \frac{\sum a}{\sum b} = \frac{337.9}{990} \times 100\% = 34.13\%$$

2. 分子、分母都是时点指标

【例 6-7】 某企业职工人数及非生产人员人数资料见表 6-13。

表 6-13 某企业职工人数和构成

时间	4月初	5月初	6月初	6月底
工人人数/人 a	780	806	816	844
全员人数/人 b	5100	5130	5180	5200
工人人数占全员人数的比重/(%)	15.29	15.71	15.75	16.23

要求:计算第二季度工人人数占全员人数的平均比重。

例 6-7 中的相对指标动态数列即工人人数占全员人数比重的动态数列是由两个间隔相等的间断时点数列对比形成的。因此,第二季度工人人数占全员人数的平均比重计算如下:

(1) 第二季度工人平均人数:

$$a = \frac{\frac{a_1}{2} + a_2 + \cdots + a_{n-1} + \frac{a_n}{2}}{n-1}$$

$$= \frac{\frac{780}{2} + 806 + 816 + \frac{844}{2}}{4-1} = \frac{2434}{3} = 811(人)$$

(2) 第二季度全员平均人数:

$$\bar{b} = \frac{\frac{b_1}{2} + b_2 + \cdots + b_{n-1} + \frac{b_n}{2}}{n-1}$$

$$= \frac{\frac{5100}{2} + 5130 + 5180 + \frac{5200}{2}}{4-1} = \frac{15\,460}{3} = 5153(人)$$

(3) 第二季度工人人数占全员人数的平均比重:

$$\bar{c} = \frac{\bar{a}}{\bar{b}} = \frac{811}{5153} \times 100\% = 15.74\%$$

3. 分子是时期指标,分母是时点指标

【例 6-8】 某企业 2020 年第四季度职工人数及产值资料见表 6-14。

表 6-14 某企业 2020 年第四季度工人数及产值资料

月份	9	10	11	12
产值/元 a	360 000	390 000	420 000	450 000
月末人数/人 b	60	64	68	72

要求:计算第四季度的每月平均劳动生产率。

例 6-8 中的平均指标动态数列即工人的劳动生产率动态数列虽然没有具体列出,但它是由一个时期数列和一个间隔相等的间断时点数列对比形成的。因此,第四季度的每月平均劳动生产率计算如下:

(1) 第四季度平均每月产值:

$$\bar{a} = \frac{\sum a}{n} = \frac{390\,000 + 420\,000 + 450\,000}{3} = \frac{1\,260\,000}{3} = 420\,000(元)$$

(2) 第四季度平均每月人数:

$$\bar{b} = \frac{\frac{b_1}{2} + b_2 + b_3 + \cdots + b_{n-1} + \frac{b_n}{2}}{n-1} = \frac{\frac{60}{2} + 64 + 68 + \frac{72}{2}}{4-1} = \frac{198}{3} = 66(人)$$

(3) 第四季度的每月平均劳动生产率:

$$\bar{c} = \frac{\bar{a}}{\bar{b}} = \frac{420\,000}{66} = 6364(元/人)$$

(三) 平均指标动态数列计算平均发展水平

平均指标动态数列有一般(静态)平均指标动态数列和序时(动态)平均指标动态数列两种,

这两种平均指标动态数列计算平均发展水平的方法大不一样。

1. 静态平均指标动态数列计算平均发展水平

静态平均指标动态数列,如前所述,各项指标数值也是不能相加的,其指标数值也是由两个总量指标数值对比计算得到的,因此,其平均发展水平的计算与静态相对指标动态数列平均发展水平的计算是完全相同的。

2. 动态平均数动态数列计算平均发展水平

动态平均数动态数列的平均发展水平的计算方法有两种:

(1) 当各平均发展水平的计算时期和间隔相等时,可采用简单算术平均法计算平均发展水平,其公式如下:

$$\bar{a} = \frac{\sum a}{n} \qquad \text{(公式 6-7)}$$

【例 6-9】 某工厂 7 月份平均职工人数为 520 人,8 月份平均职工人数为 528 人,9 月份平均职工人数为 536 人,试计算第三季度月平均职工人数。

$$\bar{a} = \frac{\sum a}{n} = \frac{520 + 528 + 536}{3} = \frac{1584}{3} = 528(人)$$

(2) 当各平均发展水平的计算时期和间隔不等时,可采用加权算术平均法计算平均发展水平,其公式如下:

$$\bar{a} = \frac{\sum a_i f_i}{\sum f_i} \qquad \text{(公式 6-8)}$$

式中:f 代表指标数值的时间长度,其他符号同前。

【例 6-10】 某工厂第三季度平均职工人数为 520 人,10 月份平均职工人数为 514 人,11、12 月份平均职工人数为 532 人,试计算下半年月平均职工人数。

$$\bar{a} = \frac{\sum a_i f_i}{\sum f_i} = \frac{520 \times 3 + 514 \times 1 + 532 \times 2}{3 + 1 + 2} = \frac{3138}{6} = 523(人)$$

三、增长量与平均增长量

(一) 增长量

增长量是用来说明社会经济现象在一定时期内所变化的绝对数量的指标,它是报告期水平与基期水平之差,反映报告期与基期增长或减少的数量,用公式表示为:

$$\text{增长量} = \text{报告期水平} - \text{基期水平} \qquad \text{(公式 6-9)}$$

增长量的计算结果有正负之分,正数表示增长,负数则表示减少,因此,增长量又称为增减量。

由于采用的基期不同,增长量可分为逐期增长量和累计增长量。逐期增长量是报告期水平与前一期水平之差,表明报告期较前一期增减的绝对量。累计增长量是报告期水平与某一固定基期水平(通常为最初水平)之差,表明报告期较某一固定基期增减的绝对量。这两个指标可用公式表示如下:

逐期增长量:$a_1 - a_0, a_2 - a_1, \cdots, a_n - a_{n-1}$

累计增长量：$a_1-a_0, a_2-a_0, \cdots, a_n-a_0$

逐期增长量和累计增长量之间存在一定的数量关系：

(1) 逐期增长量之和等于相应的累计增长量，即：

$$(a_1-a_0)+(a_2-a_1)+\cdots+(a_n-a_{n-1})=a_n-a_0$$

(2) 两个相邻的累计增长量之差等于相应的逐期增长量，即：

$$(a_i-a_0)-(a_{i-1}-a_0)=a_i-a_{i-1}$$

【例 6-11】 计算出我国 2016—2020 年国内生产总值逐期增长量和累计增长量，结果见表 6-15 所示。

表 6-15　国内生产总值逐期增长量和累计增长量计算表　　　　　　（单位：亿元）

年份	2016 年	2017 年	2018 年	2019 年	2020 年
国内生产总值	743 585	820 754	900 309	986 515	1 015 986
逐期增长量	—	77 169	79 555	86 206	29 471
累计增长量	—	77 169	156 724	242 930	272 401

在统计实践中，为了消除季节变动的影响，常采用年距增长量指标，它是报告期水平与上年同期（同季或同月）水平之差，表明报告期水平较上年同期水平增减的绝对量，其计算公式如下：

$$年距增长量 = 报告期水平 - 上年同期水平 \qquad (公式 6-10)$$

【例 6-12】 某企业某产品 2020 年第一季度产量为 650 万吨，2016 年第一季度产量为 600 万吨，则：

$$年距增长量 = 650 - 600 = 50 \text{ 万吨}$$

这表明 2020 年第一季度产品产量比上年同期增长了 50 万吨。

（二）平均增长量

平均增长量是用来反映社会经济现象在一定时期内平均每期变化增加（或减少）的数量，是动态数列中逐期增长量的序时平均数。其计算公式如下：

$$平均增长量 = \frac{逐期增长量之和}{逐期增长量的个数} = \frac{累计增长量}{动态数列的项数 - 1} \qquad (公式 6-11)$$

【例 6-13】 根据表 6-15 中的资料计算平均增长量如下：

$$平均增长量 = \frac{逐期增长量之和}{逐期增长量的个数} = \frac{48\,730 + 45\,078 + 55\,075 + 82\,995}{4}$$

$$= \frac{231\,878}{4} = 57\,969.5 （亿元）$$

或：

$$平均增长量 = \frac{累计增长量}{动态数列的项数 - 1} = \frac{231\,878}{5-1} = 57\,969.5 （亿元）$$

累计增长量、年距增长量和平均增长量分别在什么条件下使用？有什么意义？

第三节 动态数列的速度指标

一、发展速度

发展速度是以相对数形式表示的两个不同时期发展水平的比值,表明现象发展变化的相对程度,即报告期水平已发展到基期水平的几分之几或若干倍。其计算公式如下:

$$发展速度 = \frac{报告期水平}{基期水平} \quad \text{(公式 6-12)}$$

发展速度通常用百分数表示,有时也用倍数表示。若发展速度大于百分之百(或大于1),表示向上发展;若发展速度小于百分之百(或小于1),则表示向下发展。

发展速度根据采用的基期不同,可分为环比发展速度和定基发展速度。环比发展速度是报告期水平与其前一期水平之比,表明现象逐期的发展速度。定基发展速度是报告期水平与某一固定基期水平(通常为最初水平)之比,表明现象在某一较长时期的发展速度。这两个指标可用公式表示如下:

环比发展速度: $\dfrac{a_1}{a_0}, \dfrac{a_2}{a_1}, \dfrac{a_3}{a_2}, \cdots, \dfrac{a_n}{a_{n-1}}$

定基发展速度: $\dfrac{a_1}{a_0}, \dfrac{a_2}{a_0}, \dfrac{a_3}{a_0}, \cdots, \dfrac{a_n}{a_0}$

在同一动态数列资料下计算的环比发展速度和定基发展速度之间存在以下关系:

(1) 环比发展速度的连乘积等于相应的定基发展速度,即:

$$\frac{a_1}{a_0} \times \frac{a_2}{a_1} \times \frac{a_3}{a_2} \times \cdots \times \frac{a_n}{a_{n-1}} = \frac{a_n}{a_0}$$

(2) 两个相邻定基发展速度之比等于相应的环比发展速度,即:

$$\frac{a_i}{a_0} \div \frac{a_{i-1}}{a_0} = \frac{a_i}{a_{i-1}}$$

在统计实践中,为了消除季节变动的影响,常采用年距发展速度指标,它是报告期水平与上年同期水平之比。其计算公式如下:

$$年距发展速度 = \frac{报告期水平}{上年同期发展水平} \quad \text{(公式 6-13)}$$

二、增长速度

增长速度是反映现象数量增加方向和程度的动态相对指标,用报告期增长量与基期水平之比,表明报告期水平比基期水平增长(或降低)了百分之几或若干倍。其计算公式如下:

$$\begin{aligned}增长速度 &= \frac{报告期增长量}{基期水平} \\ &= \frac{报告期水平 - 基期水平}{基期水平} \\ &= 发展速度 - 1(或\ 100\%)\end{aligned} \quad \text{(公式 6-14)}$$

增长速度指标有正负之分,当报告期增长量为正值时,则增长速度为正数,表明为递增速度;当报告期增长量为负值时,则增长速度为负数,表明为递减速度。

增长速度由于采用的增长量和对比的基期水平不同,也分为环比增长速度和定基增长速度。环比增长速度是逐期增长量与其前一期发展水平之比,表明现象逐期增长的速度。定基增长速度是累计增长量与某一固定基期水平(通常为最初水平)之比,表明现象在某一较长时期的增长速度。这两个指标可用公式表示如下:

$$环比增长速度 = \frac{逐期增长量}{前一期发展水平}$$

$$= \frac{报告期水平 - 前一期发展水平}{前一期发展水平}$$

$$= 环比发展速度 - 1(或100\%) \quad (公式6\text{-}15)$$

$$定基增长速度 = \frac{累计增长量}{固定基期水平}$$

$$= \frac{报告期水平 - 固定基期水平}{固定基期水平}$$

$$= 定基发展速度 - 1(或100\%) \quad (公式6\text{-}16)$$

所以,只要知道环比发展速度或定期发展速度,将它们减 1 或 100%,就可以得到相应的环比增长速度或定基增长速度,具体计算见表 6-16 和图 6-2。

表 6-16 2016—2020 年国内生产总值速度指标计算表

年份		2016 年	2017 年	2018 年	2019 年	2020 年
国内生产总值/亿元		743 585	820 754	900 309	986 515	1 015 986
增长 1% 的绝对值/亿元		—	7 435.85	8 207.54	9 003.09	9 865.15
发展速度/(%)	环比发展速度	—	110.38	109.69	109.58	102.99
	定基发展速度	100.00	110.38	121.08	132.67	136.63
增长速度/(%)	环比增长速度	—	10.38	9.69	9.58	2.99
	定基增长速度	—	10.38	21.08	32.67	36.63

如果已知环比增长速度求定基增长速度:
1. 先由环比增长速度 ⟶ 环比发展速度
   环比增长速度 = 环比发展速度 − 1 ⟶ 环比发展速度 = 环比增长速度 + 1
2. 再由环比发展速度 ⟶ 定基发展速度
   定基发展速度 = 环比发展速度连乘 = (环比增长速度 + 1)连乘
3. 最后由定基发展速度 ⟶ 定基增长速度
   定基增长速度 = 定基发展速度 − 1 = (环比增长速度 + 1)连乘 − 1

图 6-2 由环比增长速度求定基增长速度

但是需要注意的是:环比增长速度和定基增长速度之间并没有直接的换算关系。如果已知各期的环比增长速度求其相应的定基增长速度,则需先将各期环比增长速度换算成各期环比发展速度,再将它们连乘,得到各期定基发展速度,最后,将各期定基发展速度换算成各期的定基增长速度。相反,如果已知各期的定基增长速度求相应的环比增长速度,也要经过一定的变换才能求得。例如,已知某现象各期环比增长速度为 3%、5%、7%、9%,则最后一期的定基增长速度为:$[(1+3\%)\times(1+5\%)\times(1+7\%)\times(1+9\%)]-1$。

在统计实践中,为了消除季节变动的影响,也经常使用年距增长速度指标,它是报告期年距增长量与上年同期发展水平之比。其计算公式如下:

$$年距增长速度 = \frac{报告期年距增长量}{上年同期发展水平} = \frac{报告期发展水平-上年同期发展水平}{上年同期发展水平}$$

$$= \frac{报告期发展水平-上年同期发展水平}{上年同期发展水平}$$

$$= 年距发展速度 - 1(或100\%) \qquad (公式 6\text{-}17)$$

三、增长 1% 的绝对值

速度指标数值的大小与基期水平的高低有密切关系,通常,基数小,增长速度高;基数大,增长速度低。所以高速度可能掩盖了低水平,而低速度又可能隐含着高水平。这是因为在计算增长速度时,由于对比基数不同,同样增长 1% 所代表的绝对量可能相差悬殊。因此,增长速度要与绝对增长量结合起来进行分析,通常是利用增长 1% 的绝对值来弥补速度分析中的局限性。增长 1% 的绝对值是指每增长 1% 所包含的绝对量,其计算公式为:

$$增长1\%的绝对值 = \frac{逐期增长量}{环比增长速度\times100} = \frac{逐期增长量}{\frac{逐期增长量}{前一期发展水平}\times100}$$

$$= \frac{前一期发展水平}{100} \qquad (公式 6\text{-}18)$$

增长 1% 的绝对值具有双刃剑作用,在速度上每增长 1%,绝对量就增加 $\frac{前一期发展水平}{100}$;每降低 1%,绝对量就减少 $\frac{前一期发展水平}{100}$。

【例 6-14】 假定有两个生产条件基本相同的企业,各年的利润额及有关的速度资料见表 6-17。

表 6-17 甲、乙两个企业的有关资料

年份	甲企业		乙企业	
	利润额/万元	增长率/(%)	利润额/万元	增长率/(%)
2019 年	500	—	60	—
2020 年	600	20	84	40

分析:如果不看利润额的绝对值,仅就速度对甲、乙两个企业进行分析评价,可以看出乙企业的利润增长速度比甲企业的高出了 1 倍,如果就此得出乙企业的生产经营业绩比甲企业好得多的结论是不切实际的。因为速度是一个相对值,它与对比的基期值的大小有很大关系。由于这两个企业的生产起点不同,也就是它们用作对比的基期值不同,所以必须通过计算增长 1% 的绝对值来进行对比分析。

$$甲企业 2020 年比 2019 年增长 1\% 的绝对值 = \frac{500}{100} = 5(万元)$$

$$乙企业 2020 年比 2019 年增长 1\% 的绝对值 = \frac{60}{100} = 0.6(万元)$$

这表明,甲企业每增长1%增加的利润额为5万元,而乙企业的则为0.6万元,甲企业远高于乙企业。

通常,"高水平难以高速度,而低水平却可以高速度",你能理解这是为什么吗?

四、平均发展速度和平均增长速度

平均发展速度是动态数列中的各个环比发展速度的序时平均数,也就是把全期的总发展速度平均化。它说明某种现象在一个较长时期内逐期平均发展变化的程度。平均增长速度是反映某种现象在一个较长时期内平均增长变化的程度,它是根据平均发展速度来计算的(见图6-3)。平均增长速度与平均发展速度的关系为:

平均增长速度＝平均发展速度－1　　　　　　（公式6-19）

> 1. 增长速度=发展速度－1
> 2. 定基增长速度=定基发展速度－1
> 3. 环比增长速度=环比发展速度－1
> 4. 平均增长速度=平均发展速度－1

图6-3　增长速度与发展速度关系图

平均发展速度不能用算术平均法来计算,根据要解决的问题不同,平均发展速度有两种计算方法,即几何法和方程法。

（一）几何法

几何法,又称为水平法,其基本思想是:现象从最初水平出发,如果各期都以平均发展速度发展,经过 n 次,发展到最末一期,其最末一期的理论水平应与最末一期的实际水平相等。

设 $\bar{x}$ 为平均发展速度,a_0 为初始发展水平,则:

第一期的理论水平：$a_0\bar{x}$

第二期的理论水平：$a_0\bar{x}\bar{x} = a_0\bar{x}^2$

第三期的理论水平：$a_0\bar{x}^2\bar{x} = a_0\bar{x}^3$

⋮　　　　　　⋮

第 n 期的理论水平：$a_0\bar{x}^{n-1}\bar{x} = a_0\bar{x}^n$

由于各期实际水平分别为 $a_1, a_2, \cdots, a_{n-1}, a_n$,按照几何法的基本思想,则:

$$a_n(实际值) = a_0\bar{x}^n(理论值)$$

那么:

$$\bar{x} = \sqrt[n]{\frac{a_n}{a_0}}　　　　　　（公式6-20）$$

式中：n 代表环比发展速度的项数,其他符号同前。这个计算平均发展速度的公式适用于掌握初始发展水平(最初水平)和最末水平的资料。

由于环比发展速度的连乘积等于定基发展速度 $\left(\frac{a_1}{a_0} \times \frac{a_2}{a_1} \times \frac{a_3}{a_2} \times \cdots \times \frac{a_n}{a_{n-1}} = \frac{a_n}{a_0}\right)$，所以当掌握各个环比发展速度时，平均发展速度又可按下式计算：

$$\bar{x} = \sqrt[n]{x_1 x_2 x_3 \cdots x_n} = \sqrt[n]{\prod x} \qquad \text{(公式 6-21)}$$

式中：$x_1, x_2, x_3, \cdots, x_n \left(x_1 = \frac{a_1}{a_0}; x_2 = \frac{a_2}{a_1}; x_3 = \frac{a_3}{a_2}; \cdots; x_n = \frac{a_n}{a_0}\right)$ 代表现象各期环比发展速度，$\prod$ 是连乘号，表示该符号后面的变量值连乘。

若掌握 $\frac{a_n}{a_0}$（$\frac{a_n}{a_0}$ 是最后一期的定期发展速度，也叫总发展速度）的具体数值，平均发展速度还可以直接根据总发展速度计算。其计算公式如下：

$$\bar{x} = \sqrt[n]{R} \qquad \text{(公式 6-22)}$$

式中，R 代表总发展速度，它是 a_n 与 a_0 的比值。

从上面的公式中可以看出，由于平均发展速度等于最末水平比最初水平的 n 次方根，所以按水平法计算的平均发展速度数值的大小只取决于最末水平与最初水平的比值，而不反映中间各期水平的变化情况。

【例 6-15】 某地区 2015—2020 年粮食产量及其发展速度资料如表 6-18 所示。

表 6-18 某地区 2015—2020 年粮食产量及其发展速度资料

年份	2015 年	2016 年	2017 年	2018 年	2019 年	2020 年
粮食产量/万吨	200	220	231	240	252	260
环比发展速度/(%)	—	110.00	105.00	103.90	105.00	103.17
定基发展速度/(%)	100.00	110.00	115.50	120.00	126.00	130.00

要求：试计算该地区以 2015 年为基期，2016—2020 年粮食产量的平均发展速度。

$$\bar{x} = \sqrt[n]{\frac{a_n}{a_0}} = \sqrt[5]{\frac{260}{200}} = 105.39\%$$

或：

$$\bar{x} = \sqrt[n]{\prod x} = \sqrt[5]{110.00\% \times 105.00\% \times 103.90\% \times 105.00\% \times 103.17\%} = 105.39\%$$

$$\bar{x} = \sqrt[n]{R} = \sqrt[5]{130.00\%} = 105.39\%$$

（二）方程法

方程法，又称为累计法，是运用代数的高次方程式来计算社会经济现象平均发展速度的方法。其基本思想是：现象从最初水平出发，每期都按照平均发展速度发展，则推算出来的各期理论发展水平总和，就等于各期实际发展水平的总和。

设 $\bar{x}$ 为平均发展速度，a_0 为初始发展水平，则：

第一期的理论水平：$a_0 \bar{x}$

第二期的理论水平：$a_0 \bar{x} \bar{x} = a_0 \bar{x}^2$

第三期的理论水平：$a_0\overline{x}^2\overline{x} = a_0\overline{x}^3$

$\vdots$ $\vdots$

第 n 期的理论水平：$a_0\overline{x}^{n-1}\overline{x} = a_0\overline{x}^n$

因此，按照平均发展速度计算的各期理论发展水平之和为：

$$a_0\overline{x} + a_0\overline{x}^2 + a_0\overline{x}^3 + \cdots + a_0\overline{x}^n = a_0(\overline{x} + \overline{x}^2 + \overline{x}^3 + \cdots + \overline{x}^n)$$

由于对应的各期实际发展水平之和为：

$$a_1 + a_2 + a_3 + \cdots a_n = \sum_{i=1}^{n} a_i$$

所以，按照方程法的基本思想，理论水平总和与实际水平总和两者相等，则可列出如下方程式：

$$a_0(\overline{x} + \overline{x}^2 + \overline{x}^3 + \cdots + \overline{x}^n) = \sum_{i=1}^{n} a_i$$

即：

$$\overline{x} + \overline{x}^2 + \overline{x}^3 + \cdots + \overline{x}^n = \frac{\sum_{i=1}^{n} a_i}{a_0}$$

移项得：

$$\overline{x} + \overline{x}^2 + \overline{x}^3 + \cdots + \overline{x}^n - \frac{\sum_{i=1}^{n} a_i}{a_0} = 0$$

这是一个一元高次方程，它的正根就是所求的平均发展速度。将平均发展速度减 1，就得到平均增长速度。由于累计法计算复杂，实际工作中为简化计算，可从《累计法平均增长速度查对表》(简称《累计法查对表》)中查得平均增长速度，再计算平均发展速度。

《累计法查对表》由两部分组成：一部分为递增表，一部分为递减表。如果 $\frac{\sum_{i=1}^{n} a_i}{a_0} \div n > 1$ 或 100%，则表明现象的发展是递增的，应查递增表；如果 $\frac{\sum_{i=1}^{n} a_i}{a_0} \div n < 1$ 或 100%，则表明现象的发展是递减的，应查递减表。

下面，我们举例说明如何应用查表法来求平均发展速度和平均增长速度。

【例 6-16】 假设某地区 2015—2020 年原油产量如表 6-19 所示。

表 6-19 某地区 2015—2020 年原油产量资料

年份	2015 年	2016 年	2017 年	2018 年	2019 年	2020 年
原油产量/万吨	6120	6773	7537	8393	9279	9859

要求：试计算该地区以 2015 年为基期，2016—2020 年原油产量的平均增长速度和平均发展速度。

第一步，计算各期发展水平总和为基数的百分比，即 $\frac{\sum_{i=1}^{n} a_i}{a_0}$：

$$\frac{\sum_{i=1}^{n} a_i}{a_0} = \frac{a_1 + a_2 + a_3 + a_4 + a_5}{a_0} \times 100\%$$

$$= \frac{6773 + 7537 + 8393 + 9279 + 9859}{6210} \times 100\%$$

$$= \frac{41\,841}{6120} \times 100\% = 683.68\%$$

第二步，计算递增或递减速度：

$$\frac{\sum_{i=1}^{n} a_i}{a_0} \div n = \frac{683.68\%}{5} = 136.74\% > 100\%$$

计算结果属于递增速度，须查《累计法查对表》的递增表。

第三步，查表，见表 6-20。在《累计法查对表》中的 $n=5$ 的栏内，找到最接近 683.68% 的数字为 683.34%，该数值所在行左边第一栏内百分比为 10.6%，即为所求得的平均增长速度，则该地区 2015—2020 年原油产量的平均发展速度为 100%＋10.6%＝110.6%。

表 6-20　累计法查对表

平均增长速度/(%)	各年发展水平总和相对于基期的比值/(%)				
	1 年	2 年	3 年	4 年	5 年
…	…	…	…	…	…
10.6	110.60	232.92	368.21	517.84	683.34
10.7	110.70	233.24	368.90	519.07	685.32
10.8	110.80	233.57	369.59	520.31	687.30
10.9	110.90	233.89	370.28	521.54	689.29
11.0	111.00	234.21	370.97	522.78	691.29
…	…	…	…	…	…

以上介绍了计算平均发展速度和平均增长速度的两种方法，这两种方法的侧重点不同，应该根据研究对象的不同特点来选用。如果研究的主要目的侧重于考察现象最末一期的发展水平，则宜采用水平法计算平均发展速度，例如产品产量、工业总产值、商品销售额和职工人数等均可采用这种方法。如果研究的主要目的侧重于考察现象发展的整个过程的总和，则宜采用累计法计算平均发展速度，例如固定资产投资额、住宅面积、造林面积、人员培训数等均可采用这种方法。

第四节　动态数列变动规律的趋势分析

对社会经济现象进行动态分析，除了编制动态数列、计算各种动态分析指标之外，还需要进一步揭示现象的长期趋势和季节变动的规律，这对于克服工作的盲目性、预测未来、做好各项工作等都具有十分重要的现实意义。

一、动态数列变动趋势分析

动态数列变动趋势分析是指把动态数列受各类因素的影响状况分别测定出来，搞清研究对象发展变化的原因及其规律,为预测未来和决策提供依据。

动态数列各项发展水平的变化,是许多复杂因素共同作用的结果。影响因素归纳起来大体有以下四类:

(1) 长期趋势。长期趋势指现象在一段较长时间内,由于普遍的、持续的、决定性的基本因素的作用,使发展水平沿着一个方向,逐渐向上或向下变动的趋势。例如,从较长时期来看,粮食生产由于种植方法的不断改进、农田水利的日益发达等根本因素的影响,总趋势是持续增加、向上发展的。认识和掌握事物的长期趋势,可以把握事物发展变化的基本特点。

(2) 季节变动。季节变动是指事物受季节的影响而发生的变动。其变动的特点是,在一年或更短的时间内随着时序的更换,使现象呈周期重复的变化。引起季节变动的原因有自然因素,也有社会因素,如气候条件、节假日及风俗习惯等。季节变动的影响有以年为周期的,也有以日、周、月为周期的。例如:农业生产,有农忙农闲和淡、旺季之分,并且年复一年,大体相同;在冬季,取暖器、围巾、手套等的销售量就比较大;铁路客运量的高峰期出现在春节和"黄金周"前后;商场的日零售额按周呈现出周期性变动,一般周末日销售额高等。认识掌握季节变动,对于近期行动决策有重要作用。

(3) 循环变动。循环变动指现象发生在一年以上的周期比较长的涨落起伏的变动。它不同于持续上升或下降发展的长期趋势,也不同于短期内周期性的季节变动。引起循环变动有不同的原因,使得变动的周期长短不同,常在一年以上甚至七八年,十多年,各循环周期长短较难把握;上下波动程度也不相同,但每一周期都呈现盛衰起伏相间的状况。

在社会经济现象中,经济循环变动如资本主义经济周期包括危机、萧条、复苏、高涨四个阶段;还有工业生产产品也有一定的生命周期,即经过研制、试销、发展、成熟、衰退几个阶段,由盛到衰,最后又被新产品所代替。认识和掌握事物循环变动的规律,可以事先采取有力措施和对策,充分利用其有利因素而尽量减少不良影响。

(4) 不规则变动。不规则变动指现象除了受以上各种变动的影响外,受临时、偶然因素或不明原因影响而引起的非周期性、非趋势性的随机变动,是无法预知的。例如自然灾害、战争等无法预见的因素引起的波动。它们是在动态数列的变动中,不能由上述三个因素解释的剩余部分。

上述四个变动因素对动态数列的影响通常有两种假定构成形式。

一是假定四种变动因素是相互独立的,则动态数列各期发展水平是各个影响因素相加的总和,它们之间的结构可以表述为加法模型,即:

$$Y = T + S + C + I$$

式中:T—— 长期趋势;

S—— 季节变动;

C—— 循环变动;

I—— 不规则变动。

二是假定四种变动因素存在着某种相互影响关系,互不独立,则动态数列各期发展水平是各个影响因素相乘的乘积,它们之间的结构可以表述为乘法模型,即:

$$Y = T \cdot S \cdot C \cdot I$$

一般地说,动态数列变动包含了上述四类因素的影响,因而动态数列的成分结构包括了这四种变动的形式。但就实际情况来看,季节变动和循环变动在某些场合并不存在。比如按年排列的动态数列就不体现季节变动。我国工农业生产发展趋势一般不存在循环变动。因此在实际工作中,要对研究现象进行具体的分析,实际包含什么因素就分析什么因素。在这里,仅介绍通常使用的两种分析方法,即长期趋势和季节变动的分析。

请判断下面这些现象属于动态数列构成因素中的哪一种。
(1) 银行的活期储蓄额,发放工资前减少,发放工资后增多。
(2) 旅游景点的游客人数,周末达到高峰。
(3) 公共汽车乘客人数一天中几个时段为高峰,另外几个时段为低谷。
(4) 耐用消费品如电视、冰箱周期性更新导致需求量的变化。
(5) 我国粮食产量从长时间来看是不断增长的。
(6) 由于雪灾造成的对防寒物资需求量的增大。

二、长期趋势分析

长期趋势分析是用一定的方法对动态数列进行修匀,使修匀后的数列排除季节变动、循环变动和不规则变动等因素的影响,显示出现象变动的基本趋势,作为预测的依据。长期趋势分析的主要目的和意义体现在两个方面:第一是能够正确反映社会经济现象发展变化的方向和趋势,认识其发展变化的规律性;第二是能够为统计预测和决策提供必要的依据。

长期趋势分析的方法有很多,常用的有时距扩大法、移动平均法、最小平方法。现分别介绍如下:

(一) 时距扩大法

时距扩大法也称为间隔扩大法,是测定长期趋势最原始、最简单的方法。它是指将原动态数列中若干时期资料加以合并,得出扩大间隔的较大时距单位的新动态数列,以消除由于时距较短而受偶然因素影响所引起的不规则变动,反映现象发展变化长期趋势的分析方法。

【例 6-17】 我国 1961—1995 年粮食产量资料见表 6-21。

表 6-21 我国 1961—1995 年粮食产量资料(1)

年份	产量/万吨	年份	产量/万吨	年份	产量/万吨
1961 年	14 750	1973 年	26 494	1985 年	37 911
1962 年	16 000	1974 年	27 527	1986 年	39 151
1963 年	17 000	1975 年	28 452	1987 年	40 298
1964 年	18 750	1976 年	28 631	1988 年	39 408
1965 年	19 453	1977 年	28 273	1989 年	40 755
1966 年	21 400	1978 年	30 477	1990 年	43 498
1967 年	21 782	1979 年	33 212	1991 年	43 524
1968 年	20 906	1980 年	32 056	1992 年	44 258
1969 年	21 097	1981 年	32 502	1993 年	45 644
1970 年	23 996	1982 年	35 450	1994 年	44 450
1971 年	25 014	1983 年	38 728	1995 年	45 600
1972 年	24 084	1984 年	40 731		

从表 6-21 中可以看出,数列变化并不均匀,即各年之间的产量起伏不定,用该动态数列并不能清楚地反映出产量的变动趋势,现将每年产量资料整理为每 5 年产量资料,如表 6-22 所示。

表 6-22　我国 1961—1995 年粮食产量资料(2)

年份	总产量/万吨	平均年产量/万吨
1961—1965 年	85 953	17 190.6
1966—1970 年	109 181	21 836.2
1971—1975 年	131 571	26 314.2
1976—1980 年	152 649	30 529.8
1981—1985 年	185 322	37 064.4
1986—1990 年	203 110	40 622.0
1991—1995 年	223 476	44 695.2

从表 6-22 中可以看出,时距扩大后的资料,可以明显地显示出我国粮食产量呈现出逐渐增长的趋势。

在使用时距扩大法时,应注意三点:①扩大的时距单位的大小,应以时距扩大后的数列能正确反映长期趋势为准。若现象有明显变动周期,扩大后的时距一般与现象的变动周期相同;若现象无明显变动周期,可以逐步扩大时距,直至显现出现象变动的长期趋势。②为了保持动态数列资料的可比性,同一数列前后的时距单位应当一致。③动态数列如果是时期数列,扩大时距后可以用总量指标表示,也可以用平均指标表示;动态数列如果是时点数列,扩大时距后只能用平均指标表示。

(二)移动平均法

移动平均法是根据动态数列资料,按一定项数递推移动,分别计算一系列指标数值的序时平均数,形成一个新的动态数列,以反映现象长期趋势的方法。采用移动平均法修匀动态数列可以削弱或消除短期的偶然因素的影响,从而呈现出明显的长期趋势。

下面以表 6-23 某企业 2020 年各月总产值的资料为例,说明移动平均法的具体应用。奇数项移动平均所得的数值放在中间一项的位置上,一次平均即可。例如,表 6-23 中三项移动平均栏的第一项为 68.4[68.4=(71.0+60.0+74.2)/3],与 2 月份的数字相对应,其他的依此类推。偶数项移动平均所得的数值,应放在所平均数值的中间两项位置的中间。例如,表 6-23 中四项移动平均栏的第一项为 69.8[69.8=(71.0+60.0+74.2+74.0)/4],应放在第 2 个月的数字与第 3 个月的数字之间,其他的依此类推。这样组成的新数列中,每个数值都错后半期,可采用移正法将每个用偶数项计算出的移动平均数下移半期,或再进行一次两项移正平均,使之与具体的时间相对应。从表 6-23 中可以看出,利用移动平均法修匀后的动态数列资料,可以明显地显示出该企业各月总产值呈现出逐渐增长的趋势。

【例 6-18】 表 6-23 包括奇数项、偶数项两种移动平均。

表 6-23　某企业 2020 年各月总产值移动平均计算表　　　　　　　(单位:万元)

月份	总产值	三项移动平均	四项移动平均	两项移正平均
1 月	71.0	—		
2 月	60.0	68.4		—

续表

月份	总产值	三项移动平均	四项移动平均	两项移正平均
			69.8	
3月	74.2	69.4		71.3
			72.8	
4月	74.0	77.0		76.2
			79.5	
5月	82.8	81.2		80.9
			82.3	
6月	86.8	85.0		84.2
			86.0	
7月	85.4	87.0		87.6
			89.2	
8月	88.8	90.0		89.8
			90.4	
9月	95.8	92.1		91.2
			92.0	
10月	91.7	93.0		93.2
			94.5	
11月	91.5	94.0		—
			—	
12月	98.8	—		

在进行移动平均时,把移动项记为 N 时,凡按奇数项移动平均,首尾各有 $\frac{N-1}{2}$ 时期得不到趋势值;凡按偶数项移动平均,首尾各有 $\frac{N}{2}$ 时期得不到趋势值。无疑这在一定程度上减少了研究最初和最末发展阶段显示趋势特点的可能性。然而,移动平均有足够的灵活性,终究能够看到趋势变动的特点。但是,移动平均不能对趋势进行分析修匀,即无法得到可供预测的方程。

在运用移动平均法修匀动态数列时,应当注意以下两点:第一,合理确定移动的时期长度。确定移动的时期长度就是要确定移动平均的项数 N,通常是根据时间数列的特点而定。如果现象存在周期性变动,为消除周期性变动的影响,要以周期长度为移动的时期长度。一般情况下,移动的时期长度不能过大,也不能过小。若过大,虽有较强的修匀作用,但对趋势变化的敏感性较差;若过小,虽能增强移动平均数的敏感性,但修匀作用会下降。因此,要视时间数列本身的特点选择合理的移动时期长度。第二,运用移动平均法,选择奇数项移动平均比较简单方便,一次即可得到趋势值。采用偶数项移动平均时,需要二次平均才可得到趋势值。

(三)最小平方法

最小平方法又称为最小二乘法,是长期趋势分析中较常用的统计方法。这种方法的基本原理是,运用一定的数学模型,对原动态数列配合一条适当的趋势线,据以进行长期趋势分析。根据最小平方法的基本原理,若要找到一条最佳趋势线,必须使原动态数列的实际观测值 y 与趋势线方程式中的趋势值 y_c 离差平方之和为最小,即:

$$\sum(y-y_c)^2 = 最小值$$

上述等式表明用最小平方法拟合的趋势线,比其他任何方法拟合的趋势线都理想。用最小平方法既可以拟合直线趋势方程,也可以拟合曲线趋势方程,我们这里只讲授直线趋势方程的拟合方法。

设直线趋势方程为:

$$y_c = a + bt$$

式中:y_c——趋势值;

t——时间序号;

a——截距,即 $t=0$ 时 y_c 的初始值;

b——斜率,表示时间 t 每变动一个单位时,趋势值 y_c 的平均变动数量。

在动态数列不同时间的观察值的基础上,根据最小平方法的基本原理,若 $\sum(y-y_c)^2$ 为最小值,便可推导出关于 a、b 的二元一次方程组:

$$\begin{cases} \sum y = na + b\sum t \\ \sum ty = a\sum t + b\sum t^2 \end{cases}$$

解上面这个方程组,可推导出直线趋势方程中两个待定参数 a、b 的直接计算公式如下:

$$b = \frac{n\sum ty - \sum t \sum y}{n\sum t^2 - (\sum t)^2} \tag{公式6-23}$$

$$a = \frac{\sum y}{n} - b\frac{\sum t}{n} = \bar{y} - b\bar{t} \tag{公式6-24}$$

【例 6-19】 某地区 2011—2020 年粮食产量资料见表 6-24。

表 6-24 某地区 2011—2020 年粮食产量资料

年份	产量/吨	年份	产量/吨
2011 年	230	2016 年	257
2012 年	236	2017 年	262
2013 年	241	2018 年	276
2014 年	246	2019 年	281
2015 年	252	2020 年	286

要求:用最小平方法建立直线趋势方程,测定该地区粮食产量的长期趋势值,并预测 2021 年的粮食产量。

现根据表 6-24 中的资料列出最小平方法的计算数据(见表 6-25)。

表 6-25 最小平方法计算表

年份	时间变量 t/年	粮食产量 y/吨	ty	t^2	y_c
2011 年	1	230	230	1	228.15
2012 年	2	236	472	4	234.49

续表

年份	时间变量 t/年	粮食产量 y/吨	ty	t^2	y_c
2013 年	3	241	723	9	240.84
2014 年	4	246	984	16	247.18
2015 年	5	252	1260	25	253.53
2016 年	6	257	1542	36	259.87
2017 年	7	262	1834	49	266.22
2018 年	8	276	2208	64	272.56
2019 年	9	281	2529	81	278.91
2020 年	10	286	2860	100	285.25
合计	55	2567	14 642	385	2567.00

依据表中数据可得：

$$b = \frac{n\sum ty - \sum t \sum y}{n\sum t^2 - (\sum t)^2}$$

$$= \frac{10 \times 14\ 642 - 55 \times 2567}{10 \times 385 - 55^2} = \frac{146\ 420 - 141\ 185}{3850 - 3025} = \frac{5235}{825} = 6.35(吨)$$

$$a = \frac{\sum y}{n} - b\frac{\sum t}{n}$$

$$= \frac{2567}{10} - 6.35 \times \frac{55}{10} = \frac{2567 - 6.35 \times 55}{10} = 221.78(吨)$$

那么,直线趋势方程就是：$y_c = 221.78 + 6.35t$。

该地区 2011—2020 年粮食产量的趋势值见表 6-25 最后一列。

若要预测 2021 年的粮食产量,取 $t=11$,则：

$$y_c = 221.78 + 6.35 \times 11 = 291.63(吨)$$

在以上计算中,时间变量 t 是从小到大排列的,若能使 $\sum t = 0$,则可简化求 a、b 的计算。其公式为：

$$b = \frac{n\sum ty - \sum t \sum y}{n\sum t^2 - (\sum t)^2} = \frac{\sum ty}{\sum t^2} \qquad (公式 6\text{-}25)$$

$$a = \frac{\sum y}{n} - b\frac{\sum t}{n} = \frac{\sum y}{n} = \bar{y} \qquad (公式 6\text{-}26)$$

为了做到使 $\sum t = 0$,当动态数列为奇数项时,可取动态数列的中间一项序号为 0,以上各项依次为 $-1,-2,-3,\cdots$,以下各项依次为 $1,2,3,\cdots$。当动态数列为偶数项时,可把动态数列居中的两项分别编号为 -1 和 1,以上各项依次为 $-3,-5,-7,\cdots$,以下各项依次为 $3,5,7,\cdots$,数列之间间隔相等。

现仍以表 6-24 中某地区 2011—2020 年粮食产量资料为例进行说明,编制最小平方法计算数据(见表 6-26)。

依据表中数据可得：

$$b = \frac{\sum ty}{\sum t^2} = \frac{1047}{330} = 3.17(吨)$$

$$a = \frac{\sum y}{n} = \frac{2567}{10} = 256.7(吨)$$

那么，直线趋势方程就是：$y_c = 256.7 + 3.17t$。

若要预测 2021 年粮食产量，取 $t=11$，则：

$$y_c = 256.7 + 3.17 \times 11 = 291.57(吨)$$

表 6-26　简化最小平方法计算表

年份	时间变量 t	粮食产量 y/吨	ty	t^2	y_c
2011 年	−9	230	−2070	81	228.15
2012 年	−7	236	−1652	49	234.49
2013 年	−5	241	−1205	25	240.84
2014 年	−3	246	−738	9	247.18
2015 年	−1	252	−252	1	253.53
2016 年	1	257	257	1	259.87
2017 年	3	262	786	9	266.22
2018 年	5	276	1380	25	272.56
2019 年	7	281	1967	49	278.91
2020 年	9	286	2574	81	285.25
合计	0	2567	1047	330	2567.00

上例中用两种方法计算出的直线趋势方程是不一样的，一个是 $y_c = 221.78 + 6.35t$，另一个是 $y_c = 256.7 + 3.17t$，这是因为所取的原点和时间距离不同所致，第一种方法的原点是 2011 年初，时间距离是 1，而第二种方法的原点是 2015 年末或 2016 年初，时间距离是 2。但是不管采取哪种方法，所得出的预测值是一样的，两种方法测算的该地区 2011—2020 年粮食产量的趋势值分别见表 6-25 与表 6-26，结果是一样的（由于计算过程中小数点后保留两位，最后结果没有完全一致），2021 年的粮食预测产量都是 292 吨。

三、季节变动分析

（一）季节变动分析的目的

季节变动分析在于确定现象过去的季节变动规律，根据这种规律性做好预测和决策。季节变动分析的主要目的在于把握季节变动的规律，从而合理地组织生产、销售等各项经济活动；同时可以将测定出的季节变动从动态数列中剔除，更好地研究长期趋势和循环变动；还可以利用季节变动的规律，配合长期趋势，更科学地进行经济预测。

（二）季节变动分析的方法

测定季节变动的方法很多，从其是否考虑受长期趋势的影响来看，有两种方法：一种是不考虑长期趋势的影响,直接根据原始的动态数列来计算,常用的方法是按月(季)平均法;另一种是先将动态数列中的长期趋势予以消除,而后再根据新动态数列进行计算,常用的方法是移动平均趋势剔除法。但不管采用哪种方法来测定季节变动,都必须用至少三年的资料作为基本数据进行计算分析,这样才能较好地消除偶然因素的影响,更为准确地反映现象季节变动的规律性。

1. 按月(季)平均法

这是测定季节变动最简单的方法。该方法的基本思想是:计算出各年同月(季)的平均数,以消除不规则变动(随机影响),作为该月(季)的代表值;然后计算出总月(季)的平均数,作为全年的代表值;再将同月(季)平均数与总月(季)平均数进行对比,即为季节指数。季节指数,也称季节比率,是进行季节变动分析的重要指标,可以用来说明季节变动的程度。

按月(季)平均法的计算步骤如下:

第一步,根据各年的月份(季度)数据计算出同月(季)的平均数;

第二步,计算出全部数据的总月(季)平均数;

第三步,计算出季节指数。其公式为:

$$\text{季节指数}(S) = \frac{\text{同月(季)平均数}}{\text{总月(季)平均数}} \times 100\% \quad \text{(公式 6-27)}$$

【例 6-20】 某商业企业某商品 2018—2020 年各月的销售量资料见表 6-27。

按月(季)平均法是直接根据原动态数列通过简单算术平均来计算季节指数的一种方法。其具体的计算步骤如下:

第一步,列表,将各年同月(季)的数值列在同一行(或同一列);

第二步,根据各年的月(季)数值计算出历年同月(季)的平均数,即表 6-27 中的(5)栏;

第三步,根据每年 12 个月(4 个季)的数值计算出每年的月(季)平均数,即表 6-27 中的第 14 行中的数值;

第四步,计算出全部数值总的月(季)平均数,表 6-27 中三年 36 个月的月平均数为 764.28 百件;

第五步,根据公式"季节指数$(S) = \frac{\text{同月(季)平均数}}{\text{总月(季)平均数}} \times 100\%$",计算出各月(季)平均数与总月(季)平均数的百分比。如 1 月份的季节指数为 $\frac{147}{764.28} \times 100\% = 19.23\%$,2 月份的季节指数为 $\frac{203}{764.28} \times 100\% = 26.56\%$,余者依此类推,见表 6-27 的(6)栏。

表 6-27 中的季节指数说明:该企业的该种商品销售量从 1 月份逐渐上升,到 7 月份达到最高峰,随后,又逐月下降,到 12 月份最低。掌握了这些规律,该企业就可以按各月的情况合理安排人力、物力和财力,组织好购销活动,这样既可以满足市场的需求,又可以增加企业的收益。

表 6-27 季节指数计算表 (单位:百件)

顺序	月份	2018 年	2019 年	2020 年	合计	同月平均数	季节指数/(%)
甲	乙	(1)	(2)	(3)	(4)	(5)	(6)
1	1月	116	145	180	441	147	19.23
2	2月	154	210	245	609	203	26.56
3	3月	220	312	325	857	285.67	37.38

续表

顺序	月份	2018年	2019年	2020年	合计	同月平均数	季节指数/(%)
4	4月	392	520	535	1447	482.33	63.11
5	5月	642	684	710	2036	678.67	88.80
6	6月	1642	1872	1923	5437	1812.33	237.13
7	7月	2810	3120	3350	9280	3093.33	404.74
8	8月	1204	1382	1576	4162	1387.33	181.52
9	9月	384	482	625	1491	497	65.03
10	10月	183	248	437	868	289.33	37.86
11	11月	125	130	258	513	171	22.37
12	12月	95	112	166	373	124.33	16.27
13	合计	7967	9217	10 330	27 514	9171.33	1200
14	月平均数	663.92	768.08	860.83	2292.83	764.28	100

通过计算季节指数,根据其季节变动规律,结合其他预测方法,也可以预测现象某年的各月(季)的发展情况。具体方法是:将年预测值除以12(或4),求得各月(季)的平均预测值,再将各月(季)平均预测值乘以各月(季)的季节指数,即可得到现象预测年各月(季)的预测值。

【例6-21】 某地区2018—2020年各季度苹果销售量资料见表6-28。

要求:根据表中资料计算季节指数,假定2021年苹果销售量经预测得知为4000吨,计算各季度的预测值。

表6-28　某地区2018—2020年各季度苹果销售量资料　　（单位:吨）

年份	第一季度	第二季度	第三季度	第四季度
2018年	620	80	828	1980
2019年	655	86	835	2000
2020年	660	79	808	1980

季节指数计算表如表6-29所示。

表6-29　季节指数计算表　　（单位:吨）

年份	第一季度	第二季度	第三季度	第四季度	合计	季平均数
2018年	620	80	828	1980	3508	877
2019年	655	86	835	2000	3576	894
2020年	660	79	808	1980	3527	881.75
合计	1935	245	2471	5960	10 611	2652.75
同季平均数	645	81.67	823.67	1986.67	3537	884.25
季节指数/(%)	72.94	9.24	93.15	224.67	400	100

平均每季销售量＝4000 吨÷4＝1000 吨

第一季度销售量为：1000 吨×72.94％＝729.4 吨

第二季度销售量为：1000 吨×9.24％＝92.4 吨

第三季度销售量为：1000 吨×93.15％＝931.5 吨

第四季度销售量为：1000 吨×224.67％＝2246.7 吨

2. 移动平均趋势剔除法

按月（季）平均法计算简单，易于理解。但采用这一方法的前提是假定原动态数列的资料没有明显的长期趋势变动和循环波动。但实际上，许多动态数列所包含的趋势变动和循环波动，很少能通过平均予以消除。当动态数列存在明显的趋势变动时，该方法计算的季节指数不够准确。当存在剧烈的上升趋势时，年末季节指数明显高于年初季节指数；当存在下降趋势时，年末季节指数明显低于年初季节指数。因此，对于长期趋势比较明显的动态数列，测定其季节变动，需要在计算季节指数之前，先剔除长期趋势变动因素，然后计算季节指数，这种先剔除趋势变动因素，而后计算季节指数的方法，就称移动平均趋势剔除法。

【例 6-22】 根据某地区 2018—2020 年各季度香蕉销售量资料求季节指数，具体计算步骤和方法如下：

（1）计算12项移动平均数，作为该时期中间月份的趋势值，目的是消除各月份销售量的影响。

（2）将各月实际销售量除以趋势值，得出修匀比率（见表 6-30），使增长趋势的影响得以消除，以表明各月份销售量的季节变动程度。修匀比率的计算公式为：$U_i = y_i \div y_c$。

表 6-30 修匀比率计算表

年份	月份	销售量 y_i/万千克	12 个月移动平均数	趋势值 y_c	修匀比率 U_i
2018 年	1 月	40	—	—	—
	2 月	35	—	—	—
	3 月	30	—	—	—
	4 月	26	—	—	—
	5 月	27	—	—	—
	6 月	32	45.17	—	—
	7 月	55	48.92	47.04	1.169
	8 月	72	52.50	50.71	1.420
	9 月	77	55.83	54.17	1.422
	10 月	68	58.92	57.38	1.185
	11 月	42	60.42	59.67	0.704
	12 月	38	63.50	61.96	0.613

续表

年份	月份	销售量 y_i/万千克	12个月移动平均数	趋势值 y_c	修匀比率 U_i
2019年	1月	85	67.92	65.71	1.294
	2月	78	75.50	71.71	1.088
	3月	70	83.67	79.58	0.880
	4月	63	89.00	86.33	0.730
	5月	45	93.42	91.21	0.493
	6月	69	97.75	95.58	0.722
	7月	108	100.67	99.21	1.089
	8月	163	102.75	101.71	1.603
	9月	175	105.08	103.92	1.684
	10月	132	106.92	106.00	1.245
	11月	95	111.08	109.00	0.872
	12月	90	114.08	112.58	0.799
2020年	1月	120	120.50	117.29	1.023
	2月	103	124.67	122.58	0.840
	3月	98	129.67	127.17	0.771
	4月	85	136.00	132.83	0.640
	5月	95	140.17	138.08	0.688
	6月	105	143.25	141.71	0.741
	7月	185	—	—	—
	8月	213	—	—	—
	9月	235	—	—	—
	10月	208	—	—	—
	11月	145	—	—	—
	12月	127	—	—	—

(3) 将各年同月份修匀比率加以平均,得到各年同月的平均修匀比率($\overline{U_i}$),如表 6-31 所示。

表 6-31 平均修匀比率与季节指数计算表 (单位:%)

年份	1月	2月	3月	4月	5月	6月	7月	8月	9月	10月	11月	12月
2018年							117	142	142	119	70	61

续表

年份	1月	2月	3月	4月	5月	6月	7月	8月	9月	10月	11月	12月
2019年	129	109	88	73	49	72	109	160	168	125	87	80
2020年	102	84	77	64	69	74						
平均修匀比率 $\overline{U}_i$	116	96	83	69	59	73	113	151	155	122	79	71
季节指数 S_i	117	98	84	69	60	74	114	153	157	123	80	71

(4) 把各月的平均修匀比率加总,其总和应为1200%(如果是季度资料,其总和应为400%)。如果大于或小于此数,就需要进一步校正,用各月(或各季)平均修匀比率除以校正系数,即为所求的季节指数(S_i)。

$$校正系数 = \frac{\sum \overline{U}_i}{12} = \frac{116\% + 96\% + \cdots + 71\%}{12} = 99\%$$

$$S_i = \frac{\overline{U}_i}{校正系数}, S_1 = \frac{\overline{U}_1}{校正系数} = \frac{116\%}{99\%} = 117\%$$

实验操作

用 Excel 进行动态数列分析

一、实验目的和要求

通过本项目实训训练,使学生掌握应用统计软件(Excel)操作手段将统计整理后的项目资料运用动态数列分析方法对项目课题进行统计分析的技能。

二、实验仪器、设备和材料

个人电脑(人/台)、Excel 软件。

三、实验过程

(一)用 Excel 进行季节变动分析

为介绍 Excel 在季节变动分析中的应用,我们以实例操作,采用移动平均趋势剔除法计算季节指数(见表 6-32)。

表 6-32 某小型企业销售收入表   (单位:万元)

年份	春	夏	秋	冬
2014年	79	48	68	107
2015年	97	66	85	134
2016年	113	91	100	148
2017年	136	105	125	174

[步骤]

把数据输入到工作表中的 B2:B17(见图 6-4)。用 Excel 构造一张季节变动分析表,计算的步骤如下:

第 1 步:计算四项移动平均数。在 C3 单元格输入公式"=AVERAGE(B2:B5)",然后将公式复制到 C4:C15 单元格。结果见图 6-5 中的 C 列。

第 2 步:计算移动平均趋势值(中心化移动平均数)。也就是对 C 列的结果再进行一次二项

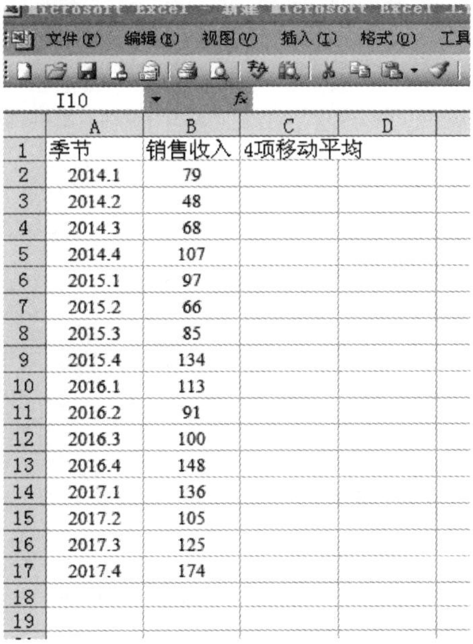

	A	B	C	D
1	季节	销售收入	4项移动平均	
2	2014.1	79		
3	2014.2	48		
4	2014.3	68		
5	2014.4	107		
6	2015.1	97		
7	2015.2	66		
8	2015.3	85		
9	2015.4	134		
10	2016.1	113		
11	2016.2	91		
12	2016.3	100		
13	2016.4	148		
14	2017.1	136		
15	2017.2	105		
16	2017.3	125		
17	2017.4	174		
18				
19				

图 6-4　季节变动分析表

移动平均。在 D4 单元格输入公式"＝AVERAGE(C3:C4)",然后将公式复制到 D5:D15 单元格。结果见图 6-5 中的 D 列。

第 3 步:将实际值除以相应的趋势值。在 E4 单元格输入公式"＝B4/D4",然后将公式复制到 E5:E15 单元格。结果见图 6-3 中的 E 列。

第 4 步:计算同季平均。在 F2 单元格输入公式"＝(E6＋E10＋E14)/3",在 F3 单元格输入公式"＝(E7＋E11＋E15)/3",在 F4 单元格输入公式"＝(E4＋E8＋E12)/3",在 F5 单元格输入公式"＝(E5＋E9＋E13)/3"。结果见图 6-3 中的 F 列。

第 5 步:计算总平均值。在 G2 单元格输入公式"＝AVERAGE(E4:E15)"。

第 6 步:计算季节指数。将同季平均值除以总平均值。在 H2 单元格输入公式"＝F2/G2",在 H3 单元格输入公式"＝F3/G2",在 H4 单元格输入公式"＝F4/G2",在 H5 单元格输入公式"＝F5/G2"。

[结果]

计算结果见图 6-5 中的 H 列。

(二) 用 Excel 进行时序预测

某煤矿某年 1—11 月份采煤量如表 6-33 所示。

表 6-33　某煤矿某年 1—11 月份采煤量　　(单位:万吨)

月份	产量	月份	产量
1 月	9.03	7 月	9.15
2 月	9.06	8 月	9.36
3 月	9.12	9 月	9.45
4 月	8.73	10 月	9.30
5 月	8.94	11 月	9.24
6 月	9.30	12 月	—

	A	B	C	D	E	F	G	H
1	季节	销售收入	4项移动平均	趋势值	B4/D4	同季平均	总平均值	季节指数
2	2014.1	79				1.084819	1.002505	1.082108
3	2014.2	48	75.5			0.77712		0.775178
4	2014.3	68	80	77.75	0.874598	0.869797		0.867624
5	2014.4	107	84.5	82.25	1.300912	1.278284		1.27509
6	2015.1	97	88.75	86.625	1.119769			
7	2015.2	66	95.5	92.125	0.716418			
8	2015.3	85	99.5	97.5	0.871795			
9	2015.4	134	105.75	102.625	1.305725			
10	2016.1	113	109.5	107.625	1.049942			
11	2016.2	91	113	111.25	0.817978			
12	2016.3	100	118.75	115.875	0.862999			
13	2016.4	148	122.25	120.5	1.228216			
14	2017.1	136	128.5	125.375	1.084746			
15	2017.2	105	135	131.75	0.796964			
16	2017.3	125						
17	2017.4	174						

图 6-5 季节变动分析结果

[步骤]

第 1 步:把相关数据输入到 Excel 中,其中月份输入"A2:A12"单元格,月产量输入"B2:B12"单元格。

第 2 步:在工作表中选择一个空的单元格。在这里我们选择 D2 单元格。

第 3 步:选择插入下拉菜单。

第 4 步:选择函数选项。

第 5 步:当函数对话框出现时,在函数类别框中选择"统计",在函数名字中选择"FORECAST"(预测),如图 6-6 所示。

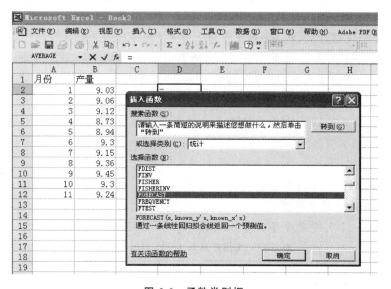

图 6-6 函数类别框

第 6 步:单击"确定"按钮,出现预测对话框。在"X"中输入"12"(预测的是 12 月),在"Known_y's"中输入"B2:B12"(因变量),在"Known_x's"中输入"A2:A12"(自变量),如图 6-7 所示。

第 7 步:单击"确定"按钮。

[结果]

经过以上操作,即可得到趋势预测的结果"=9.396545455",即该煤矿 12 月份的采煤量约为 9.3965 万吨。

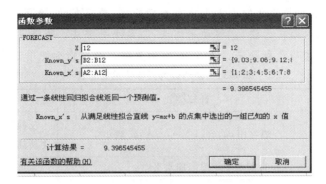

图 6-7　函数预测对话框

本章小结

动态数列是指社会经济现象在不同时间上的一系列指标值按时间先后顺序加以排列后形成的数列,又称时间数列。动态数列由两个要素组成,一个是现象所属的时间,另一个是反映现象变化的指标数值。

动态数列按其指标表现形式的不同分为总量指标动态数列(亦称绝对数动态数列)、相对指标动态数列和平均指标动态数列。总量指标动态数列又分为时期数列和时点数列。时期数列是对时期指标值按时间先后顺序排列后形成的,如工业总产值数列、总成本数列、销售额数列等。时期数列的特点有:①时期数列具有连续统计的特点;②时期数列中各个指标数值可以直接相加;③时期数列中各个指标数值的大小与包括时期的长短有直接关系。

时点数列是时点指标值按时间先后顺序排列后形成的,如职工人数数列、商品库存数列等。时点数列的特点有:①时点数列指标值不具有连续统计特点;②时点数列中各个指标值不具有可加性;③时点数列中每个指标值的大小与其时间间隔长短没有直接关系。

编制动态数列的原则:①时间长短应前后一致;②总体范围应该统一;③计算方法应该统一;④经济内容要统一。

发展水平即时间数列中每一项具体指标数值,是社会经济现象在各个时期内实际达到的水平。发展水平可以是绝对数、相对数或平均数。根据各发展水平在动态数列中的位置,可分为最初水平、中间水平、最末水平;根据研究的目的不同,又可分为报告期水平、基期水平。

平均发展水平又称序时平均数或动态平均数,是将时间数列中不同时期的发展水平加以平均,从动态上说明现象在某一时期内发展的一般水平。

增长量说明现象在一定时期内增减变化的绝对数量。由于基期水平选择不同,可分为累积增长量和逐期增长量。

平均增长量是对各逐期增长量简单平均的结果,说明现象在一定时期内平均每期增长的数量,也属于序时(动态)平均数范畴。

发展速度是以相对数形式表现的动态分析指标,它是两个不同时期发展水平指标对比的结果。发展速度由于基期选择的不同有环比发展速度和定基发展速度。

增长速度是增长量与基期水平之比,说明报告期水平比基期水平增加或降低了百分之几。按基期水平选择的不同分为定基增长速度和环比增长速度。

平均发展速度是各期环比发展速度平均的结果。

影响动态数列发展水平变化的因素主要有长期趋势、季节变动、循环变动和不规则变动。长期趋势分析的方法：①时距扩大法；②移动平均法；③最小平方法。季节变动分析的方法：①按月（季）平均法；②移动平均趋势剔除法。表6-34所示为动态数列指标使用汇总表。

表6-34 动态数列指标使用汇总表

指标名称和适用的现象		计算公式	作用
发展水平		通常用 $a_0, a_1, a_2, \cdots, a_{n-1}, a_n$ 表示	反映现象在一定时期或时点上所达到的规模或水平
增长量	逐期增长量	报告期水平－前一期水平　$a_i - a_{i-1}$	反映报告期比基期增加（减少）的绝对数量
	累计增长量	报告期水平－某一固定基期水平　$a_i - a_0$	
发展速度	环比发展速度	$\dfrac{报告期水平}{前一期水平}$　$\dfrac{a_i}{a_{i-1}}$	表明报告期水平已发展到基期水平的几分之几或若干倍
	定基发展速度	$\dfrac{报告期水平}{某一固定基期水平}$　$\dfrac{a_i}{a_0}$	
增长速度	环比增长速度	环比发展速度－1	表明报告期水平比基期水平增长（或降低）了百分之几或若干倍
	定基增长速度	定基发展速度－1	
增长1%的绝对值		$\dfrac{前一期水平}{100}$　$\dfrac{a_{i-1}}{100}$	表明每增长1%包含的绝对量
平均增长量		$\bar{\Delta} = \dfrac{\sum(a_i - a_{i-1})}{n} = \dfrac{a_n - a_0}{N-1}$	反映现象的平均增长水平
平均发展水平	时期数列	$\bar{a} = \dfrac{\sum a}{n a}$	反映现象在一段较长时期内发展的一般水平，便于同类现象在不同发展阶段进行比较分析
	间隔相等的连续时点数列	$\bar{a} = \dfrac{\sum a}{n}$	
	间隔不等的连续时点数列	$\bar{a} = \dfrac{\sum at}{\sum t}$	
	间隔相等的间断时点数列	$\bar{a} = \dfrac{\dfrac{a_1}{2} + a_2 + a_3 + \cdots + a_{n-1} + \dfrac{a_n}{2}}{n-1}$	
	间隔不等的间断时点数列	$\bar{a} = \dfrac{\dfrac{a_1 + a_2}{2}t_1 + \dfrac{a_2 + a_3}{2}t_2 + \cdots + \dfrac{a_{n-1} + a_n}{2}t_{n-1}}{\sum\limits_{i=1}^{n-1} t_i}$	
	静态相对（平均）数动态数列	$\bar{c} = \dfrac{\bar{a}}{\bar{b}}$	
	动态平均数动态数列	$\bar{a} = \dfrac{\sum a}{n}$ 或 $\bar{a} = \dfrac{\sum at}{\sum t}$	

续表

指标名称和适用的现象		计算公式	作用
平均发展速度	侧重考察最末一期的水平	$\bar{x} = \sqrt[n]{\dfrac{a_n}{a_0}} = \sqrt[n]{\prod x} = \sqrt[n]{R} = \sqrt[n]{2^m}$	反映现象在一个较长时期内逐期平均发展变化的速度
	侧重考察整个过程的总和	$\bar{x} + \bar{x}^2 + \bar{x}^3 + \cdots + \bar{x}^n - \dfrac{\sum\limits_{i=1}^{n} a_i}{a_0} = 0$	
平均增长速度		平均发展速度 -1(或 100%)	反映现象在一个较长时期内逐期平均增长变化的速度

思考与能力训练

一、单选题

1. 作为动态数列中的统计指标是（   ）
   A. 相对指标　　　　B. 平均指标　　　　C. 总量指标　　　　D. 三者均可

2. 动态数列由（   ）要素构成
   A. 一个　　　　　　B. 两个　　　　　　C. 三个　　　　　　D. 四个

3. 将某地区 2013—2017 年的出生人口数按年排列的动态数列属于（   ）
   A. 相对指标动态数列　　　　　　　　B. 平均数动态数列
   C. 时期序列　　　　　　　　　　　　D. 时点序列

4. 某企业 2010 年利润留成 2000 万元，2013 年利润增加到 2480 万元，则 2480 万元是（   ）
   A. 发展水平　　　　B. 逐期增长量　　　C. 累计增长量　　　D. 平均增长量

5. 由动态数列计算平均数应该是（   ）
   A. 算术平均数　　　　　　　　　　　B. 调和平均数
   C. 几何平均数　　　　　　　　　　　D. 序时平均数（平均发展水平）

6. 累计增长量与其相应的各个逐期增长量的关系是（   ）
   A. 累计增长量等于其相应的逐期增长量之和
   B. 累计增长量等于其相应的逐期增长量之积
   C. 累计增长量等于与其相应的逐期增长量之差
   D. 两者不存在任何关系

7. 已知一个动态数列的环比增长速度分别为 4%、6%、9%，该数列的定基增长速度为（   ）
   A. $4\% \times 6\% \times 9\%$　　　　　　　　B. $104\% \times 106\% \times 109\%$
   C. $(4\% \times 6\% \times 9\%) - 1$　　　　　D. $(104\% \times 106\% \times 109\%) - 1$

8. 某企业产量年平均发展速度：1997—1999 年为 107%，2000—2001 年为 105%，则 1997—2001 年该企业产量年平均发展速度为（   ）
   A. $\sqrt[5]{1.07 \times 1.05}$　　B. $\sqrt{1.07^3 \times 1.05^2}$　　C. $\sqrt{1.07 \times 1.05}$　　D. $\sqrt[5]{1.07^3 \times 1.05^2}$

9. 累计增长量等于( )
   A. 相应的各个逐期增长量之和　　　B. 报告期水平减去前一期水平
   C. 相邻两个逐期增长量之差　　　　D. 最末水平比最初水平

10. 环比增长速度等于( )
    A. 报告期水平比前一期水平　　　　B. 相邻两个定基增长速度相除
    C. 逐期增长量除以前一期水平　　　D. 环比发展速度加 1

11. 平均增长速度等于( )
    A. 定基增长速度开 n 次方　　　　B. 平均发展速度减 1
    C. 定基发展速度开 n 次方　　　　D. 环比增长速度的连乘积开 n 次方

12. 动态数列中,两个不同时期发展水平之差叫作( )
    A. 发展速度　　　B. 增长速度　　　C. 增长量　　　D. 平均增长量

13. 假定某产品产量 2005 年是 2000 年的 145%,那么 2001—2005 年的平均增长速度为( )
    A. $\sqrt[5]{145\%}$　　　B. $\sqrt[6]{145\%}$　　　C. $\sqrt[5]{145\%}-1$　　　D. $\sqrt[5]{45\%}$

14. 某地区历年人口出生数组成的数列是一个( )
    A. 时期数列　　　B. 时点数列　　　C. 相对数动态数列　　　D. 平均数动态数列

15. 在用按月平均法测定季节比率时,各月季节比率之和理论上应等于( )
    A. 100%　　　B. 120%　　　C. 0　　　D. 1200%

16. 如果现象发展没有季节变动,则季节比率理论上应( )
    A. 等于 0　　　B. 等于 1　　　C. 大于 1　　　D. 小于 1

17. 下列说法正确的是( )
    A. 年初人口数组成时点数列,每年人口增加量也组成时点数列
    B. 年初人口数组成时点数列,每年人口增加量组成时期数列
    C. 年初人口数组成时期数列,每年人口增加量组成时期数列
    D. 年初人口数组成时期数列,每年人口增加量也组成时期数列

18. 下列结论正确的是( )
    A. 发展速度下降,增长量肯定下降　　B. 增长量不变,增长速度也不变
    C. 现象逐期同速增长,增长量逐期增加　　D. 增长量上升,增长速度也上升

二、多选题

1. 下列各项指标构成的动态数列中属于时期数列的是( )
   A. 职工人数　　B. 商品库存量　　C. 商品销售额　　D. 工资总额　　E. 出生人口数

2. 下列等式正确的有( )
   A. 增长速度＝发展速度－1　　　　B. 环比发展速度＝环比增长速度－1
   C. 定基发展速度＝定基增长速度＋1　　D. 平均发展速度＝平均增长速度－1
   E. 平均增长速度＝平均发展速度－1

3. 下列哪几项是时期数列( )
   A. 我国近几年的耕地总面积　　　　B. 我国历年的新增人口数
   C. 我国历年图书出版量　　　　　　D. 我国历年人均国内生产总值
   E. 某地区国有企业历年总产值

4. 定基发展速度与环比发展速度的关系是( )

A. 两者都属于速度指标
B. 环比发展速度的连乘积等于定基发展速度
C. 定基发展速度的连乘积等于环比发展速度
D. 相邻两个定基发展速度之商等于相应的环比发展速度
E. 相邻两个环比发展速度之商等于相应的定基发展速度

5. 测定长期趋势的方法有(　　)
A. 时距扩大法　　B. 按月平均法　　C. 数学模型法　　D. 移动平均法　　E. 按季平均法

6. 测定季节变动的方法有(　　)
A. 移动平均法　　　　　　　　B. 按月平均法　　　　　　　　C. 最小平方法
D. 移动趋势剔除法　　　　　　E. 按季平均法

7. 影响动态数列发展变化的因素有(　　)
A. 长期趋势　　　　　　　　B. 季节变动　　　　　　　　C. 循环变动
D. 不规则变动　　　　　　　E. 按年排列的动态数列的季节变动

8. 定基发展速度与环比发展速度的关系为(　　)
A. 各时期环比发展速度的连乘积等于相应时期的定基发展速度
B. 各时期环比发展速度之和等于相应时期的定基发展速度
C. 相邻两个定基发展速度相除等于相应时期的环比发展速度
D. 相邻两个定基发展速度之差等于相应时期的环比发展速度
E. 各时期定基发展速度的连乘积等于相应时期的环比发展速度

9. 定基增长速度与环比增长速度的关系为(　　)
A. 各时期环比增长速度的连乘积等于相应时期的定基增长速度
B. 相邻两个定基增长速度相除等于相应时期的环比增长速度
C. 各环比增长速度加 1 后连乘积再减 1 等于定基增长速度
D. 各环比增长速度加 1 后连乘积等于定基增长速度加 1
E. 相邻两个定基增长速度加 1 后相除再减 1 等于环比增长速度

10. 逐期增长量与累计增长量之间的关系是(　　)
A. 相邻两个累计增长量之和等于相应时期的逐期增长量
B. 相邻两个累计增长量之差等于相应时期的逐期增长量
C. 各时期逐期增长量之和等于相应时期的累计增长量
D. 各时期逐期增长量之差等于相应时期的累计增长量
E. 各时期累计增长量之和等于相应时期的逐期增长量

11. 关于平均发展速度的计算正确的是(　　)
A. 平均增长速度加 1　　　　　　　　　　B. 最末水平与最初水平开 n 次方
C. 平均增长速度减 1　　　　　　　　　　D. 各环比发展速度的连乘积开 n 次方
E. 总速度开 n 次方

12. 下列说法正确的是(　　)
A. 按月平均法计算季节比率时没有考虑长期趋势的影响
B. 移动趋势剔除法是剔除长期趋势影响后再计算季节比率
C. 按年排列的动态数列不体现季节变动
D. 按月排列的动态数列不体现季节变动

E. 按季排列的动态数列不体现季节变动

13. 下列数列中（　　）属于时期数列

A. 历年的工业总产值数列　　　　　　B. 历年人口数数列

C. 各月现金库存数列　　　　　　　　D. 各月存款余额数列

E. 历年贷款总额数列

三、判断题

1. 发展水平就是动态数列中的每一项具体指标数值，它只能表现为绝对数。（　　）
2. 在各种动态数列中，指标数值的大小都受到指标所反映的时期长短的影响。（　　）
3. 某企业工人人数按时间先后顺序排列，此种动态数列为时期数列。（　　）
4. 定基发展速度等于相应的环比发展速度的连乘积，所以定基增长速度也等于相应的环比增长速度的连乘积。（　　）
5. 若环比增长速度每年相等，则其逐期增长量也年年相等。（　　）
6. 平均发展速度是环比发展速度的算术平均数。（　　）
7. 人口出生数、设备台数是时点指标，产品库存额、工资总额、产品产量是时期指标。（　　）
8. 定基发展速度和环比发展速度之间的关系是两个相邻时期的定基发展速度之积等于相应的环比发展速度。（　　）
9. 某产品产量 2003 年是 1998 年的 135％，则 1999—2003 年的平均发展速度为 $\sqrt[6]{135\%}$。（　　）
10. 在用按月平均法计算季节指数时，各月季节指数之和应等于 1200％。（　　）
11. 某企业生产某种产品，产量 2002 年比 2000 年增长了 8％，2003 年比 2000 年增长了 12％，则 2003 年比 2002 年增长了 8％×12％。（　　）
12. 某高校学生人数 2001 年比 2000 年增长 2％，2002 年比 2001 年增长 5％，2003 年比 2002 年增长 8％，则 2000 年到 2003 年该校学生人数总的增长了 15.67％。（　　）
13. 在用按季平均法计算季节比率时，各季节比率之和应等于 1200％。（　　）
14. 增长速度＝增长量/基期水平。（　　）

四、简答题

1. 举例说明计算平均发展速度的几何平均法与方程式法各适用于哪些现象？
2. 测定长期趋势的方法有哪些？各有什么特点？
3. 测定季节变动的方法有哪些？各有什么特点？
4. 什么是增长量？逐期增长量和累计增长量有何不同？二者关系如何？
5. 什么是发展速度？定基发展速度和环比发展速度有何不同？二者关系如何？
6. 举例说明影响动态数列发展变化的因素有哪些。

五、计算题

1. 已知某银行储蓄所某年上半年存款余额资料如下：

日期	1月1日	2月1日	3月1日	4月1日	5月1日	6月1日	7月1日
存款余额/万元	500	480	450	520	550	600	580

分别计算第一季度、上半年的平均存款余额。

2. 试根据动态指标的相互关系,确定某企业各年的产值水平及相关动态指标并填入下表空格中。

年份	产值/万元	与上年比较			
		增长量/万元	发展速度/(%)	增长速度/(%)	增长1%的绝对值/万元
2016 年	120	—	—	—	—
2017 年		8			
2018 年			108		
2019 年				6	
2020 年		5			

3. 某地区第四季度从业人口数和劳动力资源总数如下:

日期	9月30日	10月31日	11月30日	12月31日
从业人口数/万人	580	585	575	570
劳动力资源总数/万人	680	685	680	680

试计算第四季度从业人口数占劳动力资源总数的平均比重。

4. 某商业企业 2015—2020 年商品销售额资料如下:

年份	2015 年	2016 年	2017 年	2018 年	2019 年	2020 年
销售额/万元	400	420	410	450	430	460

试用最小平方法求该企业销售额发展趋势直线方程,并根据该直线方程预测 2021 年该企业销售额。

5. 某地区历年粮食产量如下:

年份	2016 年	2017 年	2018 年	2019 年	2020 年
粮食产量/万千克	134	435	415	672	1028

试用最小平方法预测 2021 年该地区粮食产量。

六、实训题

某市某产品连续四年各季度的出口额资料如下:

季度	一	二	三	四
第一年/万元	16	2	4	51
第二年/万元	28	4.3	6.7	77.5
第三年/万元	45	7.1	14.2	105
第四年/万元	50	5.1	16.8	114

要求:(1)计算同季度平均数、总的季度平均数;(2)用按季平均法求季节比率,并做简要分析。

第七章 统计指数

知识导览

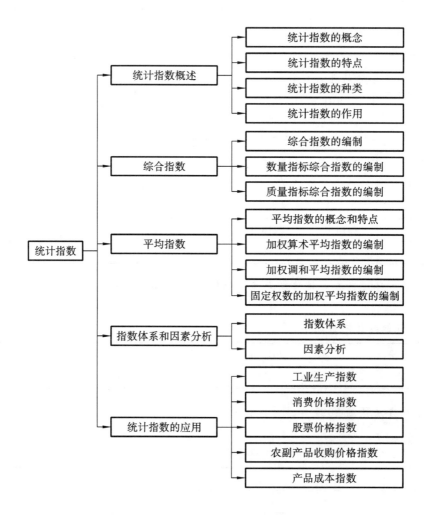

学习目标

(1) 专业知识目标:通过本章的学习,使学生认识并了解指数的作用、分类,固定权数的概念,大体了解零售价格指数的编制方法;理解综合指数和平均指数的概念、编制方法,理解指数体系的概念及指数体系两因素、多因素分析方法;在此基础上,能够根据已知资料编制综合指数和平均指数并进行两因素分析。

(2) 职业能力目标:通过本章的学习,学生要能理解和编制常见的固定权数的平均指数,能结合具体案例说明总变动指数受各因素影响的方向、程度及绝对数额。

(3)课程思政目标:通过本章的学习,学生要明确各种统计指数是衡量生产生活情况的"晴雨表",在国民经济发展中具有重要的作用,同时认识到通过影响因素来分析复杂的经济现象发展变动情况是能够实现的。

引导案例

人民网北京12月18日电(记者韩鑫、余璐)由中央党校(国家行政学院)经济学教研部、北京市社会科学院与中国市场经济研究会共同主办的第三届高质量发展论坛暨新时代首都高质量发展研讨会在京举行。论坛上,中共中央党校(国家行政学院)与社会科学文献出版社共同发布了《高质量发展蓝皮书:中国经济高质量发展报告(2022)——践行绿色发展理念》(以下简称《报告》)。

《报告》基于"生态优先、绿色发展"的重要理念,构建了新时代中国经济绿色发展指数,并利用统计数据,对"十三五"期间全国和各地区绿色发展水平进行了测算。结果显示,2021年,中国经济绿色发展指数为70.12,较"十三五"初期提高了32.2%。在3个二级指数中,可持续发展指数、资源利用指数、环境保护指数分别为52.65、85.71、77.82,比"十三五"初期分别提高77.5%、12.2%、27.9%。在10个三级指数中,温室气体排放指数、能源利用指数、空气污染防治指数相对较高,生态贡献指数、空气污染防治指数、水污染防治指数提升幅度较大。

(资料来源:人民网)

请思考

上述资料中这些指数是怎样计算出来的?这些指数说明了什么问题?

第一节 统计指数概述

统计指数简称指数,作为一种特殊的相对指标,是动态分析的进一步深入和发展。统计指数不是从来就有的,它是随着社会经济的发展而产生与发展的。17世纪的英国人开始关心生活资料价格的变动。1650年,英国人沃汉(Rice Youghan)首创物价指数,用于度量物价的变化状况。其后指数的应用范围不断扩大,由反映一种商品价格变动的指数发展成反映多种商品价格变动的指数,由反映物价变动的指数发展成反映经济领域各个方面变动的指数,由反映现象动态变动的指数发展成反映现象静态变动的指数。当前,指数被广泛地用来进行社会经济现象变动的因素分析。

一、统计指数的概念

统计指数有广义和狭义两种含义。广义指数是指同类社会经济现象数量对比的相对数,前面讲过的计划完成相对数、比较相对数、动态相对数等都属于广义指数的范畴。狭义指数是一种特殊的相对数,是指用来说明不能直接相加、对比的复杂社会经济现象总体数量变动的相对数,如零售物价指数,是说明全部零售商品价格(各商品价格不能直接相加)总变动的相对数;工业产品产量指数,是说明一定范围内全部工业产品产量(各商品的产量不能直接相加)总变动的相对数等。狭义指数是本章研究的重点。

二、统计指数的特点

(一) 相对性

指数作为一种对比性的统计分析指标,具有相对数的特点。故通常以相对数的形式表示,具体表现为百分数。它表明:如果把作为对比的基准水平(基数)视为100,则所要研究的现象水平相当于基数的百分之多少。例如,已知某地区某年的国内生产总值指数为107.3%,这表示,若将基期年份(通常为上一年)该地区国内生产总值的数值看成是100%,则当年的国内生产总值水平就相当于基年的107.3%,或者说,该地区的国内生产总值提高了7.3%。

(二) 综合性

指数所反映的是一组变量在不同时间变动所形成的相对数,从这一相对数中看不出哪种变量具体变动了多少。因为它把各变量的不同变化的差异抽象掉了,用一个抽象的数值概括地反映所有变量综合变动的结果。因此,指数具有综合性的特点。例如,上例中,某地区的国内生产总值是上一年的107.3%。我们知道,国内生产总值是许许多多生产单位所生产的不同的最终产品产值汇总的结果。但我们从这个指数当中就很难发现具体哪种产品的最终产值变化了多少。

(三) 平均性

指数是一个反映复杂总体平均变动状况的统计指标。这主要是因为无论是价格指数还是物量指数,它们都是通过将其中各个变量分别乘上各自的同度量因素后,再相加对比后取得的结果。例如,市场上电视机和汽车的价格,我们要看一下两种商品价格综合变动了多少,就需要将电视机和汽车分别乘上它们各自的销售量,然后再将它们的销售额相加以后进行对比。由此可以看出,不同商品销售量的多少对价格的综合变动程度就有一个重要的影响。这就类似于以前介绍的加权算术平均数。因此,指数具有平均性的特点。

此外,指数平均性的特点也决定了它同时具有代表性的特点。

三、统计指数的种类

为了便于对指数做进一步认识和研究,必须从不同的角度对指数加以分类。

(一) 个体指数、组(类)指数和总指数

指数按说明对象的范围不同分,有个体指数、组(类)指数和总指数。个体指数是说明个别社会经济现象数量变动的相对数,通常记作 k。例如:

$$个体物量指数:k_q = q_1/q_0 \quad (公式 7\text{-}1)$$

$$个体物价指数:k_p = p_1/p_0 \quad (公式 7\text{-}2)$$

$$个体成本指数:k_z = z_1/z_0 \quad (公式 7\text{-}3)$$

式中:q 代表产量或销售量,p 代表产品或商品价格,z 代表单位成本,下标 1 代表报告期,下标 0 代表基期。

总指数是综合说明所有社会经济现象总体数量变动的相对数,如工业产品总产量指数、商品

零售物价总指数等。总指数通常记为 $\overline{K}$。

组(类)指数是介于个体指数与总指数之间的指数,实际上它是一定总体范围的总指数,因为它也包含了不能直接加总的多种事物。组(类)指数是统计分组与总指数运用相结合的必然产物,如工业产品总产量指数分为重工业产量指数和轻工业产量指数。

(二)数量指标指数和质量指标指数

指数按说明对象的性质不同分,有数量指标指数和质量指标指数。数量指标指数是指反映数量指标变动的相对数,如反映商品销售量变动的指数、反映工业产品产量变动的指数等。质量指标指数是指反映质量指标变动的相对数,如反映价格变动的指数、反映单位产品成本变动的指数等。

(三)定基指数和环比指数

指数按其采用基期的不同,分为定基指数和环比指数。在统计指数中,将不同时期的某种指数按时间先后顺序排列,形成指数数列。在同一个指数数列中,如果各个指数都以某一个固定时期作为基期,就称为定基指数。如果各个指数都是以报告期的前一期作为基期,则称之为环比指数。

(四)动态指数和静态指数

指数按说明现象的时间状况不同,分为动态指数和静态指数。动态指数是指由两个不同时间的同类经济变量值对比形成的指数,说明现象在不同时间上发展变化的过程和程度。静态指数,包括空间指数和计划完成情况指数两种。空间指数(地域指数)是将不同空间(如不同国家、地区、部门、企业等)的同类现象进行比较的结果,反映现象在不同空间的差异程度。计划完成程度指数是由同一地区、单位的实际指标值与计划指标数值对比而形成的指数,反映计划执行的完成情况。

四、统计指数的作用

(一)可以反映现象变动的方向和程度

指数的计算结果一般用百分数表示,这个百分比大于或小于100%,表示升降变动的方向和程度。变动的方向,主要看是大于100%还是小于100%;变动的程度,主要是看大于100%大多少,小于100%小多少。例如,商品零售物价指数为125%,则说明多种商品零售物价总的变动情况,具体到某种商品价格可能有涨有落,但从总体上看零售物价仍然上涨了25%。

(二)可以进行因素分析

复杂现象变动中,往往受到两个以上因素的影响。例如,商品销售额的变动受销售量和商品价格两个因素的影响,而职工平均工资的变动受工资水平与职工人数构成两个因素的影响。又如,现象的总量指标是若干因素的乘积。

商品销售额=商品销售量×单位商品价格
产品总成本=产品生产量×单位产品成本 (一个总量指标受两个因素影响)
原材料费用总额=产量×单位产品原材料消耗量×原材料单价 (一个总量指标受三个因素影响)

商品销售额的变动(报告期同基期比较),取决于很多因素(经济、政治、社会文化、消费心理等),从可以测度的因素来考察,商品销售额的变动受销售量和价格两个因素的共同影响。我们可以利用指数体系分析各构成因素对总指数的变动影响,这种影响可以从相对数和绝对数两个方面进行分析。

(三)可以进行变动趋势分析

由于指数可以反映全部现象动态变动的程度,所以,将全部现象不同时间的指标值对比所形成的指数按时间先后排列成指数数列,借助指数数列就可对全部现象的发展变化趋势进行分析,以预测未来。

第二节 综合指数

总指数是用来解决复杂现象总体数量对比关系的,根据具体编制方法不同,可以分为综合指数和平均指数两种(见图7-1)。综合指数是采用先综合后对比的方式编制的,平均指数是采用先对比后平均的方式编制的,不同方式编制总指数不仅方法不同,而且解决的问题与依据的基本原理也存在差异。本节首先介绍综合指数的编制。

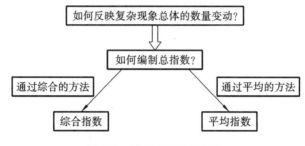

图 7-1 编制总指数关系图

一、综合指数的编制

(一)综合指数的概念

综合指数是总指数的基本形式。它是指通过引入一个同度量因素将不能相加的变量转化为可相加的总量指标,而后对比所得到的相对数。很多事物由于计量单位不同,其数据不能直接加总,为了反映它们的总变动情况,就要把不能直接相加的总体过渡到能相加的总体。综合指数的编制方法是先综合后对比,即先解决不能相加的问题,然后再进行对比,即把不能直接相加的复杂现象,先变成两个能够相加的总量指标,然后再把总量指标进行对比而求得相应的指数。

(二)综合指数的编制原理

编制综合指数首先要明确两个概念:一是指数化因素,二是同度量因素(见图7-2)。所谓指数化因素,就是综合指数所要测定的因素,如果商品销售量是所要测定的因素,那么它就是指数化因素。所谓同度量因素,是指在编制综合指数时,将不能直接相加的指标乘上另一个因素,使之可以相加,那么乘上的这个因素就是同度量因素,也可称为媒介因素。同度量因素的作用有同度量(媒介)作用和权数作用。

编制综合指数的基本问题是"同度量"问题,即关键要解决以下两个问题:一是寻找同度量因素;二是同度量因素固定在哪一期(基期还是报告期)。关于第一个问题:同度量因素的作用是把不能直接相加总的指标过渡为可以相加总的因素。例如,有下列三种商品(见表7-1),假如要编制商品销售量综合指数,因为:第一,三种商品销售量的计量单位不同,甲的是"件",乙的是"千克",丙的是"米",不同单位的商品不能直接相加;第二,三种商品的价格是不同的,有的高,有的低,现在把它们的销售量简单相加,无异于把它们的价格同等看待,如此计算得出的销售量综合指数,

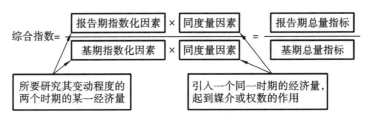

图 7-2 综合指数关系图

显然与事实不符,因而是不科学的。用同度量因素(价格)把销售量过渡为销售额就可以相加了。

假如要编制商品价格综合指数,因为:第一,三种商品的价格表面上看起来相同,都是"元",但实际上不一样,甲的是"元/件",乙的是"元/千克",丙的是"元/米";第二,三种商品的销售量是不同的,有的大,有的少,现在把它们的价格简单相加,无异于把它们的销售量同等看待,如此计算得出的价格综合指数,显然与事实不符,因而是不科学的;第三,商品的计量单位是人为规定的,如果把甲的计量单位改为"百件",乙的改为"吨",丙的改为"尺",用简单总和法得出的价格综合指数前后不同,这样,价格综合指数便没有确定的数值了,这显然不符合事实,因而也是不科学的,所以不能简单相加,用同度量因素(销售量)把单价过渡为销售额就可以相加了。

关于第二个问题,综合指数有数量指标综合指数和质量指标综合指数两种形式。由于商品销售额=商品销售量×商品销售单价,因此编制商品销售量综合指数(数量指标综合指数)时,以商品价格(质量指标)为同度量因素,编制商品价格综合指数(质量指标综合指数)时,以商品销售量(数量指标)为同度量因素。即:

$$商品销售量综合指数 = \frac{\sum q_1 p}{\sum q_0 p}$$

$$商品价格综合指数 = \frac{\sum q p_1}{\sum q p_0}$$

由于编制综合指数的目的是测定指数化因素的变动,因此,在数量指标综合指数和质量指标综合指数编制过程中对同度量因素应加以固定。

二、数量指标综合指数的编制

数量指标综合指数是综合反映复杂现象总体总量指标变动或差异程度的总指数。数量指标综合指数通常有工业产品产量指数、商品销售量指数等。

【例 7-1】 以销售量指数的编制为例说明其编制方法,资料如下(见表 7-1):

表 7-1 某商场综合指数计算表

商品名称	计量单位	销售量		单价/元		销售额/元			
		基期 q_0	报告期 q_1	基期 p_0	报告期 p_1	$q_0 p_0$	$q_1 p_1$	$q_1 p_0$	$q_0 p_1$
甲	件	12	10	20	25	240	250	200	300
乙	千克	10	12	4	5	40	60	48	50
丙	米	6	10	29	30	174	300	290	180
合计	—	—	—	—	—	454	610	538	530

资料栏　　　　　　　　计算栏

第一步,引入同度量因素,反映三种商品销售量的综合变动程度,引入价格为同度量因素,将不同度量的销售量转化为同度量的销售额,不同商品的销售额可以加总、对比。

第二步,将引入的同度量因素水平加以固定,分子、分母的同度量因素固定在同一水平上,将各种商品的价格固定在同一时间,借助销售总额的变化可以反映销售量的变化。

选择同度量因素固定时间,即采用拉氏指数还是派氏指数。

拉氏指数:1864年由德国学者拉斯贝尔斯(Laspeyres)提出。他主张不论是数量指标指数还是质量指标指数,都把同度量因素(权数)固定在基期来计算指数。公式如下:

$$\text{拉氏物量指数} = \frac{\sum q_1 p_0}{\sum q_0 p_0} \qquad \text{(公式 7-4)}$$

$$\text{拉氏价格指数} = \frac{\sum q_0 p_1}{\sum q_0 p_0} \qquad \text{(公式 7-5)}$$

派氏指数:由德国统计学家派许(Hermann Paasche)于1874年提出。他主张不论是数量指标指数还是质量指标指数,都把同度量因素(权数)固定在报告期。公式如下:

$$\text{派氏物量指数} = \frac{\sum q_1 p_1}{\sum q_0 p_1} \qquad \text{(公式 7-6)}$$

$$\text{派氏价格指数} = \frac{\sum q_1 p_1}{\sum q_1 p_0} \qquad \text{(公式 7-7)}$$

1) 把同度量因素单价固定在基期(拉氏指数)

$$\frac{\sum q_1 p_0}{\sum q_0 p_0} = \frac{10 \times 20 + 12 \times 4 + 10 \times 29}{12 \times 20 + 10 \times 4 + 6 \times 29} = \frac{538}{454} \times 100\% = 118.50\%$$

$$\sum q_1 p_0 - \sum q_0 p_0 = 538 - 454 = 84(\text{元})$$

计算结果表明,三种商品的销售量平均增加了18.50%,由于销售量增加而使销售总额增加的绝对额为84元。

2) 把同度量因素单价固定在报告期(派氏指数)

$$\frac{\sum q_1 p_1}{\sum q_0 p_1} = \frac{610}{530} \times 100\% = 115.09\%$$

$$\sum q_1 p_1 - \sum q_0 p_1 = 610 - 530 = 80(\text{元})$$

计算结果表明,三种商品的销售量平均增加了15.09%,由于销售量增加而使销售总额增加的绝对额为80元。

由以上的计算可以看到,使用不同时期的价格作为同度量因素所计算的商品销售量指数是不相同的。应该选用哪个时期的价格作为同度量因素呢?判断的依据还是在于编制销售量综合指数的目的——综合反映多种商品的销售量变动情况,即从总体来说是增加了还是减少了,增加或减少的幅度有多大,以及由此带来的经济效果如何。现做如下分析说明:

拉氏物量公式以基期价格作为同度量因素,是假定在价格没有发生变动的情况下,表明商品销售量总的变动程度。这个公式的优点是只反映商品销售数量的变动,不包括销售价格变动对销售数量的影响(因为已经假定价格没有发生变动);局限性是在计算分子、分母差额时,容易偏离实际,公式中 $\sum q_1 p_0$ 是报告期产量按基期价格计算的销售额,这就有可能偏离报告期价格的实际情况,或者说,在 $\sum q_1 p_0 - \sum q_0 p_0$ 中,缺少了基期与报告期价格不一致的商品销售的份额。但是,销售量指数的计算目的在于反映销售量的变动,把价格固定在基期水平上意味着在原来价格水平的基础上测定销售量的综合变动是比较恰当的。

派氏物量公式是以报告期价格为权数,避免了用基期价格偏离报告期实际的缺陷。但此式存在的问题是,由于采用了报告期价格为权数,把价格从 p_0 到 p_1 的这种变动对销售量的影响带到指数中去了,因而它不但反映了销售量变动,而且通过 p_1 对销售量的权数作用,使得派氏物量公式中包含有价格变动的影响。而且 $\sum q_1 p_1 - \sum q_0 p_1 = 80$ 元 说明假定商品在基期不出售,而等到报告期出售所增加的销售额是 80 元,但基期商品已经出售,所以,以报告期商品价格为同度量因素计算的商品销售量总指数就没有实际意义。

从理论上看,上述分析的两个公式都是成立的,它们都是在一定的假定条件下来反映销售量变动程度的。但联系到我们的研究目的及实际应用,就编制商品销售量指数的目的而言,应只反应商品销售量的变化,不应同时反映价格的变动,因而编制商品销售量指数时,应将作为同度量因素的价格固定在基期。

由此可以得出编制数量指标综合指数的一般原则,即编制数量指标指数时,应以基期的质量指标作为同度量因素,即编制数量指标综合指数一般选择拉氏指数公式。

三、质量指标综合指数的编制

质量指标综合指数是综合反映复杂经济现象性质变动或差异程度的总指数。如价格指数、单位产品成本指数、劳动生产率指数等。

以价格指数的编制为例说明其编制方法,资料同上。

第一步,引入同度量因素,反映三种商品价格的综合变动程度,引入相应的销售量为同度量因素,将不同度量的价格转化为同度量的销售额,不同商品的销售额可以加总、对比。

第二步,将引入的同度量因素水平加以固定,分子、分母的同度量因素固定在同一水平上,将各种商品的销售量固定在同一时间,借助于销售总额的变化可以反映价格的变化。

选择同度量因素固定时间,即采用拉氏指数还是派氏指数。

1）把同度量因素销售量固定在基期(拉氏指数)

$$\frac{\sum p_1 q_0}{\sum p_0 q_0} = \frac{530}{454} \times 100\% = 116.24\%$$

$$\sum p_1 q_0 - \sum p_0 q_0 = 530 - 454 = 76(元)$$

计算结果表明,三种商品的价格平均增加了 16.24%,由于价格增加而使销售总额增加的绝对额为 76 元。

2）把同度量因素销售量固定在报告期(派氏指数)

$$\frac{\sum p_1 q_1}{\sum p_0 q_1} = \frac{610}{538} \times 100\% = 113.38\%$$

$$\sum p_1 q_1 - \sum p_0 q_1 = 610 - 538 = 72(元)$$

计算结果表明,三种商品的价格平均增加了 13.38%,由于价格增加而使销售总额增加的绝对额为 72 元。

上述两个综合价格指数的计算结果不同,问题在于计算价格指数时用了不同时期的销售量。

应该选用哪个时期的销售量作为同度量因素呢？判断的依据还是在于编制价格综合指数的目的——综合反映多种商品的价格变动情况，即从总体来说是增加了还是减少了，增加或减少的幅度有多大，以及由此带来的经济效果如何。现做如下分析。

拉氏价格公式是按基期销售量计算的，它说明假定在销售量未发生变化的情况下，产品价格变动的综合程度。它只反映价格的变化，不包含销售量变化的影响。其分子与分母的差额说明基期产品按报告期价格计算的销售额比基期实际销售额增加（或减少）的数额。分子与分母之差额说明由于物价的变动，居民按过去的购买量及其结构购买商品，支出的金额的多少，这显然没有什么现实意义的。

派氏价格公式是按报告期销售量计算的，它说明在报告期销售量的基础上，产品价格综合变动的程度。与拉氏价格公式比较，多了一个因素的影响，即在它反映价格变动的同时包含有销售量变动的因素在内。其分子与分母之差反映的是生产报告期的产品由于价格的变动而增加或减少的销售额。这个差额有现实经济意义，因为编制价格指数的目的，是测定商品价格的波动情况，以说明市场物价变动对人民生活的影响程度。从实际生活角度看，人们更关心在报告期销售量条件下，价格变动对实际生活的影响。

从理论上看，上述分析的两个公式都是成立的，它们都是在一定的假定条件下来反映价格变动程度的。一般情况下，在编制商品或产品价格综合指数时，应选择相应的数量指标——销售量或产量作为同度量因素，并将其固定在报告期水平上，说明报告期销售的商品或生产的产品，由于价格变动而带来的经济效益。编制质量指标综合指数的一般原则，即在非特别目的情况下，一般选择派氏指数公式。

(1) 什么是复杂现象总体？如何解决复杂现象总体不能直接加总的问题？

(2) 简单说明在编制综合指数时，同度量因素为什么要固定在同一时期。

(3) 单位成本综合指数 $= \dfrac{\sum z_1 q_1}{\sum z_0 q_1} = 98\%$，$\sum z_1 q_1 - \sum z_0 q_1 = -3000$ 元，请说明相对数和绝对数的含义。

第三节 平均指数

综合指数是计算总指数的一种形式，但它要求有全面的统计资料才能编制。在实际工作中，有些研究对象难以取得全面资料。因此，除在小范围内且商品（或产品）品种较少的情况下可以直接采用综合指数编制总指数外，多数情况下采用平均指数来计算总指数。

一、平均指数的概念和特点

（一）平均指数的概念

以个体指数为基础，采取加权平均数形式编制的总指数，称为平均指数。平均指数采取"先对比后平均"的方法编制，即先计算出各种商品（或产品）的物量个体指数或价格个体指数，而后进行加权平均，以测定现象的总变动程度。利用平均指数编制总指数有三个要点：一是计算个体指数,二是确定一个合理的权数,三是选择合适的加权平均形式。

(二)平均指数的特点

平均指数与综合指数比较有以下三个特点。

(1)解决复杂总体不能直接同度量问题的思想不同。综合指数采取"先综合后对比",平均指数采取"先对比后平均"。

(2)运用资料的条件不同。综合指数需具备研究总体的全面资料,平均指数同时适用于全面、非全面资料。

(3)在经济分析中的具体作用不同。综合指数可同时进行相对分析与绝对分析,平均指数除作为综合指数的变形(见图 7-3)加以应用的情况外,一般只能进行相对分析。

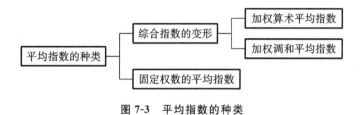

图 7-3 平均指数的种类

(三)平均指数的编制原理

数量指标综合指数:

$$\overline{K}_q = \frac{\sum q_1 p_0}{\sum q_0 p_0}$$

$$k_q = \frac{q_1}{q_0} \Rightarrow \begin{cases} q_1 = k_q \times q_0 \\ q_0 = \frac{q_1}{k_q} \end{cases}$$

质量指标综合指数:

$$\overline{K}_p = \frac{\sum p_1 q_1}{\sum p_0 q_1}$$

$$k_p = \frac{p_1}{p_0} \Rightarrow \begin{cases} p_1 = k_p \times p_0 \\ p_0 = \frac{p_1}{k_p} \end{cases}$$

由此可得表 7-2:

表 7-2 平均指数与综合指数的关系表

指数名称	综合指数公式	加权算术平均指数公式	加权调和平均指数公式
数量指标总指数	$\dfrac{\sum q_1 p_0}{\sum q_0 p_0}$	$\dfrac{\sum k_q q_0 p_0}{\sum q_0 p_0}$	$\dfrac{\sum q_1 p_0}{\sum \frac{1}{k_q} q_1 p_0}$
质量指标总指数	$\dfrac{\sum p_1 q_1}{\sum p_0 q_1}$	$\dfrac{\sum k_p p_0 q_1}{\sum p_0 q_1}$	$\dfrac{\sum p_1 q_1}{\sum \frac{1}{k_p} p_1 q_1}$

编制量指标综合指数时,如果将 q_0p_0 等同于 f,将 k_q 等同于 x,那么 $\dfrac{\sum k_q q_0 p_0}{\sum q_0 p_0}$ 实际上就是 $\dfrac{\sum xf}{\sum f}$,这是一种加权算术平均数形式的指数;如果将 q_0p_0 等同于 m,将 k_q 等同于 x,那么 $\dfrac{\sum q_1 p_0}{\sum \dfrac{1}{k_q} q_1 p_0}$ 实际上就是 $\dfrac{\sum m}{\sum \dfrac{m}{x}}$,这是一种加权调和平均数形式的指数。

同理,编制质量指标综合指数时,如果将 p_0q_1 等同于 f,将 k_p 等同于 x,那么 $\dfrac{\sum k_p p_0 q_1}{\sum p_0 q_1}$ 实际上就是 $\dfrac{\sum xf}{\sum f}$,这是一种加权算术平均数形式的指数;如果将 p_1q_1 等同于 m,将 k_p 等同于 x,那么 $\dfrac{\sum p_1 q_1}{\sum \dfrac{1}{k_p} p_1 q_1}$ 实际上就是 $\dfrac{\sum m}{\sum \dfrac{m}{x}}$,这是一种加权调和平均数形式的指数。

由此可以看出,由综合指数变形为平均数指数的一般方法是:将综合指数变形为加权算术平均数指数时,应以相应的综合指数的分母(q_0p_0 或 p_0q_1)为权数;将综合指数变形为加权调和平均数指数时,应以相应的综合指数的分子(q_1p_0 或 p_1q_1)为权数。

那么,数量指标或质量指标综合指数究竟是变形为加权算术平均数指数形式还是加权调和平均数指数形式呢?在前面已经提过,平均指数的出现是实际资料受到限制的情况下的一种变形公式,这个假定期的价值量指标 q_1p_0 在实际工作中一般是不存在的,因此在实际应用中,数量指标综合指数一般变形为加权算术平均数指数形式,此时应以基期的销售额(q_0p_0)为权数;而质量指标综合指数一般变形为加权调和平均数指数形式,此时应以报告期的销售额(p_1q_1)为权数。

二、加权算术平均指数的编制

加权算术平均指数是以个体物量指数 k_q 为变量,以基期价值总量 p_0q_0 为权数计算的指数。主要用于数量指标指数的编制,是数量指标综合指数的变形。即:

$$\overline{k}_q = \dfrac{\sum k_q q_0 p_0}{\sum q_0 p_0} \qquad (公式7-8)$$

由数量指标综合指数公式 $\overline{K}_q = \dfrac{\sum q_1 p_0}{\sum q_0 p_0}$ 做如下推导:

由 $k_q = \dfrac{q_1}{q_0}$ 得 $q_1 = k_q q_0$,将 $q_1 = k_q q_0$ 代入上式得:

$$\overline{K}_q = \dfrac{\sum q_1 p_0}{\sum q_0 p_0} = \dfrac{\sum k_q q_0 p_0}{\sum q_0 p_0}$$

下面以销售量总指数为例来说明作为综合指数变形的加权算术平均指数的应用。

【例7-2】 某商店三种商品的销售资料如表7-3所示。

表 7-3 某商店三种商品销售量指数计算表

商品名称	计量单位	销售量		基期销售额/元	销售量个体指数	假定销售额/元
		基期	报告期			
甲	乙	q_0	q_1	$q_0 p_0$	$k_q = \dfrac{q_1}{q_0}$	$k_q q_0 p_0$
甲	件	100	110	800	1.10	880
乙	千克	120	114	480	0.95	456
丙	米	150	180	1500	1.20	1800
合计	—	—	—	2780	—	3136

（资料栏） （计算栏）

根据表 7-3 中的资料计算三种商品销售量总指数：

第一，计算三种商品销售量个体指数，$k_q = \dfrac{q_1}{q_0}$。

第二，确定权数，即以各种商品基期的实际销售额（$q_0 p_0$）作为权数。

第三，选择加权平均的形式，即采用加权算数平均的形式。

三种商品销售量总指数的加权算术平均指数公式为：

$$\overline{k}_q = \frac{\sum k_q q_0 p_0}{\sum q_0 p_0} = \frac{3136}{2780} \times 100\% = 112.81\%$$

$$\sum k_q q_0 p_0 - \sum q_0 p_0 = 3136 - 2780 = 356（元）$$

计算结果表明，三种商品销售量报告期比基期平均增长 12.81%，由于报告期销售量的增加而增加的销售额为 356 元。

三、加权调和平均指数的编制

加权调和平均指数是以个体价格指数 k_p 为变量，以报告期价值总量 $p_1 q_1$ 为权数计算的指数。主要用于质量指标指数的编制，是质量指标综合指数的变形。即：

$$\overline{K}_p = \frac{\sum q_1 p_1}{\sum \dfrac{1}{k_p} q_1 p_1} \qquad \text{（公式 7-9）}$$

由质量指标综合指数公式 $\overline{k}_p = \dfrac{\sum p_1 q_1}{\sum p_0 q_1}$ 做如下推导：

由 $k_p = \dfrac{p_1}{p_0}$ 得 $p_0 = \dfrac{1}{k_p} p_1$，将 $p_0 = \dfrac{1}{k_p} p_1$ 代入上式得：

$$\overline{k}_p = \frac{\sum p_1 q_1}{\sum p_0 q_1} = \frac{\sum q_1 p_1}{\sum \dfrac{1}{k_p} q_1 p_1}$$

下面以价格指数为例来说明作为综合指数变形的加权调和平均指数的应用。

【例 7-3】 某商店三种商品的销售资料如表 7-4 所示。

表 7-4 某商店三种商品销售价格指数计算表

商品名称	计量单位	销售价格/元		报告期销售额/元	价格个体指数	假定销售额/元
		基期	报告期			
甲	乙	p_0	p_1	$q_1 p_1$	$k_p = \dfrac{p_1}{p_0}$	$\dfrac{1}{k_p} q_1 p_1$
甲	件	8	9	990	1.125	880
乙	千克	4	5	570	1.250	456
丙	米	10	9	1620	0.900	1800
合计	—	—	—	3180	—	3136

资料栏　　　　　　　　　　计算栏

根据表 7-4 中的资料计算三种商品销售价格总指数：

第一，计算三种商品销售价格个体指数，$k_p = \dfrac{p_1}{p_0}$。

第二，确定权数，即以各种商品报告期的实际销售额（$q_1 p_1$）作为权数。

第三，选择加权平均的形式，即采用加权调和平均的形式。

三种商品销售价格总指数的加权调和平均指数公式为：

$$\overline{k}_p = \frac{\sum q_1 p_1}{\sum \dfrac{1}{k_p} q_1 p_1} = \frac{3180}{3136} \times 100\% = 101.4\%$$

$$\sum q_1 p_1 - \sum \frac{1}{k_p} q_1 p_1 = 3180 - 3136 = 44(元)$$

计算结果表明，三种商品销售价格报告期比基期平均增长 1.4%，由于报告期价格的上涨而增加的销售额为 44 元。

四、固定权数的加权平均指数的编制

除综合指数变形的平均指数外，平均指数还有一大类具有独立的形式和应用价值，即固定权数的平均指数。所谓固定权数，是指加权算术平均法计算中的权数，用比重形式固定下来，在较长一段时间内不做变动，是固定使用的权数。

在实际工作中，由于像加权算术平均指数和加权调和平均数指数都是假定其总量指标为权数计算的平均指数，但是这些都需要有具体实际数值，由于资料不足，特别是假定的总量指标，缺少全面实际资料或不容易或难于及时取得具体有关资料。这时可以用权数的比重代替实际数值，进行平均指数的计算。固定权数的平均指数在国内外广泛使用，我国的零售物价指数、消费者价格指数、农副产品收购价格指数及西方国家的工业生产指数，都是用固定权数形式计算的。其计算公式为：

$$\overline{k} = \frac{\sum kw}{\sum w} \tag{公式 7-10}$$

式中：k 是个体指数；w 为固定权数，它通常是在过去资料的基础上调整而成的。

由于 w 可以若干年不变，故这一公式的结果可比性强，且可减少计算工作量（以免每次都重

算权数)。

综上所述,固定权数的平均指数与综合指数之间不存在变形关系,它是一种具有独立意义的平均指数。它不仅可以用于编制数量指标指数,还可用于编制质量指标指数,但是不能直接说明现象变动的绝对经济效果。下面以零售价格指数为例来说明固定权数的平均指数的编制。

零售价格指数(retail price index)是反映城乡商品零售价格变动趋势的一种经济指数。它的变动直接影响到城乡居民的生活支出和国家财政收入,影响居民购买力和市场供需平衡及消费和积累的比例。因此,零售价格指数是观察和分析经济活动的重要工具之一。

根据不同需要,可以编制不同的零售价格指数。比如,可就城乡分别编制零售价格指数,也可以编制地区零售价格指数及零售商品分类价格指数。先将我国零售商品价格指数编制中的一些主要问题说明如下。

(一) 代表规格品的选择

全社会零售商品的种类多达上百种,要编制包括全部商品的零售价格指数显然是不可能的。因此,在编制价格指数时,只能选择部分具有代表性的商品。首先应对商品进行科学的分类,在此基础上分别选择能代表各类别的代表规格品。例如,我国目前将消费品分为食品类、饮料和烟酒类、服装和鞋帽类、纺织品类、中西药品类、化妆品类、书报杂志类、文化体育用品类、日用品类、家用电器类、首饰类、燃料类、建筑装潢类、机电产品类等 14 个大类。大类下又分小类,小类下分若干商品细目。

(二) 典型地区的选择

全国零售价格总指数用于反映全社会零售商品价格的总体变动水平,但要包括所有的地区是不可能的,一般选择部分具有代表性的地区编制价格指数。典型地区的选择既要考虑其代表性,也要注意类型上的多样性及地区分布上的合理性和稳定性。例如,1992 年全国共选取 146 个市 80 个县作为取得数据的基层填报单位。

(三) 商品价格的确定

全社会零售价格总指数包括了商品牌价、议价和市价等因素。对所选代表性商品使用的是全社会综合平均价。一种商品的综合平均价是该商品在一定时期内的牌价、议价、市价的加权平均,其权数是各种价格形式的商品零售量或零售额。根据每种代表品基期和报告期的综合平均价,计算每种商品的价格指数,以此作为计算类指数的依据。

(四) 权数的确定

我国目前的零售价格总指数是采用加权算术平均形式计算的,其权数是根据上年商品零售额资料及当年住户调查资料予以调整后确定的。在确定权数时,先确定各大类权数,然后确定小类权数,最后确定商品权数。权数均以百分比表示,各层权数之和等于 100%。为便于计算,权数一律取整数。

(五) 指数的计算

从 1985 年起,我国开始采用部分商品平均价格法计算全社会商品零售价格总指数。其计算公式为:

$$\bar{k}_p = \frac{\sum k_p w}{\sum w}$$

式中:k_p 为个体指数或各层的类指数,w 为各层零售额比重权数。

具体计算过程是,先分别计算出各代表规格品基期和报告期的全社会综合平均价,并计算出相应的价格指数,然后分层逐级计算小类、中类、大类和总指数。

【**例 7-4**】 现以部分资料(见表 7-5)说明价格总指数的编制和计算过程。

表 7-5 零售价格总指数计算表

商品类别及名称	代表规格品	计量单位	平均价格/元		权数/(％) w	指数/(％) k	kw
			p_0	p_1			
总指数					100	115.1	1151.4
一、食品类					51	117.5	5992.5
1.粮食					35	105.3	3685.5
细粮					65	105.6	6864.0
面粉	标准	kg	2.40	2.52	40	105.0	4200.0
大米	粳米标一	kg	3.50	3.71	60	106.0	6360.0
粗粮					35	104.8	3668.0
2.副食品					45	125.4	5643.0
3.烟酒茶					11	126.0	1368.0
4.其他食品					9	114.8	1033.2
二、衣着类					20	115.2	2304.0
三、日用品类					11	109.5	1204.5
四、文化娱乐用					5	110.4	552.0
五、书报杂志类					2	108.6	217.2
六、药及医疗用品类					6	116.4	698.4
七、建筑装潢材料类					2	114.5	229.0
八、燃料类					3	105.6	316.8

(1) 计算出各代表规格品的价格指数。如面粉价格指数为:

$$k = \frac{p_1}{p_0} = \frac{2.52}{2.40} \times 100\% = 105.0\%$$

(2) 根据各代表规格品的价格指数及给出的相应权数,加权算术平均计算小类指数。如细粮类价格指数为:

$$\bar{k}_p = \frac{\sum k_p w}{\sum w} = \frac{105\% \times 40 + 106\% \times 60}{100} = 105.6\%$$

(3) 根据各小类指数及相应的权数,加权算术平均计算中类指数。如粮食类价格指数为:

$$\bar{k}_p = \frac{\sum k_p w}{\sum w} = \frac{105.6\% \times 65 + 104.8\% \times 35}{100} = 105.3\%$$

(4) 根据各中类指数及相应的权数,加权算术平均计算大类指数。如食品类价格指数为:

$$\bar{k}_p = \frac{\sum k_p w}{\sum w} = \frac{105.3\% \times 35 + 125.4\% \times 45 + 126.0\% \times 11 + 114.8\% \times 9}{100} = 117.5\%$$

(5) 根据各大类指数及相应的权数,加权算术平均计算总指数。即：

$$\bar{k}_p = \frac{\sum k_p w}{\sum w}$$

$$= \frac{117.5\% \times 51 + 115.2\% \times 20 + 109.5\% \times 11 + 110.4\% \times 5 + 108.6\% \times 2 + 116.4\% \times 6 + 114.5\% \times 2 + 105.6\% \times 3}{100}$$

$$= 115.1\%$$

第四节　指数体系和因素分析

如前所述,一个总指数可以反映复杂经济现象在某一方面的综合变动,而社会经济现象之间又是相互联系的,一个复杂经济现象总是受到多个因素的共同影响。为了反映复杂经济现象在各个方面的总变动,只编制单个指数是不够的,还需要若干个有联系的指数的编制,这就形成了相应的指数体系,并在此基础上对其影响因素分解再逐一进行深入分析。因此本节主要围绕指数体系的一般问题及因素分析方法展开讨论。

一、指数体系

(一) 指数体系的概念

社会经济现象存在普遍联系,许多经济现象之间都存在固有的经济关系。在统计中,这种经济关系通常通过相互联系的指标所形成的等式关系来反映。例如：

商品销售额＝商品销售量×商品销售价格

工业总产值＝职工人数×劳动生产率

产品总成本＝产品产量×产品单位成本

销售利润＝销售量×销售价格×销售利润率

对于上述等式静态上的数量关系,如果将这些现象数量关系的报告期水平除以基期水平,即将这些静态联系推广到动态上,即有如下指数体系：

商品销售额指数＝商品销售量指数×商品销售价格指数

工业总产值指数＝职工人数指数×劳动生产率指数

产品总成本指数＝产品产量指数×产品单位成本指数

销售利润指数＝销售量指数×销售价格指数×销售利润率指数

上述等式用符号表示为：

$$\frac{\sum q_1 p_1}{\sum q_0 p_0} = \frac{\sum q_1 p_0}{\sum q_0 p_0} \times \frac{\sum q_1 p_1}{\sum q_1 p_0} \quad \text{(公式 7-11)}$$

简记为：
$$\bar{k}_{qp} = \bar{k}_q \times \bar{k}_p \quad \text{(公式 7-12)}$$

也就是：　　现象总变动指数＝数量指标指数×质量指标指数　　(公式 7-13)

像上面由3个或3个以上具有内在联系即经济上有联系,在数量上保持一定对等关系的指数组成的整体,称为指数体系。从以上列举的指数体系中可以看出,无论何种现象总体,最终都可以被分解为一部分数量因素和一部分质量因素。而现象总体的变化就可以归结为数量因素和质量因素共同作用的结果。我们将等式左边被说明的指数,如商品销售额指数、工业总产值指数等称为总变动指数,等式右边用来说明总变动指数的指数称为因素指数,因素指数可以不止 2 个,也可以有 3 个或 3 个以上。

(二)指数体系的表现形式

指数体系的数量关系分为相对数和绝对数两种形式,分别形成相对数体系和绝对数体系。如销售额指数、销售量指数和价格指数所构成的指数体系表现如下:

相对数体系:

$$\frac{\sum q_1 p_1}{\sum q_0 p_0} = \frac{\sum q_1 p_0}{\sum q_0 p_0} \times \frac{\sum q_1 p_1}{\sum q_1 p_0} \quad \text{(公式 7-14)}$$

绝对数体系:

$$\sum q_1 p_1 - \sum q_0 p_0 = \left(\sum q_1 p_0 - \sum q_0 p_0\right) + \left(\sum q_1 p_1 - \sum q_1 p_0\right) \quad \text{(公式 7-15)}$$

可见,指数体系的数量关系是:总变动指数等于各因素指数的连乘积;总变动指数分子与分母的差等于各因素指数分子与分母差的和。

(三)指数体系的作用

指数体系在经济分析中具有重要作用,主要表现在以下两个方面:

(1)利用指数体系,可以由已知指数推算未知指数。

【例 7-5】 假如已知商品销售额指数为 114.39%,商品销售量指数为 112.81%,则商品销售价格指数为:

$$\overline{k}_p = \overline{k}_{qp} \div \overline{k}_q = 114.39\% \div 112.81\% = 101.4\%$$

(2)利用指数体系可以分析现象的总变动及其受各个因素变动影响的方向和程度。

请思考

1. 同样多的人民币却少购商品 2%,问:物价上升了多少?
2. 粮食总产量增长 5%,而播种面积却减少 4%,问:粮食单位面积产量有什么变化?
3. "某企业的某种产品单位成本上升 10%,产量下降 10%,总成本没升也没降",这种说法对吗?为什么?

二、因素分析

(一)指数因素分析法的概念

指数因素分析法,就是利用指数体系从数量上分析复杂现象的总变动及其受各个因素变动影响的方向、程度和绝对效果的一种统计分析方法。分析的对象是被影响现象的量等于各个影响因素量的连乘积的现象。分析的依据是指数体系。分析的方法是在诸多影响因素中,假定其他因素不变,从而测定其中一个因素变动的影响。分析的目的是从相对数和绝对数两个方面测定各个因素的变动对现象影响的方向和程度。

(二)指数因素分析的种类

(1)按分析对象包括因素的多少不同分,有两因素分析和多因素分析,前者的分析对象中只包括两个影响因素,后者的分析对象中包括两个以上的影响因素。

(2)按分析对象的性质不同分,有总量指标的因素分析和平均指标的因素分析。

把上述两种分类组合起来,指数因素分析的种类主要有总量指标的两因素分析、总量指标的多因素分析、平均指标的两因素分析。指数因素分析法的种类如表 7-6 所示。

表 7-6 指数因素分析法的种类

对象范围	简单现象	个体指数及其指数体系
	复杂现象	总指数及其指数体系
指标形式	总量指标	分解为数量指标和质量指标因素分析
	平均指标	分解为水平指标和结构指标因素分析
因素多少	两因素	影响因素仅分解为两个
	多因素	影响因素分解为多个

(三)总量指标的因素分析

1. 总量指标的两因素分析

1)复杂现象总体总量指标的因素分析

前述商品销售额指数、销售量指数和商品销售价格指数之间形成的指数体系就是两因素分析。从其数量关系分析中可得出总量指标两因素分析的一般过程:首先计算现象总变动指数;然后计算各个因素的变动指数;最后根据指数体系,对现象的总变动进行因素分析(包括相对数和绝对数两个方面)。

【例 7-6】 某工业企业三种产品的生产情况如表 7-7 所示。

表 7-7 某工业企业三种产品的生产情况

产品名称	计量单位	价格/元		产量		产值/元		
		基期 p_0	报告期 p_1	基期 q_0	报告期 q_1	$q_0 p_0$	$q_1 p_0$	$q_1 p_1$
甲	件	2000	2200	40	50	80 000	100 000	110 000
乙	千克	1000	800	50	50	50 000	50 000	40 000
丙	米	200	250	20	18	4000	3600	4500
合计	—	—	—	—	—	134 000	153 600	154 500

资料栏　　　　　　　　　　计算栏

根据表 7-7 中的资料,从绝对数和相对数两个方面分析该企业三种产品总产值的变动及受产量和价格两个因素变动影响的方向和程度。

第一步:总产值的变动。

$$\bar{k}_{qp} = \frac{\sum q_1 p_1}{\sum q_0 p_0} = \frac{154\ 500}{134\ 000} \times 100\% = 115.30\%$$

$$\sum q_1 p_1 - \sum q_0 p_0 = 154\ 500 - 134\ 000 = 20\ 500(元)$$

第二步:各因素变动的影响。

产量变动的影响:

$$\bar{k}_q = \frac{\sum q_1 p_0}{\sum q_0 p_0} = \frac{153\ 600}{134\ 000} \times 100\% = 114.63\%$$

$$\sum q_1 p_0 - \sum q_0 p_0 = 153\ 600 - 134\ 000 = 19\ 600(元)$$

价格变动的影响:

$$\bar{k}_p = \frac{\sum q_1 p_1}{\sum q_1 p_0} = \frac{154\ 500}{153\ 600} \times 100\% = 100.59\%$$

$$\sum q_1 p_1 - \sum q_1 p_0 = 154\ 500 - 153\ 600 = 900(元)$$

第三步:综合。

$$\bar{k}_{qp} = \bar{k}_q \times \bar{k}_p$$

即: $115.30\% = 114.63\% \times 100.59\%$

$$\sum q_1 p_1 - \sum q_0 p_0 = \left(\sum q_1 p_0 - \sum q_0 p_0\right) + \left(\sum q_1 p_1 - \sum q_1 p_0\right)$$

即: $20\ 500 = 19\ 600 + 900$

第四步:分析说明。

该企业三种产品总产值报告期比基期增加 15.3%(增加 20 500 元),是由于三种产品报告期比基期产量增加 14.63%(影响产值增加 19 600 元)和价格上涨 0.59%(增加 900 元)两个因素共同作用的结果。

2) 简单现象总体总量指标的因素分析

所谓简单现象变动,是指单项事物的变动情况。如某一种产品、某一种商品、某一个单位的变动情况等。简单现象总量指标两因素的分析,是把现象总量指标变动的指数分解为两个因素个体指数的乘积,分别计算两个因素指标对总量指标影响的相对数和绝对数,从而说明现象变动的方向和程度。简单现象总体因素分析的特点是相对数分析可以不引入同度量因素,但绝对数分析必须引入同度量因素。

【例 7-7】 已知某企业工资的资料如表 7-8 所示,计算工资总额的变动并对其进行因素分析。

表 7-8 某企业工资的资料

指标	符号	基期	报告期
工资总额/万元	E	500	567
职工人数/人	f	1000	1050
平均工资/(元/人)	$\bar{x}$	5000	5400

分析如下:

工资总额(E) = 职工人数(f) × 平均工资($\bar{x}$)

$$\frac{E_1}{E_0} = \frac{\overline{x_0}f_1}{\overline{x_0}f_0} \times \frac{\overline{x_1}f_1}{\overline{x_0}f_1} = \frac{f_1}{f_0} \times \frac{\overline{x_1}}{\overline{x_0}} \quad \text{(公式 7-16)}$$

$$E_1 - E_0 = (\overline{x_0}f_1 - \overline{x_0}f_0) + (\overline{x_1}f_1 - \overline{x_0}f_1) \quad \text{(公式 7-17)}$$
$$= \overline{x_0}(f_1 - f_0) + f_1(\overline{x_1} - \overline{x_0})$$

工资总额的变动:

$$k_E = \frac{E_1}{E_0} = \frac{567}{500} \times 100\% = 113.4\%$$

$$E_1 - E_0 = 567 - 500 = 67 \text{ 万元}$$

其中：

(1) 受职工人数变动的影响为：$k_f = \dfrac{f_1}{f_0} = \dfrac{1050}{1000} \times 100\% = 105\%$

$$\overline{x_0}(f_1 - f_0) = 5000 \times (1050 - 1000) = 25(\text{万元})$$

(2) 受平均工资变动的影响为：$k_x = \dfrac{\overline{x_1}}{\overline{x_0}} = \dfrac{5400}{5000} \times 100\% = 108\%$

$$f_1(\overline{x_1} - \overline{x_0}) = 1050 \times (5400 - 5000) = 42(\text{万元})$$

(3) 综合影响：$\begin{cases} 113.4\% = 105\% \times 108\% \\ 67 \text{ 万元} = 25 \text{ 万元} + 42 \text{ 万元} \end{cases}$

该企业工资总额报告期比基期增加 13.4%（增加 67 万元），是由于职工人数报告期比基期增加 5%（影响工资总额增加 25 万元）和平均工资报告期比基期上涨 8%（影响工资总额增加 42 万元）两个因素共同作用的结果。

2. 总量指标的多因素分析

总量指标的多因素体系是由总量指标的两因素体系扩展而来的。例如，在两因素变动分析中，销售利润＝销售额×销售利润率，而实际上，销售额又可以分解为销售量×销售价格，由此可得到销售利润＝销售量×销售价格×销售利润率。再比如，总产值＝总产量×产品价格，而总产量又可分解为工人数×工人劳动生产率，进而总产值＝工人数×工人劳动生产率×产品价格，这样的例子很多。总量指标变动的多因素分析就是将反映复杂经济现象的总量指标分解为三个或三个以上的影响因素，分别测定各影响因素对该现象的影响程度和影响的绝对额。

1) 进行因素分解

例如：总产值＝工人数×工人劳动生产率×产品价格＝$q \times m \times p$

注意：因素分解时，数量指标在前，质量指标在后。

2) 相对数分析

$$\dfrac{\sum q_1 m_1 p_1}{\sum q_0 m_0 p_0} = \dfrac{\sum q_1 m_0 p_0}{\sum q_0 m_0 p_0} \times \dfrac{\sum q_1 m_1 p_0}{\sum q_1 m_0 p_0} \times \dfrac{\sum q_1 m_1 p_1}{\sum q_1 m_1 p_0} \qquad (\text{公式 7-18})$$

上述指数体系可以按如下方法记忆：$\sum q_0 m_0 p_0$ 变到 $\sum q_1 m_1 p_1$，先是 q 变，m、p 不变，即 $\sum q_1 m_0 p_0$；其次是 m 变，p 不变，即 $\sum q_1 m_1 p_0$；最后是 p 变，即 $\sum q_1 m_1 p_1$。

3) 绝对数分析

$$\sum q_1 m_1 p_1 - \sum q_0 m_0 p_0 = \left(\sum q_1 m_0 p_0 - \sum q_0 m_0 p_0\right) +$$
$$\left(\sum q_1 m_1 p_0 - \sum q_1 m_0 p_0\right) + \left(\sum q_1 m_1 p_1 - \sum q_1 m_1 p_0\right) \qquad (\text{公式 7-19})$$

多因素分析的原理和方法与前面讲的两因素分析是一致的，首先要依据综合指数编制的一般原则建立相应的指数体系，但由于影响因素涉及三个或三个以上，具体编制过程又区别于两因素变动分析，有下面几个问题需要注意：

(1) 确定数量指标与质量指标。由于影响因素个数至少也有三个，指标性质的区分是两两相对而言的，要相对地判别数量指标和质量指标。

(2) 确定多个因素的排列顺序。应以各因素间的经济联系为客观依据，使两两因素相乘有经济意义，各相邻因素合并后成为更高层意义上的影响因素，一般遵循数量指标在前、质量指标在后,中间指标与左右指标结合形成有经济意义的各类指标后,仍然是数量指标在前、质量指标在后的形式。

(3) 运用连锁替代法逐步分析各因素的影响方向和程度。在两因素分析中,当测定其中一个因素的影响时,将另一个作为同度量因素固定下来,而在多因素分析中,涉及因素一般都在两个以上,当测定其中某个因素的影响时,要使其余所有的因素都固定起来,也就是说,计算各影响因素指数时,作为同度量因素的指标不是一个,而是两个或两个以上。最后应用连锁替代法逐一进行分析:分析第一个因素时,把其余因素都固定在基期;分析第二个因素时,将已分析过的第一个因素固定在报告期,其余未分析的因素都固定在基期,依此类推。例如:

$$总产值=工人数\times 工人劳动生产率\times 产品价格$$

将总产值分解为上面的三个因素,首先应该确定指标性质,由于工人劳动生产率和产品价格的乘积是人均产值,相对于工人数是质量指标,因此计算工人数指数时应将后两个因素作为质量指标固定在基期;又因为工人数和工人劳动生产率的乘积是总产量,相对于产品价格是数量指标,因此计算产品价格指数时应将前两个因素作为数量指标固定在报告期,中间指标工人劳动生产率相对于工人数而言是质量指标,相对于产品价格而言又是数量指标,所以在计算工人劳动生产率指数时,工人数应固定在报告期,产品价格应固定在基期。

【例 7-8】 一企业生产甲、乙、丙三种产品,其产品产量、单位产量的原材料消耗量及单位原材料价格如表 7-9 所示,试进行多因素分析。

表 7-9 总量指标变动的多因素分析计算表

原材料种类	产品种类	生产量		单位产品原材料消耗量		单位原材料价格/元	
		q_0	q_1	m_0	m_1	p_0	p_1
甲/千克	A/件	600	800	0.5	0.4	20	21
乙/米	B/套	400	400	1	0.9	15	14
丙/米	C/套	800	1000	2.2	2.3	30	28

第一步,计算一些中间结果:

$$\sum q_0 m_0 p_0 = 64\,800, \quad \sum q_1 m_0 p_0 = 80\,000$$
$$\sum q_1 m_1 p_0 = 80\,800, \quad \sum q_1 m_1 p_1 = 76\,160$$

第二步,相对数分析:

$$\frac{\sum q_1 m_1 p_1}{\sum q_0 m_0 p_0} = \frac{\sum q_1 m_0 p_0}{\sum q_0 m_0 p_0} \times \frac{\sum q_1 m_1 p_0}{\sum q_1 m_0 p_0} \times \frac{\sum q_1 m_1 p_1}{\sum q_1 m_1 p_0}$$

$$117.53\% = 123.46\% \times 101\% \times 94.26\%$$

原材料费用总额指数:

$$\frac{\sum q_1 m_1 p_1}{\sum q_0 m_0 p_0} = \frac{76\,160}{64\,800} \times 100\% = 117.53\%$$

生产量指数:

$$\frac{\sum q_1 m_0 p_0}{\sum q_0 m_0 p_0} = \frac{80\,000}{64\,800} \times 100\% = 123.46\%$$

原材料单耗指数:

$$\frac{\sum q_1 m_1 p_0}{\sum q_1 m_0 p_0} = \frac{808\,000}{80\,000} \times 100\% = 101\%$$

原材料单价指数： $\dfrac{\sum q_1 m_1 p_1}{\sum q_1 m_1 p_0} = \dfrac{76\,160}{80\,800} \times 100\% = 94.26\%$

第三步,绝对数分析:

$$(\sum q_1 m_1 p_1 - \sum q_0 m_0 p_0) = (\sum q_1 m_0 p_0 - \sum q_0 m_0 p_0) +$$
$$(\sum q_1 m_1 p_0 - \sum q_1 m_0 p_0) + (\sum q_1 m_1 p_1 - \sum q_1 m_1 p_0)$$

$76\,160 - 64\,800 = (80\,000 - 64\,800) + (80\,800 - 80\,000) + (76\,160 - 80\,800)$

$11\,360\quad =\quad 15\,200\quad +\quad 800\quad +\quad (-4640)$

分析数字表明,报告期与基期相比,原材料费用总额上升17.53%(增加11 360元),是由于产量增加了23.46%(影响原材料费用总额增加15 200元)、单耗上升了1%(影响原材料费用总额增加800元)、原材料单价降低了5.74%(影响原材料费用总额减少4640元)共同作用的结果。

或者,可以这样说,报告期与基期相比,原材料费用总额增加了11 360元,是由于产量增加影响原材料费用总额的绝对值是15 200元,由于单耗上升影响原材料费用总额的绝对值是800元,由于原材料单价上升影响原材料费用总额的绝对值是-4640元。

(四)平均指标指数的因素分析

1. 平均指标指数的概念

统计中把经济内容相同的不同时期的平均指标数值进行对比,用来反映现象在不同时期一般水平的变动程度。这种由两个平均指标对比而形成的相对数,就称为平均指标指数。常见的平均指标指数有平均工资指数、平均单位成本指数和平均劳动生产率指数等。

平均指标指数的一般公式:

$$\overline{K_{\overline{x}}} = \dfrac{\overline{x_1}}{\overline{x_0}} \qquad\text{(公式 7-20)}$$

式中:$\overline{K_{\overline{x}}}$ 表示平均指标指数(可变构成指数),$\overline{x_1}$ 表示报告期平均指标数值,$\overline{x_0}$ 表示基期平均指标数值。

2. 平均指标指数的编制

根据加权算术平均数有 $\overline{x} = \dfrac{\sum xf}{\sum f} = \sum x \cdot \dfrac{f}{\sum f}$,所以可见在统计资料分组的情况下,社会经济现象总体平均水平的变动,受两个因素的影响:一个是各组变量值(标志值 x)的变化,另一个是总体结构的变化(即比重 $\dfrac{f}{\sum f}$ 的变化)。要测定这两个因素对总体平均指标变动的影响,可以运用指数体系来分析。

平均指标指数可用计算公式表示如下:

$$\overline{K_{\overline{x}}} = \dfrac{\overline{x_1}}{\overline{x_0}} = \dfrac{\dfrac{\sum x_1 f_1}{\sum f_1}}{\dfrac{\sum x_0 f_0}{\sum f_0}} = \dfrac{\sum x_1 \cdot \dfrac{f_1}{\sum f_1}}{\sum x_0 \cdot \dfrac{f_0}{\sum f_0}} \qquad\text{(公式 7-21)}$$

式中:x_1、x_0 分别为报告期和基期的变量值或组平均数,f_1、f_0 分别为报告期和基期的组次数或权数。

从式中可以看出，在总平均指标对比关系的指数中，同时包括组平均值（x）和组的权数比重（$\frac{f}{\sum f}$）这两个因素的变动。统计上把包括这两个因素变动的平均指标指数，称之为可变构成指数，简称可变指数。由于可变构成指数包含组平均数（x）和组的权数比重（$\frac{f}{\sum f}$）两个因素，要观察其中一个因素的变动情况，只有将另一因素固定下来。如何来固定，应固定在哪个时期？要解决这个问题，我们首先得弄清楚组平均数（x）和组的权数比重（$\frac{f}{\sum f}$）这两个因素指标的性质。在实际工作中，在统计资料分组条件下，由于 x 所代表的是各组标志的平均数，所以组平均数（x）应是质量指标；而 f 代表的是各组的次数或权数，应是数量指标。各组次数的结构，即组权数的比重（$\frac{f}{\sum f}$）虽然是一个结构相对数，但它是次数（f）的变形，在可变构成指数分析中将它作为数量指标来考虑不容置疑，且符合实际情况。根据综合指数的编制原则，编制数量指标指数时要以基期的质量指标作为同度量因素，编制质量指标指数时要以报告期的数量指标作为同度量因素。因此，可以将构成可变构成指数的因素指数编制如下。

如果使各组平均水平（x）这个因素固定不变，反映总体结构变动，即各组单位数占总体的比重（$\frac{f}{\sum f}$）的变动程度，则应将组平均水平因素（x）固定在基期，即固定在 x_0。这种把各组平均水平这个因素固定不变来测定总体结构变动程度的指数，就叫作结构影响指数。其编制方法同编制数量指标指数的方法。其计算公式为：

$$\text{结构影响指数} = \frac{\dfrac{\sum x_0 f_1}{\sum f_1}}{\dfrac{\sum x_0 f_0}{\sum f_0}} = \frac{\sum x_0 \cdot \dfrac{f_1}{\sum f_1}}{\sum x_0 \cdot \dfrac{f_0}{\sum f_0}} \qquad \text{(公式 7-22)}$$

如果为了反映各组平均水平（x）的变动程度，消除各组单位数在总体中所占有比重（$\frac{f}{\sum f}$）的变化影响，则应将比重因素（$\frac{f}{\sum f}$）固定在报告期，即固定在 $\frac{f_1}{\sum f_1}$。这种把总体的结构因素固定不变来测定组平均数的变动程度的指数就叫作固定构成指数。其编制方法与上述编制质量指标指数的相同。其计算公式为：

$$\text{固定构成指数} = \frac{\dfrac{\sum x_1 f_1}{\sum f_1}}{\dfrac{\sum x_0 f_1}{\sum f_1}} = \frac{\sum x_1 \cdot \dfrac{f_1}{\sum f_1}}{\sum x_0 \cdot \dfrac{f_1}{\sum f_1}}$$

从上述总平均指标指数、结构影响指数和固定构成指数的编制，可以看出三个指数的数量对比关系具有密切的联系，它们组成了平均指标指数的指数体系。即：

$$\frac{\overline{x_1}}{\overline{x_0}} = \frac{\frac{\sum x_1 f_1}{\sum f_1}}{\frac{\sum x_0 f_0}{\sum f_0}} = \frac{\frac{\sum x_0 f_1}{\sum f_1}}{\frac{\sum x_0 f_0}{\sum f_0}} \times \frac{\frac{\sum x_1 f_1}{\sum f_1}}{\frac{\sum x_0 f_1}{\sum f_1}} \quad \text{(公式 7-23)}$$

可变构成指数＝结构影响指数×固定构成指数

三种指数的绝对数，也存在以下的关系：

$$\overline{x_1} - \overline{x_0} = \frac{\sum x_1 f_1}{\sum f_1} - \frac{\sum x_0 f_0}{\sum f_0} \quad \text{(公式 7-24)}$$

$$= \left(\frac{\sum x_0 f_1}{\sum f_1} - \frac{\sum x_0 f_0}{\sum f_0} \right) + \left(\frac{\sum x_1 f_1}{\sum f_1} - \frac{\sum x_0 f_1}{\sum f_1} \right)$$

总平均数的增长额＝结构的变动对总平均数的影响额＋组平均数的变动对总平均数的影响额

或令 $\overline{x_1} = \frac{\sum x_1 f_1}{\sum f_1}, \overline{x_0} = \frac{\sum x_0 f_0}{\sum f_0}, \overline{x_n} = \frac{\sum x_0 f_1}{\sum f_1}$

则可化简为：
$$\begin{cases} \dfrac{\overline{x_1}}{\overline{x_0}} = \dfrac{\overline{x_n}}{\overline{x_0}} \times \dfrac{\overline{x_1}}{\overline{x_n}} \\ \overline{x_1} - \overline{x_0} = (\overline{x_n} - \overline{x_0}) + (\overline{x_1} - \overline{x_n}) \end{cases} \quad \text{(公式 7-25)}$$

下面，举例说明平均指标指数因素分析方法的应用。

【例 7-9】 某工业企业的职工人数及工资资料如表 7-10 所示。

表 7-10　某工业企业的职工人数及工资资料计算表

工人组别	工人人数		平均工资		工资总额		
	f_0	f_1	x_0	x_1	$x_0 f_0$	$x_1 f_1$	$x_0 f_1$
甲	400	1000	1000	1150	400 000	1 150 000	1 000 000
乙	600	600	1200	1300	720 000	780 000	720 000
合计	1000	1600	—	—	1 120 000	1 930 000	1 720 000

资料栏　　　　　　　　　　　　　计算栏

试分析该企业职工总平均工资的变动及受各因素的影响。

1) 总平均工资变动

$$总平均工资指数 = \frac{\frac{\sum x_1 f_1}{\sum f_1}}{\frac{\sum x_0 f_0}{\sum f_0}} = \frac{\frac{1\ 930\ 000}{1600}}{\frac{1\ 120\ 000}{1000}} = \frac{1206.25}{1120} \times 100\% = 107.7\%$$

总平均工资增加的绝对额：

$$\frac{\sum x_1 f_1}{\sum f_1} - \frac{\sum x_0 f_0}{\sum f_0} = 1206.25 - 1120 = 86.25(元)$$

2) 由于职工人数结构变动对总平均工资的影响

$$结构影响指数 = \frac{\frac{\sum x_0 f_1}{\sum f_1}}{\frac{\sum x_0 f_0}{\sum f_0}} = \frac{\frac{1\ 720\ 000}{1600}}{\frac{1\ 120\ 000}{1000}} = \frac{1075}{1120} \times 100\% = 95.98\%$$

职工人数内部结构（比重）的变动，即工资水平较低的甲组工人数的比重从40%增加到62.5%，而工资水平较高的乙组工人数的比重从60%降到37.5%，从而影响该企业的总平均工资相对下降4.02%。其下降的绝对额为：

$$\frac{\sum x_0 f_1}{\sum f_1} - \frac{\sum x_0 f_0}{\sum f_0} = 1075 - 1120 = -45(元)$$

3) 由于组平均工资变动对总平均工资的影响

$$固定构成指数 = \frac{\frac{\sum x_1 f_1}{\sum f_1}}{\frac{\sum x_0 f_1}{\sum f_1}} = \frac{\frac{1\ 930\ 000}{1600}}{\frac{1\ 720\ 000}{1600}} = \frac{1206.25}{1075.0} = 112.2\%$$

组平均工资的增长使总平均工资增加的绝对额：

$$\frac{\sum x_1 f_1}{\sum f_1} - \frac{\sum x_0 f_1}{\sum f_1} = 1206.25 - 1075.0 = 131.25(元)$$

4) 三个指数之间的联系

相对数：　　　　　　　　　107.7% = 95.98% × 112.2%
绝对数：　　　　　　　　　86.25元 = -45元 + 131.25元

以上计算结果表明：该企业职工总的平均工资上升7.7%，增加绝对额是86.25元。其中，由于工人内部结构发生变动使总平均工资下降4.02%，其下降的绝对额为45元；由于组平均工资上升12.2%使总平均工资增加131.25元。从分析中可以看出，该企业总平均工资的上升，主要是由于组平均工资上升而导致的。

请思考

"某企业报告期平均工资比基期下降，而各组工人平均工资比基期上升，原因是工人人数变动的影响"，这种分析对吗？为什么？

3. 平均指标指数与平均指数的异同
1) 两个指数的不同之处
(1) 两个指数的内容不同。

平均指数是以个体指数为变量值，采用一定的权数，对个体指数进行加权平均而得到的总指数，它是编制总指数的一种方法。因此，平均指数既可以用来反映数量指标的总变动，编制数量指标总指数，如反映不同产品产量的总变动，可编制产品产量总指数，反映不同商品销售量的总变动，可编制商品销售量总指数；又可以用来反映质量指标的总变动，编制质量指标总指数，如反映不同产品单位成本的总变动，可编制单位成本总指数，反映不同产品价格的总变动，可编制价格总指数。平均指标指数是反映平均指标变动的指数,具体地说,平均指标指数是用来分析研究某一具体现象平均指标的变动及其受各个因素变动影响的指数。它只能用来反映质量指标中平均指标的变动,如反映某企业职工平均工资的变动,可编制平均工资指数,反映同一产品的平均单位成本的变动,可编制平均单位成本指数。

(2) 两个指数的计算形式不同。

平均指数的计算形式是先将个别现象报告期数值与基期数值对比以求得个体指数,然后运用一定的资料作为权数对个体指数进行加权平均(算术平均或调和平均),简言之,先对比后平均。平均指标指数是某种现象两个不同时期平均指标对比的结果,即先计算平均指标,再对两个平均指标进行对比,简言之,先平均后对比。

2) 两个指数的相同之处

(1) 它们都属于总指数的范畴,都是用来反映社会经济现象总体数量变动的,而不是反映个体数量变动的。对于平均指数是总指数已无须多论,对于平均指标指数是总指数,是因为任何一个平均指标都是反映社会经济现象总体的,而不是反映个体的,如平均工资是反映所有职工的工资数量特征的。因此反映平均指标变动及其受各个因素变动影响的平均指标指数当然是反映社会经济现象总体数量变动的总指数。

(2) 都和综合指数发生着联系。在特定的权数下,平均指数是综合指数的变形。平均指标指数编制的依据是综合指数法确定同度量因素的理论。在分析平均指标的变动时,只反映 f 的变动对总平均指标 $\bar{x}$ 的影响,把影响因素 x 固定在基期上;只反映 x 的变动对总平均指标 $\bar{x}$ 的影响,把影响因素 f 固定在报告期上。这与综合指数中编制数量指标指数把同度量因素固定在基期的质量指标上,编制质量指标指数把同质量因素固定在报告期的数量指标上是完全一致的。

第五节　统计指数的应用

指数作为一种重要的经济分析指标和方法,在实践中获得了广泛的应用。但在不同场合,往往需要运用不同的指数形式。一般而言,选择指数形式的主要标准应该是指数的经济分析意义,除此而外,有时还要求考虑实际编制工作的可行性,以及对指数分析性质的某些特殊要求。现以国内外常见的主要经济指数为例,对指数方法的具体应用加以介绍。

一、工业生产指数

工业生产指数概括反映一个国家或地区各种工业产品产量的综合变动程度,它是衡量经济增长水平的重要指标之一。世界各国都非常重视工业生产指数的编制,但采用的编制方法却不完全相同。

在我国,工业生产指数是通过计算各种工业产品的不变价格产值来加以编制的。其基本编制过程是:首先,对各种工业产品分别制定相应的不变价格标准(记为 p_c);然后,逐项计算各种产品的不变价格产值,加总起来就得到全部工业产品的不变价格总值;最后,将不同时期的不变价格总值加以对比,就得到相应时期的工业生产指数。

记 t 时期的不变价格总产值为 $\sum q_t p_c (t=1,2,\cdots)$,则该时期的工业生产指数就是固定加权综合指数的形式:

$$I_q = \frac{\sum q_1 p_c}{\sum q_0 p_c} \quad \text{或} \quad I_q = \frac{\sum q_t p_c}{\sum q_{t-1} p_c} \qquad \text{(公式 7-26)}$$

采用不变价格法编制工业生产指数的特点是,只要具备了完整的不变价格产值资料,就能够很容易地计算出有关的生产指数;而且可以在不同层次上(如各地区、各部门、各企业等)进行编制,满足各方面的分析需要。

然而,不变价格的制定和不变价格产值的计算本身却是一项非常浩繁的工作,这项工作又必须连续不断地、全面地展开,其难度可想而知。尤其是在市场经济条件下,要在整个工业生产领域内运用不变价格计算完整的产值资料,面临着很多实际的问题。因此,我国工业生产指数编制方法的改革势在必行。

与我国的情况不同,在国外,较为普遍地采用平均指数形式来编制工业生产指数。计算公式为:

$$I_q = \frac{\sum k_q q_0 p_0}{\sum q_0 p_0}$$ （公式 7-27）

式中:k_q 为各种工业品的个体产量指数,$q_0 p_0$ 则为相应产品的基期增加值。

编制这种工业生产指数的目的是说明工业增加值中物量因素的综合变动程度,其分析意义与一般的工业总产量指数是有所不同的。

在实践中,为了简化指数的编制工作,常常以各种工业品的增加值比重作为权数,并且将这种比重权数相对固定起来,连续地编制各个时期的工业生产指数:

$$I_q = \frac{\sum k_q W}{\sum W}$$ （公式 7-28）

这里运用了"固定加权平均指数"。

二、消费价格指数

消费价格指数(consumer price index)是世界各国普遍编制的一种指数,但不同国家对这一指数赋予的名称又有不同。我国称之为居民消费价格指数。

居民消费价格指数是反映一定时期内城乡居民所购买的生活消费价格和服务项目价格的变动趋势和程度的一种相对数。通过这一指数,可以观察消费价格的变动水平及对消费者货币支出的影响,研究实际收入和实际消费水平的变动状况。通过城镇居民消费价格指数,可以分析生活消费品和服务项目价格变动对职工货币工资的影响,为研究职工生活和制定工资政策提供依据。

居民消费价格指数可就城乡分别编制城市居民消费价格指数和农村居民消费价格指数,也可就全社会编制全国居民消费价格总指数。城市居民消费价格指数是反映城市职工及其家庭所购买的生活消费品和服务项目价格变动趋势和程度的相对数,其编制过程与零售价格指数类似,但内容有所不同。消费价格指数包括消费品价格和服务项目价格两个部分。编制该指数时,首先要对消费品和服务项目进行分类,并选择消费品和服务项目的代表。目前的居民消费价格指数分为食品类、衣着类、家庭设备及用品类、医疗保健用品类、交通和通信工具类、娱乐教育文化用品类、居住类、服务项目类等。其中服务项目分为房租、水电费、交通费、邮电费、医疗保健费、学杂保育费、文娱费、修理费及其他服务费等八大类。指数中的权数原则上应采用居民消费支出的构成资料,但由于数据来源的限制,目前仍根据社会商品零售额和服务行业的营业额来确定。最后,分别求出消费品价格指数和服务价格指数,并将二者进行加权平均汇总。其计算公式为:

$$I_p = \frac{\sum kW}{\sum W} \quad \text{(公式 7-29)}$$

式中:k 为类指数,W 为权数,分别为消费品零售额和服务项目营业额占二者总和的比重。

居民消费价格指数除了能反映城乡居民所购买的生活消费品和服务项目价格的变动趋势和程度外,还有以下几个方面的作用:

(1) 反映通货膨胀状况。通货膨胀的严重程度是用通货膨胀率来反映的,它说明了一定时期内商品价格持续上升的幅度。通货膨胀率一般以居民消费价格指数来表示,其计算公式为:

$$通货膨胀率 = \frac{报告期居民消费价格指数 - 基期居民消费价格指数}{基期居民消费价格指数} \times 100\%$$

(公式 7-30)

(2) 反映货币购买力变动。货币购买力是指单位货币能够购买到的消费品和服务的数量。居民消费价格指数上涨,货币购买力则下降,反之则上升,因此,居民消费价格指数的倒数就是货币购买力指数,计算公式为:

$$货币购买力指数 = \frac{1}{居民消费价格指数} \times 100\% \quad \text{(公式 7-31)}$$

(3) 反映对职工实际工资的影响。消费价格指数的提高意味着实际工资的减少,消费价格指数下降则意味着实际工资的提高。因此,利用消费价格指数可以将名义工资转化为实际工资。计算公式为:

$$实际工资 = \frac{名义工资}{消费价格指数} \quad \text{(公式 7-32)}$$

三、股票价格指数

股票在最初发行时,通常是按面值出售的。股票面值是指股票票面上所标明的金额。但股票在证券市场上交易时,就出现了与面值不一致的市场价格。股票价格一般是指股票在证券市场上交易时的市场价格。股票价格是一个时点值,有开盘价、收盘价、最高价、最低价等,但通常以收盘价作为该种股票当天的价格。股票价格受多种因素的影响,但正常情况下通常与两个直接因素相关:一是预期股息,二是银行存款利息率。股票价格与预期股息成正比,与存款利息率成反比。因此,股票价格的形成可以用下列公式表示:

$$股票价格 = \frac{票面价值 \times 预期股息}{存款利息率} \quad \text{(公式 7-33)}$$

股票市场上每时每刻都有多种股票进行交易,且价格各异,有跌有涨。用某一种股票的价格显然不能反映整个股票市场的价格变动,这就需要计算股价平均数和股票价格指数。

(一) 股价平均数

股价平均数是股票市场上多种股票在某一时点上的算术平均值,一般以收盘价来计算。计算公式为:

$$股价平均数 = \frac{1}{n} \sum_{i=1}^{n} p_i \quad \text{(公式 7-34)}$$

式中:p_i 为第 i 种股票的收盘价,n 为样本股票数。

因股票市场上股票交易品种繁多,股价平均数(股票价格指数也是一样)只能就样本股票来计算。但所选择的样本股票必须具有代表性和敏感性。代表性是指在种类繁多的股票中,既要选择不同行业的股票,又要选择能代表该行业股价变动趋势的股票;敏感性是指样本股票价格的变动能敏感地反映出整个股市价格的升降变化趋势。

(二)股票价格指数

股票价格指数(stock price index)是反映某一股票市场上多种股票价格变动趋势的一种相对数,简称股价指数,其单位一般以"点"(point)表示,即将基期指数作为100,每上升或下降一个单位称为"1点"。

股票价格指数的计算方法很多,但一般以发行量为权数进行加权综合。计算公式为:

$$I_p = \frac{\sum p_{1i}q_i}{\sum p_{0i}q_i}$$ （公式7-35）

式中:p_{1i}为第i种样本股票报告期价格;p_{0i}为第i种样本股票基期价格;q_i为第i种股票的发行量,可以确定为基期,也可以确定为报告期,但大多数股价指数是以报告期发行量为权数计算的。

【例7-10】 设有三种股票的价格和发行量资料如表7-11所示,试计算股票价格指数。

表7-11 三种股票的价格和发行量资料

股票名称	机器价格/元	本月收盘价/元	报告期发行量/万股
A	25	26.5	3500
B	8	7.8	8000
C	12	12.6	4500

根据表7-11资料得股价指数为:

$$I_p = \frac{\sum p_{1i}q_i}{\sum p_{0i}q_i} = \frac{26.5 \times 3500 + 7.8 \times 8000 + 12.6 \times 4500}{25 \times 3500 + 8 \times 8000 + 12 \times 4500} = 103.09\%$$

即股价指数上涨了3.09%。

目前,世界各国的主要证券交易所都有自己的股票价格指数,比如,美国的道琼斯股票价格指数和标准普尔股票价格指数、伦敦金融时报指数、法兰克福DAX指数、巴黎CAC指数、瑞士的苏黎世SMI指数、日本的日经指数、香港的恒生指数等。我国上海和深圳的两个证券交易所也编制了自己的股票价格指数,如上交所的综合指数和30指数、深交所的成分股指数和综合指数等。

四、农副产品收购价格指数

农副产品收购价格指数旨在反映各种农副产品收购价格的综合变动程度,由此可以考察收购价格变化对农业生产者收入和商业部门支出的影响。

我国的农副产品收购价格指数的编制方法是,从十一类农副产品中选择276种主要产品,以它们各自的报告期收购额作为权数,加权调和平均得到各类别的农副产品收购价格指数和农副产品收购价格总指数,公式为:

$$I_p = \frac{\sum p_1 q_1}{\sum \frac{1}{k_p} p_1 q_1}$$ （公式7-36）

式中,k_p为入编指数的各种农副产品的个体价格指数。

采用加权调和平均法的原因在于,农副产品的收购季节性强,时间比较集中,产品品种相对较少,在期末能够较迅速地取得各种农副产品收购额和代表规格品的价格资料。

五、产品成本指数

产品成本指数概括反映生产各种产品的单位成本水平的综合变动程度,它是企业或部门内部进行成本管理的一个有用工具。记各种产品的产量为 q,单位成本为 p,则全部可比产品(即基期实际生产过且计算期仍在生产的产品)的综合成本指数通常采用派氏指数来编制:

$$I_p = \frac{\sum p_1 q_1}{\sum p_0 q_1}$$ （公式 7-37）

该指数的分子与分母之差可以表示,由于单位成本水平的降低(或提高),计算期所生产的那些产品的成本总额节约(或超支)了多少。

类似地,在对成本水平实施计划管理的场合,还可以编制相应的成本计划完成情况指数,用以检查有关成本计划的执行情况。其编制方法可以采用派氏公式:

$$I_p = \frac{\sum p_1 q_1}{\sum p_n q_1}$$ （公式 7-38）

式中,p_n 为计划规定的单位成本水平。

该分子与分母之差,可以说明计划执行过程中所节约或超支的成本总额。

不过,在同时制订了产量计划的条件下,则应该采用拉氏公式编制成本计划完成情况指数:

$$I_p = \frac{\sum p_1 q_n}{\sum p_n q_n}$$ （公式 7-39）

式中,q_n 为计划规定的产量水平。

该指数可以在兼顾产量计划的前提下来检查成本计划执行情况,即避免了由于片面追求完成成本计划而破坏产量计划。但在企业按照市场需求组织生产,没有制订产量计划,或不要求恪守产量计划指标的情况下,上面的拉氏指数就失效了。

▶ 实验操作

统计指数与因素分析

一、实验目的和要求

通过本项目实训训练,使学生掌握应用统计软件(Excel)操作手段,具备进行指数体系计算与因素分析的能力。

二、实验仪器、设备和材料

个人电脑(人/台)、Excel 软件。

三、实验过程

(一)用 Excel 计算总指数

【例 7-11】 图中是某企业甲、乙、丙三种产品的生产情况,以基期价格 p 作为同度量因素,计算生产量指数(见图 7-4)。

计算步骤。

第一步:计算各个 $p_0 q_0$。在 G2 中输入"＝C2＊D2",并用鼠标拖曳将公式复制到 G2:G4 区域。

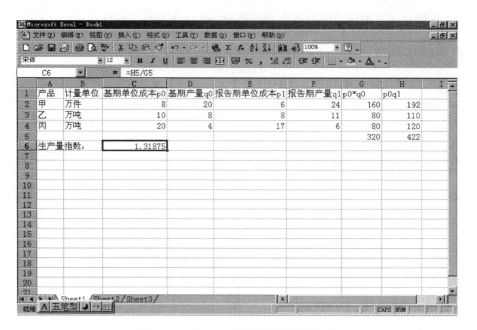

图 7-4 用 Excel 计算总指数资料及结果

第二步:计算各个 p_0q_1。在 H2 中输入"=C2*F2",并用鼠标拖曳将公式复制到 H2:H4 区域。

第三步:计算 $\sum p_0q_0$ 和 $\sum p_0q_1$。选定 G2:G4 区域,单击工具栏上的"$\sum$"按钮,在 G5 出现该列的求和值。选定 H2:H4 区域,单击工具栏上的"$\sum$"按钮,在 H5 出现该列的求和值。

第四步:计算生产量综合指数 $I_q = \sum p_0q_1 / \sum p_0q_0$。在 C6 中输入"=H5/G5"便可得到生产量综合指数。

注意:在输入公式的时候,不要忘记等号,否则就不会出现数值。

(二)用 Excel 计算平均指数

现以生产量平均指数为例,说明加权算术平均指数的计算方法。

【例 7-12】 图 7-5 中的 A1:A4 区域内是某企业生产情况的统计资料,试以基期总成本为同度量因素,计算生产量平均指数。

计算步骤。

第一步:计算个体指数 $k = q_1/q_0$。在 F2 中输入"=D2/C2",并用鼠标拖曳将公式复制到 F2:F4 区域。

第二步:计算 kp_0q_0 并求和。在 G2 中输入"=F2*E2",并用鼠标拖曳将公式复制到 G2:G4 区域。选定 G2:G4 区域,单击工具栏上的"$\sum$"按钮,在 G5 列出现该列的求和值。

第三步:计算生产量平均指数。在 C7 中输入"=G5/E5"即得到所求的值。

(三)用 Excel 进行因素分析

【例 7-13】 我们还用上面的例子,有关资料如图 7-6 所示。

进行因素分析的计算步骤如下。

第一步:计算各个 p_0q_0 和 $\sum p_0q_0$。在 G2 中输入"C2*D2",并用鼠标拖曳将公式复制到 G2:G4 区域。选定 G2:G4 区域,单击工具栏上的"$\sum$"按钮,在 G5 出现该列的求和值。

	A	B	C	D	E	F	G
1	产品	计量单位	基期生产量q0	报告期生产量q1	基期总成本p0q0	k=q1/q0	k*p0*q0
2	甲	万件	20	24	160	1.2	192
3	乙	万吨	8	11	80	1.375	110
4	丙	万吨	4	6	80	1.5	120
5					320		422
6							
7	生产量平均指数：		1.31875				

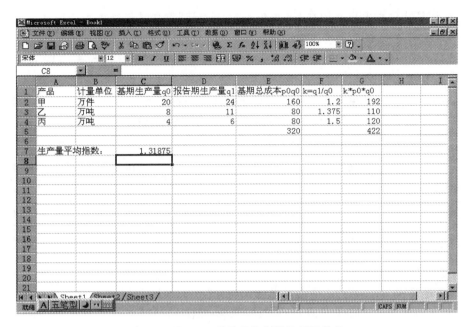

图 7-5　用 Excel 计算平均指数资料及结果

	A	B	C	D	E	F	G	H	I
1	产品	计量单位	基期单位成本p0	基期产量q0	报告期单位成本p1	报告期产量q1	p0*q0	p0*q1	p1*q1
2	甲	万件	8	20	6	24	160	192	144
3	乙	万吨	10	8	8	11	80	110	88
4	丙	万吨	20	4	17	6	80	120	102
5							320	422	334
6	总成本指数：		1.04375						
7	产量指数		1.31875						
8	单位成本指标：		0.791469194						

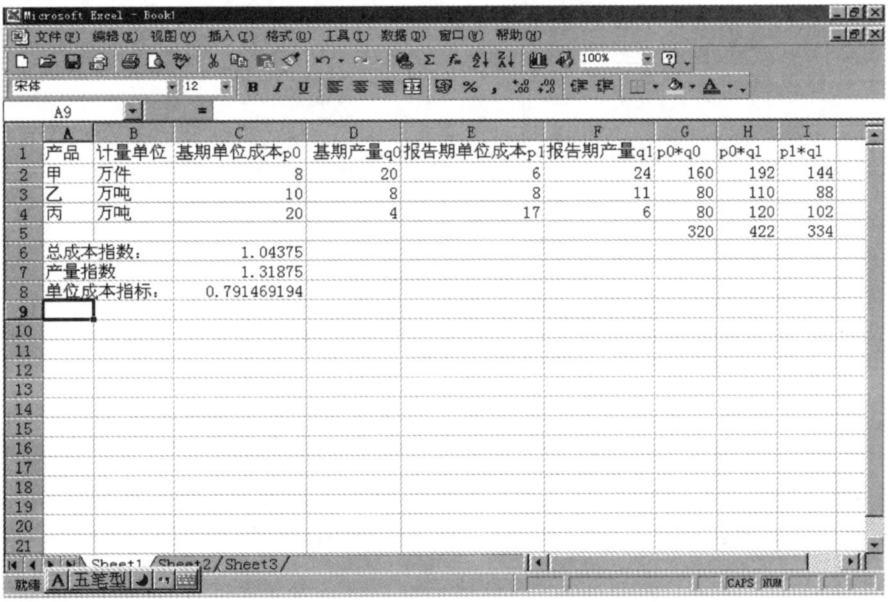

图 7-6　用 Excel 进行因素分析资料及结果

第二步：计算各个 p_0q_1 和 $\sum p_0q_1$ 。在 H2 中输入“＝C2＊F2”，并用鼠标拖曳将公式复制到 H2:H4 区域。选定 H2:H6 区域，单击工具栏上的“∑”按钮，在 H5 出现该列的求和值。

第三步：计算各个 p_1q_1 和 $\sum p_1q_1$ 。在 I2 中输入“＝E2＊F2”，并用鼠标拖曳将公式复制到 I2:I4 区域。选定 I2:I4 区域，单击工具栏上的“∑”按钮，在 I5 出现该列的求和值。

第四步：计算总成本指数。在 C6 中输入“＝I5/G5”，即求得总成本指数。

第五步：计算产量指数。在 C7 中输入“＝H5/G5”，即得产量指数。

第六步:计算单位成本指数。在 C8 中输入"=I5/H5"即求得单位成本指数。

(四)用 Excel 进行加权指数计算和指数体系分析

【例 7-14】 一个家庭 2016 年和 2017 年春节期间的肉类消费情况如表 7-12 所示。表中还列出了同期肉类的市场平均价格。试根据表中的数据分析:这个家庭用于肉类消费的支出 2017 年比 2016 年增加多少? 其中多少是由于消费数量的变化引起的? 多少是由于价格变动引起的?

表 7-12　一个家庭春节期间的肉类消费情况

	价格/(元/公斤)		数量/公斤	
	2016 年	2017 年	2016 年	2017 年
猪肉	13.57	14.33	6	8
牛肉	16.94	18.28	3	3
羊肉	17.05	18.75	5	6
鸡肉	10.33	11.51	3	5

计算过程参见图 7-7。在 F3 单元格中输入公式"=B3*D3",并把公式复制到 F4:F6,在单元格 F7 中输入公式"=SUM(F3:F6)",可以计算出 2016 年的总支出。用类似的方法在单元格 G7 中计算 $p_0 q_1$ 的合计值,在单元格 H7 中计算 2017 年的总支出。

	A	B	C	D	E	F	G	H
1		价格(元/公斤)		数量(公斤)				
2		2016	2017	2016	2017	p0q0	p0q1	p1q1
3	猪肉	13.57	14.33	6	8	81.42	108.56	114.64
4	牛肉	16.94	18.28	3	3	50.82	50.82	54.84
5	羊肉	17.05	18.75	5	6	85.25	102.3	112.5
6	鸡肉	10.33	11.51	3	5	30.99	51.65	57.55
7					合计	248.48	313.33	339.53
8						136.6428	126.0987	108.3618
9						91.05	64.85	26.2

图 7-7　加权指数的计算过程

在 F8 单元格中输入公式"=H7/F7*100",在 F9 单元格中输入公式"=H7-F7",可以得到 2016—2017 年消费支出变动的相对数和绝对数;在 G8 单元格中输入公式"=G7/F7*100"可以得到消费数量的加权指数(拉氏指数),在 F9 单元格中输入公式"=G7-F7"可以得到消费数量变化引起的消费额变动绝对数;在 H8 单元格中输入公式"=H7/G7*100"可以得到加权价格指数(派氏指数),在 F9 单元格中输入公式"=H7-G7",可以得到价格变化引起的消费额变动绝对数。

相应的计算结果为:136.64%=126.10%×108.36;91.05 元=64.85 元+26.20 元。总支出增加了 36.64%,91.05 元,其中由于消费数量增加了 26.1% 增加支出 64.85 元,由于价格上涨 8.36% 增加支出 26.20 元。

本章小结

本章主要阐述了两个大问题:一是总指数的编制方法,即综合指数法和平均指数法;二是指数因素分析法。

统计指数简称指数,有广义和狭义两种含义。广义指数是指同类社会经济现象数量对比的相对数。狭义指数是指用来说明不能直接相加、对比的复杂社会经济现象总体数量变动的特殊相对数。按指数说明对象的范围不同分,有个体指数、组(类)指数和总指数;按指数说明对象的特征不同分,有数量指标指数和质量指标指数。指数具有反映现象变动的方向和程度、进行因素分析和现象变动趋势分析等重要作用。

综合指数是在两个综合的总量指标对比过程中,将其中一个或一个以上因素指标加以固定,以观察某一因素指标的变动情况,被固定的因素指标称为同度量因素,要反映的因素指标称为指数化因素。同度量因素是指使不能直接相加的现象转化为能够直接相加现象的媒介因素,它具有媒介作用和权数作用;指数化因素是指数所要研究的对象。综合指数是编制总指数的基本形式。

综合指数确定同度量因素的一般原则是:编制数量指标综合指数时,一般以基期的质量指标为同度量因素;编制质量指标综合指数时,一般以报告期的数量指标为同度量因素。

平均指数是以个体指数为基础(变量值),利用一定的权数采用加权平均数形式而编制的总指数。利用平均指数编制总指数首先是计算个体指数,其次是确定权数,最后是选择加权平均的形式。

由三个或三个以上具有内在联系即经济上有联系,在数量上保持一定对等关系的指数组成的整体就叫作指数体系。总变动指数等于各因素指数的连乘积,总变动指数分子与分母的差等于各因素指数分子与分母差的和。与综合指数具有变形关系的加权算术平均指数和加权调和平均指数及平均指标指数也具有这种数量关系。

利用指数体系从数量上分析复杂现象的总变动及其受各个因素变动影响的方向、程度和绝对效果的统计分析方法称为指数因素分析法。指数因素分析法的依据是指数体系。指数因素分析的重点现象是总量指标的两因素分析和平均指标的两因素分析。常用的综合指数和加权平均指数公式表及指数体系公式表如表 7-13 和表 7-14 所示。

表 7-13 常用的综合指数和加权平均指数公式表

指数名称	指数化因素	个体指数	综合指数		加权平均指数	
			同度量因素	公式	权数	公式
产品产量指数	q	$k_q = \dfrac{q_1}{q_0}$	p_0	$\bar{k}_q = \dfrac{\sum q_1 p_0}{\sum q_0 p_0}$	$q_0 p_0$	$\bar{k}_q = \dfrac{\sum k_q q_0 p_0}{\sum q_0 p_0}$
商品销售量指数	q	$k_q = \dfrac{q_1}{q_0}$	p_0	$\bar{k}_q = \dfrac{\sum q_1 p_0}{\sum q_0 p_0}$	$q_0 p_0$	$\bar{k}_q = \dfrac{\sum k_q q_0 p_0}{\sum q_0 p_0}$
物价指数	p	$k_p = \dfrac{p_1}{p_0}$	q_1	$\bar{k}_p = \dfrac{\sum q_1 p_1}{\sum q_1 p_0}$	$q_1 p_1$	$\bar{k}_p = \dfrac{\sum q_1 p_1}{\sum \dfrac{1}{k_p} q_1 p_1}$
单位成本指数	z	$k_z = \dfrac{z_1}{z_0}$	q_1	$\bar{k}_z = \dfrac{\sum q_1 z_1}{\sum q_1 z_0}$	$q_1 z_1$	$\bar{k}_z = \dfrac{\sum q_1 z_1}{\sum \dfrac{1}{k_z} q_1 z_1}$

表 7-14 指数体系公式表

指数名称	指数体系形式	指数体系公式
综合指数	相对数	$\dfrac{\sum q_1 p_1}{\sum q_0 p_0} = \dfrac{\sum q_1 p_0}{\sum q_0 p_0} \times \dfrac{\sum q_1 p_1}{\sum q_1 p_0}$
综合指数	绝对数	$\sum q_1 p_1 - \sum q_0 p_0 = \left(\sum q_1 p_0 - \sum q_0 p_0\right) + \left(\sum q_1 p_1 - \sum q_1 p_0\right)$
加权平均指数	相对数	$\dfrac{\sum q_1 p_1}{\sum q_0 p_0} = \dfrac{\sum k_q q_0 p_0}{\sum q_0 p_0} \times \dfrac{\sum q_1 p_1}{\sum \dfrac{1}{k_p} q_1 p_1}$
加权平均指数	绝对数	$\sum q_1 p_1 - \sum q_0 p_0 = \left(\sum k_q q_0 p_0 - \sum q_0 p_0\right) + \left(\sum q_1 p_1 - \sum \dfrac{1}{k_p} q_1 p_1\right)$
平均指标指数	相对数	$\dfrac{\sum x_1 f_1}{\sum f_1} : \dfrac{\sum x_0 f_0}{\sum f_0} = \left[\dfrac{\sum x_0 f_1}{\sum f_1} : \dfrac{\sum x_0 f_0}{\sum f_0}\right] \times \left[\dfrac{\sum x_1 f_1}{\sum f_1} : \dfrac{\sum x_0 f_1}{\sum f_1}\right]$
平均指标指数	绝对数	$\dfrac{\sum x_1 f_1}{\sum f_1} - \dfrac{\sum x_0 f_0}{\sum f_0} = \left[\dfrac{\sum x_0 f_1}{\sum f_1} - \dfrac{\sum x_0 f_0}{\sum f_0}\right] + \left[\dfrac{\sum x_1 f_1}{\sum f_1} - \dfrac{\sum x_0 f_1}{\sum f_1}\right]$

思考与能力训练

一、单选题

1. 统计指数按其说明的对象范围不同,分为(　　)
   A. 个体指数和总指数　　　　　　　B. 数量指标指数和质量指标指数
   C. 简单指数和加权指数　　　　　　D. 综合指数和平均指数

2. 以下哪个是质量指标指数(　　)
   A. 销售额指数　　B. 销售量指数　　C. 销售价格指数　　D. 工人人数指数

3. 编制综合指数的一个重要问题是(　　)
   A. 选择基期问题　　　　　　　　　B. 选择报告期问题
   C. 选择同度量因素问题　　　　　　D. 选择计算单位问题

4. 编制价格指数时,一般选择(　　)作为同度量因素
   A. 基期价格　　B. 报告期价格　　C. 基期销售量　　D. 报告期销售量

5. 编制销售量指数时,一般选择(　　)作为同度量因素
   A. 基期销售量　　B. 报告期销售量　　C. 基期价格　　D. 报告期价格

6. 若销售量增长 5%,销售价格增长 2%,则商品销售额增长(　　)
   A. 7%　　B. 7.1%　　C. 10%　　D. 2.1%

7. 某市 2001 年社会商品零售额为 12 000 万元,2002 年增加到 15 600 万元,零售物价指数提高了 4%,则销售量指数为(　　)

A. 130%　　　　　B. 125%　　　　　C. 126%　　　　　D. 26%

8. 某厂生产成本今年比去年增长50%，产量增长了25%，则单位成本增长（　）
A. 25%　　　　　B. 2%　　　　　C. 75%　　　　　D. 20%

9. 销售价格综合指数 $\left[\dfrac{\sum q_1 p_1}{\sum q_1 p_0}\right]$ 表示（　）
A. 综合反映多种商品销售量变动程度　　B. 报告期销售的商品，其价格综合变动程度
C. 综合反映多种商品销售额变动程度　　D. 基期销售的商品，其价格综合变动程度

10. 在销售量综合指数 $\dfrac{\sum q_1 p_0}{\sum q_0 p_0}$ 中，$\sum q_1 p_0 - \sum q_0 p_0$ 表示（　）
A. 商品价格变动引起销售额变动的绝对额
B. 价格不变的情况下，销售量变动引起销售额变动的绝对额
C. 价格不变的情况下，销售量变动的绝对额
D. 销售量和价格变动引起销售额变动的绝对额

11. 编制质量指标综合指数的一般原则是采用_____作为同度量因素。（　）
A. 报告期的质量指标　　　　　B. 基期的质量指标
C. 报告期的数量指标　　　　　D. 基期的数量指标

12. 统计指数是表明社会经济现象综合变动的（　）
A. 绝对数　　　　B. 相对数　　　　C. 时期数　　　　D. 平均数

13. 若 q 为销售量，p 为价格，则 $\sum p_0 q_1 - \sum p_0 q_0$ 的意义是（　）
A. 由于物价变动而增减的销售量　　　　B. 由于销售额本身变动而增减的绝对额
C. 由于销售量变动而增减的销售额　　　　D. 由于物价变动而增减的销售额

14. （　）是商品流转额总指数
A. $\dfrac{\sum p_1 q_0}{\sum p_0 q_0}$　　　B. $\dfrac{\sum p_0 q_1}{\sum p_1 q_0}$　　　C. $\dfrac{\sum p_1 q_1}{\sum p_0 q_0}$　　　D. $\dfrac{\sum p_1 q_1}{\sum p_0 q_1}$

15. 某地区生活品零售价格上涨6%，生活品销售量增长8%，那么生活品销售额是（　）
A. 下降114.48%　　B. 下降14.48%　　C. 增长114.48%　　D. 增长14.48%

16. 统计指数划分为个体指数和总指数的依据是（　）
A. 反映的对象范围不同　　　　B. 指标性质不同
C. 采用的基期不同　　　　　　D. 编制指数的方法不同

17. 数量指标指数和质量指标指数的划分依据是（　）
A. 指数化指标的性质不同　　　　B. 所反映的对象范围不同
C. 所比较的现象特征不同　　　　D. 编制指数的方法不同

18. 编制总指数的两种形式是（　）
A. 数量指标指数和质量指标指数　　　　B. 综合指数和平均数指数
C. 算术平均数指数和调和平均数指数　　D. 定基指数和环比指数

19. 若产品产量增加，生产费用不变，则单位产品成本指数（　）
A. 上升　　　　B. 下降　　　　C. 不变　　　　D. 不确定

20. 下列现象中具有狭义相关系数的现象是（　）

A. 定期存款的利率与利息　　　　　　　　B. 某种商品的销售额与销售价格
C. 居民收入与商品销售额　　　　　　　　D. 电视机产量与粮食产量

二、多选题

1. 统计指数按其所表明的经济指标性质不同可分为(　　)
   A. 简单指数　　　　　　　B. 加权指数　　　　　　　C. 个体指数
   D. 数量指标指数　　　　　E. 质量指标指数

2. 下列指数中属于质量指标指数的有(　　)
   A. 商品销售量指数　　　　B. 产品成本指数　　　　　C. 物价指数
   D. 产量指数　　　　　　　E. 职工人数指数

3. 下列指数中属于数量指标指数的有(　　)
   A. 产品产量指数　　　　　B. 销售量指数　　　　　　C. 职工人数指数
   D. 单位成本指数　　　　　E. 物价指数

4. 编制总指数的方法有(　　)
   A. 综合指数　　　　　　　B. 平均指数　　　　　　　C. 质量指标指数
   D. 数量指标指数　　　　　E. 平均指标指数

5. 编制综合法指数时,同度量因素的作用有(　　)
   A. 平衡作用　　B. 同度量作用　　C. 权数作用　　D. 平均作用　　E. 比较作用

6. 某商业企业今年与去年相比,各种商品的价格总指数为117.5%,这一结果说明(　　)
   A. 商品零售价格平均上涨17.5%　　　　　B. 商品零售额上涨17.5%
   C. 由于价格提高使零售额增长17.5%　　　D. 由于价格提高使零售额减少17.5%
   E. 商品零售额增长17.5%

7. 指数的作用有(　　)
   A. 综合反映现象总体的变动方向和程度
   B. 分析现象总体变动中各个因素的影响方向和影响程度
   C. 利用指数数列分析现象发展变化趋势
   D. 建立回归方程进行预测
   E. 利用相关系数测定现象之间相关的程度

8. 编制综合指数的一般原则是(　　)
   A. 编制数量指数时,把作为同度量因素的质量指标固定在基期
   B. 编制质量指数时,把作为同度量因素的数量指标固定在基期
   C. 编制数量指数时,把作为同度量因素的质量指标固定在报告期
   D. 编制质量指数时,把作为同度量因素的数量指标固定在报告期
   E. 数量指数和质量指数都把同度量因素固定在报告期

9. 平均指标指数包括(　　)
   A. 可变构成指数　　　　　　　　　　　　B. 固定构成指数
   C. 加权算术平均式指数　　　　　　　　　D. 结构影响指数
   E. 加权调和平均式指数

10. 作为综合指数变形的平均式指数应用的一般规则是(　　)
    A. 计算数量指标指数,应采用以基期总量指标($q_0 p_0$)为权数的加权算术平均式指数
    B. 计算数量指标指数,应采用以报告期总量指标($q_1 p_1$)为权数的加权算术平均式指数

C. 计算质量指标指数,应采用以报告期总量指标($q_1 p_1$)为权数的加权调和平均式指数

D. 计算质量指标指数,应采用以报告期总量指标($q_1 p_1$)为权数的加权算术平均式指数

E. 计算数量指标指数,应采用以基期总量指标($q_0 p_0$)为权数的加权调和平均式指数

三、判断题

1. 与去年相比,同样的人民币只能购买 90% 的商品,则物价指数上涨幅度为 10%。( )
2. 平均数指数是指两个平均指标相比后形成的统计指数。( )
3. 编制数量指标指数时,一般选取与之对应的质量指标作为同度量因素。( )
4. 如果没有特殊说明,编制数量指标指数时一般使用派氏公式。( )
5. 在编制单位成本指数时,一般以基期的产量作为同度量因素较合适。( )
6. 因素分析内容包括相对数和平均数分析。( )
7. 某商店今年比去年销售量增长 12%,价格下降了 12%,则销售额指数为 100%。( )
8. 某居民两年中,每年都用 100 元购买某商品,而第二年购回的该商品数量却比第一年少了 20%,该商品的价格第二年比第一年上涨了 20%。( )
9. 编制价格指数时,一般用报告期销售量作为同度量因素。( )
10. 编制销售量指数时,一般用报告期价格作为同度量因素。( )
11. 职工平均工资下降了 15%,固定构成指数为 115%,则职工人数指数为 100%。( )
12. 某居民两年中,每年都用 100 元购买某商品,而第二年购回的该商品数量却比第一年多了 20%,该商品的价格第二年比第一年下降了 20%。( )
13. 派氏指数的同度量因素都固定在报告期。( )
14. 把构成固定下来,单纯反映各组水平变动的指数是结构影响指数。( )
15. 个体指数是反映个别现象数量变动的相对数。( )

四、简答题

1. 什么是统计指数(广义、狭义)?
2. 统计指数有何作用?
3. 简述统计指数的分类。
4. 什么是综合指数?
5. 什么是同度量因素?
6. 平均指数适用于什么情况?
7. 什么是指数体系,有何作用?
8. 以 q 表示销售量,p 表示销售价格,写出对销售额变动进行因素分析时所用的指数体系。
9. 写出对总平均粮食产量变动进行因素分析时所用的指数体系。

五、计算题

1. 已知某商业企业三种商品的价格和销售量资料如下:

商品名称	计量单位	价格/元		销售量	
		2021 年	2022 年	2021 年	2022 年
甲	双	25	28	5000	5500
乙	件	140	160	800	1000
丙	套	6	6	1000	600

计算:(1) 各种商品的价格个体指数和销售量个体指数。
(2) 销售量总指数及由于销售量变动而增减的销售额。
(3) 销售价格总指数及由于销售价格变动而增减的销售额。

2. 根据以下资料,试编制产品物量总指数。

产品名称	计量单位	工业总产值/万元		个体物量指数/(%)
		基期	报告期	
甲	双	1800	2000	110
乙	件	1500	1800	105
丙	套	800	1000	100

3. 某公司三种商品销售额及价格变动资料如下:

商品名称	计量单位	商品销售额/万元		价格变动率/(%)
		基期	报告期	
甲	双	500	650	2
乙	件	200	200	−5
丙	套	1000	1200	10

计算三种商品价格总指数和销售量总指数。

4. 某企业三种产品生产情况有关资料如下:

产品	计量单位	产品产量		单位成本/元	
		基期	报告期	基期	报告期
甲	件	100	140	10	8
乙	套	300	280	20	20
丙	台	700	800	12	10

要求:从产品产量和单位成本两个方面分析产量和单位成本变动对总生产成本的影响(因素分析)。

5. 某企业有关部门资料如下,试建立指数体系对总成本变动进行分析。

产品	计量单位	单位成本/元		产量	
		基期 p_0	报告期 p_1	基期 q_0	报告期 q_1
甲	台	180	170	2000	1800
乙	件	95	90	2500	4000
丙	套	120	100	1700	2000

6. 根据如下资料,计算三种商品的综合区域对比的价格指数。

商品	甲地区		乙地区	
	交易量/kg	价格/元	交易量/kg	价格/元
甲	300	40	200	50
乙	100	30	300	20
丙	30	25	35	25

7. 某企业有关部门资料如下：

产品	工业总产值/万元		产量增长速度/(%)
	基期	报告期	
甲	80	90	2
乙	200	180	−8
丙	300	330	4

(1) 求产量总指数，并分析其变化对总产值的影响。
(2) 求价格总指数，并分析其变化对总产值的影响。

8. 三种商品的销售资料如下：

商品	去年销售额/万元	今年比去年销售额增长率/(%)	今年比去年价格增长率/(%)
甲	250	4	5
乙	400	10	−2
丙	180	−5	8

(1) 求价格总指数，并分析其变化对销售额的影响。
(2) 求销售额总指数，并分析其变化对销售额的影响。

9. 某公司所属三个企业生产计划完成情况如下：

企业	职工人数/人		劳动生产率/(元/人)	
	计划	实际	计划	实际
甲	1000	1000	2000	2200
乙	1250	1150	1500	1500
丙	800	850	1600	1520

对平均劳动生产率计划完成情况进行指数分析。

10. 某企业生产某种产品的产量及原材料消耗资料如下：

车间	产量/万件		单耗/(kg/件)		原材料单价/(元/kg)	
	基期 a_0	报告期 a_1	基期 b_0	报告期 b_1	基期 c_0	报告期 c_1
一	85	90	21	19	8	9
二	80	90	22	19	8	9

对原材料支出额的变动进行因素分析。

六、实训题

结合第七章教学内容的学习,按照如下资料做有关计算。

商品名称	计量单位	商品价格/元		商品销售量	
		2020年	2021年	2020年	2021年
手套	双	22.0	19.8	120	120
玩具	个	11.0	11.0	220	240
日记本	本	4.0	3.8	110	131

要求:(1) 计算3种商品的销售总额指数;

(2) 计算3种商品的物价总指数;

(3) 计算3种商品的销售量总指数;

(4) 分析3种指数之间的经济关系(从绝对数和相对数两个方面进行分析)。

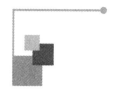

第八章 抽样分析

知识导览

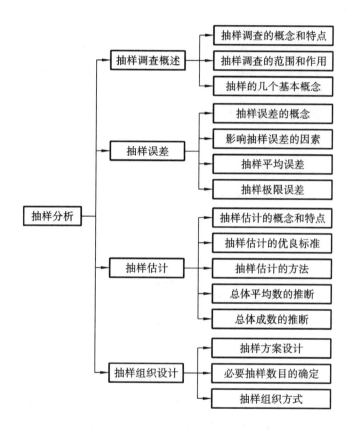

学习目标

(1) 专业知识目标：通过本章的学习，使学生认识并了解抽样推断的理论及各种抽样的组织形式和特点；理解抽样推断的基本概念、抽样推断的特点与作用；重点掌握抽样平均误差和抽样极限误差的计算方法、影响因素及其关系；重点掌握必要样本容量的计算及总体均值与样本成数的假设检验。

(2) 职业能力目标：通过本章的学习，学生要掌握抽样调查方法，熟悉抽样调查的实际操作技巧，学会利用抽样资料推断总体数量特征，并能结合实际资料进行抽样分析。

(3) 课程思政目标：通过本章的案例学习，学生能够认识到要努力学习，自己肩负历史使命，要坚定前进信念、立大志、明大德，成为中华民族面对困难勇敢向前的时代新人，为民族富强贡献自己的力量,引导学生形成正确的价值观和世界观;由于试验存在误差,因此要以积极的心态面对试验的失败,培养学生面对挫折的气度和格局,不气馁,不焦躁。依据党史重要文献《毛泽东农村调查文集》就如何开展有效座谈会、调查人员应具备怎样的基本素质、怎样使对方说真话等问题进行总结,让学生在高度仿真的情景中获取知识、提高能力。

2022 年居民收入和消费支出情况

一、居民收入情况

2022 年,全国居民人均可支配收入 36 883 元,比上年名义增长 5.0%,扣除价格因素,实际增长 2.9%。分城乡看,城镇居民人均可支配收入 49 283 元,增长(以下如无特别说明,均为同比名义增长)3.9%,扣除价格因素,实际增长 1.9%;农村居民人均可支配收入 20 133 元,增长 6.3%,扣除价格因素,实际增长 4.2%。

按收入来源分,2022 年,全国居民人均工资性收入 20 590 元,增长 4.9%,占可支配收入的比重为 55.8%;人均经营净收入 6 175 元,增长 4.8%,占可支配收入的比重为 16.7%;人均财产净收入 3 227 元,增长 4.9%,占可支配收入的比重为 8.7%;人均转移净收入 6 892 元,增长 5.5%,占可支配收入的比重为 18.7%。

2022 年,全国居民人均可支配收入中位数 31 370 元,增长 4.7%,中位数是平均数的 85.1%。其中,城镇居民人均可支配收入中位数 45 123 元,增长 3.7%,中位数是平均数的 91.6%;农村居民人均可支配收入中位数 17 734 元,增长 4.9%,中位数是平均数的 88.1%。

二、居民消费支出情况

2022 年,全国居民人均消费支出 24 538 元,比上年名义增长 1.8%,扣除价格因素影响,实际下降 0.2%。分城乡看,城镇居民人均消费支出 30 391 元,名义增长 0.3%,扣除价格因素,实际下降 1.7%;农村居民人均消费支出 16 632 元,名义增长 4.5%,扣除价格因素,实际增长 2.5%。

2022 年,全国居民人均食品烟酒消费支出 7 481 元,增长 4.2%,占人均消费支出的比重为 30.5%;人均衣着消费支出 1 365 元,下降 3.8%,占人均消费支出的比重为 5.6%;人均居住消费支出 5 882 元,增长 4.3%,占人均消费支出的比重为 24.0%;人均生活用品及服务消费支出 1 432元,增长 0.6%,占人均消费支出的比重为 5.8%;人均交通通信消费支出 3 195 元,增长 1.2%,占人均消费支出的比重为 13.0%;人均教育文化娱乐消费支出 2 469 元,下降 5.0%,占人均消费支出的比重为 10.1%;人均医疗保健消费支出 2 120 元,增长 0.2%,占人均消费支出的比重为 8.6%;人均其他用品及服务消费支出 595 元,增长 4.6%,占人均消费支出的比重为 2.4%。

附注

1.指标解释

居民可支配收入是指居民可用于最终消费支出和储蓄的总和,即居民可用于自由支配的收入,既包括现金收入,也包括实物收入。按照收入的来源,可支配收入包括工资性收入、经营净收入、财产净收入和转移净收入。

居民消费支出是指居民用于满足家庭日常生活消费需要的全部支出,既包括现金消费支出,也包括实物消费支出。消费支出包括食品烟酒、衣着、居住、生活用品及服务、交通通信、教育文化娱乐、医疗保健以及其他用品及服务八大类。

人均收入中位数是指将所有调查户按人均收入水平从低到高顺序排列,处于最中间位置的调查户的人均收入。

季度收支数据中未包括居民自产自用部分的收入和消费,年度收支数据包括。

2.调查方法

全国及分城乡居民收支数据来源于国家统计局组织实施的住户收支与生活状况调查,按季度发布。

国家统计局采用分层、多阶段、与人口规模大小成比例的概率抽样方法,在全国31个省(区、市)的1800个县(市、区)随机抽选16万个居民家庭作为调查户。

国家统计局派驻各地的直属调查队按照统一的制度方法,组织调查户记账采集居民收入、支出、家庭经营和生产投资状况等数据;同时按照统一的调查问卷,收集住户成员及劳动力从业情况、住房与耐用消费品拥有情况、居民基本社会公共服务享有情况等其他调查内容。数据采集完成后,市县级调查队使用统一的方法和数据处理程序,对原始调查资料进行编码、审核、录入,然后将分户基础数据直接传输至国家统计局进行统一汇总计算。

3.其他说明

部分数据因四舍五入的原因,存在总计与分项合计不等的情况。

统计数据是怎样计算出来的? 样本是如何抽取的? 抽样误差如何控制?

第一节 抽样调查概述

在日常生活和实际工作中,对于一些不宜或不必要进行全面调查的研究对象采取抽样调查方法,搜集总体的部分资料,这样就需要利用部分资料推断总体的数量特征,这就是抽样推断的方法。这种方法是统计学的一个重要分支,它既可以提高工作效率,又可以节约工作成本和费用。例如,商家要了解市场需求状况,对部分顾客进行商品购买情况调查,或者企业为了了解产品质量,对部分产品进行寿命测试,这些都是抽样调查的应用。

抽样调查的科学原理产生很早,早在17世纪到19世纪中叶,大数定律、概率论逐步发展形成一门数学分支,当时统计学家把大数定律、概率论的原理引进统计的研究领域,从而产生了抽样调查的统计研究方法。抽样技术自诞生以来,就在世界各国得到了广泛应用,极大提高了人们开展统计调查的水平和认识自然、认识社会的能力。

一、抽样调查的概念和特点

(一)抽样调查的概念

抽样调查又称抽样推断,是一种科学的非全面调查方法。它是指依据随机原则从总体中抽取一部分单位进行调查,并根据调查结果对总体的某一数量特征做出具有一定可靠性的估计和推断,从而认识总体的一种统计分析方法。例如,根据某地区部分居民家庭收入资料来推算该地区全部居民家庭收入状况,根据部分城乡居民电视收视率调查结果推断全国城乡居民电视收视率情况等,一般都会采用抽样调查方法进行研究。事实上,抽样调查是与我们日常生活关系最为密切的一种调查方法,可以应用到社会经济生活的各个方面,具有普遍的适应性。

抽样调查按照随机原则,主要是为了排除人为主观意愿的干扰,使总体的每个单位在同一次抽样中都有相同的概率被抽中为样本单位。

抽样调查必须根据随机原则来确定被抽取的调查单位。一是随机抽样才能够使抽选出来的部分单位的分布状况近似于总体的分布状况,使部分抽中单位的数值对总体具有充分的代表性,使它们成为总体的一个"缩影"。二是随机抽样能使样本指标成为具有一定分布规律的随机变量,人们可以根据样本指标的分布规律运用概率理论计算抽样平均误差,才能在使用部分单位资料推断总体指标数值时估计出它有多大的把握程度。所以,随机原则是抽样的基本原则。

在实际抽样调查中,调查工作者在依据随机原则的基础上科学合理地设计抽样调查组织形式和样本抽取方法,来提高样本的代表性,缩小抽样误差,使得抽样结果更准确可靠。

(二)抽样调查的特点

抽样调查是认识现象总体的一种重要方法,在统计调查研究活动中广为应用。它具有以下特点:

1. 遵循随机原则

在抽选具体单位的过程中,总体中的某个单位中选或不中选,不受主观意识因素的干扰,不掺入调查者的主观判断,保证总体中每一个单位被抽中的机会相等,即"等概率性",这个抽选原则称为"随机原则"。抽样调查遵循随机原则,这是它与典型调查的主要区别。典型调查的目的是深刻把握事物的发展变化规律,因此,对典型单位的选择就掺杂了调查人员的主观意见。典型调查的结果有时也可以用来推断总体的情况,但它不按照随机原则来选择调查单位。而按照随机原则抽选调查单位的抽样调查,则防止了由于主观选取调查单位所带来的倾向性误差。

2. 目的是用部分去推断总体

抽样调查和典型调查、重点调查一样,是调查总体中的一部分单位,所以是一种非全面调查。但调查的目的却不在于了解部分单位的情况,它只是作为进一步推断的手段,目的在于对总体数量特征的认识。如果抽样调查的资料不进行抽样推断,那么抽样调查也就失去了实际意义。这也是抽样调查与重点调查的显著区别。重点调查也属非全面调查,是指在调查对象中,只选择一部分重点单位来进行调查,但它的调查结果不能用来推断总体的指标数值,只能反映总体的大概情况。

3. 抽样误差可以事先计算并加以控制

抽样调查对于总体的部分单位进行调查,用部分单位资料来推断总体,因此抽样调查不可避免地会存在误差。在非全面调查方式中,典型调查也有可能用它所取得的部分单位的数量特征去推算总体的数量特征,但这种推算误差范围和保证程度,是无法事先计算并加以控制的。而抽样调查与其他统计估算不同,抽样误差范围可以事先通过有关资料加以计算,并且可以采取必要的组织措施来控制这个误差范围,保证抽样推断的结果达到一定的可靠程度。

抽样调查是必不可少的一种调查方法,但是抽样调查也有它的缺点。例如,它只能提供全面说明整个总体情况的统计资料,而不能提供说明各级状况的详细的统计资料,这就难以满足各级领导和管理部门的要求。抽样调查也很难提供各种详细分类的统计资料。因此,抽样调查和全面调查是不能互相代替的。

抽样推断的目的在于用样本资料推断总体特征，这就要求抽取的样本单位能够充分代表总体。只有严格遵守随机原则，才有可能使所选的样本结构与总体结构相同，或两者的分布相一致，这样使得被抽中的样本单位具有较好的代表性，可以用小部分数值去推算总体。

二、抽样调查的范围和作用

（一）抽样调查的范围

抽样调查是一种使用很普遍的非全面调查，在市场经济条件下，产品供需预测、产品质量的可信度调查、居民家庭生活调查等，都是采用抽样调查的方法。因为这种调查方法具有节约调查费用和节约调查时间等优势，所以，在现代统计调查中抽样调查应用广泛。主要应用范围可概括如下：

1. 用于不可能进行全面调查的现象

对于某些不可能进行全面调查，但又需要了解全面情况的社会经济现象，必须采用抽样调查。或者说，要认识无限总体必须采用抽样调查。例如，要了解居民家庭的生活开支情况，就必须采用抽样调查。实践中，常把在某一定时期内无法确定单位数的总体看作无限总体，如某城市的空气污染情况、某工厂的环境污染、某河流的水质等，要了解这些情况也必须采用抽样调查。

2. 用于进行全面调查就会失去现实意义的现象

对于某些进行了全面调查就会失去现实意义的社会经济现象，只能采用抽样调查。例如要了解灯管、电视机的使用寿命，罐头食品的质量、种子的发芽率等都不可能进行全面调查，而只能采用抽样调查。

3. 用于经济上不允许或精度上不必要进行全面调查的现象

经济上不允许或精度上不必要进行全向调查的社会经济现象，一般采用抽样调查。例如，我国农民生活水平调查、家计调查、电视节目收视率调查等，都只能采用抽样调查。

4. 用于时效性要求较强的调查

时效性要求较强的调查，通常要采用抽样调查。例如，产品验收检查、某农产品的产量调查、某商品社会需求调查等，往往都采用抽样调查。

（二）抽样调查的作用

第一，无法进行全面调查的现象，为了测算全面资料，必须采用抽样调查的方法。例如，对无限总体不能采用全面调查。另外，有些产品的质量检查具有破坏性，不可能进行全面调查，只能采用抽样调查。

第二，有些现象虽然可以进行全面调查，但实际上没有必要或很难办到要采用抽样调查。例如，要了解全国人民的家庭生活状况，从理论上讲可以挨门逐户进行全面调查，但是调查范围太大，调查单位太多，实际上难以办到，也没有必要。采用抽样调查既可以节约时间、人力、物力和财力，提高调查结果的时效性，又能达到和全面调查同样的目的和效果。

第三，抽样调查的结果可以对全面调查的结果进行检查和修正。全面调查涉及面广，工作量大，参加人员多，调查结果容易出现差错。因此，在全面调查后，随机抽取部分单位重新调查一次，根据抽查结果计算差错率，并以此为依据检查和修正全面调查结果，从而提高全面调查质量。

第四,抽样调查可以用于工业生产过程的质量控制。在工业产品成批或大量连续生产过程中,利用抽样调查可以检验生产过程是否正常,进行质量控制,保证生产质量稳定。

第五,抽样调查可以对总体的某些假设进行检验,判别真伪,决定取舍。对于新的教学方法、新型工艺技术、原料新配方等使用效果是否明显,可以对未知的或不完全知道的总体做出一些假设,然后利用抽样的方法,根据实验资料对所做的假设进行检验,做出判断,并在行动上做出选择,这就是抽样调查方法在决策上的运用。

但抽样调查也并非十全十美,主要表现在:一是由于技术性强而不易理解和掌握;二是抽样推断的结果有时也会产生差错;三是对于总体未被调查的部分很难提供有价值的信息;四是有些理论方法问题还没有得到完全解决。

1936年,美国总统选举前,一份颇有名气的杂志《文学摘要》的工作人员做了一次民意测验,调查共和党的兰登(当时任堪萨斯州州长)和民主党的罗斯福(当时的总统)谁将当选下一届总统。为了了解公众意向,调查者从电话号码簿和俱乐部会员名单上选取了1000万人调查,收回240万份调查问卷。通过分析收回的调查表,显示兰登非常受欢迎(两者之比57%:43%),于是该杂志预测兰登将在选举中胜出,并大力进行宣传。最后结果却是罗斯福以62%:38%的巨大优势获胜连任总统,预测失败使杂志社威信扫地,不久只得关门停刊,被称作抽样中的泰坦尼克事件。请分析失败的原因。

【评析】 以上事例说明,在抽样调查中,样本的选择至关重要,样本能否代表总体,直接影响着统计结果的可靠性。再如,一些心理学实验是由志愿人员完成的,可能缺乏代表性。一些医疗广告中的数据可能只来自某个医院,并非随机抽样,也有可能产生误导。

三、抽样调查的几个基本概念

(一) 全及总体和抽样总体

1. 全及总体

全及总体又称母体,简称总体,指所要认识的研究对象全体,它是由所研究范围内具有某种共同属性的全体单位所组成的集合体。例如,零部件质量检查中的全部零部件、职工工资调查中的全体职工、学生成绩调查中的全体学生等,都是全及总体。全及总体的单位数一般用N来表示。

全及总体按其各单位标志的性质不同,可以分为变量总体和属性总体两类。

所谓变量总体,是指从研究数量标志角度而言的总体。例如,要了解某市工人的年平均收入,该总体与每个工人的年收入有关,每个工人的年收入是数量标志,所以将该研究总体称为变量总体。对于变量总体还可以按照其所包含的单位数及相应的变量多少,分为有限总体和无限总体两类。人们之所以把总体分为有限总体和无限总体,是为我们选择统计调查方法服务的。对无限总体的认识只能采用抽样的方法,而对有限总体的认识,理论上虽然可以应用全面调查的方法来搜集资料,但实际上往往由于不可能或不经济而需要借助抽样的方法,以求得对有限总体的认识。

所谓属性总体,是指从研究是非品质标志角度而言的总体。品质标志的标志表现是非数字的,而是非品质标志是品质标志的一种特殊情况,即其品质标志的标志表现只有是、非两种情况,如性别标志,其标志表现为"男"或"女",因此性别这个标志就是是非品质标志,将"男"理解为"是"标志表现,则"女"就为"非"标志表现。又如产品的质量标志,要么是合格品,要么是不合格品,即产品质量作为一种标志,其标志表现也属于是非品质标志。那么,如果要通过抽样调查了解一批零部件的合格率,则该研究总体与每个产品的质量这一是非品质标志发生关系,由此该研究总体就称为属性总体。

2. 抽样总体

抽样总体又称子样,简称样本,它是从总体中按照随机原则抽取出来的那部分单位所组成的集合体。例如,从某城市的工人中随机抽选出来的 10 000 名,从某厂生产的汽车零部件中随机抽选出来的 200 件等。抽样总体中的各个单位叫样本单位,样本中所包含的样本单位数称为样本容量,通常用 n 表示。

根据样本容量的大小,可将样本划分为大样本和小样本。一般说来,样本容量 $n<30$ 时,称为小样本;$n \geqslant 30$ 时,称为大样本。社会经济现象的抽样调查多取大样本,而自然实验观察则多取小样本。以很小的样本来推断很大的总体,这是抽样调查的最大特点。

例如,在 100 万户居民中,随机抽取 1000 户居民进行家庭收支情况调查,其中的 100 万户居民就是全及总体,而被抽中的 1000 户居民则构成抽样总体。

样本的单位数总比总体的单位数要少,两者之比,即 $\dfrac{n}{N}$,称为抽样比。在实际工作中要根据研究对象的具体特点、研究任务和要求,以及调查条件和经费等因素来确定必要的抽样总体的单位数。

对于一个既定的研究总体而言,全及总体是唯一的、确定的,而抽样总体则是随机的,在一个全及总体中可以抽取很多个抽样总体,每次可能抽到的样本是不确定的,也不是唯一的,而是可变的。

根据不同的研究对象,样本也可以区分为变量样本和属性样本两类。变量样本是从变量总体中抽取的样本,而属性样本是从属性总体中抽取的样本。

(二) 全及指标和样本指标

1. 全及指标

全及指标也称总体指标,是根据全及总体中各单位的标志值或标志特征计算的综合指标。由于全及总体是唯一确定的,根据全及总体计算的指标也是确定的、唯一的。因此又将全及指标称为参数。如上例,某市工人的年平均收入这个全及指标是唯一的、一个确定的量。需要注意的是,在抽样调查中,全及指标是求不到的,但这个数值又确实是客观存在的。对于不同性质的总体,需要计算不同的全及指标。

1) 变量全及指标

对于变量总体,常用的全及指标有全及平均数、全及标准差或全及方差。

(1) 全及平均数。

全及平均数是全及总体各单位标志值的平均数,一般用 $\overline{X}$ 表示。

$$\overline{X} = \frac{\sum X}{N} \quad \text{或} \quad \overline{X} = \frac{\sum XF}{F} \qquad \text{(公式 8-1)}$$

(2) 全及标准差。

全及标准差是全及总体中根据各单位标志值计算的标准差,一般用 σ 表示。

$$\sigma = \sqrt{\frac{\sum(X-\overline{X})^2}{N}} \quad \text{或} \quad \sigma = \sqrt{\frac{\sum(X-\overline{X})^2 F}{\sum F}} \quad \text{(公式 8-2)}$$

(3) 全及方差。

全及标准差的平方称为全及方差,一般用 σ^2 表示。

$$\sigma^2 = \frac{\sum(X-\overline{X})^2}{N} \quad \text{或} \quad \sigma^2 = \frac{\sum(X-\overline{X})^2 F}{\sum F} \quad \text{(公式 8-3)}$$

2) 属性全及指标

对于属性总体,常用的全及指标有全及成数、全及成数标准差 σ 或方差 σ^2。

(1) 全及成数。

全及成数也称总体成数,它是指全及总体中具有某一种相同标志表现的单位数占全及总体单位数据的比重,一般用 P 表示。由于属性总体是对于是非品质标志而言的,每个总体单位的标志表现只有两种,现把具有某一标志表现的单位数用 N_1 表示,把不具有某一标志表现的单位数用 N_0 表示,其成数用 Q 表示,则全及成数为:

$$P = \frac{N_1}{N}, \quad Q = \frac{N_0}{N} \quad \text{(公式 8-4)}$$

由于 $N_1 + N_0 = N$,所以 $P+Q=1$,则 $Q=1-P$。

(2) 全及成数标准差。

全及成数标准差是指全及总体根据是非品质标志计算的标准差。如果把是非品质标志的标志表现数量化,即把具有某种属性的是非品质标志表现取值为"1",不具有某种属性的是非品质标志表现取值为"0"。这样成数 P 就可以看作(0,1)分布的平均数,并可以计算出其相应的方差和标准差。

是非品质标志的平均数: $\overline{X}_P = \frac{\sum X}{\sum N} = \frac{0 \times N_0 + 1 \times N_1}{N} = \frac{N_1}{N} = P$ (公式 8-5)

是非品质标志的标准差:

$$\sigma_P = \sqrt{\frac{(0-P)^2 N_0 + (1-P)^2 N_1}{N}} = \sqrt{\frac{P^2 N_0 + Q^2 N_1}{N}} = \sqrt{Q^2 P + P^2 Q}$$
$$= \sqrt{PQ(Q+P)} = \sqrt{PQ} = \sqrt{P(1-P)} \quad \text{(公式 8-6)}$$

是非品质标志的方差: $\sigma_P^2 = P(1-P)$ (公式 8-7)

【例 8-1】 某批产品合格率 $P=92\%$,则:

$$\overline{X}_P = 92\%$$
$$\sigma_P^2 = 92\% \times (1-92\%) = 7.36\%$$

2. 样本指标

样本指标也称为统计量、抽样指标,是根据样本中各单位的标志值或标志特征计算的指标,其数值决定于样本各单位的标志值。因为从一个全及总体中可能抽取很多个样本总体,每次可以抽到的样本不是确定的,不是唯一的,是随机的,因此依赖于样本的统计量也是个随机变量。

由于样本也可区分为变量样本和属性样本,因此这两种样本的样本指标也是不同的。

1) 变量样本指标

和常用的全及指标相对应的样本指标有样本平均数、样本标准差或样本方差,均以小写英文字母表示。

(1) 样本平均数。

样本平均数是样本的标志总量与样本单位数对比所求的平均数,一般用 $\bar{x}$ 表示。

$$\bar{x} = \frac{\sum x}{n} \quad \text{或} \quad \bar{x} = \frac{\sum xf}{\sum f} \tag{公式 8-8}$$

(2) 样本标准差。

样本标准差是根据样本中各单位标志值计算的标准差,一般用 s 表示。

$$s = \sqrt{\frac{\sum (x - \bar{x})^2}{n}} \quad \text{或} \quad s = \sqrt{\frac{\sum (x - \bar{x})^2 f}{\sum f}} \tag{公式 8-9}$$

(3) 样本方差。

样本标准差的平方即样本方差,一般用 s^2 表示。

$$s^2 = \frac{\sum (x - \bar{x})^2}{n} \quad \text{或} \quad s^2 = \frac{\sum (x - \bar{x})^2 f}{\sum f} \tag{公式 8-10}$$

2) 属性样本指标

属性样本指标涉及样本成数和样本成数的标准差。设样本 n 个单位中有 n_1 个单位具有某种属性,n_0 个单位不具有某种属性,$n_1 + n_0 = n$,p 为样本中具有某种属性单位数所占比重,q 为不具有某种属性的单位数所占的比重,则抽样成数为:

$$p = \frac{n_1}{n}, \quad q = \frac{n_0}{n} = \frac{n - n_1}{n} = 1 - p \tag{公式 8-11}$$

抽样成数的平均数和方差分别为:

$$\bar{x} = \frac{n_1}{n} = p, \quad s_p = \sqrt{p(1-p)}, \quad s_p^2 = p(1-p) \tag{公式 8-12}$$

由于全及总体指标所反映的范围是明确的,指标的计算方法也是已知的,故其指标量也是唯一的,但具体数值往往是未知的。而样本指标的数值不是唯一确定的,但它是可以计算的。所以抽样调查的任务,就是用样本平均数 $\bar{x}$ 来推断总体平均数 $\bar{X}$,或者用样本的成数 p 推断总体的成数 $\bar{P}$,进而再进一步推断全及总体的总量指标。全及指标和样本指标的代表符号如表 8-1 所示。

表 8-1 全及指标和样本指标的代表符号

指标	全及总体	样本总体
总体单位数	N	n
平均数	$\bar{X}$	$\bar{x}$
成数	$P = \frac{N_1}{N}, Q = \frac{N_0}{N}, Q = 1 - P$	$p = \frac{n_1}{n}, q = \frac{n_0}{n}, q = 1 - p$
方差	$\sigma^2, P(1-P)$	$s^2, p(1-p)$
标准差	$\sigma, \sqrt{P(1-P)}$	$s, \sqrt{p(1-p)}$

请注意

样本指标的计算方法是确定的,但它的取值随着样本的变化而变化。样本不同,则样本指标也就不同。所以样本指标的数值不是唯一确定的,它本身也是随机变量,如果用样本指标来作为全集指标的估计值,总会存在一定的误差。

(三)重复抽样和不重复抽样

1. 重复抽样

重复抽样也称重置抽样、放回抽样、回置抽样等。采用这种抽样方式的特点是:同一单位可能有多次中选的机会,且总体单位在各次抽取中都是不变的,每个单位中选或不中选的机会在每次抽取中都是均等的。具体做法是:从总体 N 个单位中随机抽取容量为 n 的样本时,每次只是从总体中抽取一个单位,把结果登记下来后,重新放回,再从总体中抽取下一个样本单位,连续抽 n 次,构成一个样本。这样重复抽样的样本是由 n 次连续抽取的结果所组成的,每次结果是相互独立的,而且每次抽取都是在相同的条件下进行的,因此,每一单位可能中选的机会在每一次都是相同的。例如,从 20 个单位中抽取 2 个单位为样本,抽取第 1 个时每个单位被抽中的机会为 1/20,抽取第 2 个时,每个单位被抽中的机会仍然是 1/20。

用重复抽样的方法从总体 N 个单位中抽取 n 个单位组成样本,考虑顺序得到的样本总数为 N^n 个,不考虑顺序的样本总数为 $\dfrac{(N+n-1)!}{n!(N-1)!}$。

2. 不重复抽样

不重复抽样也称不重置抽样、不放回抽样、不回置抽样等。它是指从总体 N 个单位中随机抽取容量为 n 的样本时,每次抽取一个单位后,不再放回去,下一次则从剩下的总体单位中继续抽取,如此反复,最终构成一个样本。也就是说,每个总体单位至多只能被抽中一次,所以从总体中每抽取一次,总体就少一个单位。因此,先后抽出来的各个单位被抽中的机会是不相等的。例如,从 20 个单位中抽取 2 个单位为样本,抽取第 1 个时每个单位被抽中的机会为 1/20,抽取第 2 个时,每个单位被抽中的机会是 1/19,因此,每个单位在各次抽取中的中选机会是不一样的。

用不重复抽样的方法从总体 N 个单位中抽取 n 个单位组成样本,考虑顺序得到的样本总数为 $\dfrac{N!}{(N-n)!}$,不考虑顺序的样本总数为 $\dfrac{N!}{(N-n)!n!}$。

可见,在相同样本容量的要求下,不重复抽样可能得到的样本个数比重复抽样可能得到的样本个数少。当采用不重复抽样、全及总体所包含的单位数又不多时,越到后来,留在总体中的单位就越少,被抽中的机会就越大。不过当全及总体单位数很多、样本总体单位数所占的比重很小时,则对先后抽出来的各个单位被抽中的机会影响不大。由于不重复抽样简便易行,所以在实际工作中经常被采用。

四、抽样调查的理论基础

抽样调查的理论基础是概率论中的大数定律。大数定律的一般意义是,在随机试验过程中,每次的试验结果不同,但是大量重复试验出现的结果的平均值却几乎总是接近某一确定的值,大数定律的本质意义是:在大量的事物观察中,个别的、偶然的差异会互相抵消,显示出集体的、必然的规律性。例如,观察少数家庭的宝宝出生的性别情况,发现有的生男,有的生女,没有一定的规律性。但是通过大量的观察就会发现,男生和女生的比率是趋于稳定的。这说明同质的大量现象有其规律性,随着观察次数达到一定程度,这种规律性就会表现出来,且观察次数越多表现就越明显。这为以样本平均数估计总体平均数提供了理论依据。

大数定律只是论述了抽样平均数趋近于总体平均数的趋势,但是还存在这些问题:抽样平均数与总体平均数的离差有多大?离差不超过一定范围的概率有多大?离差的分布如何?这些问题要用中心极限定理来回答。

中心极限定理证明了:如果总体存在有限的平均数和方差,那么不论这个总体的分布如何,随着样本容量 n 的增加,抽样平均数的分布便趋近于正态分布。

中心极限定理及其推论表明,在实际问题中,随机变量来自非正态分布或对总体分布情况不太了解时,仍能用正态分布理论来说明和推断平均数问题。例如,城市每一户居民的年用电量不一定呈正态分布,但所有城市居民年用电量或平均每户年用电量则近似服从正态分布。

第二节 抽样误差

一、抽样误差的概念

抽样推断是用样本指标推断总体指标的一种调查方法,而推断的根据就是抽样误差。因此,怎样计算、使用和控制抽样误差是抽样调查的重要问题。首先,我们要弄清楚抽样误差的来源。

(一)统计误差

统计误差是指在统计调查中,调查资料与实际情况之间的偏差,即抽样估计值与被估计值的未知总体参数之差。统计误差的分类如图 8-1 所示。

图 8-1 统计误差的分类

统计误差按产生的来源分为登记性误差和代表性误差。

登记性误差又称工作误差或调查误差,是指在调查和整理资料的过程中,由于主观或客观的原因而引起的误差。如:在登记的过程中由于疏忽而将 7 误写为 1,将 6 误写为 8;在计算合计的过程中所造成的计算错误等。

代表性误差是指由于样本的结构不足以代表总体特征而导致的误差。代表性误差的产生又有两种情况:

一种是违反了抽样推断的随机原则,如调查者有意地多选较好的单位或多选较差的单位来进行调查,这样计算出来的样本指标必然出现偏高或偏低的情况,造成系统性误差,也称为偏差。

另一种情况是遵守了抽样推断的随机原则,但由于从总体中抽取样本时有多种多样的可能,当取得一个样本时,只要被抽中样本的内部结构与被研究总体的结构有所出入,就会出现或大或小的偶然性的代表性误差,也称为随机误差。

系统性误差和登记性误差都是由于抽样工作组织不好而导致的,应该采取预防措施避免发生。而偶然性的代表性误差是无法消除的。抽样误差就是指这种偶然性的代表性误差,即按随机原则抽样时,单纯由于不同的随机样本得出不同的估计量而产生的误差。

随机误差也有两种情况:抽样实际误差和抽样平均误差。抽样实际误差是指一个样本指标与总体指标之间的差异,这是无法知道的误差。抽样平均误差是指所有可能出现样本指标的标准差,这个指标是可以计算的。

(二)抽样误差的定义

抽样误差是指在遵循随机原则的条件下,不包括登记误差和系统误差在内的,用样本指标代表总体指标而产生的不可避免的误差。由于总体平均数、总体成数是唯一确定的,而样本平均数、样本成数是随机变量,因而抽样误差也是一个随机变量。抽样误差越小,说明样本的代表性越强;反之,样本的代表性越弱。同时抽样误差还说明样本指标与总体指标的相差范围,因此,它是推断总体指标的依据。

抽样误差是统计推断所固有的,虽然无法避免,但可以运用大数定律的数学公式加以精确地计算,确定其具体的数量界限,并通过抽样设计加以控制。因此,抽样误差也称为可控制的误差。

二、影响抽样误差的因素

抽样误差的大小通常受以下几个主要因素的影响。

(一)抽样的单位数

在其他条件不变的情况下,样本单位数越多,抽样误差就越小;反之,样本单位数越少,则抽样误差就越大。样本单位数越多,样本就越能反映总体的数量特征。如果样本单位数扩大到接近总体单位数时,抽样调查也就接近于全面调查,抽样误差就缩小到几乎完全消失。

(二)总体被研究标志的变异程度

在其他条件不变的情况下,总体各单位标志值变异程度越小,则抽样误差也越小,抽样误差和总体变异程度成正比变化。这是因为总体变异程度小,表示总体各单位标志值之间的差异小,则样本指标与总体指标之间的差异也就小。如果总体各单位标志值相等,则标志变异程度等于0,样本指标就完全等于总体指标,抽样误差也就不存在了。

(三)抽样的组织形式和抽样方法

在其他条件不变的情况下,不重复抽样下的样本比重复抽样下的样本代表性强,其抽样误差相应也要小。在不同的抽样组织形式下,抽样误差也不同。这个在本章后面专门阐述。

了解影响抽样误差的因素,对于控制和分析抽样误差十分重要。在上述影响抽样误差的三个因素中,标志变异程度是客观存在的因素,是调查者无法控制的,但样本单位数、抽样方法及抽样的组织形式却是调查者能够选择和控制的。因此,在实际工作中,应当根据研究的目的和具体情况,做好抽样设计和实施工作,以获得经济有效的抽样效果。

三、抽样平均误差

(一)抽样平均误差的概念

抽样误差描述了样本指标与总体指标之间的离差绝对数,在用样本指标估计相应的总体指标时,它可以反映估计的准确程度。但是由于抽样误差是随机变量,具有取值的多样性和不确定性特点,因而就不能以它的某一个样本的具体误差数值来代表所有样本与总体之间的平均误差情况,应该用抽样平均误差来反映抽样误差平均水平。

抽样平均误差,是一系列样本指标(平均数或成数)的标准差,也可以理解为所有的样本指标与总体指标之间的平均离差。常用符号 μ 来表示,$\mu_{\bar{x}}$ 代表平均数的抽样平均误差,μ_p 代表成数的抽样平均误差。我们所说的抽样误差可以事先计算和控制,就是针对抽样平均误差而言的。抽样平均误差是用样本指标推断总体指标时,计算误差范围的基础。

抽样平均误差的计算,与抽样方法和抽样组织形式有直接关系,不同的抽样方法和抽样组织形式计算抽样平均误差的公式是不同的。

（二）抽样平均误差的计算

根据抽样平均误差的概念,抽样平均误差的一般公式为：

$$\mu_{\bar{x}} = \sqrt{\frac{\sum(\bar{x}-\bar{X})^2}{\text{样本的可能数目}}} \qquad \text{（公式 8-13）}$$

式中：$\bar{x}$——样本平均数；

$\bar{X}$——总体的平均数。

上述公式表明了抽样平均误差的意义,这仅仅是理论公式,实际抽样调查中并不能使用。一是由于抽样调查过程中总体平均数 $\bar{X}$ 是未知的；二是当样本较多时,我们不可能把每一种样本的组合都找到,即便是能找到也是一件非常困难的事情。而在实际工作中,通常只需从总体中抽取一个样本,根据总体标准差和样本单位数的关系来计算。

1. 抽样平均数的抽样平均误差

在重复抽样条件下,已知总体标准差,可用下面的公式计算样本平均数的抽样平均误差：

$$\mu_{\bar{x}} = \frac{\sigma}{\sqrt{n}} \qquad \text{（公式 8-14）}$$

在大样本（$n \geqslant 30$）下,如果没有总体标准差 σ 的资料,可用样本标准差 s 来代替,其公式如下：

$$\mu_{\bar{x}} = \frac{s}{\sqrt{n}} \qquad \text{（公式 8-15）}$$

不重复抽样条件下,对上述重复抽样下的公式做修正如下：

$$\mu_{\bar{x}} = \sqrt{\frac{\sigma^2}{n}\left(\frac{N-n}{N-1}\right)} \qquad \text{（公式 8-16）}$$

我们把式子 $\frac{N-n}{N-1}$ 叫作修正因子。当 N 较大时,$\frac{N-n}{N-1}$ 与 $1-\frac{n}{N}$ 的计算结果十分接近。因此,当 N 较大时在不重复抽样条件下计算抽样平均误差可以采用公式：

$$\mu_{\bar{x}} = \sqrt{\frac{\sigma^2}{n}\left(1-\frac{n}{N}\right)} \qquad \text{（公式 8-17）}$$

【例 8-2】 从某工厂生产的 10 000 只节能灯中随机抽取 100 只进行检查,假如该产品平均使用寿命的标准差为 300 h,试计算该工厂节能灯平均使用寿命的平均误差。

在重复抽样条件下：

$$\mu_{\bar{x}} = \frac{\sigma}{\sqrt{n}} = \frac{300}{\sqrt{100}} = 30 \text{ （h）}$$

在不重复抽样条件下：

$$\mu_{\bar{x}} = \sqrt{\frac{\sigma^2}{n}\left(1-\frac{n}{N}\right)} = \sqrt{\frac{300^2}{100}\left(1-\frac{100}{10\ 000}\right)} = 29.85 \text{ （h）}$$

2. 抽样成数的抽样平均误差

在重复抽样条件下,已知总体标准差,样本成数的抽样平均误差公式：

$$\mu_p = \sqrt{\frac{P(1-P)}{n}} \qquad \text{(公式 8-18)}$$

同样,在大样本下,如果 P 未知,可用样本成数 p 来代替,即

$$\mu_p = \sqrt{\frac{p(1-p)}{n}} \qquad \text{(公式 8-19)}$$

不重复抽样条件下,对上述重复抽样下的公式做修正如下:

$$\mu_p = \sqrt{\frac{p(1-p)}{n}\left(\frac{N-n}{N-1}\right)} \approx \sqrt{\frac{p(1-p)}{n}\left(1-\frac{n}{N}\right)} \qquad \text{(公式 8-20)}$$

不重复抽样的平均误差和重复抽样的平均误差公式,两者相差的因子 $\left(1-\frac{n}{N}\right)$ 永远小于 1。在不重复抽样条件下,抽中的单位不再放回,总体单位数逐渐减少,余下的每个单位被抽中的机会就会增大,所以不重复抽样的抽样平均误差小于重复抽样的抽样平均误差,这就是用因子 $\left(1-\frac{n}{N}\right)$ 作为调整系数来修正原式的道理。但在抽中单位占全体单位的比重 $\frac{n}{N}$ 很小时,这个因子接近于 1,对计算抽样平均误差所起的作用不大。因而实际工作中不重复抽样有时仍按重复抽样的公式计算。

【例 8-3】 要估计某地区 20 万户家庭的电脑拥有率,随机抽取 100 户家庭的调查结果显示有 85 户拥有电脑,求电脑拥有率的抽样平均误差。

样本家庭电脑拥有率: $$p = \frac{85}{100} = 0.85$$

样本方差: $$s^2 = p(1-p) = 0.85 \times (1-0.85) = 0.1275$$

在重复抽样条件下:

$$\mu_p = \sqrt{\frac{p(1-p)}{n}} = \sqrt{\frac{0.1275}{100}} = 0.0357 = 3.57\%$$

在不重复抽样条件下:

$$\mu_p = \sqrt{\frac{p(1-p)}{n}\left(1-\frac{n}{N}\right)} = \sqrt{\frac{0.1275}{100}\left(1-\frac{100}{200\,000}\right)} = 0.0357 = 3.57\%$$

结果表明,用 100 户家庭的电脑拥有率来代表 20 万户家庭的电脑拥有率重复抽样和不重复抽样的平均误差均为 3.57%。

抽样平均误差的计算,在抽样调查中占有相当重要的地位。抽样调查的优点在于它能计算出抽样平均误差,且以抽样平均误差作为用样本指标推断总体指标的重要补充指标。

四、抽样极限误差

(一) 抽样极限误差的概念

抽样极限误差是从另一个角度来考虑抽样误差问题的。用样本指标推断总体指标时,要想达到完全准确和毫无误差,几乎是不可能的。样本指标和总体指标之间总会有一定的差距,所以在估计总体指标时就必须同时考虑误差的大小。我们不希望误差太大,因为这会影响样本资料的价值。误差越大,样本资料的价值便越小,当误差超过一定限度时,样本资料也就毫无价值了。所以在进行抽样推断时,应该根据所研究对象的变异程度和任务需要确定允许的误差范围,在这个范围内的数字就算是有效的。这就是抽样极限误差的问题。

抽样极限误差又称抽样允许误差,是指抽样指标与总体指标之间抽样误差的可能范围。由

于总体指标是一个确定的数,而样本指标则是围绕着总体指标左右变动的量,它与总体指标可能产生正离差,也可能产生负离差,样本指标变动的上限或下限与总体指标之差的绝对值就可以表示抽样误差的可能范围。通常用 Δ 表示。

设 $\Delta_{\bar{x}}$、Δ_p 分别表示样本平均数的抽样极限误差和样本成数的抽样极限误差,则有:

$$\Delta_{\bar{x}} = |\bar{x} - \bar{X}|, \quad \Delta_p = |p - P| \quad \text{(公式 8-21)}$$

上面的不等式可以变换为下列不等式关系:

$$\bar{X} - \Delta_{\bar{x}} \leqslant \bar{x} \leqslant \bar{X} + \Delta_{\bar{x}}, \quad P - \Delta_p \leqslant p \leqslant P + \Delta_p \quad \text{(公式 8-22)}$$

由公式 8-22 可以看出,抽样误差范围是以 $\bar{X}$ 或 P 为中心的两个 Δ 的距离。也就是说,抽样平均数 $\bar{x}$(或抽样成数 p)是以全及平均数 $\bar{X}$(或全及成数 P)为中心,在 $\bar{X} \pm \Delta_{\bar{x}}$(或 $P \pm \Delta_p$)之间变动。但由于全及指标是个未知的固定量,抽样指标是实测的变量,因而极限误差的实际意义是希望全及平均数 $\bar{X}$ 包含在抽样平均数 $\bar{x} \pm \Delta_{\bar{x}}$ 范围内,全及成数 P 包含在抽样成数 $p \pm \Delta_p$ 范围内,这就是对全及平均数和全及成数所做的范围估计。因此,可将上式调整为:

$$\bar{x} - \Delta_{\bar{x}} \leqslant \bar{X} \leqslant \bar{x} + \Delta_{\bar{x}} \quad \text{(公式 8-23)}$$
$$p - \Delta_p \leqslant P \leqslant p + \Delta_p \quad \text{(公式 8-24)}$$

(二)抽样极限误差的概率度

抽样极限误差不是唯一固定的,而是根据抽样调查的目的,根据人们希望控制总体指标的把握程度来确定的。如果希望控制的把握程度大些,就给予抽样极限误差较大的值,否则,抽样极限误差的给定值就较小。这种把握程度就是概率保证程度,亦即抽样估计的可靠程度,叫估计置信度,习惯上也称为可靠度、可信程度、把握程度或概率保证程度。

根据中心极限定理,抽样极限误差是以抽样平均误差 $\mu_{\bar{x}}$ 或 μ_p 为单位来衡量的,即用 $\mu_{\bar{x}}$ 或 μ_p 分别去除 $\Delta_{\bar{x}}$ 或 Δ_p,得出相对数 t,在数理统计中称 t 为概率度,表示相对误差范围。用公式表示为:

$$t = \frac{\Delta_{\bar{x}}}{\mu_{\bar{x}}} \quad \text{或} \quad t = \frac{\Delta_p}{\mu_p} \quad \text{(公式 8-25)}$$

抽样极限误差也可以表示为抽样平均误差的若干倍,倍数就是概率度 t。用公式表示为:

$$\Delta_{\bar{x}} = t\mu_{\bar{x}} \quad \text{或} \quad \Delta_p = t\mu_p \quad \text{(公式 8-26)}$$

抽样估计的概率度是表明样本指标和总体指标的误差不超过一定范围的概率保证程度。由于样本指标随着样本的变动而变动,它本身是一个随机变量,因而样本指标和总体指标的误差仍然是一个随机变量,并不能保证误差不超过一定范围这个事件是必然事件,而只能给以一定程度的概率保证。因此,就有必要计算样本指标落在一定区间范围内的概率,这种概率称为抽样估计的概率保证程度,也称置信度。

估计值所确定的估计区间是随机的,在实际抽样中并不能保证被估计的总体指标值都落在允许误差范围内,这就产生要冒多大风险来相信所做的估计。例如:我们愿意冒 10% 的风险,表示如果进行多次重复估计,则平均每 100 次估计将有 10 次是错误的,90 次是正确的,90% 就称为置信度或概率保证程度。

根据抽样极限误差的基本公式 $\Delta = t \cdot \mu$ 得出,概率度 t 的大小要根据对推断结果要求的把握程度来确定,即根据概率保证程度的大小来确定。概率论和数理统计证明,概率度 t 与概率保证程度 $F(t)$ 之间存在着一定的函数关系,给定 t 值,就可以计算出 $F(t)$ 来;相反,给出一定的概率保证程度 $F(t)$,则可以根据总体的分布,获得对应的 t 值。

在实际应用中,因为我们所研究的总体大部分为正态总体,对于正态总体而言,为了应用的方便编有《正态分布概率表》(见附录 A)以供使用。根据《正态分布概率表》,已知概率度 t,可查得相应的概率保证程度 $F(t)$;相反,已知概率保证程度 $F(t)$,也可查得相应的概率度 t。

在一定的条件下,概率度越大,抽样误差范围越大,总体指标落在误差范围内的概率越大,从而抽样估计的可信程度也就越高;反之,概率度越小,抽样误差范围越小,总体指标落在误差范围内的概率越小,从而抽样估计的可信程度也就越低。由此可见,估计的精确度与概率保证程度是一对矛盾,进行抽样估计时必须在两者之间进行慎重的选择。

2019 年 12 月 11 日至 2020 年 1 月 29 日,钟南山院士带领科研团队,收集了来自全国 31 个省市的 1099 份确诊案例,使用蒙特卡罗法给出了对数正态分布的曲线。结果显示:新冠肺炎潜伏期的中位数为 3.0 天,潜伏期在 7 天以内的概率在 90% 以上,而潜伏期超过 14 天的概率为 0.838%,这是一个极小概率的事件,所以隔离 14 天已将风险降到极低的水平。

【评析】以上事例说明,通过研究全国人民面对新冠肺炎疫情需要隔离的天数,了解疫情潜伏期时研究的总体和样本概念,认识到在这场疫情阻击战中,海量数据的统计、分析以及疫情走向的预测都离不开概率论与数理统计知识。通过案例,同学们认识到要努力学习,肩负历史使命,要坚定前进信念、立大志、明大德,成为中华民族面对困难勇敢向前的时代新人,为民族富强贡献力量。

第三节 抽样估计

一、抽样估计的概念和特点

抽样估计也叫参数估计,就是根据样本指标数值对总体指标数值做出估计或推断。通常,把用来估计总体特征的样本指标叫估计量或统计量,待估计的总体指标叫总体参数。

抽样估计具有以下三个最基本的特点:

(一)在逻辑上运用的是归纳推理而不是演绎推理

演绎推理是从一般到特殊的推理方法,它是一种必然性的推理,其结论都蕴含在前提之中,只要前提正确,其结论必然正确。与此相反,归纳推理则是从具体到一般,其结论的内容大于前提,它是一种可能性的推断,即使前提正确,其结论也不一定正确。例如,从某乡随机抽取一块麦田进行实割实测,其平均亩产量超过了 600 千克,接着又抽测了若干块麦田的小麦,其平均亩产量也都超过了 600 千克(前提),因此,该乡的小麦亩产量均超过了 600 千克(结论)。抽样推断就是应用归纳推理的方法,以局部为前提来推断对总体的认识。现实生活中我们所研究的对象往往是事前未知的,因而需要对现象进行大量的观察之后再做出推断,显然归纳推理是一种可能性推理,而不是必然性的结论。

(二)在方法上使用的是不确定的概率估计方法,而不是运用确定的数学分析方法

抽样估计虽然是利用一定的样本数据来推断总体的数量特征,但由于样本数据与总体数量特征之间也不存在严格对应的自变量与因变量的关系,因而,它不可能运用数学函数关系建立一定的数学模型,用输入样本的具体观察值来推算总体特征值。在这里只能回答:从总体中抽取一

个样本,并计算出相应的样本指标,用这个样本指标来推断相应的总体指标,误差可能有多大,误差不超过一定范围的概率有多大。

（三）抽样估计存在抽样误差

抽样估计就是用样本的指标去推断相应的总体指标,总是存在着某种程度的离差,这种离差就是抽样误差。抽样误差是抽样调查中所固有的,是不可避免的。但随着样本容量 n 的增大,这个误差就会减小。这里需要指出,这个误差的大小与归纳推理的可靠程度常常联系在一起,在其他条件不变的情况下,抽样误差的大小和概率保证程度的关系是:允许误差范围大,则概率保证程度也大,但精确度低;反之,如果精确度的要求高,允许的误差范围小,则概率保证程度也就小了。

二、抽样估计的优良标准

用抽样指标去估计总体指标时,总是希望估计是合理或优良的。根据同一套样本数据,用不同的方法来估计同一个总体参数,可能会得到不同的估计量,要从中选取"好"的估计量,就需要有评价估计量优良性的标准。那么什么是优良估计的标准呢? 一般来说有三个基本的标准,满足了这三个标准就可以认为该估计量是优良的。

（一）无偏性

如果样本统计量的期望值等于该统计量所估计的总体参数,则这个估计量叫作无偏估计量。即 $E(\bar{x}) = X, E(p) = P$,这是优良估计量的一个重要条件。无偏性也就是说没有系统上的偏差。虽然每个可能样本的抽样指标不一定等于未知的全及指标,但在多次反复的估计中,各个抽样指标的平均数应充分接近全及指标。这就是说,用抽样指标来估计总体指标,平均说来是没有偏误的。

（二）一致性

虽然随机抽选可能样本的抽样指标和未知指标存在一定误差,但要求抽样指标在给定范围内能够代表全及指标。当样本容量 n 增大时,如果估计量越来越接近总体参数的真值,就称这个估计量为一致估计量。估计量的一致性是从极限意义上讲的,它适用于大样本的情况。当抽选样本的单位数目充分多时,抽样指标也充分地靠近总体指标。也就是说,随着样本的单位数 n 的无限增大,抽样指标和未知的总体指标之间的绝对离差为任意小的可能性也趋于必然。对于 $\mu_{\bar{x}} = \frac{\sigma}{\sqrt{n}}, \mu_p = \sqrt{\frac{P(1-P)}{n}}$, n 越大,抽样平均误差越接近于 0,但调查所需的人力、物力也相应增加。

（三）有效性

有效性是指无偏估计量中方差最小的估计量,即当样本容量相同的两个抽样指标进行比较时,其中抽样分布的标准差较小的那个抽样指标比另一个更有效。我们在解决实际问题时,不仅希望估计值是无偏的,更希望这些估计值的离差尽可能小,即要求各无偏估计量中与被估计参数的离差较小的为有效估计量。

三、抽样估计的方法

抽样估计就是用抽样指标估计相应的总体指标。比如,用抽样平均数估计总体平均数,用抽样成数估计总体成数。抽样估计有点估计和区间估计两种。

（一）点估计

点估计也称定值估计，其基本特点是，根据样本资料计算样本指标，再以样本指标数值直接作为相应的总体指标的估计值，例如，以实际计算的样本平均数作为相应总体平均数的估计值，以实际计算的样本成数作为相应总体成数的估计值等。即：

$$\bar{x} = \overline{X} \quad \text{（公式 8-27）}$$

$$p = P \quad \text{（公式 8-28）}$$

例如，在某校女学生体重的调查中，获知抽取的 300 名学生的平均体重为 48 kg，则我们推断该校 4000 名女学生的平均体重也是 48 kg。这种推断就是对总体平均数做了点估计。此外，预计的粮食产量、产品的合格率、产品的使用寿命、汽车的标准油耗等也常用点估计。

点估计的优点是原理直观，计算简便，在实际工作中经常采用。不足之处是这种估计方法没有考虑到抽样估计的误差，更没有指明误差在一定范围内的概率保证程度。因此，这种方法仅适用于对推断的准确程度与可靠程度要求不高的情况。

统计学家做得比间谍们更漂亮！

由于许多战略上的理由，盟军非常想知道第二次世界大战期间德军总共制造了多少辆坦克。德军在制造坦克时是墨守成规的，他们把坦克从 1 开始进行了连续编号。在战争进行过程中，盟军缴获了一些敌军坦克，并记录了它们的编号。那么怎样用这些号码来估计坦克总数呢？

我们知道，制造出来的坦克数肯定大于记录中的最大编号。因此，其中点估计的方法之一就是，计算出被缴获坦克编号的平均值，并认为这个值是德军全部坦克编号的中点，用样本均值乘以 2 就是总数的一个估计。

从战后发现的德军记录来看，盟军估计值非常接近德军所生产坦克的真实记录。

（二）区间估计

点估计和区间估计类似于日常生活中估计时间的不同说法。例如，说"估计现在是七点"，显然该估计的准确性是很小的。但如果说"估计现在时间是七点左右"或"七点到七点半之间"，则估计的准确性就大得多。简单地说，区间估计就是以一个范围来估计一个点。准确地说，参数的区间估计，是指在一定概率把握度下，根据样本指标和抽样极限误差来估计总体指标的可能范围，并给出总体指标落在这个区间的概率保证程度。

总体平均数的估计区间：

$$\bar{x} - \Delta_{\bar{x}} \leqslant \overline{X} \leqslant \bar{x} + \Delta_{\bar{x}} \quad \text{（公式 8-29）}$$

总体成数的估计区间：

$$p - \Delta_p \leqslant P \leqslant p + \Delta_p \quad \text{（公式 8-30）}$$

在进行区间估计时，同时要做两个方面的判断：

(1) 准确程度的判断，即总体指标在哪两个数值范围内。

(2) 把握程度的判断，表现为概率数值。它说明的是判断的可靠程度。

在实际中，人们总希望估计的准确度尽量高一些，可靠性尽量大一些。但是，这两种要求是相互矛盾的,提高估计的准确度势必会降低估计的可靠程度,要提高估计的可靠程度又必然会降低它的准确度。因此,在估计时,只能根据统计研究的目的和任务,侧重要求其中某一个方面。所以,对总体指标的估计根据所给定的条件不同有两种不同的模式:或给定可靠程度的要求,去估计抽样误差的可能范围;或给定抽样误差范围的要求,去推断概率保证程度。

四、总体平均数的推断

总体平均数的推断就是用抽样样本的平均数来推断总体的平均数,并指明置信区间或概率保证程度。

（一）根据给定的误差范围进行区间估计

其具体步骤如下：

(1) 抽取样本,计算样本指标,作为总体指标的估计值,并计算样本标准差 S 用以推算抽样平均误差;

(2) 根据给定的抽样极限误差 Δ,估计总体指标的下限和上限;

(3) 根据抽样误差 Δ 和抽样平均误差 μ,计算概率度 t 的值,再根据 t 的值查《正态分布概率表》,查出相应的概率保证程度 $F(t)$。

【例 8-4】 某一线城市对在职职工年收入进行抽样调查,随机抽取 1000 名职工调查,调查结果为:平均每人年收入 128 000 元,标准差 12 000 元,要求抽样极限误差不超过 500 元,试对该一线城市职工平均年收入进行区间估计。

第一步,计算样本平均数、标准差和抽样平均误差：

$$\overline{x} = 128\ 000\ 元, \quad S = 12\ 000\ 元$$

$$\mu_{\overline{x}} = \frac{S}{\sqrt{n}} = \frac{12\ 000}{\sqrt{1000}} = 379.47(元)$$

第二步,计算总体指标的下限和上限：

$$下限 = \overline{x} - \Delta_{\overline{x}} = 128\ 000 - 500 = 127\ 500(元)$$

$$上限 = \overline{x} + \Delta_{\overline{x}} = 128\ 000 + 500 = 128\ 500(元)$$

第三步,计算概率度,并查表估计出概率保证程度：

$$t = \frac{\Delta_{\overline{x}}}{\mu_{\overline{x}}} = \frac{500}{379.47} = 1.32$$

查表得 $F(t) = 81.32\%$。

即有 81.32% 的把握程度估计该市在职职工平均收入在 127 500～128 500 元范围内。

（二）根据给定的概率保证程度进行区间估计

其具体步骤如下：

(1) 抽取样本,计算样本指标,作为总体指标的估计值,并计算样本标准差 S 用以推算抽样平均误差;

(2) 根据给定的概率保证程度 $F(t)$,查《正态分布概率表》,求得概率度值;

(3) 根据概率度和抽样平均误差计算抽样极限误差,并据此计算被估计的总体指标的数值。

【例 8-5】 对 10 000 只灯泡进行质量检查,随机抽取 100 只做寿命测试实验,得到的资料如表 8-2 所示。试以 95.45% 的概率保证,对 10 000 只灯泡的平均耐用时间进行区间估计。

表 8-2 灯泡抽检产品使用寿命资料

使用时间/h	灯泡 f/个	组中值 x/h	xf	$(x-\bar{x})f$
900 以下	3	850	2550	250 560
900~1000	7	950	6650	250 047
1000~1100	28	1050	29 400	221 788
1100~1200	32	1150	36 800	3872
1200~1300	20	1250	25 000	246 420
1300 以上	10	1350	13 500	445 210
合计	100	—	113 900	1 417 900

(1) 计算 $\bar{x}$、s^2、$\mu_{\bar{x}}$：

$$\bar{x} = \frac{\sum xf}{\sum f} = \frac{113\ 900}{100} = 1139\ (\text{h})$$

$$s^2 = \frac{\sum(x-\bar{x})^2 f}{\sum f - 1} = \frac{1\ 417\ 900}{100-1} = 14\ 322\ (\text{h})$$

$$\mu_{\bar{x}} = \sqrt{\frac{s^2}{n}\left(1-\frac{n}{N}\right)} = \sqrt{\frac{14\ 322}{100} \times \left(1-\frac{100}{10\ 000}\right)} = 11.91\ (\text{h})$$

(2) 根据给定的概率保证程度 $F(t) = 95.45\%$，查《正态分布概率表》得概率度 $t = 2$。

(3) 计算 $\Delta_{\bar{x}} = t\mu_{\bar{x}} = 2 \times 11.91 = 23.82$（h）

则 10 000 只灯泡的平均耐用时间的上下限分别为：

$$\bar{x} + \Delta_{\bar{x}} = 1139 + 23.82 = 1162.82\ (\text{h})$$

$$\bar{x} - \Delta_{\bar{x}} = 1139 - 23.82 = 1115.18\ (\text{h})$$

即在 95.45% 的概率保证程度下，10 000 只灯泡的平均耐用时间为 1115.18~1162.82 h。

五、总体成数的推断

总体成数的推断就是要用样本的成数，去推断总体的成数。

（一）根据给定的误差范围进行区间估计

其具体步骤，与上述总体平均数估计步骤相同。

【例 8-6】 对 10 000 只灯泡进行质量检查，随机抽取 100 只做寿命测试实验，得到的资料如表 8-2 所示。若耐用时间在 1000 小时以上者为合格品，试以 95% 的概率保证，对 10 000 只灯泡的合格率进行区间估计。

(1) 计算 p、μ_p：

$$p = \frac{n_1}{n} = \frac{28+32+20+10}{100} = 0.9$$

$$\mu_p = \sqrt{\frac{p(1-p)}{n}\left(1-\frac{n}{N}\right)} = \sqrt{\frac{0.9 \times (1-0.9)}{100} \times \left(1-\frac{100}{10\ 000}\right)} = 2.98\%$$

(2) 根据给定的概率保证程度 $F(t) = 95\%$，查《正态分布概率表》得概率度 $t = 1.96$。

(3) 计算 $\Delta_p = t\mu_p = 1.96 \times 2.98\% = 5.84\%$。

则 10 000 只灯泡合格率的上下限分别为：
$$\overline{x} + \Delta_p = 90\% + 5.84\% = 95.84\%$$
$$\overline{x} - \Delta_p = 90\% - 5.84\% = 84.16\%$$

即在 95% 的概率保证程度下，10 000 只灯泡的合格率为 84.16% ~ 95.84%。

（二）根据给定的概率保证程度进行区间估计

其具体步骤，也与上述总体平均数估计步骤相同

【**例 8-7**】 某农场对 80 000 亩耕地随机抽取 2% 的面积进行调查，结果发现有 5% 的耕地缺少微量元素——锌，试以 95.45% 的概率保证程度推断该农场全部耕地中缺少锌的面积所占比重。

（1）计算 p、S、μ_p：
$$p = 5\%, S = \sqrt{p(1-p)} = \sqrt{5\%(1-5\%)} = 21.8\%$$
$$\mu_p = \frac{\sqrt{p(1-p)}}{\sqrt{n}} = \frac{\sqrt{5\% \times 95\%}}{\sqrt{80\ 000 \times 2\%}} = 0.5\%$$

（2）根据给定的概率保证程度 95.45%，查表得概率度 $t=2$。

（3）计算抽样极限误差，确定总体平均数的下限和上限：
$$\Delta_p t \mu_p = 2 \times 0.5\% = 1\%$$
$$p - \Delta_p = 5\% - 1\% = 4\%$$
$$p + \Delta_p = 5\% + 1\% = 6\%$$

即以 95.45% 的概率保证该农场全部耕地中缺少锌的面积所占比重在 4% ~ 6% 之间。

第四节　抽样组织设计

一、抽样方案设计

科学地组织抽样调查，保证随机抽样条件的实现，并合理有效地取得各项数据，是抽样设计中一个至关重要的问题。抽样方案设计应注意的主要问题如下：

首先，要保证随机原则的实现。随机抽取样本单位是抽样调查的主要特点，是抽样推断估计的前提，违背了随机原则就会失去抽样推断的准确性和有效性。因此，在抽样组织设计中，应根据被研究现象总体的特点而采取措施，尽量保证随机原则的实现。

其次，抽样单位数确定。抽样单位数的多少是影响抽样调查工作量和费用及抽样推断结果有效性的基本和主要因素，抽样组织设计中应根据总体的标志变异程度、允许的误差范围和推断估计的可靠程度，确定合理的抽样单位数。抽样单位数越多，抽样误差就越小，反之，抽样误差就越大。抽样单位数的多少，取决于抽样推断可靠性的要求。可靠性要求越高，需抽取的样本单位数就越多。反之，就可以抽取较少的样本单位数。因此，必须合理地确定抽样推断的可靠性。

再次，科学选择抽样组织形式。由于不同的抽样组织形式有不同的抽样误差，所以，在误差要求相同的情况下，不同抽样组织形式所必需的抽样数目也不同。在抽样的时候必须根据研究总体的特征和研究目的的要求，对抽样组织形式合理选择。

最后，还必须重视调查费用这个基本因素。任何一项抽样调查都是在一定的费用限制条件下进行的。抽样允许误差越小，需抽的抽样单位数就越多，所需的调查费用就越大。反之，调查

费用就可以越小。一种科学的抽样组织方式或方法往往有可能以更少的样本单位数,取得更好的抽样效果。因此,要实现最好的抽样效果,就必须在一定的调查费用条件下,选用抽样误差最小的抽样组织方式,或在保证达到所要求的准确度条件下,做到调查费用最少。

二、必要抽样数目的确定

抽样数目也叫抽样单位数,它是决定抽样误差大小的直接因素。因此,在组织抽样调查时,必须事先确定抽样单位数。抽样单位数越多,样本的代表性越大,抽样误差越小,抽样估计的可靠性越高,但是样本单位数过多会增加人力、物力和费用开支,造成浪费。样本单位数过少,会使抽样误差增大,达不到所需要的准确性。所以,既要考虑调查的目的、性质和调查精度要求,又要考虑实施的可行性,综合权衡后选择最优的样本容量。

(一)必要抽样数目的主要影响因素

1. 总体各单位的标志变异程度

在其他条件不变的情况下,总体各单位的标志变异程度与样本单位数成正比。总体变异指标大,说明总体差异程度高,总体各单位标志值较平均数的离散程度高,则样本单位数就多;反之,总体变异指标小,则样本单位数就少。

2. 抽样极限误差的大小

在其他条件不变的情况下,抽样极限误差与样本单位数成反比。如果允许的误差范围越大,对抽样估计的精确度要求越低,则样本单位数就越少;反之,若允许的误差范围越小,对精确度的要求越高,则样本单位数就越多。

3. 抽样误差概率度

估计的可靠程度要求越高,样本容量就越大;反之,估计的可靠程度要求越低,样本容量就越小。

4. 抽样方法及抽样组织形式

抽样方法和抽样组织形式不同,样本单位数的多少也不同。在其他条件不变的情况下,重复抽样条件下的样本单位数多于不重复抽样条件下的样本单位数;在适宜的条件下,分层抽样比简单重复抽样的样本单位数少。

此外,样本单位数的多少,一方面要考虑耗费的人力、财力、物力和时间的允许条件,另一方面要考虑能否达到研究的预期目的。一般而言,样本单位数越多,抽样误差越小,样本的代表性越大。但是,样本单位数越多,耗费的人力、物力、财力和时间也越多,从而又导致研究结果的时效性差。因此,在确定样本单位数时,还要考虑到这个方面的需要与可能。

(二)抽样数目的确定方法

1. 根据平均数的抽样极限误差确定样本单位数

影响抽样误差的因素之一,是样本单位数的多少。在抽样调查中,事先确定必要的样本单位数,是一项重要的工作。由于样本单位数 n 是抽样极限误差公式的组成部分,所以可以根据抽样极限误差公式推导出样本单位数。以简单随机抽样为例,测定总体平均数所必需的样本单位数 n。

(1)重复抽样条件下:

$$n_{\bar{x}} = \frac{t^2 \sigma^2}{\Delta_{\bar{x}}^2} \qquad \text{(公式 8-31)}$$

(2) 不重复抽样条件下：

$$n_{\bar{x}} = \frac{t^2 N \sigma^2}{N \Delta_{\bar{x}}^2 + t^2 \sigma^2}$$ （公式 8-32）

2. 根据成数的抽样极限误差确定样本单位数

(1) 重复抽样条件下：

$$n_p = \frac{t^2 P(1-P)}{\Delta_P^2}$$ （公式 8-33）

(2) 不重复抽样条件下：

$$n_p = \frac{t^2 N P(1-P)}{N \Delta_P^2 + t^2 P(1-P)}$$ （公式 8-34）

$n_{\bar{x}}$ 或 n_p 是指在抽样误差不超过预先规定的数值，即满足抽样极限误差小于等于 $\Delta_{\bar{x}}$ 或 Δ_p 的条件下，至少应抽取的样本单位数。

在重复抽样情况下，如果其他条件保持不变，要使允许误差范围缩小为原来的 1/2，则样本单位数目需要扩大为原来的多少？反之，如果允许误差范围要求扩大为原来的 2 倍，抽样单位数目又要如何变化？

【例 8-8】 假定某乡有农户 20 000 户，在某次调查中采用重复的纯随机方式进行抽样，要求人均收入的极限误差控制在 150 元内，把握程度为 95.45%，该抽多少农户？如果极限抽样误差要求控制在 75 元内，应抽多少户？（注：全乡人均收入标准差为 1500 元）

(1) 重复抽样条件下：

当极限误差 $\Delta_{\bar{x}} \leqslant 150$ 元时，则：

$$n_{\bar{x}} = \frac{t^2 \sigma^2}{\Delta_{\bar{x}}^2} = \frac{2^2 \times 1500^2}{150^2} = 400 \text{ 户}$$

当极限误差 $\Delta_{\bar{x}} \leqslant 75$ 元时，则：

$$n_{\bar{x}} = \frac{t^2 \sigma^2}{\Delta_{\bar{x}}^2} = \frac{2^2 \times 1500^2}{75^2} = 1600 \text{ 户}$$

可见，在重复抽样中，Δ 极限误差缩小一半（即为原来的 1/2）时，必须把样本容量增到 4 倍。

(2) 不重复抽样条件下：

当极限误差 $\Delta_{\bar{x}} \leqslant 150$ 元时，则：

$$n_{\bar{x}} = \frac{t^2 N \sigma^2}{N \Delta_{\bar{x}}^2 + t^2 \sigma^2} = \frac{20\,000 \times 2^2 \times 1500^2}{20\,000 \times 150^2 + 2^2 \times 1500^2} = 392.16 \approx 393 \text{ 户}$$

当极限误差 $\Delta_{\bar{x}} \leqslant 75$ 元时，则：

$$n_{\bar{x}} = \frac{t^2 N \sigma^2}{N \Delta_{\bar{x}}^2 + t^2 \sigma^2} = \frac{20\,000 \times 2^2 \times 1500^2}{20\,000 \times 75^2 + 2^2 \times 1500^2} = 1481.48 \approx 1482 \text{ 户}$$

3. 计算必要样本容量应注意的问题

一是计算的样本容量是达到误差要求范围所应抽样本容量的最低限，也是最必要的样本容量。

二是如果进行一次抽样调查，对总体平均数和成数进行区间估计，运用上面公式计算两个样本容量，一般情况下，为了同时满足两个推断的要求，要在两个样本容量中选择较大的一个。

三是利用公式计算的样本容量不一定是整数,如果带小数,不允许采取四舍五入的办法化为整数,而是按照"圆整法则"选用。

四是用公式计算样本容量时,一般总体方差是未知的,在实际计算时往往利用有关资料代替。

五是如有几个方差资料,要注意选最大的。成数方差在完全缺乏资料的情况下,可用成数方差极大值 0.25 来代替。

【例 8-9】 调查一批总数为 50 000 件的机械零件的合格品率,根据过去的资料,合格品率曾有过 99%、97% 和 95% 三种情况,现在要求允许误差不超过 2%,要求推断的把握程度为 95%($t=1.96$),需要抽多少个零件为样本?

由于有三个过去的合格率的资料,为保证推断的把握程度,应选其中方差最大者,即 $P=95\%$。另外,此题未明确抽样方法,所以分别来计算:

已知 $N=50\ 000, \Delta_p=2\%, t=1.96, \sigma_p^2=P(1-P)=0.0475$

则在重复抽样条件下:

$$n = \frac{t^2 P(1-P)}{\Delta_p^2} = \frac{1.96^2 \times 0.0475}{(0.02)^2} = 456.19 \approx 457 \text{ 件}$$

在不重复抽样条件下:

$$n = \frac{t^2 NP(1-P)}{N\Delta_p^2 + t^2 P(1-P)} = \frac{50\ 000 \times 1.96^2 \times 0.0475}{50\ 000 \times (0.02)^2 + 1.96^2 \times 0.0475}$$
$$= 452.065 \approx 453 \text{ 件}$$

三、抽样组织方式

在进行抽样调查时,必须根据调查的目的、要求和所研究的全及总体的特征,对抽取样本的工作和程序做出周密的设计和安排,选择适宜的抽样组织形式。常用的抽样组织形式有简单随机抽样、分层抽样、等距抽样、整群抽样和多阶段抽样等几种方式。

(一)简单随机抽样

1. 简单随机抽样的概念

简单随机抽样也称纯随机抽样,是对全及总体的所有单位不经过任何整理,按随机原则直接从总体 N 个所有单位中抽取 n 个个体作为样本单位,使每个单位都有同等机会被抽中的一种抽样组织方式。例如,从全班 45 名学生中选出 10 人作为代表参加座谈会,将每个学生的姓名写在同样质地、同样大小的纸条上,投入一个纸箱中充分混合均匀。然后从纸箱中一张接一张共抽出 10 张纸条。这 10 张纸条和其他任何 10 张纸条,被抽中的机会都一样。

2. 简单随机抽样的抽样方法

从理论上讲,简单随机抽样是最符合抽样调查的随机原则的,是抽样中最基本的组织方式。具体的方法见图 8-2。

简单随机抽样 { 直接抽选法 / 抽签法 / 随机数表法 }

图 8-2 简单随机抽样方法

直接抽选法是指直接从调查对象中随机抽选。例如,从工厂仓库中存放的所有同类产品中随机指定若干件产品进行质量检验,从粮食仓库中不同的地点取出若干粮食样本进行含杂量、含水量的检验等。

抽签法即先将全及总体各个单位按照某种自然的顺序编上号,并做成号签,再把号签掺合起来充分摇匀,任意抽取所需单位数,然后按照抽中的号码取得对应的调查单位加以登记调查。

随机数表法是将总体中每个单位编上号码,然后使用随机数表,查出所要抽取的调查单位。所谓随机数表,是指含有一系列组别的随机数字的表格。这种表格的编制可以借助计算机产生,也可以采用数码机产生或自己编制。表格中数字的出现及排列是随机形成的。

3. 简单随机抽样的特点

(1) 直接从总体中抽取所要调查的单位,无须分组、分类、排队等处理。

(2) 必须事先对总体中的所有单位进行编码和编号。如果抽样推断中的总体单位数很多,编号查号的工作量很大。也就是说,简单随机抽样适用于单位数不多、规模不大的总体。

(3) 抽取样本时不借助有关标志的辅助信息。

(4) 当总体各单位标志值之间差异很大时,简单随机抽样的代表性就比较弱。也就是说,简单随机抽样适用于均匀总体,即具有某种特征的单位均匀地分布于总体的各个部分,使总体的各个部分都是同等分布的。

(二) 分层抽样

1. 分层抽样的概念

分层抽样又称类型抽样或分类抽样,它是将总体全部单位按照某个标志分成若干组,然后在各组中按随机原则抽取样本单位。例如在企业利润调查中,先按经济类型分类,分为公有和非公有,然后在公有中分为国有企业和集体所有制企业,再按所需研究的问题,抽选样本单位。再如,进行星级宾馆入住情况调查时,先将各宾馆按星级标准分为五星、四星、三星、二星和一星五类,然后再在各类宾馆中抽取若干个调查单位。

分层抽样实际上是分组法和抽样原理的结合。通过分组把性质比较接近的各个单位归入同一组内,使各组内调查变量的标志值差异缩小,从而减少抽样误差,提高抽样结果的代表性。特别是当总体各单位标志值差异悬殊时,由于划分类型后,缩小了各类型组内的方差。另外,在各类型组内,都有一定的单位选入样本,可以取得较好的抽样效果,能用较少的抽样单位数获得较精确的推断结果。

2. 分层抽样的抽样方法

分层抽样是按照有关的主要标志将总体分组,各组的单位数一般是不同的,所以抽选的样本单位数多少也不一样。每个类型组应该抽取多少样本单位,是抽样前必须考虑的问题。下面分别介绍一下分层抽样的分配方法:

(1) 等额分配法。在各种类型组中抽取相等的单位数,即:

$$n_1 = n_2 = \cdots = n_k$$

$$\frac{n_1}{N_1} = \frac{n_2}{N_2} = \frac{n_3}{N_3} = \cdots = \frac{n_k}{N_K} = \frac{n}{N}$$

这种方法常适用于总体内各个类型的单位数相等或差异不大的情况下,且计算简便。但实际实践中并不常见。

(2) 等比例分配法。按照总体单位数在各组类型之间的比重进行抽样,即:

$$n_i = \frac{N_i}{N} n \qquad \text{(公式 8-35)}$$

这种方法通常是指各组类型的单位数不相等,有时差异很大时使用。也是比较合理的一种方法,不会产生人为的抽样误差,抽样误差的计算也比较方便,在实际工作中被普遍采用。

(3) 最佳分配法。总体单位划分类型后,各类型组不仅所含单位数不同,且各组内变异程度

也不同。如果将各类型单位数和变异程度结合考虑,使:

$$\frac{n_i}{n} = \frac{N_i \sigma_i}{\sum N_i \sigma_i} \qquad \text{(公式 8-36)}$$

从而求得各组类型的分配抽样单位数为:

$$n_i = n \times \frac{N_i \sigma_i}{\sum N_i \sigma_i} \qquad \text{(公式 8-37)}$$

这种方法应用于需要事先知道各类型组的总体标准差。也就是说,除有历史资料估计外,是难以做到的。因此,这种方法在实际工作中很少采用。

3. 分层抽样的特点

分层抽样的优点是:当一个总体内部分层明显时,分层抽样能够克服简单随机抽样和等距抽样的缺点;分层抽样可以提高总体参数估计的精确度;有些研究不仅要了解总体的情况,而且还要了解某些类别的情况;便于行政管理,同一层可看作一个总体,因此每层可由专人进行管理。分层抽样适用于总体内个体数目较多、结构比较复杂、内部差异较大的情况。如果整体差异不明显,分层抽样是不适用的,在使用时需要与其他抽样方法综合使用。

(三)等距抽样

1. 等距抽样的概念

等距抽样又叫机械抽样或系统抽样,它是先将总体单位按某一标志排队,计算出抽样间隔,并在第一个抽样间隔内确定一个抽样起点,再按固定的顺序和相同的间隔来抽取样本单位进行观察的一种抽样方法。

设总体共有 N 个单位,现在需要抽选容量为 n 的样本。将总体 N 个单位除以样本单位数 n,求得 $k = \frac{N}{n}$ 个单位,再每隔 k 单位抽一个,直到抽满 n 个单位为止。这种相邻样本单位的间隔相等的抽样方法称为等距抽样法。

2. 等距抽样的分类

排队的标志可以是与调查标志无关的,也可以是与调查标志有关的。

按无关标志排队,是指排队时采用与调查项目无关的标志进行。例如,按姓氏笔画多少排队,按地名笔画排队,按人名册、户口簿及地图上的地理位置排队等。也可以按时间顺序排队,例如,检查产品质量,确定按 15% 的比率抽检,这时即可按时间顺序在每 15 个产品中抽取一个进行质量检查,直至将规定的样本单位数抽满为止。

因为无关标志排队的结果,从所要调查的标志来看,总体单位的排列顺序实际上仍是随机的。所以,其抽样起点 i 可以随机确定,即可以是第一个抽样距离内的任意一个总体单位($1 \leqslant i \leqslant k$),这样得到的样本完全遵循了随机原则,不会产生系统偏差。

按有关标志排队,是指排队时采用与调查项目有关的标志进行。例如:进行我国水稻产量抽样调查,由省抽县,县抽乡,乡抽村,都是按前三年的水稻平均亩产量排队的;进行我国城市职工家计抽样调查,是按职工平均工资排队的。按有关标志排队,能使被研究对象标志值的变动均匀地分布在总体中,保证样本具有较强的代表性。

由于其排队标志与调查内容有密切关系,排队后,从所要调查的变量来看,总体单位也大致呈顺序排列。所以其抽样起点一般不宜随机确定。否则,若在第一个抽样间隔内随机地抽取一个标志值较小(或较大)的单位作为抽样起点,整个样本势必出现偏低(或偏高)的系统偏差。

3. 等距抽样的特点

等距抽样的优点是，抽取方式简单，容易实施，所以这种方式在实际工作中常被采用。由于等距抽样能使抽出的样本均匀地分布在总体中，因此调查的精度高于简单随机抽样。按有关标志排队接近于分层抽样，也常用分层抽样的公式来计算等距抽样的误差，但计算出来的误差比实际存在的误差可能小，不利于抽样推断置信度的提高。用简单抽样的公式来计算等距抽样（包括按有关标志排队和按无关标志排队）的误差，计算出来的误差比实际存在的误差大，有利于抽样推断置信度的提高。所以，在实际工作中常用简单抽样的误差公式和推断程度对等距抽样的误差和估计量进行推断。等距抽样没有专门的误差计算公式。

但需要注意，等距抽样的第一个样本单位位置确定以后，其余样本单位的位置也就确定了。因此，要避免抽样间隔和现象本身的周期、节奏重合而引起的系统性偏差。例如：农产量调查时，农作物的抽样间隔不宜和垄的长度相等；工业产品质量检查时，产品抽取时间不要和上下班的时间相一致，以防止发生系统性误差。

（四）整群抽样

1. 整群抽样的概念

整群抽样又称集团抽样，它是将总体全部单位分为若干部分（每一部分称为一个群体，简称群），然后以群为单位，按随机原则从中抽取若干个群构成样本，对中选群内的所有单位进行全面调查的抽样方法。

2. 整群抽样的特点

进行整群抽样时，可以按随机抽样方式进行抽选，也可以按等距抽样方式进行抽选。由于整群抽样是在各群之间进行抽样调查，而被抽中群的内部是全面调查。所以整群抽样的误差大小取决于群间方差的大小和抽样数目的多少，各群间的平均变异程度越小，则抽样结果就越趋精确。而群内方差是不会影响整群抽样的误差的。进行整群抽样将总体进行分解时，必须遵循同一群体内的各单位，其统计特征值相差大一些，群与群之间的统计特征值相差小些的原则。这两点刚好和分层抽样相反。

整群抽样的优点是抽选的单位比较集中，调查较为方便，可以节省人力、物力和财力，尤其是当总体中包括的单位数很多且缺乏可靠的登记资料时，直接对这些单位进行抽样调查将有很大困难。例如对农民的人均收入进行调查，不容易获得可靠的登记资料，在这种情况下，可以将总体按某种标志分为许多群，如农村的乡、村、户等，然后进行整群抽样。所以整群抽样一般适宜在总体单位缺少可以利用的表册和名单的场合，有的虽可编造名册，但由于费用太高或不宜编出名册的场合，以及有一些小的抽样单位，因界限不易区分，容易造成偏误推算的场合应用。

（五）多阶段抽样

1. 多阶段抽样的概念

前面介绍的四种抽样方式都属于单阶段抽样，即经过一次抽选就可以直接确定样本单位的抽样方法。对于一个很大的总体来讲，直接抽取样本，技术上困难很多，往往采用多阶段抽样进行抽样调查。

多阶段抽样是先从总体中抽取一级单位，再从一级单位中抽取二级单位……如此下去，最后才抽取所要调查的基本单位的一种抽样形式。例如，我国粮食产量抽样调查，第一阶段是从省抽到县，第二阶段是从中选县抽乡，第三阶段从中选乡抽村，再从村抽地块，最后再从地块抽具体的样本点，并以样本点检测的实际资料来推算平均亩产和总产量。

2. 多阶段抽样的特点

多阶段抽样的优点是比整群抽样灵活,在样本容量相同的条件下,多阶段抽样的样本单位在总体中的散布比整群抽样均匀。此外,它还可以利用现成的行政区划组织系统作为划分各阶段的依据。缺点在于调查结果的精确性不太高,计算、分析比较复杂。

非概率抽样

简单随机抽样、分类抽样、等距抽样和整群抽样等,皆为概率抽样。在抽样的实践中,人们常使用非概率抽样。

非概率抽样,又称为不等概率抽样或非随机抽样,就是调查者根据自己的方便或主观判断抽取样本的方法。它不是严格按随机抽样原则来抽取样本的,所以失去了大数定律的存在基础,也就无法确定抽样误差,无法正确地说明样本的统计值在多大程度上适合于总体。虽然根据样本调查的结果也可在一定程度上说明总体的性质、特征,但不能从数量上推断总体。非概率抽样主要有方便抽样、定额抽样、立意抽样、滚雪球抽样、空间抽样等类型。

最常见的方便抽样是偶遇抽样,即研究者将在某一时间和环境中所遇到的每一总体单位均作为样本成员。"街头拦人法"就是一种偶遇抽样。某些调查对被调查者来说是不愉快的、麻烦的,这时为方便起见就采用以自愿被调查者为调查样本的方法。方便抽样是非随机抽样中最简单的方法,省时省钱,但样本代表性因受偶然因素的影响太大而得不到保证。

定额抽样也称配额抽样,是先将总体依某种标准分层(群),然后按照各层样本数与该层总体数成比例的原则主观抽取样本。定额抽样与分层概率抽样很接近,最大的不同是分层概率抽样的各层样本是随机抽取的,而定额抽样的各层样本是非随机的。总体也可按照多种标准的组合分层(群)。例如,在研究自杀问题时,考虑到婚姻与性别都可能对自杀有影响,可将研究对象分为未婚男性、已婚男性、未婚女性和已婚女性四个组,然后从各群非随机地抽样。定额抽样是通常使用的非概率抽样方法,样本除所选标识外无法保证代表性。

立意抽样又称判断抽样,是指研究人员从总体中选择那些被判断为最能代表总体的单位作为样本的抽样方法。当研究者对自己的研究领域十分熟悉,对研究总体比较了解时采用这种抽样方法,可获得代表性较强的样本。这种抽样方法多应用于总体小而内部差异大的情况,以及在总体边界无法确定或因研究者的时间与人力、物力有限时采用。

滚雪球抽样是以若干个具有所需特征的人为最初的调查对象,然后依靠他们提供认识的合格的调查对象,再由这些人提供第三批调查对象,依此类推,样本如同滚雪球般由小变大。滚雪球抽样多用于总体单位的信息不足或观察性研究的情况。这种抽样中有些分子最后仍无法找到,有些分子被提供者漏而不提,两者都可能造成误差。

实验操作

抽样分析在 Excel 中的实现

一、实验目的和要求

目的:培养学生分析数据的基本能力。通过本实验,熟练掌握利用 Excel 完成对数据进行随机抽样,并实现由样本推断总体。

要求:就本专业相关问题收集一定数量的数据(≥30),利用 Excel 进行如下操作:

(1) 使用 Excel 中的数据分析选项完成抽样。

(2) 使用高级筛选功能得到不重复抽样结果。

(3) 使用 Excel 中 RAND()函数实现不重复抽样。

(4) 构造一个专门用于实现样本推断总体的 Excel 工作表。

二、实验仪器、设备和材料

个人电脑(人/台)、Excel 软件。

三、实验过程

(一) 使用 Excel 进行随机抽样

某高校教务处期中教学检查组检查学生的考试试卷,检查组拟对总体进行抽样调查。对该校物流专业某班 50 名学生随机抽取 20 名学生作为调查样本,并且对 50 名学生按照学号编号进行随机抽样。

操作步骤如下。

第一步:启动 Excel,建立学生学号的数据集,如图 8-3 所示。

	A	B	C	D	E
1	学号				
2	46101	46111	46121	46131	46141
3	46102	46112	46122	46132	46142
4	46103	46113	46123	46133	46143
5	46104	46114	46124	46134	46144
6	46105	46115	46125	46135	46145
7	46106	46116	46126	46136	46146
8	46107	46117	46127	46137	46147
9	46108	46118	46128	46138	46148
10	46109	46119	46129	46139	46149
11	46110	46120	46130	46140	46150

图 8-3 建立学号的数据集

要实现上述数据集的建立,需要对所输入的数据格式进行设置。在 A2、A3 两个单元格中输入"101""102"两个数字后,选中这两个单元格,单击右键,选择"设置单元格格式";单击"数字"标签,在"分类"列表框中选择"自定义"选项,在对话框右侧的"类型"栏中输入"4600",表示当数字未满 5 位数时,将在前面自动补"46",并且自动四舍五入,仅显示整数部分,如图 8-4 所示。

第二步:依次选择"工具""数据分析""抽样"后,单击"确定"按钮,如图 8-5 所示。

第三步:在弹出的"抽样"对话框,依次对输入区域、抽样方法、样本数、输出区域进行设置,如图 8-6 所示。

在"输入区域"栏中输入学生学号所在的区域,若所选数据区域包含"标志"项,则勾选"标志"选项。在"抽样方法"栏中,可以根据实际情况选择周期和随机两种抽样模式。周期模式,即所谓的等距抽样,采用这种抽样方法,需将总体单位数除以要抽取的样本单位数,求得取样的周期间隔。随机模式适用于纯随机抽样、分类抽样、整群抽样和阶段抽样。采用纯随机抽样,只需在"样本数"框中输入要抽取的样本单位数即可。这里我们采用随机抽样,样本数输入所需要的样本个数 20。在"输出区域"栏中输入所抽取样本存放的起点。

图 8-4 设置单元格格式

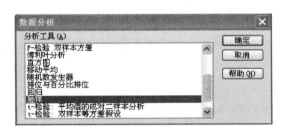

图 8-5 "数据分析"对话框

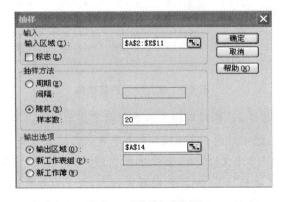

图 8-6 "抽样"对话框

第四步：单击"确定"按钮，抽样结果如图 8-7 所示。因为任何数值都有可能使某个样本被重复抽取，如"46110""46112""46142"都被抽取了两次，可以使用"筛选"功能对所得数据进行筛选。

第五步：依次选择"数据""筛选""高级筛选"，即弹出"高级筛选"的对话框，依次填入相关内容，勾选"选择不重复的记录"选择框，如图 8-8 所示。

第六步：单击"确定"按钮，即得到不重复抽样结果，共有样本 17 个，如图 8-9 所示。

(二) RAND()函数不重复抽样

Excel 中的 RAND()函数可以返回大于等于 0 小于 1 的均匀分布随机数，RAND()函数不带任何参数运行，每次计算时都将返回一个新的数值。RAND()函数可以被用作不重复抽样调

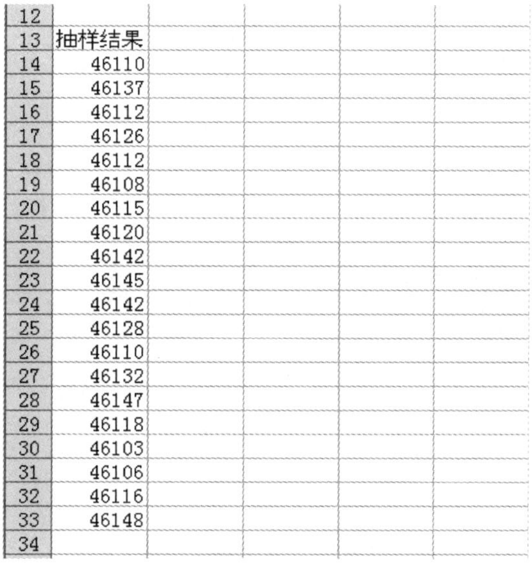

图 8-7　抽样结果

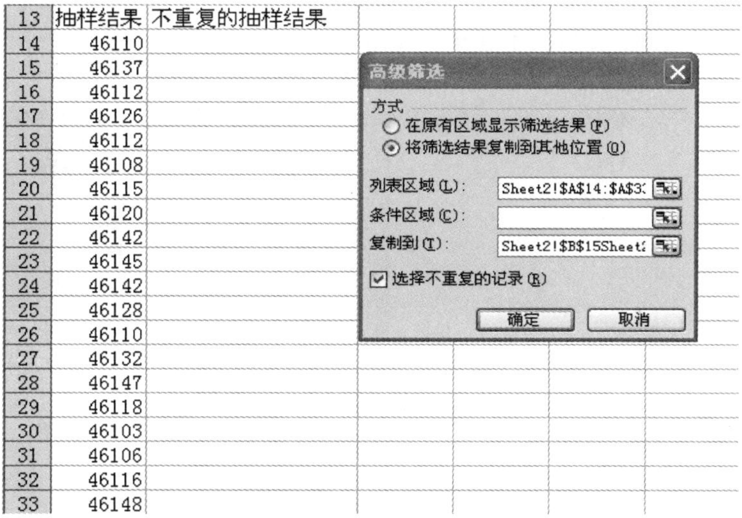

图 8-8　筛选抽样结果

查的工具。

如图 8-10 所示有 10 个象征性样本数据，欲从中随机抽取 5 个数据可按如下步骤操作：

第一步：选择 B2 单元格，输入公式"＝RAND()"并回车。

第二步：拖动 B2 单元格右下角的填充柄至 B11 单元格，并在 B1 单元格输入标题"random"。

第三步：选取单元格 B2 至 B11，右击选中的区域选择"复制"，再次右击选中的区域，选择"选择性粘贴"，单击选项"数值"后，点击"确定"按钮，如图 8-11 所示。

第四步：选取单元格 A2 至 B11 单元格，选择"数据"菜单项下的排序子菜单。

第五步：选取"random"为主要关键字，然后点击"确定"按钮，排序结果如图 8-12 所示，A2 至 A6 单元格的样本即为随机抽取的 5 个样本。

	抽样结果	不重复的抽样结果
12		
13	抽样结果	不重复的抽样结果
14	46110	46110
15	46137	46137
16	46112	46112
17	46126	46126
19	46108	46108
20	46115	46115
21	46120	46120
22	46142	46142
23	46145	46145
25	46128	46128
26	46110	46132
27	46132	46147
28	46147	46118
29	46118	46103
30	46103	46106
31	46106	46116
32	46116	46148
33	46148	
34		

图 8-9　不重复抽样结果

图 8-10　象征性样本数据

图 8-11　选择性粘贴设置

	A	B
1	NO	random
2	10	0.405890125
3	2	0.663657464
4	1	0.495278332
5	7	0.374679251
6	4	0.633395728
7	5	0.024599404
8	8	0.949196721
9	9	0.14524801
10	6	0.957607534
11	3	0.123826808

图 8-12　随机抽取的样本数据

（三）利用 Excel 的几个函数实现样本推断总体

掌握利用 Excel 的几个函数，如求平均函数 AVERAGE、标准差函数 STDEV、T 分布函数 TINV 等的组合使用构造一个专门用于实现样本推断总体的 Excel 工作表。

例如，计算样本的平均数和标准差，然后在一定置信水平上估计总体均值的区间范围。操作步骤如下：

第一步：构造工作表，如图 8-13 所示。首先在各个单元格输入以下的内容，其中左边是变量名，右边是相应的计算公式。

	A	B
1		以样本均值推断总体均值的置信区间
2		
3	样本统计量	
4	样本个数	=COUNT(样本数据)
5	样本均值	=AVERAGE(样本数据)
6	样本标准差	=STDEV(样本数据)
7	用户输入	
8	置信水平	0.95
9	计算结果	
10	抽样标准误	='样本标准差'/SQRT('样本个数')
11	自由度	='样本个数'-1
12	t值	=TINV(1-'置信水平','自由度')
13	置信区间半径	='t值'*'抽样标准误'
14	置信区间上界	='样本均值'-'置信区间半径'
15	置信区间下界	='样本均值'+'置信区间半径'

图 8-13　构造工作表

第二步：为表格右边的公式计算结果定义左边的变量名。选定 A4:B6、A8:B8 和 A10:B15 单元格（先选择第一部分，再按住 Ctrl 键选取另外两个部分），选择"插入"菜单的"名称"子菜单的"指定"选项，用鼠标点击"最左列"选项，然后点击"确定"按钮即可。

第三步：输入样本数据和用户指定的置信水平 0.95。

第四步：为样本数据命名。选定 D1:D11 单元格，选择"插入"菜单的"名称"子菜单的"指定"选项，用鼠标点击"首行"选项，然后点击"确定"按钮，得到如图 8-14 所示的计算结果。

	A	B	C	D
1		以样本均值推断总体均值的置信区间		样本数据
2				28.5
3	样本统计量			26.4
4	样本个数	10		33.5
5	样本均值	31.4		34.3
6	样本标准差	2.814249456		35.9
7	用户输入			29.6
8	置信水平	0.95		31.3
9	计算结果			31.1
10	抽样标准误	0.889943818		30.9
11	自由度	9		32.5
12	t值	2.262158887		
13	置信区间半径	2.013194318		
14	置信区间上界	29.38680568		
15	置信区间下界	33.41319432		

图 8-14　计算结果

结果说明：使用 Excel 的公式和函数，可以构造出一个能实现样本推断总体有关计算的 Excel 工作表。实际上，在用 Excel 进行数据统计处理时，许多统计功能可以使用与上例类似的方法，通过组合使用 Excel 的各类统计函数和公式加以实现。

本章小结

抽样调查是在随机抽样调查的基础上,利用样本的实际资料计算样本指标,并据以推断总体相应数量特征的一种统计分析方法。抽样的目的不在于了解样本本身的数量特征,而在于借助样本的数量特征估计和检验总体的数量特征。它主要用于不能够、不适应和不必要进行全面调查的现象,也用于对全面调查资料的修正。抽样调查的基本概念有:全及总体和抽样总体、全及指标和样本指标、重复抽样和不重复抽样。

抽样误差是指由于随机抽样的偶然因素,使样本各单位的结构不足以代表总体各单位的结构,而引起抽样指标和全及指标之间的绝对离差。应熟练掌握抽样平均误差的计算公式及抽样平均误差、抽样极限误差和概率度之间的关系。

抽样估计就是利用实际调查计算的样本指标来估计相应的总体指标数值。抽样估计有点估计和区间估计两种。点估计是用实际样本指标数值代替总体指标数值,优良的估计量应符合无偏性、一致性和有效性三个标准。参数区间估计是指估计参数的可能范围,同时对参数落在这一范围内给定相应的概率保证程度。估计优良性评价的基本要求是在保证置信度的前提下,尽可能提高精确度。

确定从总体中抽取多少个样本单位是制订抽样调查方案中一个重要的问题。抽样单位数要适度,其原则是在保证抽样推断能达到预期的可靠程度和精度的要求下,确定一个恰当的抽取样本单位的数目。应熟练掌握样本单位数确定的计算公式及其影响因素。

抽样的组织方式有简单随机抽样、分层抽样、等距抽样、整群抽样等。简单随机抽样是基础,其他方式都是以它的原则为依据形成的。

思考与能力训练

一、单选题

1. 抽样调查所遵循的基本原则是( )
 A. 准确性原则 B. 随机性原则 C. 可靠性原则 D. 灵活性原则
2. 总体指标和样本指标( )
 A. 都是随机变量 B. 都是确定性变量
 C. 前者是唯一确定的,后者是随机变量 D. 前者是随机变量,后者是唯一确定的
3. 抽样调查的主要目的是( )
 A. 用样本指标来推算总体指标 B. 对调查单位做深入研究
 C. 计算和控制抽样误差 D. 广泛运用数学方法
4. 统计误差按产生的来源分类,有( )
 A. 随机误差和抽样误差 B. 调查误差和随机误差
 C. 登记性误差和代表性误差 D. 工作误差和抽样误差
5. 反映抽样指标与总体指标之间的抽样误差的可能范围的指标是( )
 A. 抽样平均误差 B. 抽样误差系数 C. 概率度 D. 抽样极限误差
6. 抽样平均误差反映了样本指标与总体指标之间的( )
 A. 实际误差 B. 实际误差的绝对值
 C. 平均误差程度 D. 可能误差范围

7. 抽样误差是指（　　）
A. 调查中所产生的登记性误差　　　　B. 调查中所产生的系统性误差
C. 随机抽样而产生的代表性误差　　　D. 由于违反了随机抽样原则而产生的误差

8. 抽样误差（　　）
A. 既可以避免，也可以控制　　　　　B. 既不可以避免，也不可以控制
C. 可以避免，但不可以控制　　　　　D. 不能避免，但可以控制

9. 抽样极限误差是（　　）
A. 调查性误差　　　　　　　　　　　B. 一定可靠程度下的抽样误差可能范围
C. 最小抽样误差　　　　　　　　　　D. 等于抽样平均误差

10. 在其他条件相同的情况下，重复抽样的抽样平均误差和不重复抽样的相比（　　）
A. 前者一定大于后者　　　　　　　　B. 前者一定小于后者
C. 两者相等　　　　　　　　　　　　D. 前者可能大于，也可能小于后者

11. 抽样推断的精确度和极限误差的关系是（　　）
A. 前者高说明后者小　　　　　　　　B. 前者高说明后者大
C. 前者变化而后者不变　　　　　　　D. 两者没有关系

12. 在其他条件不变的情况下，如果允许误差缩小为原来的一半，则样本容量（　　）
A. 缩小为原来的4倍　　　　　　　　B. 扩大为原来的2倍
C. 缩小为原来的1/2　　　　　　　　D. 扩大为原来的4倍

13. 在简单随机重复抽样条件下，欲使抽样平均误差缩小为原来的三分之一，则样本容量应（　　）
A. 增加8倍　　　　B. 增加9倍　　　　C. 增加3倍　　　　D. 增加2.25倍

14. 当总体单位数较大时，若抽样比为51%，则对于简单随机抽样，不重复抽样的平均误差约为重复抽样的（　　）
A. 51%　　　　　　B. 49%　　　　　　C. 70%　　　　　　D. 30%

15. 在其他条件不变的条件下，提高抽样估计的可靠程度，其精确程度将（　　）
A. 保持不变　　　　B. 随之扩大　　　　C. 随之缩小　　　　D. 无法确定

16. 事先将总体各单位按某一标志排列，然后依排列顺序和按相同的间隔来抽选调查单位的抽样称为（　　）
A. 简单随机抽样　　B. 类型抽样　　　　C. 等距抽样　　　　D. 抽样误差概率度

17. 某冷库对储藏一批禽蛋的变质率进行抽样调查，根据以前的资料，禽蛋储藏期变质率为53%、49%、48%。现在允许误差不超过5%，推断的概率保证度为95%，问至少要抽取的禽蛋数为（　　）
A. 400　　　　　　B. 384　　　　　　C. 383　　　　　　D. 385

18. 当前，在社会调查中最常用的调查方式是（　　）
A. 普查　　　　　　B. 抽样调查　　　　C. 重点调查　　　　D. 追溯研究

19. 概率抽样中效果最好的抽样方式是（　　）
A. 简单随机抽样　　B. 等距抽样　　　　C. 分层抽样　　　　D. 整群抽样

20. 在下列抽样方法中，属于非概率抽样的是（　　）
A. 定额抽样　　　　B. 分层抽样　　　　C. 整群抽样　　　　D. 多阶段抽样

二、多选题

1. 抽样误差是(　　)
A. 抽样估计值与总体未知参数之差
B. 抽样估计值与总体未知的总体特征值之差
C. 登记性误差
D. 系统性误差
E. 偶然性误差

2. 抽样估计中的抽样误差(　　)
A. 是不可避免要产生的
B. 是可以通过改进调查方法来消除的
C. 是可以事先计算出来的
D. 只能在调查结束之后才能计算
E. 其大小是可以控制的

3. 影响抽样误差的因素有(　　)
A. 是有限总体还是无限总体
B. 是变量总体还是属性总体
C. 是重复抽样还是不重复抽样
D. 总体被研究标志的变异程度
E. 抽样单位数的多少

4. 从全及总体中抽取样本单位的方法有(　　)
A. 简单随机抽样
B. 重复抽样
C. 等距抽样
D. 不重复抽样
E. 类型抽样

5. 总体参数的区间估计必须同时具备的三个要素是(　　)
A. 样本单位数
B. 抽样指标,相应总体指标的估计值
C. 抽样误差范围
D. 概率保证程度
E. 抽样平均误差

6. 常用的抽样组织形式包括(　　)
A. 重复抽样
B. 简单随机抽样
C. 不重复抽样
D. 等距抽样
E. 类型抽样和整群抽样

7. 简单随机抽样(　　)
A. 适用于总体各单位呈均匀分布的总体
B. 适用于总体各单位标志变异较大的总体
C. 在抽样之前要求对总体各单位加以编号
D. 最符合随机原则
E. 是抽样中最基本也是最简单的抽样组织形式

8. 抽样估计的优良标准是(　　)
A. 无偏性　　B. 随机性　　C. 一致性　　D. 有效性　　E. 代表性

9. 计算抽样平均误差,总体标准差常常是未知的,经常采用的替代办法有(　　)
A. 用过去同类问题的全面调查或抽样调查的经验数据
B. 用样本的标准差
C. 凭抽样调查者经验确定
D. 用总体方差
E. 先组织试验性抽样,用试验样本的标准差

10. 抽样估计的特点是(　　)

A. 在逻辑上运用归纳推理　　　　　　　　B. 在逻辑上运用演绎推理
C. 在方法上运用数学分析法　　　　　　　D. 在方法上运用概率分析法
E. 抽样估计存在抽样误差,抽样误差和抽样估计的可靠程度有关

三、判断题

1. 在抽样推断中,作为推断对象的总体和作为观察对象的样本都是确定的、唯一的。(　　)

2. 样本成数是指在样本中具有被研究标志表现的单位数占全部样本单位数的比重。(　　)

3. 在简单随机抽样中,如果重复抽样的抽样极限误差增加40%,其他条件不变,则样本单位数只需要原来的一半左右。(　　)

4. 总体是指包括调查对象所有单位的全体,而样本是指从总体中按随机原则抽取出来的部分单位所组成的集合体。(　　)

5. 参数是总体的某种特征值,而统计量是一个不含未知参数的样本函数。(　　)

6. 在计算样本容量时,成数方差 $P(1-P)$ 在完全缺乏资料的情况下,可用成数方差 $P(1-P)$ 的极大值 0.5×0.5 来代替。(　　)

7. 抽样平均误差总是小于抽样极限误差。(　　)

8. 所有可能的样本平均数的平均数等于总体平均数。(　　)

9. 类型抽样应尽量缩小组间标志值变异,增大组内标志值变异,从而降低影响抽样误差的总方差。(　　)

10. 计算抽样平均误差,而缺少总体方差资料时,可以用样本方差代替。(　　)

11. 整群抽样为了降低抽样平均误差,在总体分群时注意增大群内方差,缩小群间方差。(　　)

12. 抽样估计的置信度就是表明抽样指标和总体指标的误差不超过一定范围的概率保证程度。(　　)

四、简答题

1. 什么是抽样推断? 抽样推断有哪几方面的特点?

2. 什么是抽样误差? 影响抽样误差大小的因素有哪些?

3. 什么是抽样平均误差和抽样极限误差,两者有何关系?

4. 为什么说不重复抽样误差总是小于而又接近于重复抽样误差?

5. 什么是概率度,什么是置信度,两者有什么关系?

五、计算题

1. 某铸造厂生产某种铸件,现从该厂某月生产的 500 吨铸件中随机抽取 100 吨。已知一级品率为 60%,试求其一级品率的抽样平均误差。

2. 某工业企业有 1000 名工人,随机抽选其中的 100 名工人作为样本来调查其工资水平,经计算得到平均工资为 650 元,标准差为 50 元。若以 95.45% 的可靠性进行推断,试求极限误差和该厂工人的月平均工资的置信区间。

3. 某工厂从生产的一批零件中随机抽取 1% 检验其质量,调查资料如下:

使用寿命/h	零件数/件
700 以下	10

续表

使用寿命/h	零件数/件
700~800	60
800~900	230
900~1000	450
1000~1200	190
1200 以上	60
合计	1000

根据质量标准,使用寿命在 800 h 以上为合格品。试以 90% 的概率保证程度:

(1) 对这批零件的平均使用寿命进行区间估计;

(2) 对这批零件的合格率及合格品数量进行区间估计。

4. 对某电子元件 10 000 只进行耐用性能检查。根据以往的抽样测定,求得耐用时数的标准差为 600 h。试求在重复抽样条件下:

(1) 概率保证程度为 68.27%,元件平均耐用时数的误差范围不超过 150 h,要抽取多少元件做检查?

(2) 根据以往的抽样检验知道,元件合格率为 95%,合格率的标准差为 21.8%。要求在 99.73% 的概率保证下,允许误差不超过 4%。试确定重复抽样所需抽取的元件数是多少? 如果其他条件不变,采用不重复抽样应抽取多少元件做检查?

六、讨论题

选择"大数据时代抽样调查面临的挑战与机遇"作为主题开展小组讨论,了解大数据发展现状和趋势及其对经济社会发展的影响,知悉国家大数据战略实施的背景和意义。可构建座谈会场景,让学生扮演情景角色,模拟情景过程,依据党史重要文献《毛泽东农村调查文集》就如何开展有效座谈会、调查人员应具备怎样的基本素质、怎样使对方说真话等问题进行总结,让学生在高度仿真的情景中获取知识、提高能力。

第九章 相关分析与回归分析

知识导览

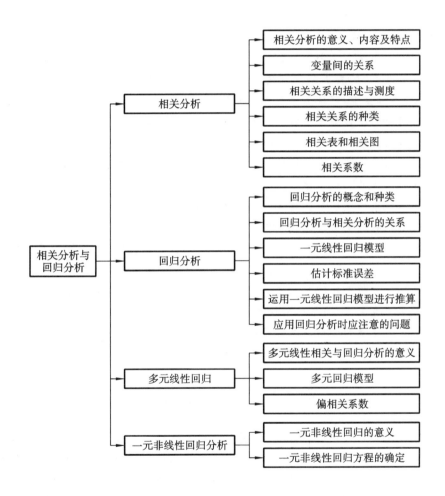

学习目标

（1）专业知识目标：通过本章的学习，理解相关关系的概念及意义，掌握相关系数和回归方程方法，并能依据实际资料计算相关系数以测定两个变量之间关系的密切程度以及建立一元线性回归方程进行分析和预测。

（2）职业能力目标：通过本章的学习，要能结合实例进行变量之间的相关分析与回归分析。

（3）课程思政目标：学会将马克思主义哲学认识论的现象与本质、规律与随机、主要矛盾与次要矛盾及"从实践中来到实践中去"理论融入相关分析、回归模型的构建中去。相关分析、回归分析是根据变量间关系建模的统计方法。利用宏观经济和社会数据说明相关分析与回归分析的具体应用,阐述相关分析与回归分析在国家经济和社会政策制定中的作用。

引导案例

在经济学里有个裙边理论。这个理论是由宾州大学经济学家乔治·泰勒提出的,是一种形象描述市场走势的理论。裙边理论又称裙边效应。19世纪20年代,宾州大学华盛顿商学院经济学家乔治·泰勒提出了这样一个观点:"经济增长时,女人会穿短裙,因为她们要炫耀里面的长丝袜;当经济不景气时,女人买不起丝袜,只好把裙边放长,来掩饰没有穿长丝袜的窘迫。"当妇女普遍选择短裙,裙边向上收时,股市也随之上扬,如20世纪20年代和60年代;相反,当妇女穿着长裙,裙边向下降时,市场也逐渐走低,如20世纪30年代和40年代。目前还出现了"发型长短也能看出经济是否景气"的数据研究。发型、裙边与经济是否景气间的这种关系就称为相关关系。实际上,在人类社会中,有许多事物和现象彼此之间往往存在着相互联系、相互依存、相互制约的关系。我们可以列举许多关于客观现象之间存在的相互联系、相互影响、相互制约的例子,比如商品销售额与流通费、施肥量与农作物产量、家庭收入与家庭支出、工资增长与劳动生产率之间的关系等。从数量上研究这些现象的相互依存关系,分析现象变动的影响因素和作用程度,在实际工作中是很有用的。从数量上研究现象之间有无关系存在,相互关系的密切程度如何,有助于我们深入了解现象的发展变化规律以及其发展变化的制约因素,对我们加强经营管理,进行市场预测等工作具有极其重要的意义。例如,在工业生产中,通过对影响产品成本的各种因素的分析,以达到控制成本的目的;在农业生产中,通过观察和研究施肥量、密植程度、耕作深度等各因素对农作物产量的影响,来确定合理的施肥量、密植程度、耕作深度,进而提高农作物产量。

相关分析与回归分析是处理变量之间关系的一种统计分析。对上述几对变量,我们关心的问题是变量间是否存在关系,关系的密切程度如何,关系的具体形式是什么,怎样根据一个变量的变动来估计另一个变量的变动。本章将对以上问题一一做出回答。

第一节　相关分析

一切客观现象都是普遍联系、相互制约而不是孤立的,并且它们之间的相互联系都可以用数量表现出来。例如:身材高大的人体重也要重一些;增加施肥量会使农作物单位产量得到提高;扩大商场营业面积可以降低流通费用;劳动生产率提高会相应地降低成本,使利润增加,等等。从数量上研究现象之间的相互联系,是统计认识社会的有效方法。相关分析就是这种有效的分析方法之一。

一、相关分析的意义、内容及特点

(一)相关分析的意义

相关分析是研究一个变量(y)与另一个变量(x)或另一组变量($x_1, x_2, \cdots, x_n$)之间关系的紧密程度,并用相关系数或指数来表示。其目的是揭示现象之间是否存在相关关系,确定相关关系的表现形式以及确定现象变量之间相关关系的密切程度和方向。

在相关分析中，若相关现象之间存在着一定的因果关系，通常把起决定作用的变量叫自变量，一般用 x 表示，把受自变量影响而相应变化的变量作为因变量，一般用 y 表示。例如，研究学习成绩与学习时间之间的关系时，学习时间为自变量（x），学习成绩为因变量（y）；研究劳动生产率与利润之间的关系时，劳动生产率为自变量（x），利润为因变量（y）。若现象间只存在相关关系并不存在明显的因果关系，如人的身高与体重之间的关系，在这种情况下，究竟哪个变量（现象）为自变量，哪个变量（现象）为因变量，则要根据研究目的来决定。相关分析按变量是否是随机变量，可分为固定相关分析和随机相关分析。前者是研究一个随机变量与另一个或另一组非随机变量（可控变量）之间的相关关系。后者是研究一个随机变量与另一个或另一组随机变量之间的相关关系。

（二）相关分析的内容

相关分析有广义和狭义之分，狭义的相关分析，简称为相关分析，它是对客观现象之间存在的相关关系密切程度的研究，即研究现象之间是否相关、相关的方向和密切程度，它不区分自变量与因变量，对各变量的构成形式也不关心。其研究目的在于探讨现象之间相互关系的密切程度及其变化的规律性，并做出正确判断，从而进行必要的预测与控制。

广义的相关分析包括对现象间的相关形式的分析，即回归分析。在回归分析中根据研究的目的，应区分出自变量和因变量，并研究确定自变量和因变量之间的具体关系的方程形式。其主要方法有：建立回归模型、求解回归模型中的参数、对回归模型进行检验等。广义的相关分析包括狭义的相关分析和回归分析两部分内容。

相关关系的主要内容包括：

1. 判定现象之间是否存在相关关系及其相关的表现形式

这是相关分析的出发点，主要通过定性分析和对相关图表的观察做出判断。有相互依存关系才能用相关方法进行分析，没有关系却当作有关系会使认识发生错误。它们之间的关系表现为什么样的形式就需要使用什么样的方法分析，如果把曲线相关当作直线相关来进行分析，将会使认识发生偏差。

2. 测定现象之间相关关系的密切程度

这是相关分析的基本内容，主要通过计算相关系数来判定。相关分析的目的之一就是从不严密的关系中判断其关系的密切程度。判断的主要方法就是把自变量和因变量的数据资料编制成散点分布图或相关表，帮助我们做一般分析，判断相关关系的密切程度，进而计算出相关系数。若相关关系不密切，就没有必要进行下一步的研究；如果相关关系较密切，就必须花费大量的精力进行研究，为以后的分析奠定基础。

3. 确定相关关系的数学表达式

借助一个数学表达式来近似描述变量之间的数量变化关系。数学表达式即数学模型，根据它可以由一个或几个自变量的数值推断出因变量的可能值。利用数学模型去判断、推算和预测事物的数量，这是定量相关分析的主要内容。如果现象之间的关系表现为直线关系，则采用配合直线的方法；如果现象之间的关系表现为各种曲线，则用配合曲线的方法。使用这种方法能使我们找到现象之间相互依存关系数量上的规律性。这是进行判断、推算、预测的依据。

4. 确定因变量估计值的误差程度

它主要通过计算估计标准误差来完成。根据得到的数学模型和给出的自变量的若干数值，求得因变量的若干个估计值。这个估计值与实际值之间有一定的差距，差距的大小反映估计值的准确性大小。估计标准误差是用于反映因变量估计值误差程度大小的指标，估计标准误差大，说明估计不精确;估计标准误差小,说明估计较精确。

5. 对计算出的相关系数进行显著检验

对现象之间变量关系的研究,统计是从两方面进行的:一方面研究变量之间关系的紧密程度,这种研究称相关分析;另一方面对自变量和因变量之间的变动关系,用数字方程式,称为回归分析,相关与回归既有区别,又有密切关系。

(三)相关分析的特点

(1)相关分析主要是计算一个指标,即相关系数,用于反映变量之间相关关系的密切程度。

(2)分析时把两个变量的地位可以看成对等的,不用区分哪个是自变量,哪个是因变量,可以直接根据两个变量的数值计算相关系数。

(3)在变量之间存在着互为因果关系的条件下,相关系数也只有一个。例如,变量 x 和 y,无论 x 为自变量,y 为因变量,还是 x 为因变量,y 为自变量,两种条件下计算出的相关系数是一个。

(4)相关系数有正负号,表示相关的方向。

(5)计算相关系数时,所需要的两个变量的资料都可以是随机的。

二、变量间的关系

在自然界和经济领域中,客观现象或事物的存在都不是孤立的,总是普遍联系、相互依存、相互制约,便表现为变量之间的依存关系。例如,家庭收入和消费支出之间,工业发达程度与空气污染程度和某些疾病的发病率之间,施肥量和粮食亩产量之间,工资增长和劳动生产率变动之间等,都存在着一定的相互依存、相互制约的关系。当我们用变量来反映这些现象的特征时,便表现为变量之间的依存关系。在生产和经营活动中,经常要对变量之间的关系进行分析。例如,在企业生产中,要对影响生产成本的各种因素进行分析,以达到控制成本的目的;在农业生产中,需要研究农作物产量与施肥量之间的关系,以便分析施肥量对产量的影响,进而确定合理的施肥量;在商业活动中,需要分析广告费支出与销售量之间的关系,进而通过广告费支出来预测销售量,等等。统计分析的目的在于如何根据统计数据去确定变量之间的关系形态及其关联的程度,并探索其内在的数量规律。在存在相互关系的几个变量中,可以根据研究目的,把其中一个或多个变量确定为自变量,把另外一个对应变化的变量确定为因变量。这些现象之间的数量关系,大体上可以分为两类:相关关系和函数关系,如图 9-1 所示。

图 9-1 现象之间的数量关系

(一)相关关系

在实际问题中,变量之间的关系往往不是那么简单。例如,考察居民储蓄与居民家庭收入这两个变量,它们之间就不存在完全确定的关系。也就是说,收入水平相同的家庭,它们的储蓄额往往不同;反之,储蓄额相同的家庭,它们的收入水平也可能不同。可见家庭储蓄并不完全由家庭收入所确定,因为家庭收入尽管与家庭储蓄有密切关系,但它并不是影响储蓄的唯一因素,还有银行利率、消费水平等其他因素的影响。正是由于一个变量的影响因素非常多,因此才造成了变量之间关系的不确定性。变量之间存在的不确定的数量关系,称为相关关系。

相关关系是指客观现象之间确实存在着数量上的依存关系,但又不是确定和严格的依存,受随机因素的影响。当一个或几个相互联系的变量取一定的数值时,与之相对应的变量就会有若干个数值与之相对应,从而表现出一定的波动性。相关关系一般不能用数学公式准确地表示。企业在广告费上的支出与实现的产品销售量之间就存在这样的关系,一般来说,增大广告费支出,产品销售量也会随之增加,但是广告费每增加一个确定的数额,所能带来的销售量增加值却是不确定的。商品流转规模与流通费用的关系、家庭收入与消费支出的关系、工业劳动生产率与产品成本的关系等都属于相关关系。在理解相关关系的概念时,必须注意两点。一是现象(变量)之间确实存在数量上的依存关系。两种现象,如果一种现象发生数量上的变化,就会导致与它有关的现象也发生某种程度的数量上的变化。例如,物价水平的提高会引起商品销售量的减少,劳动生产率的提高会带来工资水平的增长,学习时间的延长会使学习成绩提高,等等。二是这种数量关系是不确定的。反之,当对现象之间的内在联系和规律了解得更清楚深刻的时候,相关关系也可能转化为函数关系。两种现象,如果一种现象发生数量上的变化,另一种现象会有几种可能值与之相对应,而不是唯一确定的值的对应。例如,对于同类产品而言,投入等量的广告费,其销售数量却不一样;同样,增加同样数量的广告费,其销售量的增加量也不一定都相同。例如,化肥使用量和粮食亩产量的关系,期末复习时间的长短与考试成绩的关系等,如表 9-1 所示。

表 9-1 数据表

化肥使用量 x	粮食亩产量 y	复习时间 x	考试成绩 y
4	260	10	63
5	295	15	75
8	335	20	80
12	418	25	88

粮食亩产量和施肥量之间存在着一定的依存关系,即随着施肥量的增加,平均亩产量一般也会相应增加,但平均亩产量随施肥量而变化的数值还受种子、土壤、气温、雨量、密植程度等因素的影响,不是唯一确定的,这种关系就是相关关系。学习成绩的高低与所花费的复习时间多少存在一定的相互依存关系,即期末复习时间越多,所取得的学习成绩应该越高,但是期末考试成绩的高低除受到期末复习时间长短因素影响外,还受到应试者个人智商、应试时的情绪、考试时试卷命题的难易程度、考场的环境等因素的影响,不是唯一确定的,这种关系也是一种相关关系。在许多社会经济现象中存在着这种相关系数。如提高劳动生产率会使成本降低,利润增加,等等。

(二) 函数关系

函数关系是人们比较熟悉的。函数关系是指客观现象变量之间存在的严格确定的依存关系,即确定性的数量依存关系。在这种关系中,对于自变量的每一个取值,因变量都会有唯一确定的数值与之相对应。函数关系可以用一个数学公式确切地表示出来。设有两个变量 x 和 y,变量 y 随变量 x 一起变化,并完全依赖于 x,当变量 x 取某个数值时,y 依确定的关系取相应的值,则称 y 是 x 的函数,记为 $y = f(x)$,其中 x 称为自变量,y 称为因变量。函数关系是一一对应的确定关系。下面给出几个函数关系的例子。

【例 9-1】 圆的周长与半径的关系就是函数关系,当半径增加 1 米时,圆的周长肯定增加 2π

米；另外，圆的面积与半径的关系、在单价固定时企业销售额与销售量的关系都是函数关系。函数关系可以用一定的函数关系式准确表述，如

$$圆的周长 = 2\pi \times 半径$$
$$圆的面积 = \pi \times 半径^2$$
$$销售额 = 销售量 \times 单价$$

【例9-2】 某种产品的销售额与销售量之间的关系。设销售额为 y，销售量为 x，销售价格为 p，则 x 和 y 之间的关系可表示为 $y = px$。这就是说，在销售价格不变的情况下，对于该商品的某一销售量，总有一个销售额与之对应，即销售额完全由销售量所确定，二者之间为线性函数关系。

【例9-3】 企业的原材料消耗额（y）与产量（x_1）、单位产品消耗（x_2）、原材料价格（x_3）之间的关系可表示为 $y = x_1 x_2 x_3$。这里 y 与 x_1、x_2、x_3 之间是一种确定的函数关系，但它们之间不是线性函数关系。

（三）相关关系与函数关系的联系与区别

相关关系与函数关系既有区别又有联系。

首先，它们有显著的区别。函数关系是指两个变量之间存在着相互依存关系，并且它们的关系值是固定的，而具有相关关系的变量之间关系值是不固定的。

其次，它们也有联系。在客观现象和实际工作中，相关关系和函数关系之间并不存在严格的界限。一般说来，在社会经济领域里函数关系反映了现象之间的理想状态，而相关关系则反映了现象之间的现实状态。由于观察和实验中的误差，函数关系往往通过相关关系表现出来。例如，在进行试验测定一些现象的关系时，即使众所周知它们之间存在着函数关系，但在测验时由于仪器精度、读数的准确性及人为因素等原因，可能表现为非确定关系。在对变量间的相关关系进行分析时，我们也总是希望知道当一个变量取一定数值时，另一个与之有相关关系的变量可能会是什么数值，这样就需要借助一个函数表达式去拟合变量之间的关系，这时，相关关系是研究对象，而函数关系则成了研究工具。

请指出下列哪些关系是相关关系，哪些关系是函数关系。
(1) 物体的体积随着温度的升高而膨胀，随着压力的加大而收缩。
(2) 家庭收入越多，其消费支出也有增长的趋势。
(3) 物价上涨，商品的需求量下降。
(4) 农作物的收货量和雨量、气温、施肥量有着密切的关系。
(5) 圆的半径越大，其面积也越大。

三、相关关系的描述与测度

相关分析就是对两个变量之间线性关系的描述与度量，它要解决的问题包括：
(1) 变量之间是否存在关系？
(2) 如果存在关系，它们之间是什么样的关系？
(3) 变量之间的关系强度如何？

(4) 样本所反映的变量之间的关系能否代表总体变量之间的关系？

为解决这些问题，在进行相关分析时，对总体主要有以下两个假定：

(1) 两个变量之间是线性关系。

(2) 两个变量都是随机变量。

在进行相关分析时，首先需要绘制散点图来判断变量之间的关系形态，如果是线性关系，则可以利用相关系数来测定两个变量之间的关系强度，然后对相关系数进行显著性检验，以判断样本所反映的关系能否代表两个变量总体上的关系。

四、相关关系的种类

社会经济现象之间的相关关系相当复杂，表现为各种形态，不同程度地相互作用，并表现为不同的类型和形态。

（一）按相关变量多少划分

按所研究的相关变量的多少，相关关系可分为单相关和复相关。

单相关又称为一元相关，是指两个变量之间的相关关系，仅限于一个变量与另一个变量之间的依存关系。例如，在计件工资制度下，工资只与完成的产量有关，工资与产量之间的关系就是单相关。复相关又称为多元相关，是指三个或三个以上变量的相关关系。例如，企业的产品销售量与企业的产品质量、价格、企业的促销力度、消费者的购买力等之间的相关关系就是复相关。家庭的消费支出与家庭收入水平及市场价格水平之间的关系便是一种复相关。

（二）按相关关系的表现形式划分

按相关关系的表现形式不同，相关关系可分为线性相关和非线性相关。

所谓线性相关是指当自变量发生变动，因变量随之发生大致均等的变动（增加或减少）时，对两个具有相关关系的现象进行统计调查，可以获得若干个成对的数据，将每对数据在坐标系中描出对应的点，如果这些点大致分布在一条直线附近。例如，在一定范围内，生产费用总额与产品生产量之间呈线性相关关系。反之，当一个变量发生变动，另一个变量也随之发生变动（增加或减少）时，但这种变动不是均等的，从图形上看，其观察点的分布表现为各种不同的曲线形式，若这些点的分布近似于某种曲线形态，则这种关系就称为非线性相关或曲线相关。例如，年龄和记忆力之间的关系，在少年时期，可能是很强的正相关——小孩子从生下来开始，随着年龄增长，记忆力也在增长；接着，到了青年和中年时期，记忆力并不跟随年龄增长发生显著变化，因为大多数青年人和中年人保持了较好的记忆力；但是到了老年时期，记忆力开始减退，记忆力和年龄的增长表现出负相关关系。把人一生不同年龄段的记忆力描绘在图像上，你会发现，记忆力和年龄之间的关系看起来像曲线，这就是曲线相关。再如，从人的生命过程来看，年龄与医疗费支出表现为曲线相关。

（三）按相关关系的方向性质划分

按相关关系的方向不同，相关关系可分为正相关和负相关。正相关是指两个变量的变化方向一致，即当自变量的数值增大（或减小）时，因变量的数值也相应地增大（或减小）。例如，人的身高与体重之间、居民的收入额与储蓄额之间、学生各门课的平均成绩与学习时间之间等都表现为正相关。负相关是指两个变量的变化方向相反，即当自变量的数值增大（或减小）时，因变量的数值也相应地减小（或增大）。例如，家庭收入与恩格尔系数之间、很多商品的售价与销售量之间、产品产量和单位成本之间等都表现为负相关。

（四）按相关关系的密切程度划分

相关关系按变量之间的相关程度不同，可分为完全相关、不完全相关和不相关。按相关程度不同，当一种现象的数量变化完全由另一种现象的数量变化所确定，即一种现象的数量变化时，另一种现象的数量也随之变化，并且有一个确定的数值与之对应，则这两种现象间的关系称为完全相关，可见完全相关关系就是函数关系。例如，当产品售价不变时，销售额随销售量的变动而变动，并且每个确定的销售量都有唯一确定的销售额与之对应。如果两种现象之间的数量关系变化彼此不影响，一种现象的变化对另一种现象的变化不发生影响，则这两种现象间的关系称为不相关。例如，股票的价格跟降雨量之间不存在相关关系，学生的体重与考试成绩之间也不存在相关关系。如果两种现象之间的关系介于完全相关和不相关之间，则称为不完全相关。例如，妇女的结婚年龄和受教育程度之间表现为不完全相关关系。经济领域中大多数相关关系都属于不完全相关，这是统计分析的主要研究对象。

以上相关关系归类如下（见图9-2）：

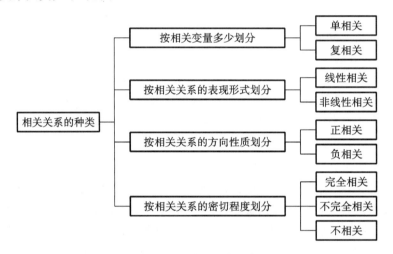

图 9-2　相关关系的种类

请指出下面相关关系的种类。
（1）商品流通费和商品销售额之间的关系。
（2）单位产品中的固定成本和产品产量之间的关系。
（3）人的体重和其家庭收入之间的关系。
（4）产品的变动成本和产品产量之间的关系。

五、相关表和相关图

判定两个变量之间的相关关系密切程度和相关方向是相关分析的重要内容之一。在进行相关分析之前，首先要从定性角度分析和判断现象之间是否存在相关关系，以及是何种类型的关系。在初步确认有相关关系后，还要运用大量的实际客观资料，编制相关表，绘出相关图，利用相关图和相关表，再进一步计算相关系数，为相关分析奠定基础。

相关表是一种统计表,是直接根据现象之间的原始资料,把具有相关关系的两个变量的具体数值按照一定的顺序平行排列在一张表上,并将另一变量的值与之对应排列形成的统计表。相关表有两种:简单相关表和分组相关表。通过相关表可以初步看出变量之间相关关系的形式、密切程度和相关方向。将所研究的变量按其取值大小,一一对应,平行排列,便可得到简单相关表。

【例 9-4】 在某电器商场随机抽选 10 名职工,了解他们完成的销售额和业务考试成绩情况,得到原始数据,如表 9-2 所示。

表 9-2 职工业务考试成绩与每月销售额的原始资料

职工序号	1	2	3	4	5	6	7	8	9	10
成绩/分	62	77	95	83	73	51	97	60	84	85
每月销售额/万元	5	7.5	12	9.4	7	3	14	3.5	10	11

将表 9-2 中的原始资料,按业务考试成绩由低到高排列,可得到表 9-3。

表 9-3 职工业务考试成绩与每月销售额的相关表

职工序号	1	2	3	4	5	6	7	8	9	10
成绩/分	51	60	62	73	77	83	84	85	95	97
每月销售额/万元	3	3.5	5	7	7.5	9.4	10	11	12	14

从表 9-3 中,可以看出随着业务考试成绩的提高,每月销售额有相应提高的趋势,二者之间存在着明显的正相关关系。

相关图又称散点图,它是根据相关表中的数据,以直角坐标系的横轴代表自变量 x,纵轴代表因变量 y,将具有对应关系的变量值用点的形式在坐标系中标出,用来反映其分布状况的图形。散点图描述了两个变量之间的大致关系,从中可以直观地看出变量间有无相关关系及相关关系的形式、方向和紧密程度。图 9-3 是不同形式的散点图。

从图 9-4 可以看出,业务成绩和每月销售额之间大致呈线性正相关关系。

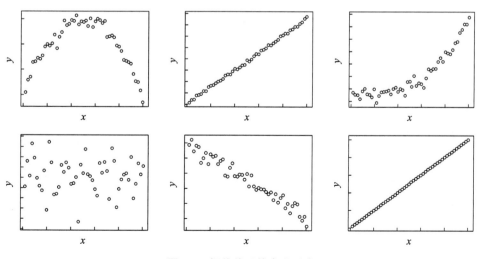

图 9-3 相关关系的表现形式

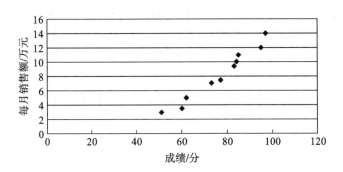

图 9-4 成绩与销售额散点图

【例 9-5】 一家大型商业银行在多个地区设有分行,其业务主要是进行基础设施建设、国家重点项目建设、固定资产投资等项目的贷款。近年来,该银行的贷款额平稳增长,但不良贷款额也有较大比例的提高,这给银行业务的发展带来较大压力。为弄清楚不良贷款形成的原因,希望利用银行业务的有关数据做一些定量分析,以便找出控制不良贷款的办法。表 9-4 是该银行所属的 24 家分行的有关业务数据。

表 9-4 某商业银行的主要业务数据

分行编号	不良贷款/亿元	各项贷款余额/亿元	本年累计应收贷款/亿元	贷款项目个数/个	本年固定资产投资额/亿元
1	0.9	67.3	6.8	5	51.9
2	1.1	111.3	19.8	16	90.9
3	4.8	173	7.7	17	73.7
4	3.2	80.8	7.2	10	14.5
5	7.8	199.7	16.5	19	63.2
6	2.7	16.2	2.2	1	2.2
7	1.6	107.4	10.7	17	20.2
8	12.5	185.4	27.1	18	43.8
9	1	96.1	1.7	10	55.9
10	2.6	72.8	9.1	14	64.3
11	0.3	64.2	2.1	11	42.7
12	4	132.2	11.2	23	76.7
13	0.8	58.6	6	14	22.8
14	3.5	174.6	12.7	26	117.1
15	10.2	263.5	15.6	34	146.7
16	3	79.3	8.9	15	29.9
17	0.2	14.8	0.6	2	42.1
18	0.4	73.5	5.9	11	25.3
19	1	24.7	5	4	13.4
20	6.8	139.4	7.2	28	64.3
21	11.6	368.2	16.8	32	163.9
22	1.6	95.7	3.8	10	44.5
23	1.2	109.6	10.3	14	67.9
24	7.2	196.2	15.8	16	39.7

管理者想知道:不良贷款是否与贷款余额、累计应收贷款、贷款项目个数、固定资产投资额等因素有关?如果有关,它们之间是一种什么样的关系?关系强度如何?试绘制散点图,并分析不良贷款与贷款余额、累计应收贷款、贷款项目个数、固定资产投资额之间的关系。用 Excel 绘制的散点图如图 9-5 至图 9-8 所示。

用 Excel 中"数据分析"工具中的"散点图"分析得到以下结果。

从各散点图可以看出,不良贷款与贷款余额、累计应收贷款、贷款项目个数、固定资产投资额之间都具有一定的线性关系。从各散点的分布情况看,不良贷款与贷款余额的线性关系比较密切,与固定资产投资额之间的关系最不密切。

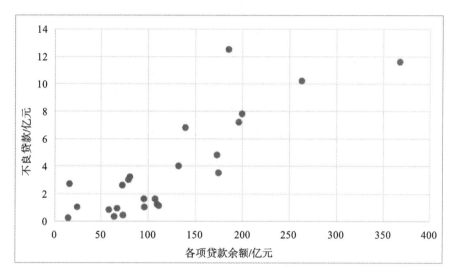

图 9-5 不良贷款与贷款余额的散点图

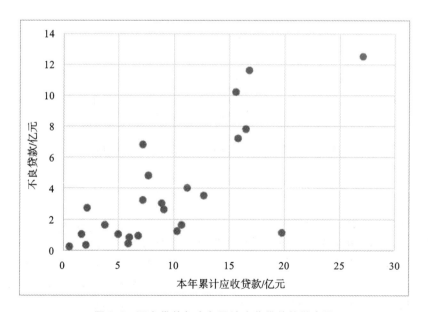

图 9-6 不良贷款与本年累计应收贷款的散点图

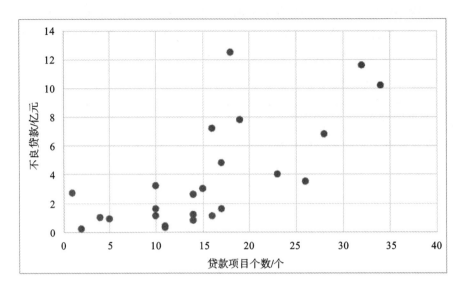

图 9-7　不良贷款与贷款项目个数的散点图

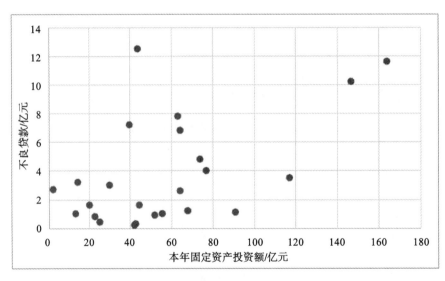

图 9-8　不良贷款与本年固定资产投资额的散点图

课程思政

　　引导学生搜集与分析我国经济社会数据,结合数据与经济社会相关政策,了解时事政治,研究中国问题,认识国情,激发爱国热情。对数据进行统计分析时,充分运用所学方法,不歪曲数据特征,不误导读者,实事求是,培养学生耐心细致的工作作风和严肃认真的工作态度。在统计分析中应具有认真负责、实事求是、心思缜密、一丝不苟的科学精神及敏锐的洞察力与精准的判断力。数据分析通常是一个团队共同协作完成,善于独立思考的同时也要善于与人沟通合作,并能勇于承担责任,坚持用科学的结论指导实际。

六、相关系数

相关表和相关图可反映两个变量之间的相互关系及其相关方向,但无法确切地表明两个变量之间相关的程度。要准确地反映变量之间相关关系的密切程度,需要计算相关系数。相关系数是在线性相关关系条件下,用于说明现象之间相关关系密切程度的统计分析指标。在各种相关关系中,单相关是基本的相关关系,它是复相关的基础。单相关有线性相关和非线性相关两种表现形式。测定线性相关关系的方法是最基本的相关分析,是测定其他相关关系方法的基础。测定两个变量之间线性关系密切程度的指标称为简单线性相关系数或线性单相关系数。同样,测定简单线性相关系数的方法是测定其他相关系数方法的基础。下面我们重点研究简单线性相关系数。

(一) 简单线性相关系数的计算

简单线性相关系数简称为相关系数,是用来测定两个变量之间相关关系密切程度的统计指标。它是由两个变量(x,y)的协方差、x变量的标准差和y变量的标准差三个指标结合而成的。相关系数的定义公式为:

$$\gamma = \frac{\sigma_{xy}^2}{\sigma_x \sigma_y} \quad \text{(公式 9-1)}$$

式中:$\sigma_x = \sqrt{\dfrac{\sum(x-\bar{x})^2}{n}}$,是$x$变量数列的标准差;

$\sigma_y = \sqrt{\dfrac{\sum(y-\bar{y})^2}{n}}$,是$y$变量数列的标准差;

$\sigma_{xy} = \dfrac{1}{n}\sum(x-\bar{x})(y-\bar{y})$,是两变量数列的标准差。

因此,γ的计算公式可写为:

$$\gamma = \frac{\sum(x-\bar{x})(y-\bar{y})}{\sqrt{\sum(x-\bar{x})^2(y-\bar{y})^2}} \quad \text{(公式 9-2)}$$

公式(9-2)称为"积差法"相关系数公式。利用公式(9-1)和公式(9-2)计算相关系数比较麻烦,在实际中,通常采用简捷法计算相关系数。计算公式为:

$$\gamma = \frac{n\sum xy - \sum x \sum y}{\sqrt{n\sum x^2 - (\sum x)^2}\sqrt{n\sum y^2 - (\sum y)^2}} \quad \text{(公式 9-3)}$$

相关系数的符号反映相关系数的方向,其绝对值的大小则反映变量相关的密切程度。相关系数γ的取值范围在-1和$+1$之间,即$-1 \leqslant \gamma \leqslant 1$。若$0 < \gamma \leqslant 1$,表明$x$和$y$正相关;若$-1 \leqslant \gamma < 0$,表明$x$和$y$负相关。若$\gamma = \pm 1$,表明$x$和$y$完全相关,二者为函数关系;若$\gamma = 0$,表明$x$和$y$不相关,即二者无线性相关系数。$\gamma$的绝对值越接近于1,表明相关系数越强;$\gamma$的绝对值越接近于0,表明相关系数越弱。

根据相关系数的大小,可以判断两个变量之间的相关程度。$0.8 \leqslant |\gamma| < 1$时,为高度线性相关;$0.5 \leqslant |\gamma| < 0.8$时,为显著线性相关;$0.3 \leqslant |\gamma| < 0.5$时,为微弱线性相关;$|\gamma| < 0.3$时,为微弱相关,可视为不相关。当然,这种判断必须建立在相关系数通过显著性检验的基础上。

> **提示**
>
> 需要说明的是 γ＝0 或接近于 0 时,只能说明两个变量之间不存在线性相关系数,并不说明变量之间不存在任何关系,也可能变量之间存在非线性相关关系,这需要通过绘制散点图等方法来判断。

【例 9-6】 根据表 9-2 资料,计算职工业务考试成绩与每月销售额的相关系数。根据公式(9-3)计算相关系数所需要的数据如表 9-5 所示。

表 9-5　相关系数计算表(1)

序号	成绩/分 x	每月销售额/万元 y	x^2	y^2	xy	$\hat{y}$
1	51	3	2601	9	153	2601
2	60	3.5	3600	12.25	210	3600
3	62	5	3844	25	310	3844
4	73	7	5329	49	511	5329
5	77	7.5	5929	56.25	577.5	5929
6	83	9.4	6889	88.36	780.2	6889
7	84	10	7056	100	840	7056
8	85	11	7225	121	935	7225
9	95	12	9025	144	1140	9025
10	97	14	9409	196	1358	9409
合计	767	82.4	60 907	800.86	6814.7	60 907

$$\gamma = \frac{n\sum xy - \sum x \sum y}{\sqrt{n\sum x^2 - (\sum x)^2}\sqrt{n\sum y^2 - (\sum y)^2}}$$

$$= \frac{10 \times 6814.7 - 767 \times 82.4}{\sqrt{10 \times 60\,907 - 767^2} \times \sqrt{10 \times 800.86 - 82.4^2}}$$

$$= 0.9829$$

计算结果表明,职工的业务考试成绩与每月销售额之间存在着高度正相关关系。

在资料分组的条件下,相关系数的计算就应采用加权的方法。计算公式为积差法公式:

$$\gamma = \frac{\sum(x - \bar{x})(y - \bar{y})}{\sqrt{\sum(x - \bar{x})^2 f}\sqrt{\sum(y - \bar{y})^2 f}} \qquad (公式 9\text{-}4)$$

简捷式:

$$\gamma = \frac{(\sum f)(\sum xyf) - (\sum xf)(\sum yf)}{\sqrt{(\sum f) \cdot (\sum x^2 f) - (\sum xf)^2} \cdot \sqrt{(\sum f) \cdot (\sum y^2 f) - (\sum yf)^2}} \qquad (公式 9\text{-}5)$$

【例 9-7】 根据表 9-6 中的资料,计算 30 台车床使用年限与维修费之间的相关系数。

表 9-6　相关系数计算表(2)

序号	使用年限/年 x	年维修费/元 y	台数/台 f	xf	yf	x^2f	y^2f	xyf
1	2	200	3	6	600	12	120 000	1200
2	3	350	7	21	2450	63	857 500	7350
3	3	420	5	15	2100	45	882 000	6300
4	4	480	5	20	2400	80	1 152 000	9600
5	5	500	6	30	3000	150	1 500 000	15 000
6	5	650	4	20	2600	100	1 690 000	13 000
合计	—	—	30	112	13 150	450	6 201 500	52 450

依据公式(9-5)计算得：

$$\gamma = \frac{30 \times 52\,450 - 112 \times 13\,150}{\sqrt{30 \times 450 - 112^2} \times \sqrt{30 \times 6\,201\,500 - 13\,150^2}} = 0.8990$$

说明这 30 台车床使用年限与维修费用之间存在高度正相关关系。

需要注意的是，相关系数只是表明两个变量间相互影响的程度和方向，它并不能说明两变量间是否有因果关系。相关的两个变量之间可能有因果关系，可能没有因果关系，还有可能分不清因果关系。

【例 9-8】　根据表 9-1 中的数据，计算不良贷款、贷款余额、累计应收贷款、贷款项目个数、固定资产投资额之间的相关关系。

用 Excel 中"数据分析"工具中的"相关系数"分析得到表 9-7 所示结果。

表 9-7　不良贷款、贷款余额、累计应收贷款、贷款项目个数、固定资产投资额之间的相关矩阵

	不良贷款	各项贷款余额	累计应收贷款	贷款项目个数	固定资产投资额
不良贷款	1				
各项贷款余额	0.8434611	1			
累计应收贷款	0.7362379	0.685001961	1		
贷款项目个数	0.7022224	0.85006987	0.601456935	1	
固定资产投资额	0.5353462	0.805723461	0.468071674	0.792667905	1

从相关矩阵可以看出，在不良贷款与其他几个变量的关系中，与贷款余额的相关系数最大，而与固定资产投资额的相关系数最小。

综上所述，简单线性相关分析的特点：

(1) 两个变量是对等关系。直线相关分析所研究的两个变量不分彼此，不反映任何自变量和因变量的关系，而是完全对等的。

(2) 只能算出一个相关系数。相关系数是一个绝对值在 0 与 1 之间的系数，其值大小反映两变量间相关的密切程度。由于两变量的关系是对等的，改变两者的地位不影响相关系数的数值，所以只有一个相关系数。

(3) 相关系数有正负号，表示正相关或负相关。

(4) 相关系数的计算对资料有一定要求，相关的两个变量必须都是随机的，这也反映对等

关系。

(5) 计算相关系数时,所需要的两个变量的资料都可以是随机的。

(二) 相关系数的显著性检验

一般地说,要计算总体的相关系数是有困难的,因为总体常常是未知数,通常是根据样本资料计算样本相关系数(γ)。由同一总体产生的不同的可能样本,其相关系数数值也不同,这说明样本相关系数是个随机变量。所以,有必要讨论如何应用样本相关系数检验和估计总体相关系数。

在研究实际问题时,总体相关系数 ρ 是未知的,我们通常是用样本相关系数 γ 作为 ρ 的估计值的。由于 γ 是根据样本数据计算的,同一研究总体可以抽取不同的样本,计算的 γ 也就不同,γ 是一个随机变量;γ 对 ρ 的代表性还与样本量密切相关,样本容量越小,可信度越差。那么,样本相关系数能否说明总体的相关度?γ 能否作为 ρ 的代表值?为说明这个问题,就需要对相关系数进行显著性检验。如果 γ 通过检验,说明 γ 在统计上是显著的,可以作为 ρ 的代表值;如果 γ 没有通过检验,说明 γ 在统计上是不显著的,不能作为 ρ 的代表值。

相关系数的显著性检验有两类:一是对总体相关系数是否为 0,即 $\rho=0$ 进行检验;二是对总体相关系数是否等于某个给定的不为 0 的数值,即 $\rho=\rho_0$ 进行检验。

下面只介绍对总体相关系数 $\rho=0$ 进行检验的问题。数理统计证明,在小样本(一般为 $n<30$)的情况下,可以用 t 检验确定 γ 的显著性。

相关系数显著性检验的步骤如下:

1. 建立假设

$H_0: \rho=0$(即假设样本相关系数 γ 抽自零相关的总体)

$H_1: \rho\neq 0$(即假设样本相关系数 γ 抽自具有线性相关关系的总体)

2. 确定显著性水平 α

α 是指当原假设为正确时,人们却将它拒绝的概率,也就是决策中所面临的风险。这个概率可由人们自行确定,通常 α 取 0.01、0.05、0.10 等值,这表明,当接受原假设时,正确的概率分别为 99%、95%、90% 等。

3. 计算检验统计量

用样本相关系数 γ 估计总体相关系数 ρ,肯定会有误差,样本相关系数 γ 的抽样平均误差 $\mu_\gamma = \sqrt{\dfrac{1-\gamma^2}{n-2}}$,它反映了所有可能样本的样本相关系数与总体相关系数的平均差异程度。

假设 $\rho=0$,检验统计量 t 的计算公式为:

$$t = \frac{\gamma - 0}{\mu_r} = \frac{r}{\sqrt{(1-\gamma^2)/(n-2)}} = \frac{\gamma\sqrt{n-2}}{\sqrt{1-\gamma^2}} \qquad \text{(公式 9-6)}$$

4. 做决策

根据确定的显著性水平 α 和样本数据个数 n,查 t 分布表,找相应的临界值 $t_{\frac{\alpha}{2}}(n-2)$,并将其与检验统计量做比较。若 $|t|>t_{\frac{\alpha}{2}}(n-2)$,拒绝原假设 $\rho=0$,表明 γ 在统计上是显著的;若 $|t|\leqslant t_{\frac{\alpha}{2}}(n-2)$,接受原假设 $\rho=0$,表明 γ 在统计上是不显著的。

【例 9-9】 对根据表 9-2 计算的相关系数 $\gamma=0.9829$ 进行显著性检验。

首先,建立原假设和对立假设 $H_0:\rho=0$ 和 $H_1:\rho\neq 0$,然后计算检验统计量的值:

$$t = \frac{\gamma\sqrt{n-2}}{\sqrt{1-\gamma^2}} = \frac{0.9829 \times \sqrt{10-2}}{\sqrt{1-0.9829^2}} = 15.0985$$

若选定显著性水平 $\alpha=0.05$,根据自由度 $n-2=8$,查分布表,得临界值 $t_{\frac{\alpha}{2}}(n-2)=2.306$。

因为计算出的 t 值 15.0985 大于临界值 $t_{\frac{\alpha}{2}}(n-2)$,因此拒绝原假设 H_0,接受对立假设 H_1,表明 γ 在统计上是显著的,γ 可以作为 ρ 的代表值,即业务考试成绩与每月销售额之间存在着高度正相关关系。

第二节　回归分析

相关分析和回归分析都是研究两个变量相互关系的分析方法。但就具体方法所解决的问题而言,二者之间有着明显区别。相关系数能确定两个变量之间相关的方向和相关的密切程度,但不能指出两个变量相互关系的具体形式,也就无法从一个变量的变化来推测另一个变量的变化情况。例如,企业增加一定产品产量,单位成本能降低多少;施肥量增加 1 公斤,农作物单位产量可以提高多少,等等。回归分析主要解决以下几方面的问题:

(1) 从一组样本数据出发,确定变量之间的数学关系式。

(2) 对这些关系式的可信程度进行各种统计检验,并从影响某一特定变量的诸多变量中找出哪些变量的影响是显著的,哪些不是显著的。

(3) 利用所求的关系式,根据一个或几个变量的取值来估计或预测另一个特定变量的取值,并给出这种估计或预测的可靠程度。

一、回归分析的概念和种类

(一) 回归分析的概念

"回归"一词是 1886 年英国著名生物学家兼统计学家高尔顿提出来的。高尔顿是生物统计学派的奠基人,他在 1870 年研究人类生长的遗传时,发现父母身高较高,则其子女身高也较高,父母身高较矮,则其子女身高也较矮,但高个子父母所生的孩子,其身高有低于其父母身高的趋势,而矮个子父母所生的孩子,其身高则有高于其父母身高的趋势。高尔顿把这种孩子的身高向中间值靠近的趋势称为回归效应,"回归"概念已不是指原理生物学上的特殊规律性,而是指变量之间的依存关系。

上一节讲到自然界和经济领域很多客观现象往往是相互联系、相互依存、相互制约的。两个存在相关关系的变量中,当一个变量变化时,另一个变量也会跟随变化,只是这个变化值是不确定的。但在研究这些现象时,我们需要估计这个变化的可能数值,这就需要运用回归分析的方法。

回归分析是在相关分析的基础上,对具有相关关系的两个或两个以上变量之间数量变化的一般关系进行测定,确定一个相应的数学表达式,进一步研究一种现象的变化对另一种现象影响的一般水平,即通过一个变量或一些变量的变化解释另一变量的变化,为估计预测提供一种重要的方法。通过对现象进行相关与回归分析,可以发现现象之间存在一定的规律性,从而为管理者提供分析问题,预测现象发展变化规律,进行决策的科学依据。具体的运用过程是:首先根据理论和对实际统计得到的原始资料的分析判断,将变量分为自变量和因变量,设法找出变量之间关系的拟合方程式(回归数学模型)描述变量间的关系,即建立相应的数学表达式,通过给定的自变量的数值估计因变量的可能值,再进一步讨论这种估计可能产生的误差,这种分析就叫回归分析,所建立的数学模型称为回归模型。

(二)回归分析的种类

回归模型有不同种类,按自变量的个数分,有一元回归(简单回归)和多元回归(复回归),只有一个自变量的叫一元回归,有两个或两个以上自变量的叫多元回归。按回归线的形状分,有线性回归(直线回归)和非线性回归(曲线回归),实际分析时应根据客观现象的性质、特点、研究目的和任务选取回归分析的方法。其中,线性回归是基本的。回归分析的种类如图9-9所示。

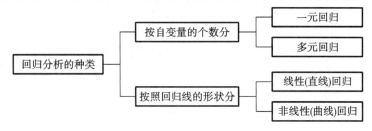

图9-9 回归分析的种类

二、回归分析与相关分析的关系

相关分析和回归分析是研究现象之间相关关系的两种基本方法,二者有着密切的联系,它们不仅具有共同的研究对象,而且在具体运用时,常常需要互相补充。在相关分析中,相关系数能确定两个变量之间的相关方向和相关的密切程度;而回归分析就是对具有相关关系的两个或两个以上变量之间数量变化的一般关系进行测定,选择一个合适的数学模型,以便对因变量进行估计或预测的一种统计方法。相关分析需要依靠回归分析表明现象数量相关的具体形式;而回归分析需要依靠相关分析来表明现象数量变化的相关程度,只有变量之间高度相关时,进行回归分析寻求其相关的具体形式才有意义。因此,在一些统计学的相关书籍中,回归分析和相关分析也被合并称为相关关系分析或广义相关分析。回归分析与相关分析既有区别又有联系。

(一)回归分析与相关分析的联系

1. 相关分析是回归分析的基础和前提

回归分析与相关分析均为研究及测度两个或两个以上变量之间关系的方法。回归分析是研究某一因变量与一个或几个自变量之间数量关系变动趋势的方法,通过回归分析求出的关系式称为回归方程。相关分析是研究两个或两个以上随机变量之间相互依存关系的方向和密切程度的方法,直线相关用相关系数表示,曲线相关用相关指数表示,多元相关用复相关系数表示。在对客观现象数量依存关系进行分析时,相关分析是回归分析的基础和前提,回归分析则是相关分析的深入和继续。研究现象之间的关系,首先应该对现象之间是否相关,有哪一类相关关系,如果是线性相关,关系密切程度如何等进行研究。只有判断出现象之间存在线性相关关系,并且属显著相关或高度相关之后,才有必要进行线性回归分析,建立回归方程式,并在此基础上进行估计和预测,以及误差分析。如果不先判断出现象之间相关关系的种类及密切程度,而直接进行回归分析,则分析的结果不具有实际意义。

2. 回归分析是相关分析的深入和继续

相关分析仅仅说明现象之间是否具有关系,它们之间的关系密切程度如何。只有通过回归分析,建立了回归方程,才能从数量上反映变量之间的联系形式,才可进行相应的回归预测,使相关分析具有实际意义。

（二）回归分析与相关分析的区别

相关分析和回归分析在研究目的和具体的研究方法上是有明显区别的，两者的主要区别如下：

第一，相关分析研究的都是随机变量，在运用相关分析研究两个变量的关系时，两个变量的地位是对等的，不必区分谁是自变量，谁是因变量。从相关系数的计算公式也可以看出两个变量的对等关系，将其中任何一个变量设为 x，另一个设为 y 均可，计算结果都一样。但在进行回归分析时，要建立回归方程式，即函数表达式，这时必须区分谁是自变量、谁是因变量，两者间是因果关系，不能互换。以 x 为自变量，y 为因变量所建立的回归方程称为 y 依 x 而回归的方程式。根据这个方程，只能根据自变量 x 的数值去估计因变量 y 的数值，而不能根据因变量 y 的数值去估计自变量 x 的数值。若反过来，以 y 为自变量，x 为因变量所建立的回归方程称为 x 依 y 而回归的方程式（这个方程跟上一个方程显然是不一样的）。根据这个方程，只能根据自变量 y 的数值去估计因变量 x 的数值，而不能根据因变量 x 的数值去估计自变量 y 的数值。

第二，在相关分析中，只是研究变量之间的相关方向和相关的密切程度，无须确定自变量和因变量，两个变量值都是随机变量，各自受若干随机因素的影响。而在回归分析中，我们把自变量作为可以控制的变量，而因变量是随机变量，为此必须确定哪个是自变量，哪个为因变量，而且只能从自变量去推测因变量，而不能从因变量去推测自变量。给定自变量的数值时，可以推算因变量的可能取值。

第三，相关分析中计算的相关系数是一个抽象的系数，不能指出变量间相互关系的具体形式，也无法从一个变量的变化情况推测另一个变量的变化情况。没有计量单位，其数值的大小仅反映变量之间相关关系的程度。而回归分析中建立的回归方程反映的是变量之间具体的数量变动关系，根据回归方程，利用自变量的给定值可以估计或推算出因变量的数值。相关分析以判断确定现象之间的关系为目的，而回归分析则以数据推断为目的。

第四，计算相关系数时，改变两个变量的地位并不影响相关系数的数值，所以只有一个相关系数；回归分析一般可以根据研究目的的不同，分别建立两个不同的回归方程，即一个是以 x 为自变量，y 为因变量的"y 对 x 的回归方程"，另一个是以 y 为自变量，x 为因变量的"x 对 y 的回归方程"。当然，如果两个变量之间是单向因果关系，则回归分析就只能建立一个回归方程。

当然，回归分析和相关分析之间是相辅相成、密切联系的。相关分析需要回归分析来表明现象数量关系的具体形式，而回归分析则应该建立在相关分析的基础上。所以，相关分析是回归分析的基础和前提，回归分析是相关分析的深入和继续。只有把二者结合起来，才能达到分析的目的。

提示

需要指出的是，变量之间是否存在"真实相关"，是由变量之间的内在联系所决定的。相关分析和回归分析只是定量分析的手段，通过相关分析和回归分析，虽然可以从数量上反映变量之间的联系形式及其密切程度，但是无法准确判断变量之间内在联系的存在与否，也无法判断变量之间的因果关系。因此，在具体应用过程中，一定要始终注意把定性分析和定量分析结合起来，在准确的定性分析的基础上展开定量分析。

请注意

我们不能把回归分析看作是在变量间建立一个因果关系的过程。回归分析只能表明，变量是如何或者是以怎样的程度彼此联系在一起的，有关因果关系的任何结论，必须建立在理论分析的基础上。

三、一元线性回归模型

进行回归分析时，首先需要确定哪个变量是因变量，哪个变量是自变量。在回归分析中，被预测或被解释的变量称为因变量，用 y 表示。用来预测或解释因变量的一个或多个变量称为自变量，用 x 表示。例如，分析贷款余额对不良贷款的影响时，目的是要预测一定的贷款余额条件下的不良贷款是多少。因此，不良贷款是被预测的变量，称为因变量，而用来预测不良贷款的贷款余额就是自变量。

一元线性回归模型是用来进行两个变量间回归分析的。回归分析的重要内容之一，就是根据变量观测值构建回归直线方程，对现象间存在的一般数量关系进行描述。如果通过相关分析，已知两个变量之间存在较显著的线性关系，就可以进行直线回归分析，建立直线回归方程。

（一）构建回归模型应具备的条件

构建一元线性回归模型应具备以下几个条件。

1. 现象间确实存在数量上的相互依存关系

只有当两个变量存在高度密切的相关关系时，所构建的回归模型才有意义，用于进行分析和预测才有价值。

2. 现象间存在直线相关关系

一元线性回归方程在图形上表现为一条直线，因此，只有当两个变量的相关关系表现为直线相关时，所拟合的直线方程才是对客观现象的真实描述，才可用来进行统计分析。如果现象间的相关关系表现为曲线，却拟合为一条直线，这必然会得出错误的分析结论。实际中，一般是借助散点图来判定现象是否呈直线相关。

3. 具备一定数量的变量观测值

回归直线方程是根据自变量和因变量的样本观测值求得的，因此，变量 x 和变量 y 两者应有一定数量的对应观测值，这是构建直线方程的依据。如果观测值太少，受随机因素的影响较大，就不易观察出现象间的变动规律性，所求出的直线回归方程也就没多大意义了。

（二）一元线性回归分析的步骤

第一步，根据研究者的理论知识和实践经验，对现象进行定性分析，然后进一步利用相关表和相关图，判断现象之间有无相关关系、有何种相关关系。

第二步，在已判断两变量之间存在线性相关关系的前提下，计算相关系数 γ，以判断现象之间线性相关的密切程度。

第三步，若计算得出的相关系数显示变量间存在高度相关关系，则建立回归方程式 $y_c = a + bx$，并根据统计得到的原始数据计算回归系数 b 和截距 a 的值。

第四步，根据给定的自变量 x 的数值，利用回归方程式计算出因变量 y 的可能数值。

第五步，讨论回归估计标准误差。

（三）一元线性回归分析的建立和应用

在经济问题研究中，经常需要研究某一经济现象与影响它的某一主要因素。例如，影响粮食产量的因素非常多，但在众多因素中，施肥量是一个最重要的因素，我们往往需要研究施肥量这一因素与粮食产量之间的关系；保险公司在研究火灾损失的规律时，把火灾发生地与最近的消防站的距离作为一个最重要的因素。上述几个例子都是研究两个变量之间的关系，而且它们的一个共同点是：两个变量之间有着密切的关系，但密切程度并不能由一个变量唯一确定另一个变量。那么它们之间到底有什么样的关系呢？这是我们下面要研究的问题。

在进行相关分析之后，如果判断两个变量值之间呈直线相关关系，应该进一步开展回归分析，建立简单直线回归模型。在所研究的两个变量中，设 x 为自变量，y 为因变量，y 与 x 存在某种线性关系，一元线性回归方程为：

$$y_c = a + bx$$

式中：y_c——因变量 y 的理论值；

a——直线的起始值，为直线纵轴截距，代表经济现象经过修匀的基础水平；

b——自变量每变动一个单位，因变量平均增减值，为直线的斜率，又称为回归系数。

a 与 b 是确定回归直线模型的两个待定参数，其确定方法有多种，其中使用最广泛的是最小平方法。最小平方法的中心思想：通过数学方程，拟合一条较为理想的趋势线，这条趋势线是代表 x 与 y 之间关系最优的一条直线，为了达到"最优"，这条趋势线必须满足两个条件：

（1）实际的观测值与方程的估计值的离差平方和为最小；

（2）实际的观测值与方程的估计值的离差总和为最小。

即：

$$\sum (y - y_c)^2 = 最小值$$

$$\sum (y - y_c) = 0$$

令

$$Q = \sum (y - y_c)^2 = (y - a - bx)^2 = 最小值$$

求偏导数得：

$$\sum y = na + b \sum x$$

$$\sum xy = a \sum x + b \sum x^2$$

对其求解，得：

$$b = \frac{n \sum xy - \sum x \sum y}{n \sum x^2 - (\sum x)^2}$$

$$a = \bar{y} - b\bar{x} = \frac{\sum y}{n} - b \frac{\sum x}{n} \qquad \text{（公式 9-7）}$$

利用上式解出参数 a 和参数 b，便得到一个确定的回归直线方程。

【例 9-10】 根据表 9-8 的资料，配合一元线性回归方程，并指出产量每增加一件，生产费用平均变动多少，当产量为 12 万件时，生产费用为多少？

表 9-8　某企业 1—10 月产量与生产费用情况统计(1)

月份	产量/万件	生产费用/万元
1月	1	64
2月	2	90
3月	3.5	84
4月	4.2	118
5月	5.6	135
6月	6	142
7月	7.5	156
8月	9	190
9月	9.4	200
10月	9.9	214

建立简单直线回归方程 $y_c = a + bx$，则根据表 9-8 可得表 9-9：

表 9-9　某企业 1—10 月产量与生产费用情况统计(2)

月份	产量 x/万件	生产费用 y/万元	x^2	xy
1月	1	64	1	64
2月	2	90	4	180
3月	3.5	84	12.25	294
4月	4.2	118	17.64	495.6
5月	5.6	135	31.36	756
6月	6	142	36	852
7月	7.5	156	56.25	1170
8月	9	190	81	1710
9月	9.4	200	88.36	1880
10月	9.9	214	98.01	2118.6
合计	58.1	1393	425.87	9520.2

$$b = \frac{n\sum xy - \sum x \sum y}{n\sum x^2 - (\sum x)^2} = \frac{10 \times 9520.2 - 58.1 \times 1393}{10 \times 425.87 - 58.1^2} = 16.16$$

$$a = \bar{y} - b\bar{x} = \frac{\sum y}{n} - b\frac{\sum x}{n} = \frac{1393}{10} - 16.16 \times \frac{58.1}{10} = 45.41$$

$b = 16.16$，表示企业产品产量每增加一件，生产费用就增加 16.16 元，两者为正相关关系。

当产量为 12 万件时，生产费用 $y_c = 45.41 + 16.16 \times 12 = 239.33$（万元）。

(四) 线性回归分析的特点

(1) 用于回归分析的两个变量不是对等的关系，必须依据研究目的，确定哪个是自变量 x，哪个是因变量 y；

(2) 用于回归分析的两个变量中，自变量 x 是给定的数值（即它是非随机变量），因变量 y 是随机变量；

(3) 回归分析的作用在于给出自变量 x 的数值来估计因变量 y 的可能值;
(4) 对于没有明显因果关系的两个变量 x 与 y,可求出两个回归方程,计算出两个回归系数;
(5) 直线回归方程的回归系数有正负号,说明回归变动的方向。

四、估计标准误差

回归方程的一个重要作用在于利用回归方程进行推算和预测,根据自变量的数值,推算因变量的数值。但是,推算出来的因变量的数值和实际值之间存在着偏差,这个偏差的大小直接关系到推算结果的准确性。如果偏差小,说明推算结果的准确性高,如果偏差大,说明推算结果的准确性低。为此,分析理论值与实际值的偏差很有实际意义。为了衡量实际值和理论值之间偏差的一般水平,可计算估计标准误差。估计标准误差是衡量回归直线代表性大小的统计指标,它说明实际值围绕着回归直线的变化程度或分散程度。因此得到预测值后,还需要测定回归估计值的可靠性,计算估计标准误差(S_y),即观察值与估计值之间的标准差。

在求回归直线方程的参数 a 和 b 时,所使用的资料仅仅是全部实际资料当中的一小部分,采用最小平方法拟合得到一条直线,它反映了历史观察值的变动趋势,事实上并不是所有的观察值都在这条直线上,所有观察值与实际值之间总是存在一定的离差。所有观察值与相对应的回归值之间的离差平方平均数的方根,称为回归方程的估计标准误差,也可以叫作回归方程的估计误差。为了度量 y 的实际水平和估计值离差的一般水平,可计算估计标准误差。估计标准误差(也称为估计标准差、回归标准差),是衡量回归直线代表性大小的统计分析的指标,是因变量实际值(y)与所配合模型上的理论值(y_c)之间的标准差,它可以说明观察值围绕着回归直线的变化程度或分散程度。估计标准误差以回归直线为中心,反映各实际值与估计值之间的平均离差程度。其计算公式为:

$$S_y = \sqrt{\frac{\sum(y-y_c)^2}{n-2}} \qquad \text{(公式 9-8)}$$

在实际应用时可用其简捷公式:

$$S_y = \sqrt{\frac{\sum y^2 - a\sum y - b\sum xy}{n-2}} \qquad \text{(公式 9-9)}$$

式中:$n-2$——自由度;

S_y——估计标准误差;

y——实际值;

y_c——估计值。

【例 9-11】 计算估计标准误差,所需资料见表 9-10。

表 9-10 估计标准误差计算表

月份	产量 x/万件	生产费用 y/万元	y^2	xy	y_c	$y-y_c$	$(y-y_c)^2$
1月	1	64	4096	64	61.57	2.43	5.9049
2月	2	90	8100	180	77.73	12.27	150.5529
3月	3.5	84	7056	294	101.97	−17.97	322.9209

续表

月份	产量 x/万件	生产费用 y/万元	y^2	xy	y_c	$y-y_c$	$(y-y_c)^2$
4月	4.2	118	13 924	495.6	113.282	4.718	22.25952
5月	5.6	135	18 225	756	135.906	−0.906	0.820836
6月	6	142	20 164	852	142.37	−0.37	0.1369
7月	7.5	156	24 336	1170	166.61	−10.61	112.5721
8月	9	190	36 100	1710	190.85	−0.85	0.7225
9月	9.4	200	40 000	1880	197.314	2.686	7.214596
10月	9.9	214	45 796	2118.6	205.394	8.606	74.06324
合计	58.1	1393	217 797	9520.2	1392.996	0.004	697.1684

计算如下:

$$S_y = \sqrt{\frac{\sum(y-y_c)^2}{n-2}} = \sqrt{\frac{697.1684}{8}} = \sqrt{87.15} = 9.34(万元)$$

简捷公式:

$$S_y = \sqrt{\frac{\sum y^2 - a\sum y - b\sum xy}{n-2}} = \sqrt{\frac{217\ 797 - 45.41 \times 1393 - 16.16 \times 9520.2}{8}}$$
$$= 9.34(万元)$$

计算结果表明,估计标准误差为 9.34 万元,这个数值反映回归直线代表性的好坏,数值越大,通过回归方程计算的代表性越差;数值越小,估计值的代表性越好。如果这个数值等于 0,就说明 y 和 y_c 没有差异,所有的实际值刚好完全分布在回归直线上,说明估计值完全正确。

五、运用一元线性回归模型进行推算

回归方程的最有效用途就是在给定自变量数值 $x=x_0$ 的前提下,用来推算因变量的数值 $y=y_0$。按照估计的准确程度不同,分为点估计和区间估计两种方法。点估计方法是指将自变量数值 $x=x_0$ 代入回归方程,用计算的回归估计值 $\hat{y}=\hat{y}_0$ 直接作为因变量 y_0 的估计值。区间估计方法是指以回归估计值 $\hat{y}=\hat{y}_0$ 为基础,得出因变量 y_0 在一定概率保证下可能取值的一个区间范围。这个区间也叫置信区间,对应的概率也叫置信度。当因变量 y 为正态分布,且 n 较大($n \geqslant 30$)时,置信区间的一般形式为:$[y_0 - \hat{u}_{\frac{a}{2}} s_{yx}, y_0 + \hat{u}_{\frac{a}{2}} s_{yx}]$,其中 $\hat{u}_{\frac{a}{2}}$ 表示与置信度对应的标准正态概率双侧临界值,其他符号与前相同。

【例 9-12】 假设同一社区居民家庭 2010 年月可支配收入为 11 万元,在 95% 的概率保证下,估计其消费支出。

已知 $x_0=11$ 万元,$s_{yx}=3.55$ 万元。当置信度 $1-a=95\%$,临界值 $\hat{u}_{\frac{a}{2}}=1.96$ 时,则:
$$y_0 = -0.2089 + 0.7177 \times 11 \approx 7.69(万元)$$
$$y_0 = 7.69 \pm 1.96 \times 3.55(万元)$$

即 y_0 在 0.73~14.65 万元(区间估计)。

这种利用回归方程进行的估计在日常社会经济生活中经常用到,它是一种重要的管理工具。

值得注意的是,回归方程只能以自变量 x 推算因变量 y,而不能反过来以因变量 y 推算自变量 x。在例题中,仅能依据可支配收入去推算消费支出。在互为因果关系的变量之间或者变量之间因果关系不明显时,可以根据研究问题的需要,分别建立 $\hat{y}=a+bx$ 和 $\hat{x}=c+dy$ 两个一元线性回归方程,利用后者就可以根据 y 推算 x。当然,这两个回归方程的意义是不同的,切不可滥用。

【例 9-13】 结合表 9-4 的数据,用 Excel 中"数据分析"工具中的"回归"分析得到表 9-11 所示结果。

表 9-11 Excel 输出的回归分析结果

回归统计							
Multiple R	0.843461073						
R Square	0.711426581						
Adjusted R Square	0.698309608						
标准误差	2.024158558						
观测值	24						
方差分析							
	df	SS	MS	F			
回归分析	1	222.2212	222.2212	54.2371			
残差	22	90.13879	4.097218				
总计	23	312.36					
	Coefficients	标准误差	t Stat	P-value	Upper 95%	下限 95.0%	上限 95.0%
Intercept	−0.838357492	0.747585	−1.12142	0.2742	0.712039701	−2.388755	0.712039701
X Variable 1	0.037913782	0.005148	7.364584	2.3E−07	0.048590335	0.0272372	0.048590335

回归分析是根据变量间关系建模的统计方法。利用宏观经济和社会数据说明回归分析的具体应用,阐述回归分析在国家经济和社会政策制定中的作用。

六、应用回归分析时应注意的问题

回归方程分析是一种科学的分析方法,在计算和应用时,应注意如下几点:

(一) 注意定性分析与定量分析相结合

首先,定性分析是定量分析的基础。在对研究对象有一个定性认识的基础上,确定是否需要进一步进行定量分析。在定性分析的基础上进行定量分析,是保证正确运用回归分析的必要条件。如果将毫无关系的现象不加任何分析就配以回归方程进行模拟,就可能导致虚假性回归,结论是荒谬的。其次,定量分析是定性分析的依据,根据计算出的相关系数分析相关的密切程度以及相关的性质,是表面的联系,还是偶然的结果,还是内在的必然联系。

（二）注意现象质的界限

现象间所存在的相互依存关系都有一定的数量界限，在统计分析时要注意现象质的界限。与相关系数一样，回归系数有正负号，正号表示两个变量之间为正相关，负号表示两个变量之间为负相关。回归直线方程这一数学模型是根据一定范围内的有限资料计算所得，因此其有效性只适用于相应范围内变量之间的数量变动关系。也就是说，现象之间的相关关系在一定范围内是正相关，超过这一范围则可能为负相关；在一定范围内是直线相关，超过这一范围则可能为曲线相关。如粮食的施肥量与粮食产量一般来说是正相关，但是若超过一定的范围，施肥量的增加反而会使粮食产量下降，二者之间为负相关关系。但是回归系数数值的大小与相关表中原数列使用的计量单位有关，所以它不能表明两个变量之间变化的密切程度，只能表明自变量每变化一个单位的量而因变量平均变化的量。

（三）注意现象的复杂性

社会经济现象之间的关系比自然现象之间的关系复杂得多。影响社会经济现象之间的关系的有自然条件、社会、政治、经济等方面，同时社会条件的变化也比较多、比较快。因此，在应用回归分析时，要考虑偶然的和个别因素的影响，注意现象的复杂性。

（四）注意对回归方程的有效性进行检验

在进行回归分析时，最好与相关分析、估计标准误差同时使用。回归分析中，回归方程是重要的，它反映现象之间变化的一般规律，可以用于推算和预测。相关关系或估计标准误差则是说明回归方程的代表性大小的指标，它可以使我们了解根据回归方程所计算的估计值的准确程度。对回归模型中各种参数的有效性应进行显著性检验，以判断回归预测的有效性。如果经检验得到回归系数没有显著意义，或某些自变量存在多重共线性，就将此自变量从回归方程中剔除，以保证回归模型的有效性。

请注意

应用回归分析时需注意的问题如下。
（1）在定性分析的基础上进行定量分析，是保证正确运用回归分析的必要条件。
（2）与相关系数 r 一样，回归系数 b 有正负号，正号表示两个变量之间为正相关，负号表示两个变量之间为负相关。它只能表明自变量每变化一个单位的量而因变量平均变化的量。
（3）应用回归分析方法进行推算或预测时要注意条件的变化。
（4）注意社会经济现象的复杂性。
（5）在进行回归分析时，最好与相关分析、估计标准误差同时使用。

第三节　多元线性回归

一、多元线性相关与回归分析的意义

前面研究了一元线性回归的问题，它反映的是某一因变量与一个自变量之间的关系。但是客观现象之间的联系是复杂的，许多现象的变动涉及多个变量之间的数量关系。如居民的消费支出，不仅与居民的收入有关，还与消费品的价格、消费家庭人口数等因素有关；企业的生产成本,不仅与企业的产品产量有关,还与企业技术水平、管理水平以及原材料的价格等有关。由于客观现象具有多方面的相互联系,因此就需要进一步研究和掌握分析这类问题的方法,在统计中,研究一个因变量与多个自变量之间相关关系的理论和方法,称为多元相关分析或复相关分析;而研究一个因变量和多个自变量的回归分析就是多元回归分析或复回归分析。

二、多元回归模型

多元回归可分为多元线性回归与多元非线性回归。这里只讨论最一般的多元线性回归。多元线性回归方程是用于表达一个因变量与多个自变量之间相互关系及其规律的一种数学模型。当通过研究确定变量 y 值的变动受 $x_1,x_2,\cdots,x_m$ 等多个变量的影响时,若其关系为线性相关关系,则线性回归方程可表达为:

$$\hat{y} = a + bx = a + b_1x_1 + b_2x_2 + \cdots + b_mx_m \quad \text{(公式 9-10)}$$

式中,$a,b_1,b_2,\cdots,b_m$ 为回归方程待定参数,a 为常数项,$b_1,b_2,\cdots,b_m$ 分别为 y 对 $x_1,x_2,\cdots,x_m$ 的回归系数。

在多元回归中,y 对某一自变量的回归系数表示当其他自变量固定时,该自变量变化一个单位而使 y 平均改变的数值,也通称为偏回归系数。

与研究一元回归时的情形相似,求参数 $a,b_1,b_2,\cdots,b_m$ 仍用最小平方法(多采用矩阵形式计算)。

现以二元回归为例加以说明。

二元线性回归方程为:

$$\hat{y} = a + bx = a + b_1x_1 + b_2x_2 + \cdots + b_mx_m \quad \text{(公式 9-11)}$$

a、b_1、b_2 三个参数的求解方程为:

$$\sum y = na + b_1 \sum x_1 + b_2 \sum x_2$$
$$\sum x_1 y = a \sum x_1 + b_1 \sum x_1^2 + b_2 \sum x_1 x_2$$
$$\sum x_2 y = a \sum x_2 + b_2 \sum x_2^2 + b_1 \sum x_1 x_2 \quad \text{(公式 9-12)}$$

三、偏相关系数

在复相关关系中,要研究在其他自变量不变的情况下某一自变量与因变量之间的依存关系。研究这种相关关系,叫偏相关分析,或叫净相关分析。通过偏相关分析,可以比较各个自变量对因变量影响的主要因素和次要因素。在复相关中测定其中某一自变量对因变量影响大小的统计指标,叫偏相关系数或净相关系数。通常用 r 加上附标来表示。

偏相关系数与简单相关系数的主要区别为:简单相关系数是在只掌握一个自变量和一个因变量的情况下,将其他影响因素忽略不计而求得的相关系数。偏相关系数是在拥有多个自变量的情况下,为了反映某一变量与另一变量的密切程度,而将其他变量控制起来计算的相关系数,偏相关系数的变动范围也在 -1 和 $+1$ 之间。

第四节 一元非线性回归分析

一、一元非线性回归的意义

在现实生活中,非线性关系是大量存在的,例如人的身高与年龄的关系显然是不可以用直线方程来拟合,这类问题我们称为曲线回归问题或非线性回归问题。如果自变量与因变量之间为曲线相关或非线性相关,则要用曲线回归分析。曲线回归分析就是根据曲线的类型建立相应的曲线回归方程。

二、一元非线性回归方程的确定

在对实际的客观对象进行定量分析时,选择回归方程的具体形式应遵循以下原则:

(1) 方程形式应与经济学的基本理论相一致。例如,采用幂函数的形式能够较好地表现生产函数,采用多项式方程能够较好地反映总成本与总产量之间的关系等。

(2) 方程要有较高的拟合程度。因为只有这样,才说明回归方程可以较好地反映现实经济的运行情况。

(3) 方程的数学形式尽可能简单。如果几种形式都能基本符合上述两项要求,则应选择其中数学形式比较简单的一种。一般来说,数学形式越简单,其可操作性就越强。

下面扼要介绍较常用的几种一元非线性回归方程的形式。

(一) 指数曲线方程

指数曲线方程为:

$$y = ab^x \quad \text{(公式 9-13)}$$

线性化的方法为对方程两边取对数:

$$\lg y = \lg a + x \lg b \quad \text{(公式 9-14)}$$

令 $Y=\lg y, A=\lg a, B=\lg b$,则转化为直线方程:$Y=A+Bx$。求解 a 和 b 的方法为:以 Y 与 x 的直线回归方程先求出 A 和 B 的值,然后用反对数求出 a 和 b 的值。

(二) 二次曲线方程

二次曲线方程为:

$$y = a + bx + cx^2 \quad \text{(公式 9-15)}$$

求解 a、b、c 三个参数的方法为:将 x、x^2 看作两个自变量,按多元线性回归分析的方法解出 a、b、c 的值。

求解 a、b、c 的方程组为:

$$\sum y = na + b\sum x + c\sum x^2$$
$$\sum xy = a\sum x + b\sum x^2 + c\sum x^3$$
$$\sum x^2 y = a\sum x^2 + b\sum x^3 + c\sum x^4 \quad \text{(公式 9-16)}$$

【例 9-14】 有 8 个商店的年销售额和年广告支出额的数据如表 9-12 所示,试根据数据特征,建立相应的回归模型,并预测年广告支出额为 3.5 百万元时,年销售额将达到多少。

表 9-12 8 个商店年销售额和年广告支出额数据

商店编号	年销售额/百万元	年广告支出额/百万元	商店编号	年销售额/百万元	年广告支出额/百万元
1	2600	1.2	3	8900	2.2
2	4700	1.4	4	11 982	2.6

续表

商店编号	年销售额/百万元	年广告支出额/百万元	商店编号	年销售额/百万元	年广告支出额/百万元
5	15 560	2.7	7	28 300	3.2
6	19 921	2.9	8	33 470	3.4

根据表中数据,首先画散点图(见图 9-10)。由图 9-10 可以看到,这组数据比较适合拟合一个指数曲线模型。该模型如下:

$$y = ab^x$$

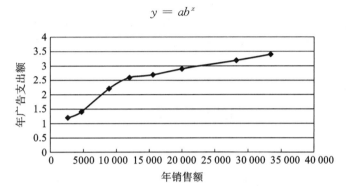

图 9-10 年广告支出额与年销售额的散点图

由前面讨论可知,指数曲线模型可转化为直线回归模型:

$$Y = A + Bx$$

式中:$Y = \lg y$,$A = \lg a$,$B = \lg b$,参数 A 和 B 的相关计算如表 9-13 所示。

表 9-13 回归参数计算表

商店编号	年销售额 y/百万元	年广告支出额 x/百万元	年销售额 Y	x^2	Y^2	xY
1	2600	1.2	3.4150	1.44	11.6620	4.0980
2	4700	1.4	3.6721	1.96	13.4843	5.1409
3	8900	2.2	3.9494	4.84	15.5977	8.6887
4	11 982	2.6	4.0785	6.76	16.6344	10.6042
5	15 560	2.7	4.1920	7.29	17.5729	11.3184
6	19 921	2.9	4.2993	8.41	18.4841	12.4680
7	28 300	3.2	4.4518	10.24	19.8184	14.2457
8	33 470	3.4	4.5247	11.56	20.4725	15.3838
合计	125 433	19.6	32.5828	52.5	133.7264	81.9477

将表 9-12 中的数据代入以下方程,可得:

$$B = \frac{n\sum xY - \sum x \sum Y}{n \sum x^2 - (\sum x)^2} = \frac{8 \times 81.9477 - 19.6 \times 32.5828}{8 \times 52.5 - 19.6^2} = 0.4732$$

$$A = \frac{\sum Y}{n} - B\frac{\sum x}{n} = \frac{32.5828}{8} - 0.4732 \times \frac{19.6}{8} = 2.9135$$

$$Y = A + Bx = 2.9135 + 0.4732x$$

由反对数计算,可得:

$$a = 819.41, b = 2.9730$$

因此,指数曲线模型的回归方程如下:

$$\hat{y} = 819.41 \times 2.9730^x$$

当 $x = 3.5$ 时,代入回归方程:

$$\hat{y} = 819.41 \times 2.9730^{3.5} \approx 41\,612.02\ 百万元$$

即当年广告支出额为 3.5 百万元时,年销售额将达到 41 612.02 百万元。
本例的样本决定系数为 0.9302,由此可知,此模型的拟合程度相当好。

实验操作

相关分析与回归分析

一、实验目的和要求

目的:培养学生利用 Excel 进行数据处理的能力,熟练掌握利用 Excel 绘制散点图,计算相关系数,拟合线性回归方程,拟合简单的非线性回归方程,利用回归方程进行预测。

要求:就本专业相关问题收集一定数量的数据,用 Excel 进行相关回归分析(计算相关系数,一元线性回归分析,一元线性回归预测)。

二、实验仪器、设备和材料

个人电脑(人/台)、Excel 软件。

三、实验过程

(一)用"图表向导"工具绘制相关图

【例 9-15】 对 10 户居民家庭的月可支配收入和消费支出进行调查,得到如表 9-14 所示资料。

表 9-14 居民可支配收入与消费支出相关表 (单位:百元)

可支配收入	18	25	45	60	62	75	88	92	99	98
消费支出	15	20	30	40	42	53	60	65	70	78

用 Excel"图表向导"工具绘制可支配收入与消费支出相关图方法如下:

(1) 在一张空的 Excel 工作表的 A1:K2 单元范围输入表中资料。
(2) 点击标准工具栏中的"图表向导"工具,或点击"插入—图表"。
(3) 点击选择"XY 散点图"及第一种子图表类型,再点击"下一步",详见图 9-11。
(4) 通过鼠标拖拉方式在"数据区域"后输入数据资料的单元格区域的引用 A1:K2,然后点击"下一步",详见图 9-12。
(5) 在"图表标题"下输入图表标题"可支配收入与消费支出相关图",在"数值(X)轴"下输入横轴内容"可支配收入",在"数值(Y)轴"下输入纵轴内容"消费支出",完毕点击"下一步",详见图 9-13。
(6) 点击"作为新工作表插入",最后点击"完成",即可得到散点图,如图 9-14 所示。

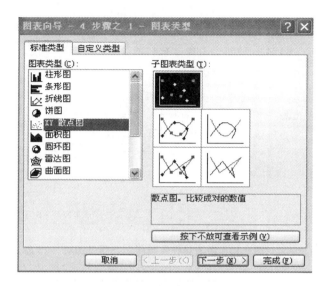

图 9-11　图表向导-4 步骤之 1-图表类型

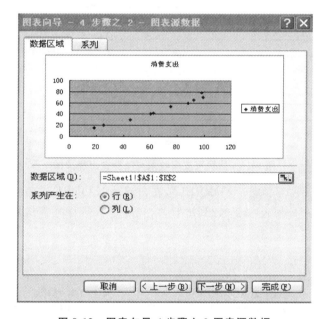

图 9-12　图表向导-4 步骤之 2-图表源数据

(二) 用 CORREL 与 PEARSON 函数求相关系数

1. 用 CORREL 函数求相关系数

格式如下：

CORREL(数组 1,数组 2)

数组 1：第一组数值单元格区域的引用；

数组 2：第二组数值单元格区域的引用。

【例 9-16】　要计算表 9-13 可支配收入与消费支出的相关系数，可在 A3 单元格输入"=CORREL(A1:A11,B1:B11)"并按回车键，即可得到可支配收入与消费支出之间的相关系数为 0.98776，说明可支配收入与消费支出之间存在高度的线性相关关系。

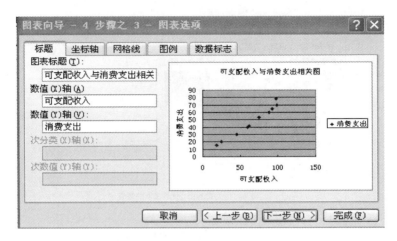

图 9-13　图表向导-4 步骤之 3-图表选项

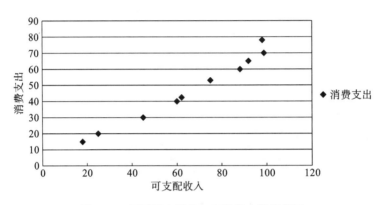

图 9-14　居民可支配收入与消费支出相关图

也可以点击"插入—粘贴函数—CORREL",在出现的"CORREL"函数对话框的"Array1"后输入"A1:K1","Array2"后输入"A2:K2",然后点击"确定",同样可得到可支配收入与消费支出之间的相关系数,如图 9-15 所示。

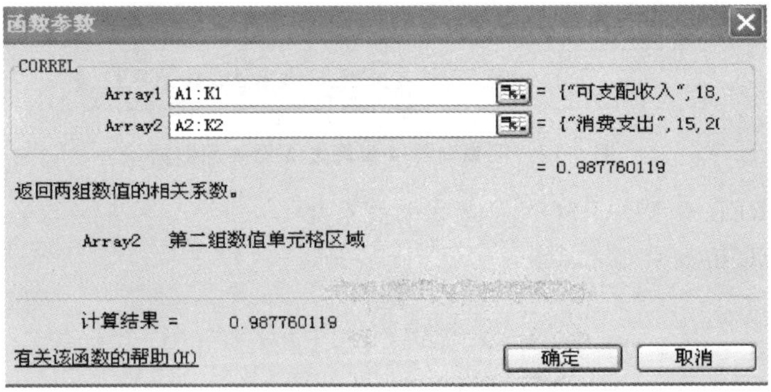

图 9-15　"CORREL"函数对话框

2. 用 PEARSON 函数求相关系数

PEARSON 与 CORREL 函数的格式、使用方法完全相同。它们的不同之处在于它们计算相关系数的定义公式不同,但可以证明是恒等的,所以根据同一资料计算的结果肯定也相同。

(三)用"回归"工具进行一元线性回归分析与多元线性回归分析

1. 一元线性回归分析

【例 9-17】 求解表 9-13 所示的可支配收入与消费支出的一元线性回归模型的方法如下:

(1) 在一张工作表的 A1:B11 单元格范围输入表中资料。

(2) 点击"工具—数据分析"命令,将会出现"数据分析(分析工具)"对话框。

(3) 点击"数据分析(分析工具)"对话框中的"回归"工具并按"确定",将出现"回归"对话框,详见图 9-16。

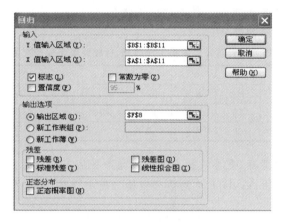

图 9-16 "回归"对话框(1)

(4) 在"回归"对话框的"Y 值输入区域"后输入因变量消费支出的单元格区域的引用 B1:B11,在"X 值输入区域"后输入自变量可支配收入的单元格区域的引用 A1:A11,点击"输入区域"并在其后输入"C1",勾选"标志",最后按"确定",即可得到一元线性回归分析的各参数数值,如图 9-17 所示,这样可得到可支配收入与消费支出之间的一元线性回归模型为:

$$\hat{y} = -2.0887 + 0.717657x$$

图 9-17 一元线性回归分析结果

Excel 输出的回归结果包括以下几个部分。

第一部分是"回归统计",这部分给出了回归分析中的一些常用统计量,包括相关数(Multiple R)、判定系数(R Square)、调整的判定系数(Adjusted R Square)、标准误差、观测值的个数等。

第二部分"方差分析",这部分给出的是回归分析的方差分析表,包括自由度(df)、回归平方和、残差平方和、总平方和(SS)、回归和残差的均差(MS)、检验统计量(F)、F检验的显著水平(Significance F)。"方差分析"部分的主要作用是对回归方程的线性关系进行显著性检验。

第三部分是回归参数估计的有关内容,包括回归方程的截距(INTERCEPT)、斜率(X-VARIABLE 1)、截距和斜率的标准误差、用于检验回归系数的t统计量(t STAT)和P值(P-value),以及截距和斜率的置信度(Lower 95%和Upper 95%)等。

此外,还有"残差分析"部分,这里暂时未给出其输出结果。

2. 多元线性回归分析

【例 9-18】 对苏安达快递服务公司进行抽样调查,得到其10名雇员的工作时间与投递行驶距离和投递业务次数的资料如表9-15所示。

表 9-15 苏安达公司雇员工作时间、行驶距离与业务次数资料

雇员编号	1	2	3	4	5	6	7	8	9	10
工作时间/小时	9.3	4.8	8.9	6.5	4.2	6.2	9.4	6.0	9.5	6.1
行驶距离/千米	100	50	100	100	50	80	75	65	90	90
业务次数/次	4	3	4	2	2	2	3	4	3	2

求解工作时间与行驶距离、业务次数之间的多元线性回归模型的方法如下。

(1) 在一张空工作表的 A1:D11 单元格区域输入表中资料,详见图 9-18。

	A	B	C	D
1	雇员编号	工作时间/小时	行驶距离/千米	业务次数/次
2	1	9.3	100	4
3	2	4.8	50	3
4	3	8.9	100	4
5	4	6.5	100	2
6	5	4.2	50	2
7	6	6.2	80	2
8	7	9.4	75	3
9	8	6	65	4
10	9	9.5	90	3
11	10	6.1	90	2

图 9-18 在单元格区域输入数据

(2) 点击"工具—数据分析"命令,将会出现"数据分析(分析工具)"对话框。

(3) 点击"数据分析(分析工具)"对话框中的"回归"工具并按"确定",将会出现"回归"对话框,详见图 9-19。

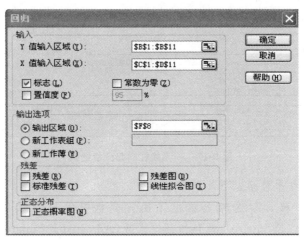

图 9-19 "回归"对话框(2)

(4) 在"回归"对话框的"Y值输入区域"后输入因变量工作时间的单元格区域的引用B1：B11，在"X值输入区域"后输入自变量行驶距离与业务次数的单元格区域的引用C1：D11，点击"输出区域"并在其后输入"F8"，勾选"标志"，最后按"确定"，即可得到多元线性回归分析的各参数数值，如图9-20所示。这样可得到工作时间与行驶距离、业务次数之间的多元线性回归模型为：

$$\hat{y} = -0.77956 + 0.063393x + 0.9717645y$$

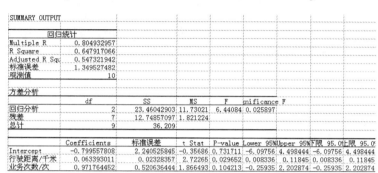

图 9-20　多元线性回归分析结果

3. 利用作图法求解一元回归模型

【例 9-19】　随机抽取广州大学16名二年级学生，测验他们的跳远与100米成绩，结果如表9-16所示。

表 9-16　广州大学二年级学生跳远成绩与100米成绩　　　　　　　　　　（单位：分）

受试者编号	跳远成绩	100米成绩
1	95	90
2	75	80
3	90	95
4	95	100
5	85	80
6	65	70
7	80	95
8	85	85
9	90	95
10	75	70
11	75	85
12	60	65
13	95	95
14	100	100
15	75	80
16	90	85

求解之前先在一张空工作表的 A1:C17 单元格区域输入表中资料。

(1) 线性回归模型。

① 绘制散点图,如图 9-21 所示。

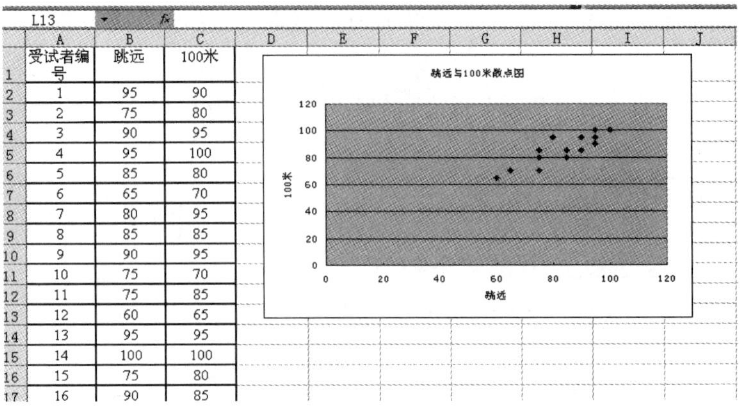

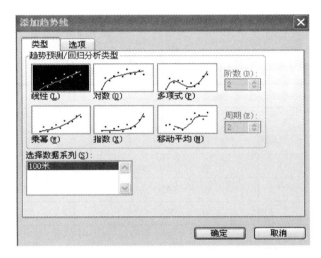

图 9-21　跳远成绩与 100 米成绩散点图

② 把鼠标指向数据散点,右击,在弹出的快捷菜单中选择"添加趋势线"命令,弹出如图 9-22 所示的对话框。

图 9-22　"添加趋势线"对话框

③ 单击"类型"标签,选中第一种"线性"类型;单击"选项"标签,选中图 9-23 中"显示公式"与"显示 R 平方值"前面的复选框,其他不选;然后单击"确定",将会出现如图 9-24 所示的结果。

④ 对模型的数字进行格式化。右击回归模型,选择快捷菜单中的"数据标志格式"命令,单击"字体"标签,弹出如图 9-25 所示的对话框。

⑤ 单击"数字"标签中的"数值"选项,把小数位数设为 6,完毕按"确定",如图 9-26 所示。

⑥ 删除图表标题,然后把回归模型拖动到图表区上部空白处(即原来图表标题的位置),最后结果如图 9-27 所示。

(2) 对数回归模型。

对数回归模型的一般表达式为 $y = a + b\ln(x)$,其中,$\ln(x)$ 是以 e 为底的自然对数函数。

也可以对 100 米与跳远成绩进行对数回归模型求解,步骤与线性回归模型的求解相似,只是在第三步中选择其中的第二种"对数"类型,得到的回归图形与模型如图 9-28 所示。

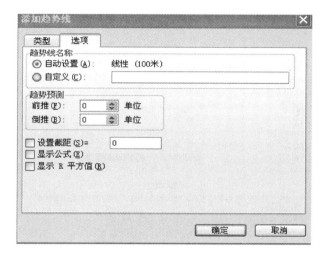

图 9-23　添加趋势线

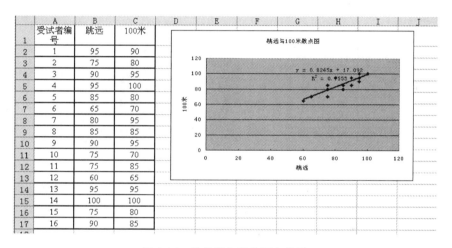

图 9-24　趋势线与线性回归模型

图 9-25　数据标志格式"字体"对话框

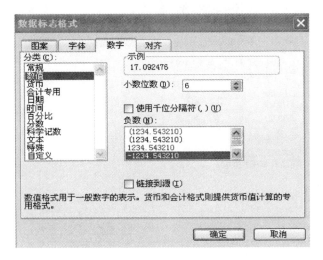

图 9-26　数据标志格式"数字"对话框

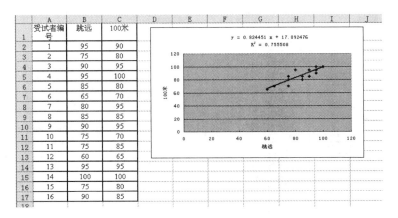

图 9-27　作图法求出的线性回归模型结果

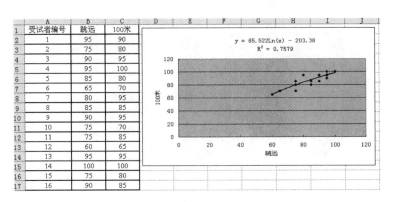

图 9-28　作图法求出的对数回归模型结果

(3) 多项式回归模型。

多项式回归模型的一般表达式为：
$$y = a + b_1 x + b_2 x^2 + \cdots + b_n x^n$$

其中，a 是常数，$b_1, b_2, \cdots, b_n$ 是系数。

也可以对 100 米与跳远成绩进行多项式回归模型求解,步骤与线性回归模型的求解相似,只是在第三步中选择其中的第三种"多项式"类型,得到的回归图形与模型如图 9-29 所示。

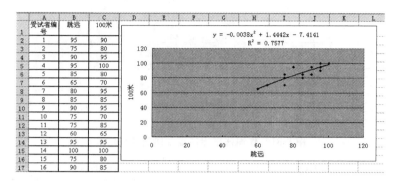

图 9-29　作图法求出的多项式回归模型结果

(4) 乘幂回归模型。

乘幂回归模型的一般表达式为：

$$y = a \times x^b$$

也可以对 100 米与跳远成绩进行乘幂回归模型求解,步骤与线性回归模型的求解相似,只是在第三步中选择其中的第四种"乘幂"类型,得到的回归图形与模型如图 9-30 所示。

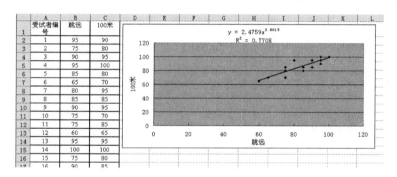

图 9-30　作图法求出的乘幂回归模型结果

(5) 指数回归模型。

指数回归模型的一般表达式为：

$$y = a \times e^{bx}$$

也可以对 100 米与跳远成绩进行指数回归模型求解,步骤与线性回归模型的求解相似,只是在第三步中选择其中的第五种"指数"类型,得到的回归图形与模型如图 9-31 所示。

(四) 练习

1. 问题与数据

【例 9-20】　9 家航空公司的航班正点率与投诉率的数据如表 9-17 所示。

(1) 绘制航班正点率与投诉率的散点图,判断二者之间的关系形态。
(2) 计算航班正点率与投诉率之间的线性相关系数。
(3) 用航班正点率作自变量,投诉率作因变量,求出估计的回归方程。
(4) 求航班正点率为 88%、投诉率为 95% 的置信区间和预测区间。

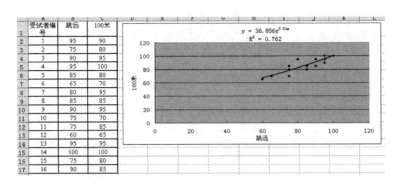

图 9-31 作图法求出的指数回归模型结果

表 9-17 9 家航空公司的航班正点率与投诉率的数据

航空公司名称	航班正点率/(%)	投诉率/(次/10 万名顾客)
西南航空公司	0.818	0.21
大陆航空公司	0.766	0.58
西北航空公司	0.766	0.85
美国航空公司	0.757	0.68
联合航空公司	0.738	0.74
美洲航空公司	0.722	0.93
德尔培航空公司	0.712	0.72
美国西部航空公司	0.708	1.22
环球航空公司	0.685	1.25

2. 实验步骤

(1) 将数据拷贝到 Excel 表格中。

(2) 选择"插入—图表—散点图",得到图 9-32 所示结果,从图 9-28 可知两者存在线性相关关系。

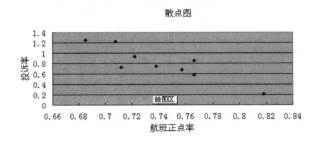

图 9-32 航班正点率与投诉率的散点图

(3) 选择"插入—f(x)函数—CORREL",如图 9-33 所示,得到航班正点率与投诉率之间的相关系数为 －0.882607408。

选择"工具—数据分析—回归",得到回归方程为 $Y = -7.041440041X + 6.01783995$(见图 9-34、图 9-35),$R$ 检验、t 检验以及 F 检验都通过,说明回归方程有意义。

(4) 代入公式进行计算。

当自变量航班正点率 X 为 0.88 时:

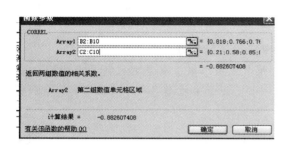

图 9-33 航班正点率与投诉率的相关关系

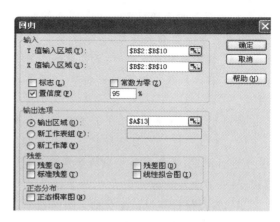

图 9-34 航班正点率与投诉率的回归分析

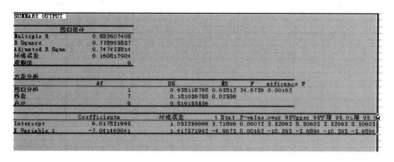

图 9-35 航班正点率与投诉率的回归结果

$$Y = -0.178627$$

即投诉率为 0.178627。

本章小结

1. 相关分析。相关分析是研究两个或多个变量之间相关关系程度大小及用一定函数式来表达现象相互关系而形成的一种分析方法。相关关系是指现象之间客观存在的,在数量关系上数值不确定的相互依存关系。相关关系具有如下两个特点:一是现象之间确实存在数量上的依存关系。如果一种现象发生数量上的变化,另一种与它有关的现象也会发生某种程度的数量上的变化。二是现象间的数量依存关系值是不确定的。两种现象,如果一种现象发生数量上的变化,另一种现象会有几种可能值与之相对应,而不是唯一确定的值的对应。相关关系与函数关系既有区别又有联系。相关关系是相关分析的研究对象,而函数关系则是相关分析的工具。

相关关系的种类如下:按变量之间的相关程度不同,可分为完全相关、不完全相关和不相关;按相关的方向不同,可分为正相关和负相关;按相关的表现形式不同,可分为线性相关和非线性相关;按变量的多少划分为单相关、复相关与偏相关。

2. 简单线性相关分析的特点

(1) 两个变量是对等关系。直线相关分析所研究的两个变量不分彼此,不反映任何自变量和因变量的关系,而是完全对等。

(2) 只能算出一个相关系数。相关系数是一个绝对值在 0 和 1 之间的系数,其值大小反映两变量间相关的密切程度。由于两变量的关系是对等的,改变两者的地位不影响相关系数的数值,所以只有一个相关系数。

(3)相关系数有正负号,表示正相关或负相关。

(4)相关系数的计算对资料有一定要求,相关的两个变量必须都是随机的,这也反映对等关系。

(5)计算相关系数时,所需要的两个变量的资料都可以是随机的。

3. 回归分析。回归分析就是对具有相关关系的两个或两个以上变量之间数量变化的一般关系进行测定,确定一个相应的数学表达式,以便从一个已知量来推测另一个未知量,为估计预测提供一种重要的方法。

4. 相关分析和回归分析的区别与联系

(1)相关分析与回归分析的联系。相关分析和回归分析有着密切的联系,两者具有共同的研究对象,而且在具体应用时,常常必须互相补充。相关分析需要依靠回归分析来表明现象数量相关的具体形式,而回归分析则需要依靠相关分析来表明现象数量变化的相关程度。只有当变量之间高度相关时,进行回归分析寻求其相关的具体形式才有意义。

(2)相关分析与回归分析的区别。相关分析研究变量之间相关的方向和程度,但不能指出变量间相互关系的具体形式,也无法从一个变量的变化来推测另一个变量的变化情况。回归分析则研究变量之间相互关系的具体形式,它对具有相关关系的变量之间的数量联系进行测定,确定一个相关的数学方程式,根据这个数学方程式可以从已知量来推测未知量,以及哪个是自变量,哪个是因变量,其所涉及的变量可以都是随机变量。而回归分析则必须事先研究确定具体相关关系的变量中哪个为自变量,哪个为因变量。

5. 应用相关分析与回归分析应注意的问题:注意定性分析与定量分析的结合;注意客观现象质的规定性;注意社会经济现象的复杂性;注意对相关系数和回归直线方程的有效性进行检验。

思考与能力训练

一、单选题

1. 下面的函数关系是( )
A. 销售人员测验成绩与销售额大小的关系 B. 圆周的长度决定于它的半径
C. 家庭的收入和消费的关系 D. 数学成绩与统计学成绩的关系

2. 相关系数 r 的取值范围为( )
A. $-\infty < r < +\infty$ B. $-1 \leqslant r \leqslant +1$ C. $-1 < r < +1$ D. $0 \leqslant r \leqslant +1$

3. 年劳动生产率 x(千元)和工人工资 y(元)之间的回归方程为 $y=10+70x$,这意味着年劳动生产率每提高 1000 时,工人工资平均( )
A. 增加 70 元   B. 减少 70 元   C. 增加 80 元   D. 减少 80 元

4. 若要证明两变量之间线性相关程度是高的,则计算出的相关系数应接近于( )
A. +1   B. 0   C. 0.5   D. −1

5. 回归系数和相关系数的符号是一致的,其符号均可用来判断现象( )
A. 线性相关还是非线性相关 B. 正相关还是负相关
C. 完全相关还是不完全相关 D. 单相关还是复相关

6. 某校经济管理类的学生学习统计学的时间(x)与考试成绩(y)之间建立线性回归方程 $y_c = a + bx$。经计算,方程为 $y_c = 200 - 0.8x$,该方程参数的计算( )

A. a 值是明显不对的 B. b 值是明显不对的
C. a 值和 b 值都是不对的 D. a 值和 b 值都是正确的

7. 在线性相关的条件下,自变量的均方差为 2,因变量的均方差为 5,而相关系数为 0.8,则其回归系数为( )

A. 8   B. 0.32   C. 2   D. 12.5

8. 进行相关分析,要求相关的两个变量( )

A. 都是随机的 B. 都不是随机的
C. 一个是随机的,一个不是随机的 D. 随机或不随机都可以

9. 下列关系中,属于正相关关系的有( )

A. 合理限度内,施肥量和平均亩产量之间的关系
B. 产品产量与单位产品成本之间的关系
C. 商品的流通费用与销售利润之间的关系
D. 流通费用率与商品销售量之间的关系

10. 相关分析是研究( )

A. 变量之间的数量关系 B. 变量之间的变动关系
C. 变量之间的相互关系的密切程度 D. 变量之间的因果关系

11. 在回归直线 $y_c = a + bx$ 中,$b < 0$,则 x 与 y 之间的相关系数( )

A. $r = 0$ B. $r = 1$ C. $0 < r < 1$ D. $-1 < r < 0$

12. 在回归直线 $y_c = a + bx$ 中,b 表示( )

A. 当 x 增加一个单位时,y 增加 a 的数量 B. 当 y 增加一个单位时,x 增加 b 的数量
C. 当 x 增加一个单位时,y 的平均增加量 D. 当 y 增加一个单位时,x 的平均增加量

13. 当相关系数 $r = 0$ 时,表明( )

A. 现象之间完全无关 B. 相关程度较小
C. 现象之间完全相关 D. 无直线相关关系

14. 下列现象的相关密切程度最高的是( )

A. 商店的职工人数与商品销售额之间的相关系数为 0.87
B. 流通费用水平与利润率之间的相关系数为 -0.94
C. 商品销售额与利润率之间的相关系数为 0.1
D. 商品销售额与流通费用水平的相关系数为 -0.1

15. 估计标准误差是反映( )

A. 平均数的代表性指标 B. 相关关系的指标
C. 回归直线的代表性指标 D. 序时平均数的代表性指标

16. 若变量 x 增加时,变量 y 的值也增加,那么变量 x 和变量 y 之间存在着( )相关关系

A. 负   B. 正   C. 抛物线   D. 指数曲线

17. 如果两个变量之间的相关系数为 -1,说明两个变量之间是( )相关关系

A. 无   B. 低度   C. 高度   D. 完全

18. 如果两个变量之间的相关系数为 0.8,说明两个变量之间是( )相关关系

A. 完全   B. 高度   C. 显著   D. 微弱

19. 现象之间相互依存关系的程度越低,则相关系数越( )
  A. 接近于 0   B. 接近于 1   C. 接近于 -1   D. 趋向于无穷大
20. 产品产量 x(件)和单位成本 y(元)之间的回归方程为 $y_c=60-2x$,这意味着产品产量每增加 1 件,单位成本平均( )
  A. 增加 2 元   B. 增加 58 元   C. 减少 2 元   D. 减少 58 元

二、多选题

1. 相关系数表明两个变量之间的( )
  A. 线性关系   B. 因果关系   C. 变异程度
  D. 相关方向   E. 相关的密切程度
2. 对于一元线性回归分析来说,( )
  A. 两变量之间必须明确哪个是自变量,哪个是因变量
  B. 回归方程是据以利用自变量的给定值来估计和预测因变量的平均可能值
  C. 可能存在着 y 依 x 和 x 依 y 的两个回归方程
  D. 回归系数只有正号
  E. 确定回归方程时,尽管两个变量都是随机的,但要求自变量是给定的
3. 可用来判断现象相关方向的指标有( )
  A. 相关系数   B. 回归系数   C. 回归方程参数 a
  D. 估计标准误差 E. x、y 的平均数
4. 单位成本(元)依产量(千件)变化的回归方程为 $y_c=78-2x$,这表示( )
  A. 产量为 1000 件时,单位成本为 76 元
  B. 产量为 1000 件时,单位成本为 78 元
  C. 产量每增加 1000 件时,单位成本下降 2 元
  D. 产量每增加 1000 件时,单位成本下降 78 元
  E. 当单位成本为 72 元时,产量为 3000 件
5. 估计标准误差的作用是表明( )
  A. 回归方程的代表性   B. 样本的变异程度
  C. 估计值与实际值的平均误差   D. 样本指标的代表性
  E. 总体的变异程度
6. 销售额与流通费用率,在一定条件下,存在相关关系,这种相关关系属于( )
  A. 正相关   B. 单相关   C. 负相关
  D. 复相关   E. 完全相关
7. 在直线相关和回归分析中( )
  A. 据同一资料,相关系数只能计算一个
  B. 据同一资料,相关系数可以计算两个
  C. 据同一资料,回归方程只能配合一个
  D. 据同一资料,回归方程随自变量与因变量的确定不同,可能配合两个
  E. 回归方程和相关系数均与自变量和因变量的确定无关
8. 从变量之间相互关系的表现形式看,相关关系可分为( )
  A. 正相关   B. 负相关   C. 直线相关
  D. 曲线相关   E. 不相关和完全相关

9. 确定直线回归方程必须满足的条件是( )
A. 现象间确实存在数量上的相互依存关系
B. 相关系数 r 必须等于 1
C. y 与 x 必须同方向变化
D. 现象间存在着较密切的直线相关关系
E. 相关系数 r 必须大于 0

10. 直线回归分析中,确定直线回归方程的两个变量必须是( )
A. 一个自变量,一个因变量
B. 均为随机变量
C. 对等关系
D. 一个是随机变量,一个是可控制变量
E. 不对等关系

三、判断题

1. 相关关系和函数关系都属于完全确定性的依存关系。( )
2. 假定变量 x 与 y 的相关系数是 0.8,变量 m 与 n 的相关系数为 -0.9,则 x 与 y 的相关密切程度高。( )
3. 当直线相关系数 $r=0$ 时,说明变量之间不存在任何相关关系。( )
4. 相关系数 r 有正负、有大小,因而它反映的是两种现象之间具体的数量变动关系。( )
5. 回归系数 b 的符号与相关系数 r 的符号,可以相同,也可以不相同。( )
6. 相关系数 r 越大,则估计标准误差 S_{xy} 值越大,从而直线回归方程的精确性越低。( )
7. 进行相关与回归分析应注意对相关系数和回归直线方程的有效性进行检验。( )
8. 工人的技术水平提高,使得劳动生产率提高,这种关系是一种不完全的正相关关系。( )
9. 回归分析和相关分析一样所分析的两个变量都一定是随机变量。( )
10. 相关的两个变量,只能算出一个相关系数。( )

四、简答题

1. 什么是相关关系?它和函数关系有什么不同?
2. 简述相关分析和回归分析的关系。
3. 直线回归方程中 $y=a+bx$,参数 a、b 是怎样求得的?它们有什么意义?
4. 构造直线回归模型应具备哪些条件?
5. 什么是估计标准误差?其作用如何?

五、计算题

1. 有 10 个同类企业的生产性固定资产年平均价值和工业总产值资料如下:

企业编号	生产性固定资产价值/万元	工业总产值/万元
1	318	524
2	910	1019
3	200	638
4	409	815
5	415	913
6	502	928

续表

企业编号	生产性固定资产价值/万元	工业总产值/万元
7	314	605
8	1210	1516
9	1022	1219
10	1225	1624
合计	6525	9801

(1) 说明两变量之间的相关方向；
(2) 建立直线回归方程；
(3) 计算估计标准误差；
(4) 估计生产性固定资产价值（自变量）为 1100 万元时总产值（因变量）的可能值。

2. 检查 5 位同学统计学的学习时间与成绩如下：

每周学习时数	学习成绩/分
4	40
6	60
7	50
10	70
13	90

要求：(1) 由此计算出学习时数与学习成绩之间的相关系数；
(2) 建立直线回归方程；
(3) 计算估计标准误差。

3. 某班 40 名学生，按某课程的学习时数，每 8 人为一组进行分组，其对应的学习成绩如下：

学习时数	学习成绩/分
10	40
14	50
20	60
25	70
36	80

试根据上述资料建立学习成绩（y）与学习时间（x）的直线回归方程（要求列表计算所需数据资料，写出公式和计算过程，结果保留两位小数）。

4. 某种产品的产量与单位成本的资料如下：

产量 x/千件	单位成本 y/(元/件)
2	73
3	72

续表

产量 x/千件	单位成本 y/(元/件)
4	71
3	73
4	69
5	68

要求：(1) 计算相关系数 r，判断其相关程度；

(2) 建立直线回归方程；

(3) 指出产量每增加 1000 件时，单位成本平均下降了多少元。

5. 设某公司下属十个门市部有关资料如下：

门市部编号	职工平均销售额/万元	流通费用水平/(%)	销售利润率/(%)
1	6	2.8	12.6
2	5	3.3	10.4
3	8	1.8	18.5
4	1	7.0	3.0
5	4	3.9	8.1
6	7	2.1	16.3
7	6	2.9	12.3
8	3	4.1	6.2
9	3	4.2	6.6
10	7	2.5	16.8

(1) 确立适宜的回归模型；

(2) 计算有关指标，判断这三种经济现象之间的相关紧密程度。

六、实训题

请使用 Excel 软件对下列数据进行分析，并回答相关问题。

某部门 5 个企业产品销售额和销售利润资料如下：

企业编号	产品销售额/万元	销售利润/万元
1	430	22.0
2	480	26.5
3	650	40.0
4	950	64.0
5	1000	69.0

试计算产品销售额与利润额的相关系数，并进行分析说明（要求列表计算所需数据资料，写出公式和计算过程，结果保留四位小数）。

附录 正态分布概率表

t	$F(t)$	t	$F(t)$	t	$F(t)$	t	$F(t)$
0.00	0.0000	0.33	0.2586	0.66	0.4907	0.99	0.6778
0.01	0.0080	0.34	0.2661	0.67	0.4971	1.00	0.6827
0.02	0.0160	0.35	0.2737	0.68	0.5035	1.01	0.6875
0.03	0.0239	0.36	0.2812	0.69	0.5098	1.02	0.6923
0.04	0.0319	0.37	0.2886	0.70	0.5161	1.03	0.6970
0.05	0.0399	0.38	0.2961	0.71	0.5223	1.04	0.7017
0.06	0.0478	0.39	0.3035	0.72	0.5285	1.05	0.7063
0.07	0.0558	0.40	0.3108	0.73	0.5346	1.06	0.7109
0.08	0.0638	0.41	0.3182	0.74	0.5407	1.07	0.7154
0.09	0.0717	0.42	0.3255	0.75	0.5467	1.08	0.7199
0.10	0.0797	0.43	0.3328	0.76	0.5527	1.09	0.7243
0.11	0.0876	0.44	0.3401	0.77	0.5587	1.10	0.7287
0.12	0.0955	0.45	0.3473	0.78	0.5646	1.11	0.7330
0.13	0.1034	0.46	0.3545	0.79	0.5705	1.12	0.7373
0.14	0.1113	0.47	0.3616	0.80	0.5763	1.13	0.7415
0.15	0.1192	0.48	0.3688	0.81	0.5821	1.14	0.7457
0.16	0.1271	0.49	0.3759	0.82	0.5878	1.15	0.7499
0.17	0.1350	0.50	0.3829	0.83	0.5935	1.16	0.7540
0.18	0.1428	0.51	0.3899	0.84	0.5991	1.17	0.7580
0.19	0.1507	0.52	0.3969	0.85	0.6047	1.18	0.7620
0.20	0.1585	0.53	0.4039	0.86	0.6102	1.19	0.7660
0.21	0.1663	0.54	0.4108	0.87	0.6157	1.20	0.7699
0.22	0.1741	0.55	0.4177	0.88	0.6211	1.21	0.7737
0.23	0.1819	0.56	0.4245	0.89	0.6265	1.22	0.7775
0.24	0.1897	0.57	0.4313	0.90	0.6319	1.23	0.7813

续表

t	F(t)	t	F(t)	t	F(t)	t	F(t)
0.25	0.1974	0.58	0.4381	0.91	0.6372	1.24	0.7850
0.26	0.2051	0.59	0.4448	0.92	0.6424	1.25	0.7887
0.27	0.2128	0.60	0.4515	0.93	0.6476	1.26	0.7923
0.28	0.2205	0.61	0.4581	0.94	0.6528	1.27	0.7959
0.29	0.2282	0.62	0.4647	0.95	0.6579	1.28	0.7995
0.30	0.2358	0.63	0.4713	0.96	0.6629	1.29	0.8030
0.31	0.2434	0.64	0.4778	0.97	0.6680	1.30	0.8064
0.32	0.2510	0.65	0.4843	0.98	0.6729	1.31	0.8098
1.32	0.8132	1.64	0.8990	1.96	0.9500	2.56	0.9895
1.33	0.8165	1.65	0.9011	1.97	0.9512	2.58	0.9901
1.34	0.8198	1.66	0.9031	1.98	0.9523	2.60	0.9907
1.35	0.8230	1.67	0.9051	1.99	0.9534	2.62	0.9912
1.36	0.8262	1.68	0.9070	2.00	0.9545	2.64	0.9917
1.37	0.8293	1.69	0.9090	2.02	0.9566	2.66	0.9922
1.38	0.8324	1.70	0.9109	2.04	0.9587	2.68	0.9926
1.39	0.8355	1.71	0.9127	2.06	0.9606	2.70	0.9931
1.40	0.8385	1.72	0.9146	2.08	0.9625	2.72	0.9935
1.41	0.8415	1.73	0.9164	2.10	0.9643	2.74	0.9939
1.42	0.8444	1.74	0.9181	2.12	0.9660	2.76	0.9942
1.43	0.8473	1.75	0.9199	2.14	0.9676	2.78	0.9946
1.44	0.8501	1.76	0.9216	2.16	0.9692	2.80	0.9949
1.45	0.8529	1.77	0.9233	2.18	0.9707	2.82	0.9952
1.46	0.8557	1.78	0.9249	2.20	0.9722	2.84	0.9955
1.47	0.8584	1.79	0.9265	2.22	0.9736	2.86	0.9958
1.48	0.8611	1.80	0.9281	2.24	0.9749	2.88	0.9960
1.49	0.8638	1.81	0.9297	2.26	0.9762	2.90	0.9962
1.50	0.8664	1.82	0.9312	2.28	0.9774	2.92	0.9965
1.51	0.8690	1.83	0.9328	2.30	0.9786	2.94	0.9967

续表

t	$F(t)$	t	$F(t)$	t	$F(t)$	t	$F(t)$
1.52	0.8715	1.84	0.9342	2.32	0.9797	2.96	0.9969
1.53	0.8740	1.85	0.9357	2.34	0.9807	2.98	0.9971
1.54	0.8764	1.86	0.9371	2.36	0.9817	3.00	0.9973
1.55	0.8789	1.87	0.9385	2.38	0.9827	3.20	0.9986
1.56	0.8812	1.88	0.9399	2.40	0.9836	3.40	0.9993
1.57	0.8836	1.89	0.9412	2.42	0.9845	3.60	0.99968
1.58	0.8859	1.90	0.9426	2.44	0.9853	3.80	0.99986
1.59	0.8882	1.91	0.9439	2.46	0.9861	4.00	0.99994
1.60	0.8904	1.92	0.9451	2.48	0.9869	4.50	0.999993
1.61	0.8926	1.93	0.9464	2.50	0.9876	5.00	0.999999
1.62	0.8948	1.94	0.9476	2.52	0.9883		
1.63	0.8969	1.95	0.9488	2.54	0.9889		

参 考 文 献

[1] 贾俊平,何晓群,金勇进. 统计学[M]. 8版. 北京:中国人民大学出版社,2021.
[2] 张建同,孙昌言,王世进. 应用统计学[M]. 3版. 北京:清华大学出版社,2020.
[3] 莫生红. 应用统计学[M]. 2版. 杭州:浙江大学出版社,2020.
[4] 周志丹,董国辉,李旭帅. 应用统计学[M]. 3版. 北京:机械工业出版社,2023.
[5] 颜节礼. 应用统计学[M]. 2版. 西安:西安电子科技大学出版社,2021.
[6] 李卉妍,王浩. 统计学——原理与SPSS应用[M]. 北京:机械工业出版社,2015.
[7] 卢冶飞. 应用统计学[M]. 5版. 北京:清华大学出版社,2022.
[8] 杨立生. 统计学原理[M]. 2版. 北京:北京大学出版社,2015.
[9] 李金昌,苏为华. 统计学[M]. 5版. 北京:机械工业出版社,2019.
[10] 卢冶飞,孙忠宝. 应用统计学[M]. 4版. 北京:清华大学出版社,2019.
[11] 李卫东. 应用统计学[M]. 2版. 北京:清华大学出版社,2021.
[12] 刘竹林,吴小华. 统计学[M]. 4版. 合肥:中国科学技术大学出版社,2020.
[13] 李文新,李雪平. 统计学原理[M]. 5版. 上海:上海财经大学出版社,2022.
[14] 李洁明,祁新娥. 统计学原理[M]. 8版. 上海:复旦大学出版社,2021.
[15] 朱兆军,陈晓霞. 新编统计学[M]. 长沙:湖南师范大学出版社,2017.
[16] 刘治. 统计基础与实务[M]. 北京:航空工业出版社,2015.
[17] 曾玉林,赵小明. 统计学[M]. 长春:吉林大学出版社,2015.
[18] 卞毓宁. 统计学概论[M]. 5版. 北京:高等教育出版社,2014.
[19] 胡恩生,曹时军. 统计学[M]. 长沙:湖南师范大学出版社,2014.
[20] 杨鑫慧. 统计基础与实务[M]. 上海:立信会计出版社,2014.
[21] 史书良,王景新,朱小华,等. 统计学原理[M]. 北京:清华大学出版社,2007.